PUERTO RICO MIO

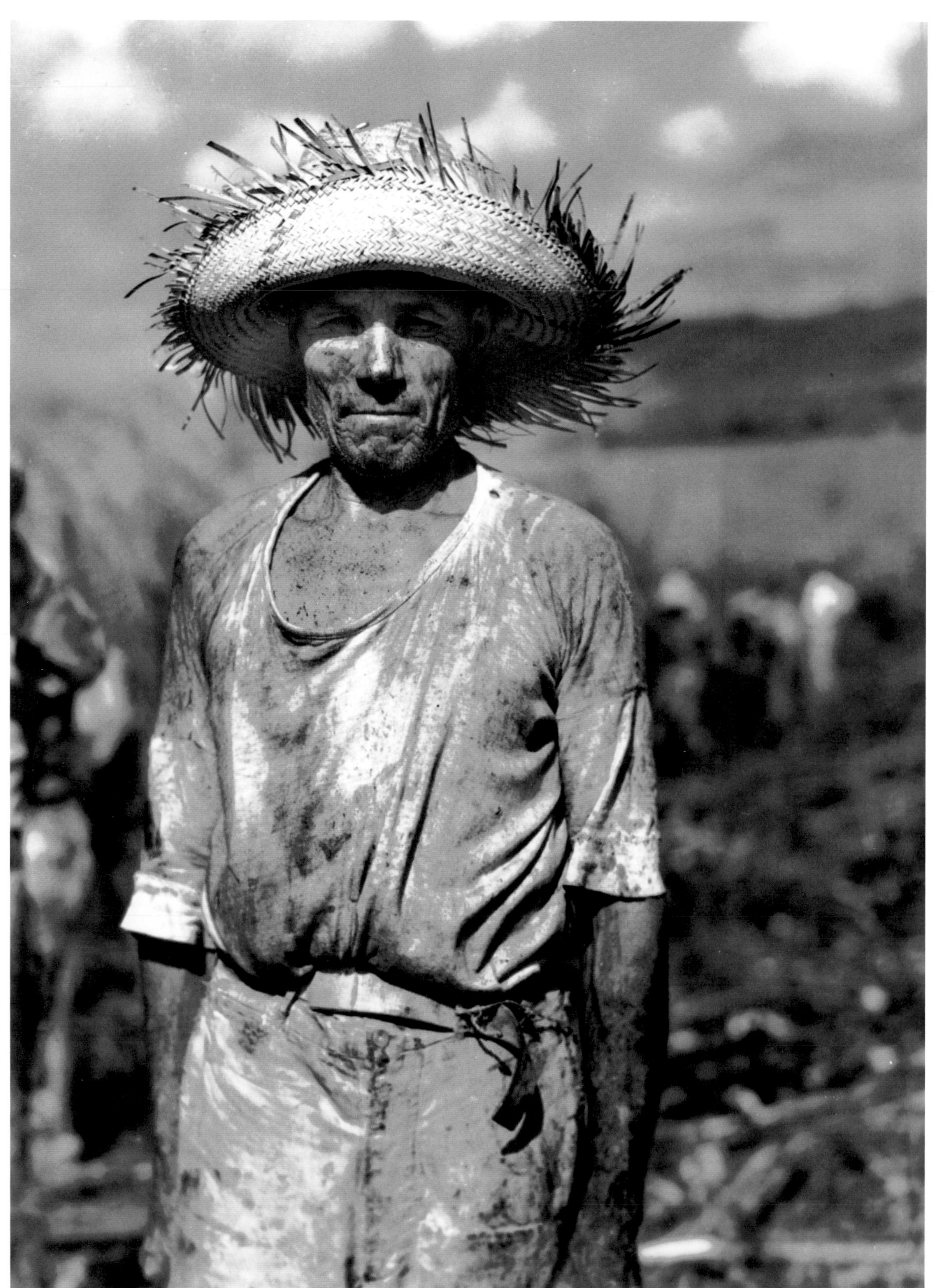

PUERTO RICO MIO

FOUR DECADES OF CHANGE ▪ CUATRO DECADAS DE CAMBIO

PHOTOGRAPHS BY ▪ FOTOGRAFIAS DE

JACK DELANO

SMITHSONIAN BOOKS ▪ WASHINGTON

For permission to reproduce illustrations appearing in this book, please correspond directly with the owners of the photographs. Smithsonian Books does not retain reproduction rights for these illustrations individually or maintain a file of addresses for photo sources.

All photographs dated 1941 or 1942 are from the FSA Collection at the Library of Congress in Washington, D.C. The photographs dated 1946 are from the collection of the General Archives of the Institute of Puerto Rican Culture in San Juan, Puerto Rico. All other photographs are from the photographer's own collection.

The essays by Sidney W. Mintz, Alan Fern, and Jack Delano were translated from English to Spanish by Flavia Lugo de Marichal. The essay by Arturo Morales Carrión was translated from Spanish to English by Patricia O'Reilly.

El permiso para reproducir las ilustraciones que aparecen en este liro se debe solicitar directamente a los dueños de las fotografías. Smithsonian Books no retiene los derechos de reproducción de las mismas ni mantiene un archivo con las direcciones de sus dueños.

Las fotografías fechadas 1941 o 1942 son de la colección FSA en la Biblioteca del Congreso en Washington, D.C. Las fotografías con fecha de 1946 provienen del Archivo General del Instituto de Cultura Puertorriqueña en San Juan de Puerto Rico. Todas las demás fotografías son de la colección del propio fotógrafo.

Los ensayos por Sidney W. Mintz, Alan Fern, y Jack Delano fueron traducidos del inglés al español por Flavia Lugo de Marichal. En ensayo por Arturo Morales Carrión fue traducido del español al inglés por Patricia O'Reilly.

Library of Congress Cataloging-in-Publication Data
Delano, Jack.
Puerto Rico Mío : four decades of change = cuatro décadas de cambio / photographs by Jack Delano.
p. cm.
ISBN 0-87474-389-3 (alk. paper)
1. Puerto Rico—History—1898–1952—Pictorial works. 2. Puerto Rico—History—1952- —Pictorial works. 3. Puerto Rico—Social conditions—Pictorial works. 4. Puerto Rico—Economic conditions—Pictorial works. 5. Photography, Documentary—Puerto Rico.
I. Title.
F1975.D35 1990
972.95—dc20 89-600274

British Library Cataloguing-in-Publication Data is available

Manufactured in Canada
11 10 09 08 8 7 6 5

The paper used in this publication meets the minimum requirements of the American National Standard for Permanence of Paper for Printed Library Materials Z39.48-1984

FOR IRENE ■ PARA IRENE

CONTENTS • CONTENIDO

ACKNOWLEDGMENTS ▪ RECONOCIMIENTOS

In 1945 the John Simon Guggenheim Memorial Foundation approved my application for a grant to prepare a book of photographs on Puerto Rico, where I had previously been on assignment for the Farm Security Administration. The book has been a long time in the making but, finally, here it is. I shall always be grateful to the Foundation for giving me the opportunity to return to Puerto Rico and eventually make it my home.

A grant from the National Endowment for the Humanities enabled me to spend a year and a half photographing the Puerto Rico of the present, to compare with my work of the forties, and the Puerto Rico Endowment for the Humanities provided the funds for the exhibition "Contrastes/Contrasts," on which this book is based.

Among the many people who helped during the course of this project with support, criticism, laboratory work, and editing of the pictures and text, I owe special thanks to Arturo Morales Carrión, Elsa Tió, Sidney Mintz, Angel Quintero García, Marcia Rivera, Ed Miller, Hector Mendez Caratini, Sandra Ortiz, Poli Marichal, and my children Pablo and Laura.

JACK DELANO

En el año de 1945, La Fundación John Simon Guggenheim me aprobó una beca para trabajar en un libro de fotografías sobre Puerto Rico, país en el que ya había estado cumpliendo con una encomienda de la Administración de Seguro Agrícola. Por mucho tiempo, he estado trabajando en este libro y finalmente, aquí está. Siempre estaré agradecido a la Fundación por haberme proporcionado la oportunidad de regresar a Puerto Rico y eventualmente establecerme permanentemente en la isla.

Otra beca de la Fundación Nacional de las Humanidades me permitió pasar año y medio fotografiando el Puerto Rico del presente con el fin de compararlo con mi trabajo de los años cuarenta. La Fundación Puertorriqueña de las Humanidades asignó los fondos para la exhibición Contrastes, Contrasts, en la que se basa este libro.

Entre las personas que me ayudaron durante el proceso de este proyecto con sus críticas, trabajo de laboratorio y edición de fotografías y texto, mercen mención especial y mi agradecimiento Arturo Morales Carrión, Elsa Tió, Sidney Mintz, Angel Quintero, Marcia Rivera, Ed Miller, Héctor Méndez Caratini, Sandra Ortiz, Poli Marichal y mis hijos Pablo y Laura.

JACK DELANO

The publication of this book was made possible, in part, by a contribution of the Fundación Luis Muñoz Marín, San Juan, Puerto Rico.

La publicación de este libro es posible, en parte, mediante una aportación de la Fundación Luis Muñoz Marín de San Juan, Puerto Rico.

CONTRIBUTORS ▪ COLABORADORES

Arturo Morales Carrión was executive director of the Puerto Rico Endowment for the Humanities. A distinguished historian, educator, and public servant, he wrote his appreciation of Jack Delano's work shortly before his death in 1989.

Alan Fern is an art historian and director of the Smithsonian Institution's National Portrait Gallery. Before joining the Gallery in 1982, he worked for more than twenty years at the Library of Congress, where he supervised the Farm Security Administration photography collection as part of his duties.

Sidney W. Mintz is William L. Straus, Jr., Professor of Anthropology at the Johns Hopkins University in Baltimore. He is a specialist in the Caribbean region, and has done fieldwork and published on Puerto Rico, Jamaica, and Haiti. His work on Puerto Rico includes *The People of Puerto Rico,* edited by Julian H. Steward et al., and *Worker in the Cane.* His most recent books include *Caribbean Transformations* (1984), *Sweetness and Power* (1985) and, with Sally Price, *Caribbean Contours* (1985).

Arturo Morales Carrión fué director ejecutivo de la Fundación de las Humanidades de Puerto Rico. Un distinguido historiador, educador, y servidor público, puso por escrito su aprecio por el trabajo de Jack Delano poco antes de fallecer en 1989.

Alan Fern es un historiador del arte y director de la Galería de Retratos del Smithsonian Institution. Antes de incorporarse a la Galería en 1982, trabajó durante más de veinte años en la Biblioteca del Congreso, donde supervisaba la colección fotográfica de la Administración de Seguridad Agrícola como parte de sus deberes.

Sidney W. Mintz dicta la catédra William L. Strauss, Jr., en la Universidad de Johns Hopkins, en Baltimore, donde es profesor de antropología. Es un especialista en la región del Caribe, y ha realizado trabajos de investigación sobre Puerto Rico, Jamaica, y Haití, que luego se han publicado en forma de libros, ensayos y artículos. Sus publicaciones sobre Puerto Rico incluyen títulos tales como *The People of Puerto Rico,* editado por Julian H. Steward et al., y *Worker in the Cane.* Entre sus libros más recientes se pueden mencionar *Caribbean Transformations* (1948), *Sweetness and Power* (1985), y *Caribbean Contours* (1985), en colaboración con Sally Price.

THE ISLAND ▪ LA ISLA

In the pages that follow, photographer and artist Jack Delano gives his readers and viewers an intense artistic experience. His pictures provide a vision, at once penetrating and compassionate, of an entire land, a whole people.

Puerto Rico and the Puerto Ricans have long been too little known and understood by us other Americans. Even though many Puerto Ricans live, study, and work on the mainland, and even though the island has become somewhat better known during the last quarter century, Puerto Rico still remains an enigma to many of us. To feel the full impact of Delano's work, it may be useful to recall a few facts of Puerto Rican history.

The Spanish-American war was an important turning point in the history of the United States, as well as of Puerto Rico. In a few short months—April 24–August 12, 1898, to be exact—the United States seized both Cuba and Puerto Rico, Spain's last two colonies in the New World. They had been Spanish for almost exactly 400 years. Puerto Rico was smaller and less important to Spain than Cuba; it was to remain similarly unimportant to the conquerors. Richard Harding Davis, one of the most popular journalists of his day, chronicled the war. He devotes only a fifth of his book, *The Cuba and Porto Rico Campaigns,* to Puerto Rico, and sets the scene thus:

> When the men who accompanied our army to Porto Rico returned to their own people again, they found that at home the Porto Rican campaign was regarded as something in the way of a successful military picnic, a sort of comic-opera war, a magnified field-day at Van Cortlandt Park. This point of view was hardly fair, either to the

En las páginas siguientes, el artista y fotógrafo Jack Delano nos proporciona una intensa experiencia estética. Sus fotografías nos ofrecen una visión penetrante y compasiva de todo un país, de un pueblo entero.

Por mucho tiempo, los norteamericanos no conocimos ni entendimos a Puerto Rico ni a los puertorriqueños. A pesar de que muchos puertorriqueños viven, estudian o trabajan en el continente y de que muchos de nosotros hemos llegado a entender mejor la Isla durante los últimos veinte y cinco años, Puerto Rico es aún un enigma para un considerable número de norteamericanos. Es por eso que, para poder penetrar en la obra de Delano y sentir su impacto, debemos primero conocer algunos datos sobre la historia de Puerto Rico.

La Guerra Hispanoamericana fue un momento decisivo en la historia de Estados Unidos y de Puerto Rico. En pocos meses—del 24 de abril al 12 de agosto de 1898, para ser exactos—los Estados Unidos tomaron posesión de Cuba y Puerto Rico, las últimas colonias españolas en el Nuevo Mundo, que habían pertenecido a España por 400 años. Puerto Rico, por ser más pequeño que Cuba, siempre fue considerado menos importante por los españoles y continuó siéndolo para los conquistadores del norte. Richard Harding Davis, uno de los periodistas más importantes del momento, escribió una crónica de esta guerra. Dedicó a Puerto Rico tan sólo una quinta parte de su libro *Las Campañas de Cuba y Puerto Rico* y en ésta describe así la situación:

> Cuando los hombres que acompañaron nuestro ejército a Puerto Rico regresaron a su tierra, descubrieron que allí se consideraba la

> army in Porto Rico or to the people at home. It cheated the latter of their just right to feel proud.

The propensity to view Puerto Rico as not very significant has never vanished entirely from either the official North American psyche or the popular view. The island soon became a dependent society whose political status would remain for the longest time in doubt, even though its people—less than two decades after the Spanish-American War—would be transformed into U.S. citizens by fiat. The ambiguity that marked the U.S. conquest of these final Spanish New World colonies has never dissipated entirely.

Though North Americans found gratifying opportunities for investment in the islands, they were less gratified by the tempo of island life, particularly in Puerto Rico. They seemed unable to appreciate any of the virtues of its culture, while being repelled by what were, in their view, all of its faults. The people were courteous and courtly, uninterested in material wealth, committed to enduring social relationships, accepting of hierarchy, Catholic but not fervent, hypersensitive on issues of honor, generous to a fault. On none of these counts could they be expected to win over the North Americans, who viewed themselves as supremely rational, hardheaded, yet idealistic liberators whose fortune it was always to do well while doing good, representing the nation of the future, energetically endorsing hard work above sociability, business above agrarian enterprise, equality above courtesy, frankness above politeness, money above kindness—and Protestantism above Catholicism.

Almost overnight, the island's placid countryside was remade by the conquerors, so that Puerto Rico could supply her colossal northern neighbor with the ever vaster quantities of sugar, molasses, and rum her fertile lands would yield. The central highlands, with their coffee lands and small farmers, declined, while the sugar coasts rapidly grew in extent and importance. A rural population schooled to personal—albeit highly exploitive—relationships with estate owners would learn to deal with impersonal foremen, to buy its daily needs with company scrip at company stores, to become a rural proletariat. Between the First World War and the crash, Puerto Rico was turned into an enormous agrosocial sweatshop; during the Great Depression, its workers suffered, while the sugar corporations, both Puerto Rican and North American, pros-

> campaña de Puerto Rico algo así como una exitosa jira, una guerra de ópera cómica o un magnífico día de juegos en Van Cortlandt Park. Esta opinión no le hacía justicia ni al ejército que desembarcó en Puerto Rico ni al pueblo norteamericano, ya que les escamoteaba su derecho a disfrutar el triunfo con orgullo.

Esta tendencia a ver a Puerto Rico como algo insignificante nunca se ha borrado del todo de la mente oficial norteamericana ni de la visión popular. La isla se transformó pronto en una sociedad dependiente cuyo status político permanecería en el limbo, a pesar de que sus habitantes se convirtieron por decreto en ciudadanos norteamericanos poco menos de dos décadas después de la Guerra Hispanoamericana. La ambigüedad que marcó la conquista norteamericana de estas últimas colonias españolas en el Nuevo Mundo nunca se ha disipado por completo.

A pesar de que los norteamericanos encontraron oportunidades satisfactorias para invertir en las islas, no estaban a gusto con el ritmo de la vida isleña, particularmente con la de Puerto Rico. No parecían estar dispuestos a apreciar ninguna de las virtudes de su cultura y rechazaban los que les parecían sus defectos. La gente era cortés, amable y desinteresada, y estaba deseosa de mantener relaciones sociales perdurables; aceptaban la jerarquía; eran católicos, pero no fanáticos; hipersensitivos para las cuestiones de honor y excesivamente generosos. Pero ninguna de estas virtudes parecía atraer a los norteamericanos, quienes se consideraban a sí mismos como excesivemente racionales y tercos, aunque redentores idealistas cuya buena fortuna consistía en hacer el bien mientras se beneficiaban económicamente; representantes de la nación del futuro; quienes respaldaban el trabajo fuerte sobre la sociabilidad; el negocio sobre la empresa agraria; la igualdad sobre la cortesía, la franqueza sobre la urbanidad; el dinero sobre la bondad; y el protestantismo sobre el catolicismo.

Casi de la noche a la mañana, los conquistadores transformaron la placentera vida del país, de manera que éste pudiera abastecer a su colosal vecino del norte con grandes cantidades de azúcar, melaza y ron producidos en sus tierras. Las regiones montañosas del centro, con sus fincas de café y pequeños agricultores, languidecieron, mientras que las tierras cañeras de la costa crecieron en extensión e importancia. Una población rural acostumbrada a las relaciones personales—aunque de explotación—

pered. Only in the World War II years were some elements of political and social reform introduced into the round of daily life.

Puerto Rico is a small, subtropical island—3,400 square miles in area, about half the size of New Jersey. In the first decades after its conquest in 1508 by Juan Ponce de León, the island developed only slowly. The Spanish Crown was unwilling to encourage private economic enterprise, and after the discovery of the continental mainland, with its dense aboriginal populations and abundant precious metals, the Crown found it almost impossible to keep the colonists in the islands. All of them aspired to reach Mexico—and later, the Andes—to make their fortunes in conquest and treasure. For very long the Spanish colonies of Cuba, Española, Jamaica, and Puerto Rico languished, little more than half-forgotten fueling stations between *tierra firme*—Vera Cruz or Cartagena or Buenos Aires—and Cádiz, Seville, and Málaga. It was not until the nineteenth century that Spain's active interest in Puerto Rico was rekindled, and its aged plantation economy there, based on slave labor and sugar production, was revivified. But that "boom" spent itself quickly. Long before the American armed forces had arrived, sugars from Puerto Rico, like those of the Philippines, Hawaii, and Cuba, were being shipped principally to the United States. Conquest intensified U.S. interest and investment in both Cuba and Puerto Rico, and particularly in their sugar industries.

There are other peoples and societies as imperfectly understood as Puerto Rico's, because that misunderstanding is the unenigmatic product of power—of the relationship between a large and powerful country and a small and defenseless one. Puerto Ricans are U.S. citizens. But many Americans—dare one guess most?—don't know it. Puerto Ricans have no genuine representation in the Congress; the Resident Commissioner, who is empowered to sit there, cannot vote. Puerto Ricans can serve in the U.S. armed forces; when there was conscription, they were drafted like other Americans. But they cannot participate in U.S. elections unless they reside on the mainland.

The clash of values, as well as of political prerogatives, has sometimes seemed even harsher. When the armed forces were segregated, "black" Puerto Ricans served in black units, and "white" Puerto Ricans in white units. (Sometimes they were brothers, separated because they were perceived by the North Americans as being of different colors.) To this day the U.S. folk code of what

con los propietarios, se vió obligada a tratar con capataces impersonales; a comprar con vales y en tiendas de la compañía sus bienes de consumo diario; a convertirse en un proletariado rural. Entre la Primera Guerra Mundial y la depresión, Puerto Rico se convirtió en una enorme fábrica agrosocial de azúcar. Durante la Gran Depresión, los trabajadores sufrieron, mientras que las corporaciones azucareras, tanto puertorriqueñas como norteamericanas, prosperaron. No fue hasta los años de la Segunda Guerra Mundial cuando se introdujeron algunos elementos de reforma política y social en la vida del puertorriqueño.

Puerto Rico es una pequeña isla subtropical, con área de 3,400 millas cuadradas, que tiene aproximadamente la mitad del tamaño de New Jersey. En las primeras décadas de la conquista de la isla por Juan Ponce de León en 1508, su desarrollo fue lento. La Corona española no deseaba fomentar la actividad económica, y después del descubrimiento de la tierra firme, con su gran población aborigen y metales preciosos abundantes, fue casi imposible lograr que los colonos permanecieran en las islas. Todos aspiraban a llegar a México—y más adelante a Los Andes—para hacer fortuna mediante la conquista y el encuentro de tesoros. Por mucho tiempo las colonias españolas de Cuba, La Española, Puerto Rico y Jamaica languidecieron convertidas en poco más que estaciones de abastecimiento entre la tierra firme—Veracruz, Cartagena o Buenos Aires—y Cádiz, Sevilla y Málaga. No fue hasta el siglo XIX cuando se despertó el interés de España por Puerto Rico y se reavivó su vieja economía de hacienda, basada en la mano de obra esclava y la producción de azúcar. Pero ese auge pronto se debilitó. Mucho antes de la llegada de las tropas americanas, los azúcares de Puerto Rico, así como los de Filipinas, Hawai y Cuba, se exportaban principalmente a los Estados Unidos. La conquista intensificó el interés de los Estados Unidos en las inversiones en Cuba y Puerto Rico, particularmente en la industria del azúcar.

Existen otras sociedades cuya realidad, como ocurre con el caso de Puerto Rico, se conoce a medias. Esto es así, porque la falta de comprensión se da como resultado del poder, cuando existe una relación entre un país grande y uno pequeño e indefenso. Los puertorriqueños son ciudadanos norteamericanos, aunque quizás la mayoría de los estadounidenses no lo saben. Los puertorriqueños no tienen representación legítima ante el Congreso. El Comisionado Residente, quien está autorizado a ocupar

might be called "sociochromatic" relations—who is "white" and who is "black"—deeply offends the Puerto Rican people. Puerto Ricans speak Spanish; but until 1948, U.S. laws said that they had to be educated in English. These unclear and even contradictory dispositions, together with the values they conceal and express, symbolize the ambiguous, divided situation of a country with which the North Americans have not known how to cope.

But the colonialism of the ruling nation goes further, for it colors the attitudes of nearly anyone who must deal with Puerto Rico. Even in its literature, art, and aesthetics, Puerto Rico is commonly misunderstood. The musical *West Side Story* is relevant here. In the words of its most popular song, the United States is referred to as "America." But no one in Puerto Rico ever refers to the United States as "America" and no Puerto Rican ever did. All Latin peoples in the Southern Hemisphere believe that they are Americans, too. (Since they reached the New World and settled the Antilles more than a century before the first English colony was established in North America, they have a fair case.) And the melodies of Bernstein, for all their beauty, could only have been composed by someone for whom Mexican and Puerto Rican music are essentially the same—that is, "Latin." The rich and distinctive musical tradition of Puerto Rico is almost entirely absent from *West Side Story.*

In a remarkable two-volume work entitled *Our Islands and Their People,* published within months of Spain's defeat in the Spanish-American War, North Americans were given a graphic view of their new subjects, complete with a breezy, disdainful, and racist—but nonetheless informative—accompanying text. The hundreds of photographs documented the outward aspect of these island societies, meanwhile promising readers (even as the invaders were promising the inhabitants) that things were going to be much better now that Uncle Sam was in charge. Puerto Rico—without the polling of the opinion of a single citizen, North American or Puerto Rican—had become a part of the United States.

There are two reasons why Jack Delano's photographs should lead us back to that momentous time, and the flowering of North American imperialism. The first is that so much of Puerto Rican life over the past ninety years has been transformed by the North American presence. The second reason is almost exactly the

un escaño allí, no puede votar. Los puertorriqueños pueden servir en las fuerzas armadas de los Estados Unidos; en la época de reclutamiento, ellos tenían que alistarse como cualquier otro norteamericano. Pero no pueden participar en las elecciones de los Estados Unidos a menos que residan en el Continente.

El choque de valores, así como de prerrogativas políticas, muchas veces ha sido muy áspero. Cuando las Fuerzas Armadas fueron segregadas, los puertorriqueños negros sirvieron en unidades negras y los puertorriqueños blancos en unidades blancas. (Muchas veces eran hermanos, separados porque los americanos los percibían como de diferente color.) Todavía el código de raza de lo que podríamos llamar relaciones sociocromáticas—quién es blanco y quién negro—ofende profundamente a los puertorriqueños. Estos hablan español, pero hasta 1948, las leyes estipulaban que la educación debía impartirse en inglés. Estas disposiciones, faltas de claridad y a veces contradictorias, unidas a los valores que expresan o encubren, simbolizan la situación, ambigüa y dividida, de un país al que los norteamericanos no han sabido manejar.

Pero el colonialismo de la nación dominante va más allá, ya que matiza las actitudes de casi todos los que tienen alguna relación con Puerto Rico. Aún la literatura, el arte y los movimientos estéticos puertorriqueños se interpretan erróneamente. Cabe como ejemplo la obra *West Side Story.* La letra de su canción más popular se refiere a los Estados Unidos como "América." Pero nadie en Puerto Rico, ni ahora ni nunca, se ha referido a Estados Unidos como "América." Todos los latinos del hemisferio sur se consideran americanos también. (Ellos llegaron al Nuevo Mundo y se establecieron en las Antillas más de un siglo antes de la fundación de la primera colonia inglesa en la América del Norte, por lo que tienen una buena razón.) Y las melodías de Bernstein, a pesar de su belleza, sólo pudieron haber sido compuestas por alguien para quien tanto la música mexicana como la puertorriqueña son esencialmente lo mismo; es decir, latina. La rica y distintiva tradición musical puertorriqueña está casi totalmente ausente de *West Side Story.*

En un importante trabajo en dos volúmenes publicado meses después de la derrota española en la Guerra Hispanoamericana, titulado *Our Islands and Their People,* los norteamericanos recibieron una visión gráfica de sus nuevos súbditos, a la que acom-

opposite: in spite of the North American presence for the better part of a century, one finds in Delano's wonderful images the intense, enduring nobility and serenity of a people triumphantly untransformed, unremade, authentically themselves.

Otherwise and more simply said, Puerto Rico and its people have become different; but they have also steadfastly retained their character. It surely matters what things have stayed the same, and what have not. For it is in the context of those differences, of that somewhat paradoxical balance between change and continuity, that the forty-year interval documented by Delano's pictures takes on its deepest meaning. *Puerto Rico Mío* documents both of these realities. Delano's first set of photographs dates from a period roughly forty years after the invasion; his second set, roughly eighty years after. Though the photographs in *Our Islands and Their People* are of a wholly different order, they provide a tantalizing baseline against which to appreciate what Delano has now given us. He shows us the Puerto Rico of the 1940s. In the panorama of its countryside, the sweep of its agricultural landscape, its soils and skies, and in the faces of its people, we see an openness, dignity, and *certainty* that belong to the island, that are unchanging. Forty years later, the countryside is fuller, the land less rounded, the people better dressed, better fed. The city is part of everything now, as are the automobile, the factory, the radio, and television. But the people—in a manner extremely important to the definition of cultural integrity—are very much the same.

In spite of the richness of their own identity, many Puerto Ricans continue to appreciate the strengths of North American society. A substantial number would like to see the island become the fifty-first state. Just as committed, though much less numerous, are those who would like to see the island become independent, taking its place among the world's sovereign nations. A third—and numerically, possibly the most important—segment is concerned with economic security and political democracy, and professes only a secondary interest in the question of political status. But this group, too, worries about the unique and inexpressible values of Puerto Rican culture, and what may become of them in the future. In this sense, Puerto Rico remains a divided society.

In *Puerto Rico Mío,* Jack Delano has not attempted to tell us a particular story, to make a particular point, or to answer a

pañaba un texto desdeñoso y racista, pero, sin embargo, informativo. Cientos de fotografías documentaban el aspecto externo de estas islas, al mismo tiempo que prometían a sus lectores (así como los invasores prometían a los habitantes) que las cosas iban a ser mucho mejores ahora que el Tío Sam estaba en el poder. Puerto Rico, sin el consentimiento de un solo ciudadano norteamericano o puertorriqueño, se había convertido en parte de los Estados Unidos.

Hay dos razones por las que las fotografías de Jack Delano deben llevarnos de nuevo a ese momento y al florecimiento del imperialismo norteamericano. La primera es que gran parte de la vida de los últimos noventa años en Puerto Rico ha sido transformada por la presencia norteamericana. La segunda es precisamente lo opuesto: a pesar de la presencia norteamericana durante la mayor parte del siglo, en las maravillosas imágenes de Delano se encuentra la nobleza serena y perdurable de un pueblo triunfalmente inalterado, intacto y auténtico.

Dicho de otro modo y de manera más sencilla, Puerto Rico y su gente han cambiado, pero al mismo tiempo han mantenido su personalidad. Ciertamente importa saber qué aspectos han permanecido iguales y cuáles no, ya que es precisamente en el contexto de esas diferencias, de ese balance un tanto paradójico entre el cambio y la continuidad, que el intervalo de cuarenta años documentado por las fotografías de Delano adquiere su más profundo significado. *Puerto Rico Mío* ilustra estas dos realidades. El primer grupo de fotografías se tomó aproximadamente cuarenta años después de la invasión; el segundo, casi ochenta años después. A pesar de que las fotografías que aparecen en *Our Islands and Their People* son muy diferentes, nos brindan la posibilidad de apreciar mejor lo que ahora nos ofrece Delano. El nos presenta el Puerto Rico de la década de 1940. En el panorama de su ruralía, en la visión de sus sembrados, su tierra y cielo, y en los rostros de su gente, podemos captar una franqueza, una dignidad y una *seguridad* que son rasgos privativos que no pueden cambiar. Cuarenta años después—esencialmente el cuadro de hoy—la ruralía está más congestionada, la tierra más llana, la gente mejor vestida, mejor alimentada. La ciudad se ha extendido, así como también hay más automóviles, fábricas, radios y televisores. Pero la gente—quizás lo más importante en la definición de su integridad cultural—ha cambiado muy poco.

particular question. His book must, like all books, speak for itself. But what eloquence! Here you will find every side of Puerto Rico, and many of its secrets. Most of all, you will find its people, as they are, as they present themselves. It is Delano's special gift that he has always known how to find them, and how to win their trust. Now, let their messages be heard.

SIDNEY W. MINTZ

No obstante la riqueza de su propia identidad, muchos puertorriqueños aprecian también la solidez de la sociedad norteamericana y muchos desearían ver la isla convertida en el estado cincuenta y uno. Tan comprometidos como los anteriores, pero menos numerosos, están los que desearían que la isla lograra su independencia y tuviera su lugar entre las naciones soberanas del mundo. Un tercer segmento—posiblemente el más numeroso y, en sí, el más importante—está muy preocupado por la seguridad económica y la democracia política y le da una importancia secundaria a la cuestión del status. Pero este grupo también se preocupa por los rasgos distintivos de la cultura puertorriqueña y lo que les podría suceder en el futuro. En este aspecto, Puerto Rico continúa siendo una sociedad dividida.

En *Puerto Rico Mío,* Jack Delano no ha intentado contarnos una historia singular, ofrecer una opinión personal, ni contestar una pregunta específica. Su libro debe hablar por sí mismo, como todos los libros. ¡Pero cuánta elocuencia! Aquí es posible hallar cada ángulo de Puerto Rico y muchos de sus secretos. Sobre todo, es un cuadro real de su gente. Delano tiene el don especial de saber cómo encontrarlos y cómo ganar su confianza. Ahora, escuchemos su mensaje.

SIDNEY W. MINTZ

THE VISION • LA VISION

Jack Delano has given us, with artistry and charm, the image of a Puerto Rico in historic flux. This impressive collection of photographs alerts us to the extraordinary cultural and socioeconomic transformation experienced by Puerto Rico since the forties. It shows us the change in the social contours, in the gestures, attitudes, and manners of several generations of Puerto Ricans. We can also make out a thread of continuity, for no matter how much he changes, the Puerto Rican does not lose his sense of family. But the problematic aspects of his life have not disappeared; for to the problems that have been partially or totally overcome have been added others that are more subtle, more difficult to grasp.

Delano saw, with a profound vision, the world that preceded the change. Then later, with equally deep perception, he captured the transformation. And the thread of continuity that linked one moment of Puerto Rico's history to another did not escape him. Behind each image there is a cultural framework, one that has been developing for a long time. For Jack's well-trained eyes, that dimension of time is particularly present in the photographic ordering of his collection. The inevitable actor in the collection is time, a historic time.

With a handful of facts, let us look at the historic mutation that Puerto Rico was undergoing when Delano began his photographic adventure. In 1941 Puerto Rico was definitely an example of the social, economic, and political dynamics that today we associate with the Third World. It was an eminently rural country with an agrarian economy dominated by three crops—sugarcane, tobacco, and coffee. The per capita income had fluctuated be-

Jack Delano nos ha dejado, con arte y simpatía, la visión de un Puerto Rico en fluidez histórica. En esta impresionante colección de fotografías, se advierte la extraordinaria transformación cultural y socioeconómica que ha experimentado Puerto Rico desde la década del Cuarenta. Aquí está visible el cambio en el contorno social, en los gestos, actitudes y maneras de diversas generaciones puertorriqueñas. Mas también se distingue un hilo de continuidad: el puertorriqueño, por mucho que cambie, no ha perdido su aire de familia. Los aspectos problemáticos de su vida no se han desvanecido; a unos problemas superados o en trance de superación, han seguido otros problemas, a veces más sutiles, más difíciles de captar.

Delano vió, con mirada profunda, el mundo anterior al cambio y luego, con percepción no menos honda, recogió la transformación. Pero no se le escapó el hilo de continuidad entre uno y otro momento de la historia de Puerto Rico. Detrás de cada imagen hay un entramado cultural y ese entramado cultural ha venido elaborándose desde muy lejos. Para los ojos bien adiestrados de Jack, esa dimensión del tiempo está muy presente en el ordenamiento fotográfico de la colección. El tiempo, el tiempo histórico, es aquí un inevitable personaje.

Observemos, con un puñado de datos, la mutación histórica que va a sufrir Puerto Rico cuando Jack Delano comienza su aventura fotográfica. En 1941 Puerto Rico estaba decididamente inmerso en el marco social, económico y político de lo que hoy llamamos el Tercer Mundo. Era un país eminentemente rural con una economía agraria dominada por tres productos—la caña, el tabaco y el café. El ingreso por habitante había oscilado entre

tween $122 in 1930 and $85 in 1933. The social conditions were alarming. Governor Rexford Guy Tugwell would call Puerto Rico "the Stricken Land." North American researchers Earl S. Garver and Ernest B. Fincher would describe the situation in *Puerto Rico: Unsolved Problem,* a book written with compassion and care: "More than 85 percent of the people are without real property, and 75 percent of them never had more than the barest necessities of life. The average Puerto Rican lives a life of want from the cradle to the grave; he is born of parents who are afflicted with hookworm or malaria, suffers from malnutrition in childhood, and spends his entire life in a crowded shack with no sanitary facilities whatsoever." Puerto Rico seemed to be on a dead-end street.

But a series of new circumstances was to bring about a transformation, a vigorous turn of historic events, identified on a political level with the strong leadership of Luis Muñoz Marín, on an economic plane with a decisive step toward industrialization, and on the strategic level with a renewed importance of the island as a bastion of defense for the central Caribbean. The migratory movement between Puerto Rico and the United States would be accentuated, encouraged by the demand for labor in the North, by the sudden availability of swift and cheap air transportation, and by a greater Puerto Rican willingness to travel. The entire country would at that time enter into a complex and dynamic phase that would alter values, traditional customs, and life patterns.

Jack Delano, with his artistry and his sensitivity, recorded the initial moment when Puerto Rico was trapped in the snare of a pathetic underdevelopment. Out of this record came an entire gallery of portraits and situations, now visually fixed for use in historical and sociological analysis.

And later, with great intuition, he again focused his eye and camera. What is the change? How and where does it show itself? And even more: What has been gained? What has been lost? What aspects of daily life are repeated under the new circumstances? What is there of oppression and of hope in this new historic moment in which now urbanized, now better-fed and better-dressed Puerto Ricans take the place of those emaciated peasants, and of those rachitic children staring blankly into emptiness?

Delano aims the lens of his camera down the entire length of the road. The action of a moment in life is frozen, stratified, to make the contrast possible. If we are always immersed in the

$122 en 1930 y $85 en 1933. Las condiciones sociales eran alarmantes. El gobernador Rexford G. Tugwell la habría de denominar "La Tierra Abatida." Investigadores norteamericanos como Earl S. Garver y Ernest B. Fincher, describirían la situación en un libro escrito con compasión y cuidado, *Puerto Rico: Unsolved Problem*: "Más del ochenta y cinco por ciento del pueblo carece de propiedad propia y el setenta y cinco por ciento nunca ha poseído más de las necesidades mínimas de vida. El puertorriqueño medio vive una vida de escasez de la cuna a la tumba; nace de padres que han sufrido de anemia o malaria, padece de mala nutrición desde la infancia y vive su vida entera en una choza sin ningún servicio sanitario." Puerto Rico parecía estar en un callejón sin salida.

Pero una serie de circunstancias nuevas habrían de traer una transformación, un vigoroso repunte histórico, identificado en el plano político con el fuerte liderato de Luis Muñoz Marín, en el plano económico con un avance decisivo hacia la industrialización y en el plano estratégico con una renovada significación de Puerto Rico como baluarte de la defensa del Caribe Central. Por otro lado, se acentuaría un movimiento migratorio entre Puerto Rico y Estados Unidos, alentado por la demanda de brazos en el Norte, por la súbita disponibilidad de transporte aéreo, rápido y barato, y por una mayor vocación de movimiento del puertorriqueño. El país todo entraría entonces en una compleja fase dinámica, con alteración de valores, costumbres tradicionales, y patrones de vida.

Jack Delano, con su arte y sensibilidad, registró el momento inicial, cuando Puerto Rico estaba atrapado en las redes de un patético subdesarrollo. Logró así una galería de tipos y situaciones, ya fijados visualmente para el análisis histórico y sociológico.

Y luego, con gran intuición, volvió a concentrar la mirada y la cámara. ¿Cuál es el cambio? ¿Cómo y dónde se nota? Y más aún: ¿Qué se ha ganado? ¿Qué se ha perdido? ¿Qué aspectos de la vida cotidiana se repiten bajo otras circunstancias? ¿Qué hay de agobio y de esperanza en este nuevo momento histórico en el que puertorriqueños ya urbanizados, mejor alimentados y vestidos, suceden a aquellos campesinos escuálidos, a aquellos niños raquíticos de mirada perdida en el vacío?

Delano tiende la lente de la cámara a lo largo del camino. La vida de momento se estratifica para hacer posible el contraste. Si estamos sumergidos continuamente en la corriente, no nos damos

current, we cannot see the changes that are taking place. We have to move out of the present in order to capture, in a fleeting moment, the changing images. Now we see the necessary point of reference. The old company stores have been transformed into supermarkets. The peasant has discarded his straw hat *(pava)* and his machete—symbols of the cane-cutter—and has moved into the factory. The countryside, once serene and rolling, has been taken over by the automobile. The child who played in the fields now learns the violin. But the people are still standing in line, though now it is to ask for food coupons. And Don Vicente Arroyo, one of the people in Jack's gallery, now eighty-two years old, tells us that we have forgotten our humanity, that our sense of neighborliness has been debilitated.

The problems of the socioeconomic underdevelopment of the forties were visible and easy to quantify. The new problems that surround the present social underdevelopment, in the midst of a life of relatively greater abundance, are more difficult to see and understand. They represent the great challenges for the generations of today.

Jack Delano, with his technical mastery and his innate sense of compassion, has made inroads into that difficult area. He has given us an eloquent visual testimony. He has also helped us by sounding the alarm, and putting us on the alert. For that he deserves our profound gratitude.

For the person who wants to get to know the Puerto Rico of our century, this work by Jack Delano is the visual invitation to that adventure.

ARTURO MORALES CARRION

cuenta de los cambios ocurridos. Tenemos que salirnos de ella y recoger, por un efímero momento, las cambiantes imágenes. Ahora logramos el necesario punto de referencia. Las viejas tiendas de raya se han transformado en supercolmados. El campesino ha abandonado su pava y su machete y se ha internado en la fábrica. El paisaje, tranquilo y ondulante, se ha poblado de automóviles. El niño que jugaba en la vereda, aprende ahora a tocar el violín. Pero sigue la gente en fila, esta vez para pedir cupones de alimentos. Y Don Vicente Arroyo, a sus ochenta y dos años, nos dice que nos hemos olvidado del humanismo, que se nos ha debilitado el sentimiento de projimidad.

Los problemas del subdesarrollo socioeconómico en la década del Cuarenta eran más visibles y fáciles de cuantificar. Los nuevos problemas que circundan el subdesarrollo social, en medio de una vida de relativa más abundancia, resultan más difíciles de ver y comprender. Representan el gran reto para las generaciones del presente.

Jack Delano, con su maestría técnica y su innato sentido compasivo, ha calado en esa difícil zona. Nos ha dejado un elocuente testimonio visual. También ha ayudado al darnos la voz de alerta. Merece por ello nuestro profundo agradecimiento.

El que quiera conocer al Puerto Rico de nuestro siglo, tiene, en esta obra de Jack Delano, la invitación visual a esa aventura.

ARTURO MORALES CARRION

THE PROJECT • EL PROYECTO

Puerto Rico is revealed to us in this book as an island that in the course of four decades has evolved from a primarily agrarian culture to a substantially urban one. The faces of the people depicted in the 1940s are often gaunt and hungry, while those photographed in the 1980s are well-fed and healthy. Stevedores, once barefooted and bare-chested, handling sacks of coffee and tobacco, now wear protective headgear, stout gloves, and safety shoes for their work around seagoing containers filled with manufactured goods. Women who once laced tobacco leaves together in plantation sheds now assemble electronic circuit-boards in modern factories. We see progress that has come at a price. Once-placid rural areas are filling up with new housing and business centers. The roadside store has now given way (at least in town) to the supermarket and shopping mall. The bullock, mule, and horse have been replaced by the tractor, truck, and passenger automobile, with their concomitant noise, atmospheric pollution, and traffic jams. There are even shopping-cart jams in the supermarket aisles.

These observations unfold to us through Jack Delano's remarkable photographs, which contain as much data, if we read them attentively, as a score of studies in sociology, agronomy, or anthropology. One of the most remarkable aspects of Delano's work is his prescience in the choice of what to record. Our sense of what has taken place in Puerto Rico is sharpened by the many contrasts he has observed in his five decades of work there, but these contrasts are eloquent primarily because Delano's early coverage was so sensitive and so comprehensive. He could not have called our attention to the contrast between the retail

Este libro nos presenta a Puerto Rico como una isla que en el transcurso de cuatro décadas ha evolucionado de una cultura predominantemente agraria a una sustancialmente urbana. En las fotografías de los años cuarenta, los rostros de las personas lucen escuálidos y hambrientos, mientras que en los de las de los ochenta son saludables y se ven bien alimentados. Los estibadores, cargando sacos de café y tabaco descamisados y descalzos en aquella época, usan ahora cascos protectores, guantes industriales, y zapatos de seguridad para sus trabajos en los furgones, llenos de objetos manufacturados. Las mujeres, que antes hilaban hojas de tabaco en los cobertizos de las plantaciones, trabajan ahora en modernas fábricas de equipo electrónico. Vemos un proceso por el que se ha pagado un precio. Las áreas rurales, antes lugares apacibles, se han ido llenando de casas nuevas y grandes áreas de comercio. La tienda del camino ha dado paso (por lo menos en los pueblos) al supermercado y centro comercial. El tractor, el camión, el automóvil de pasajeros, con su acompañamiento de ruido, contaminación atmosférica, y embotellamiento de tránsito, han suplantado a los bueyes, las mulas, y los caballos. Hasta en los pasillos de los supermercados hay congestión de carritos de compra.

Estas observaciones se nos revelan a través de las extraordinarias fotografías de Jack Delano, que contienen tanta información, si las leemos atentamente, como veintenas de estudios de sociología, de agronomía o antropología. Uno de los aspectos que más se destaca en el trabajo de Delano es su intuición del futuro al escoger lo que retrata. Nuestra impresión sobre lo que ha ocurrido en Puerto Rico se enriquece por lo que él ha observado en sus cinco décadas de trabajo allí, pero esos contrastes son especial-

establishments of the present day and the shops and vendors of the 1940s without having photographed small-business people then. He could not have expressed so economically the cultural transformation implied by the girl in her ballet class in juxtaposition with the child of the 1940s playing stickball if it had not occurred to him to record children at play during his earliest encounter with Puerto Rico.

While it must be assumed that this talent for detailed seeing and the ability to record observations forcefully were latent in Delano, they must have been far from his mind when he left school in Philadelphia and began to seek work as an artist during the Great Depression. Music and painting were his serious pursuits, and the cities of northeastern America were the environment in which he envisioned himself working. How, then, did Puerto Rico become *his* Puerto Rico, and how did the camera become his medium of expression? The turning point came in 1940, when he was hired as a photographer by the Farm Security Administration in Washington and was sent out to record the plight of the displaced American farmer and the accomplishments of the Roosevelt administration's agricultural relocation and land-improvement programs.

This documentation project had its origins in 1935, when Rexford Guy Tugwell, a Columbia University economist, conceived of the Resettlement Administration as an independent federal agency to cope with the devastating effects of drought, flood, and depression on the American farm economy. In July 1935, Tugwell invited a colleague of his from Columbia, Roy E. Stryker, to establish a Historical Section within the Resettlement Administration, to gain support for its work and to document the improved situation of the farmers assisted by the program. The Resettlement Administration had only a brief life and the controversial Tugwell was soon forced to relinquish control, but its functions (at least in part) were continued by a new bureau within the Department of Agriculture, the Farm Security Administration (FSA).

As the FSA Historical Section evolved, Stryker quietly decided to expand its scope. He hoped to be able to record virtually every aspect of American life: how the people lived, worked, ate, traveled, worshipped, and where they spent their leisure hours—and he would not limit his coverage to the rural population. Over

mente elocuentes porque la investigación inicial de Delano fue tan sensitiva y comprensiva. No podría llamar nuestra atención ante el contraste entre los establecimientos de ventas al detalle de nuestros días y las pequeñas tiendas y vendedores de 1940 si no hubiera fotografiado entonces a los pequeños comerciantes. No hubiera podido explicar desde el punto de vista económico la transformación cultural sobreentendida en la niña en su clase de baile en yuxtaposición con la niña de 1940 jugando pelota si no se le hubiera ocurrido fotografiar niños jugando durante su primer encuentro con Puerto Rico.

Aunque debemos asumir que esta capacidad para la mirada pormenorizada y la habilidad para registrar sus observaciones con fuerza estaban latentes en Delano, seguramente estaban muy lejos de su pensamiento cuando dejó la escuela en Philadelphia y empezó a buscar trabajo como artista durante la Gran Depresión. La música y la pintura eran lo que él seriamente perseguía y las ciudades de Norte América eran el ambiente donde él proyectaba su trabajo. ¿Cómo, entonces, Puerto Rico se convirtió en *su* Puerto Rico y cómo vino a ser la cámara su medio de expresión? La decisión llegó en 1940, cuando la Administración de Seguro Agrícola le ofreció un empleo como fotógrafo en Washington y le encomendó documentar la situación de los agricultores norteamericanos desposeídos, los programas de mejoramiento de la tierra y la labor de reubicación agrícola que estaba llevando a cabo la administración de Roosevelt.

El origen del proyecto de documentación data de 1935, cuando Rexford Guy Tugwell, un economista de la Universidad de Columbia, concibió la Administración de Relocalización como una agencia federal independiente para hacer frente al devastador efecto de la sequía, las inundaciones, y la depresión en la economía agrícola norteamericana. En el mes de julio de 1935, Tugwell invitó a un colega de Columbia, Roy E. Stryker, a establecer una sección de historia dentro de la Administración de Relocalización con el propósito de recabar apoyo para su trabajo y documentar el mejoramiento de los campesinos a quienes el programa ayudaba. La vida de este programa fue breve y el controversial Tugwell fue obligado a renunciar a la dirección, pero sus funciones (por lo menos en parte) continuaron a través de una nueva agencia en el Departamento de Agricultura, la Administración de Seguridad Agrícola (FSA)

an eight-year period, from 1935 to 1943 (the last two years under the aegis of the Office of War Information), more than 80,000 photographs were made under his direction. Most of the work was done by ten or eleven people, hired at various times by Stryker as staff members. In the end, they created the most monumental visual record of American life in the nation's history, and Stryker had guided his photographers toward the establishment of a remarkable style—a photographic approach that underlies much of the vigorous documentary and journalistic work being done today.

The photographers trained themselves to focus upon details as well as general scenes, to record what might have gone unnoticed to the unpracticed eye. Memoranda were written assigning photographers specific subjects for the file, but it was understood that each photographer was not to be limited to these particulars but would remain aware of all the areas of interest to the project and would submit photographs of anything interesting he or she encountered.

Jack Delano immediately proved himself a productive member of the team; in the FSA files, which are retained at the Library of Congress, Delano's work is the fifth largest in quantity. (This ranking is based on number of assignments rather than an actual count of images, but I believe it does reflect his standing in the file.) Since Stryker was notorious for rejecting work that he believed was uninformative, this substantial retention rate of Delano's work suggests that it was regarded by Stryker as a suitable expression of the project's mission.

In 1941 Delano was sent to the Virgin Islands and Puerto Rico, where, accompanied by his wife Irene, he worked on an assignment that lasted three months. After the war, a Guggenheim Fellowship enabled them to return to the island in 1946. Under the sponsorship of the local government they embarked on a new photographic documentation project, and almost immediately became a part of the developing cultural life of the island, encouraging artists, craftsmen, and musicians, and working toward the establishment of educational and creative institutions. The Delanos taught, lectured, and exhibited their work along with the work of their Puerto Rican colleagues. Jack became the director of the educational broadcasting station in San Juan, participated in the foundation and expansion of the Division of Community Educa-

A medida que la Sección Histórica de la FSA crecía, Stryker decidió extender su radio de acción calladamente. Esperaba poder documentar todos los aspectos de la vida norteamericana: cómo vivía la gente, en qué trabajaba, qué comía, dónde residía y qué viajes hacía, donde pasaba sus ratos de ocio, y no limitó la documentación a la zona rural. Durante un período de ocho años, de 1935 a 1943 (los últimos dos años bajo la égida de la Oficina de Información de Guerra), se tomaron más de 80,000 fotografías bajo su dirección. Diez u once personas, contratadas por Stryker en diferentes momentos como miembros de su equipo, hicieron casi todo el trabajo. Al final, crearon la documentación visual más monumental de la vida norteamericana en la historia de la nación y Stryker había ayudado a sus fotógrafos a crear un estilo extraordinario—un acercamiento fotográfico que es lo que está detrás de gran parte del trabajo documental y periodístico que se está haciendo en nuestros días.

Los fotógrafos se acostumbraron a fijarse en los detalles además de captar escenas generales, a registrar lo que podría pasar inadvertido para un ojo no entrenado. Estos recibían memorandos en los que se les asignaba un trabajo específico para el archivo, pero cada uno entendía que no debía limitarse a hacer ese trabajo en particular, sino que debía estar alerta ante las áreas de interés para el proyecto y someter fotografías de todo lo que les pareciera interesante.

Jack Delano demostró inmediatamente que era un miembro productivo del equipo: en los archivos de la FSA, que se encuentran en la Biblioteca del Congreso, su trabajo es el quinto en cuanto a cantidad se refiere. (Esta posición se basa en el número de encomiendas más que en el número de imágenes, pero creo que refleja su posición en el archivo.) Se sabe que Stryker era famoso por el número de obras que rechazaba si creía que no ofrecían suficiente información, por lo que esta retención sustancial del trabajo de Delano nos hace pensar que Stryker lo consideraba como una expresión adecuada del propósito del proyecto.

En 1941 Delano fue enviado a las Islas Vírgenes y Puerto Rico donde, en compañía de su esposa Irene, trabajó en una misión que duró tres meses. Después de la guerra, una beca Guggenheim les permitió volver a la isla en 1946. Con el apoyo del Gobierno Insular comenzaron un nuevo proyecto de documentación fotográfica y casi inmediatamente se incorporaron a la vida cultural del

tion, and worked with people investigating the area's indigenous crafts and folkways. Both the Delanos wrote books for children and adults, to encourage literacy and to generate a sense of pride in the history of the island.

All this activity ultimately left little time for photography, but Delano never lost sight of the fact that his introduction to Puerto Rico had been through photographing it, and he began a plan to return to the documentation that had started in December 1941 and continued in the late 1940s. In 1978, funded by the National Endowment for the Humanities (and later by the Puerto Rico Endowment for the Humanities), the project entered its final phase, culminating in this book.

Jack Delano is not an "invisible" photographer. His subjects are clearly aware that they are being photographed, and frequently seem to be in direct contact with the photographer. Some commentators on FSA photography have felt that the absorption of the photographers in their documentary mission was so complete that their attitude toward their subjects as individuals bordered on indifference. Lawrence W. Levine has observed that Dorothea Lange never asked the name of the farm worker we have come to know as the "Migrant Mother." Certainly this was not Delano's approach; he knew the names of many of his subjects in the forties and was comfortable enough with his relationship to them to contact them again in order to record their appearance in the eighties. He had known them well enough in the forties to ask to photograph their usual lunch in the field, or their crowded cooking areas at home, and what he found in the eighties was often encouraging. People who had been poor retained the same upright bearing and dignity that had been so striking when he first encountered them, but were now more elegantly dressed and comfortably housed.

Most of all, we are struck by the authenticity of the Puerto Rico we experience in Delano's pictures. He occasionally included the revealing bits of "bad" taste that are meaningful to his subjects, showing the plastic plants side-by-side with the real greenery in the pleasant kitchen of a young working couple, or the plaster saint at an informal altar set up in commemoration of Governor Muñoz Marín. The junked car or the abundant overhead telephone and electric wires may interfere with our sense of visual decorum, but they are manifestly and appropriately present in this record.

país, estimulando a los artistas, artesanos y músicos; y trabajando para ayudar al establecimiento de instituciones creativas y educativas. Los Delano enseñaron, dictaron conferencias, y exhibieron sus trabajos junto con sus colegas puertorriqueños. Jack dirigió la estación radiodifusora educativa en San Juan, participó en la fundación y expansión de la División de Educación de la Comunidad, y trabajó con la gente en la investigación de las artesanías nativas y manifestaciones folklóricas. Ambos escribieron libros para niños y adultos, con el propósito de fomentar la capacidad de leer y escribir y despertar un sentimiento de orgullo patrio.

Toda esta actividad le dejó poco tiempo para la fotografía, pero nunca perdió de vista el hecho de que su conocimiento de Puerto Rico había sido a través de ésta y comenzó un plan para continuar la documentación que había empezado en diciembre de 1941 y había continuado hacia los últimos años de esa década. En 1978, becado por la Fundación Nacional de las Humanidades (y más tarde por la Fundación Puertorriqueña de las Humanidades), el proyecto entró en su fase final, cuya culminación es este libro.

Jack Delano no es un fotógrafo invisible. Las personas que aparecen en sus fotos están completamente conscientes de que alguien los está retratando y a menudo parecen estar en contacto directo con el fotógrafo. Algunos comentaristas de las fotografías de la FSA han percibido que la concentración de los fotógrafos durante sus trabajos de documentación era tan completa que su actitud hacia los sujetos como individuos rayaba en la indiferencia. Lawrence W. Levine ha comentado que Dorothea Lange nunca preguntó su nombre a la trabajadora agrícola a quien hemos llegado a conocer como la "Madre Migrante." Sin duda, ése no fue el acercamiento de Delano. El conocía los nombres de muchas de las personas a quienes retrató en 1940 y se sentía suficientemente cómodo con ellos como para acercárseles y pedirles que posaran de nuevo para él con el propósito de establecer la comparación con el pasado. Los había conocido bien en los años cuarenta como para pedirles que le permitieran fotografiar su almuerzo cotidiano en los campos o el área de cocinar en sus casas y lo que encontró en los años ochenta fue muchas veces estimulante. Personas que habían sido muy pobres conservaban la misma rectitud y dignidad que tanto le había impresionado cuando los conoció, aunque estaban ahora elegantemente vestidas y tenían casas cómodas.

Más que nada, nos llama la atención la autenticidad del Puerto

The photographic style emerging from Delano's association with the FSA project, his visual sensitivity sharpened by his work as a painter, and his associations with his Puerto Rican neighbors deepened by his personal engagement in their lives and their culture have enabled him to bring a compelling perspective to this project. His landscapes display an artist's understanding of the power of composition and the lyrical possibilities of mist and clouds. Instinctively he grasps the significance of posture and gesture, revealing the urgency in the women and men who urgently press close to one another in 1941 food lines, in contrast with the widely spaced lounging of the food-stamp clients in a 1981 photograph. There is occasionally an ironic juxtaposition, as between the begging woman and the manifestly upper-class elderly gentleman, but for the most part Delano's Puerto Ricans are people of sobriety and pride.

Critics today have begun to identify an "FSA style," and occasionally Delano reveals a few elements of this manner. In the photographs reproduced here there is one characteristic "FSA shot" that shows a group posed near peeling paint on a wall, with somewhat ragged clothes hanging negligently over a door in the background, and our sense of the "heroism" of a worker is sometimes reinforced through the selection of a low-camera viewpoint. But on the whole Delano's style is highly individual, free of clichés, and brilliantly suited to its purpose.

The FSA photographs were intended as part of a file that could be used in many ways. While the photographers may have seen connections and sequences in their work while they were in the field, the users of the file were invited to turn the images to whatever purpose best suited them. But in this book, Delano has done something only rarely explored by the other FSA photographers; he has revisited his own work, and reinterpreted it in the light of his later photography and more recent perceptions of his subjects. Here sequence and juxtaposition are just as important as the images themselves; two pictures facing one another communicate something entirely different from what might be seen in each photograph taken by itself.

Viewed in this new arrangement, the photographs speak without the need for extended text. By placing a 1941 view of tobacco fields opposite his 1981 photograph of a dense valley of housing units, Delano has made a comment on the urbanization of Rico que conocemos a través de las fotografías de Delano. A veces, incluye detalles que revelan pequenas muestras de "mal" gusto que significan mucho para sus sujetos, como por ejemplo, plantas de plástico al lado de plantas naturales, en la agradable cocina de una joven pareja de trabajadores; o un santo de yeso en un altar informal preparado para honrar a Luis Muñoz Marín. El automóvil convertido en chatarra o los abundantes cables telefónicos o eléctricos pueden interferir con nuestro sentido del decoro visual, pero están propiamente y manifiestamente presentes en este testimonio.

El estilo de fotografía que surgió de la asociación de Delano con el proyecto de la FSA; su sensibilidad visual enriquecida por su trabajo como pintor, y su amistad con sus vecinos puertorriqueños intensificada a través de su compromiso personal con sus vidas y su cultura le han permitido dar a su proyecto una perspectiva que lo domina todo. Sus paisajes demuestran una comprensión artística del poder de la composición junto a las posibilidades líricas de la neblina o las nubes. Instintivamente, él agarra el significado de la pose o el gesto, revelando la urgencia de hombres y mujeres que se apiñan en las filas de alimentos en 1941, en contraste con las salas de espera espaciosas de los clientes de los cupones de alimentos de la fotografía de 1981. Ocasionalmente, encontramos una yuxtaposición irónica, como por ejemplo una mendiga frente a un caballero de clase alta que se muestra indiferente ante ella, pero por lo regular, los puertorriqueños a quienes Delano retrata son personas sobrias y orgullosas.

Los críticos han empezado a hablar de un "estilo de FSA" y frecuentemente Delano nos revela algunas características de ese estilo. En las fotografías que encontramos en el libro hay una que es característica de una "toma de FSA" que presenta un grupo que posa frente a una pared despintada, con unos harapos colgados negligentemente sobre una puerta de fondo, pero nuestro sentido del "heroísmo" de un trabajador es reforzado a través de la selección de una toma desde abajo hacia arriba que se adecúa brillantemente a su propósito.

Las fotografías de FSA tuvieron por objeto formar parte de un archivo que podía ser utilizado de muchas maneras. Mientras que los fotógrafos veían nexos y secuencias en su trabajo de campo, los usuarios de los archivos podían utilizarlas con el propósito que más les conviniera. Pero en este libro, Delano ha hecho

the island and added a new dimension to each photograph. In other pairings, the chiaroscuro of Puerto Rico's population, the lingering poverty in the midst of abundance, the differing pastimes and lifestyles of the different classes, and the changing circumstances of an individual over four decades are all revealed with eloquence and economy. Beyond the power of the individual images, this book gains richness and meaning from the very rhythm with which the author has caused his photographs to pass before us.

Perhaps only a photographer with Jack Delano's combination of documentary experience and artistic sophistication could have made this record so successfully. His initial view of Puerto Rico was that of an outsider visiting a strangely alien, yet compellingly attractive, place; his personal regard for his subjects deepened when he joined this society of unexpected complexity and experienced firsthand the diversity of economic, religious, and ethnic components that combined to give the island its special quality. The validity of his observations was confirmed when these photographs were first exhibited; Puerto Ricans found in them authentic echoes of their own experiences and a new comprehension about their recent past. In this published form Delano's photographs will richly reward a broader audience, including off-islanders who will sense that they provide an intimate and searching introduction to a distinctive people, their surroundings, and their activities.

ALAN FERN

algo raramente explorado por los otros fotógrafos de la FSA: ha vuelto a visitar su propio trabajo y lo ha reinterpretado a la luz de sus fotografías posteriores y de una percepción más reciente de sus sujetos. Aquí las secuencias y la yuxtaposición son tan importantes como las propias imágenes; dos imagenes puestas una frente a otra comunican algo enteramente diferente de lo que podríamos ver en cada fotografía por sí misma.

En esta nueva distribución, las fotografías hablan sin necesidad de un texto. Al colocar una vista de un campo de tabaco frente a una fotografía de 1981 de un valle extenso lleno de unidades de vivienda, Delano ha hecho un comentario sobre la urbanización de la isla y le ha añadido una nueva dimensión a cada fotografía. Al emparejar otras, el claroscuro de la población de Puerto Rico, la pobreza prolongada en medio de la abundancia, las diversiones y nuevos estilos de vida de las diferentes clases, y las circunstancias de cambio de un individuo durante cuatro décadas, todo se revela con elocuencia y economía. Más allá de la fuerza de las imágenes individuales, este libro logra mayor riqueza y significado por el ritmo con que el autor ha logrado que las fotografías desfilen ante nuestros ojos.

Quizás sólo un fotógrafo con la combinación de experiencia documental y sofisticación artística como Jack Delano podía lograr este documento de manera tan exitosa. Su visión primera de Puerto Rico fue la de un forastero que visitaba un lugar extraño, aunque fuertemente atractivo; su gran respeto por sus temas se intensificó cuando se incorporó a esta sociedad de inesperada complejidad y pudo tener una experiencia de primera mano de la diversidad de los componentes económicos, religiosos y étnicos que se habían combinado para dotar a la isla de su especial calidad. La validez de sus observaciones se confirmó cuando por primera vez se exhibieron sus fotografías; los puertorriqueños encontraron en ellas ecos auténticos de sus propias experiencias y una nueva comprensión de su pasado inmediato. En esta publicación, las fotografías de Delano recompensarán con creces a una audiencia mayor, incluyendo a los que viven fuera de la isla, quienes percibirán que éstas les proporcionan una presentación íntima e inquisitiva del medio y las actividades de un pueblo único.

ALAN FERN

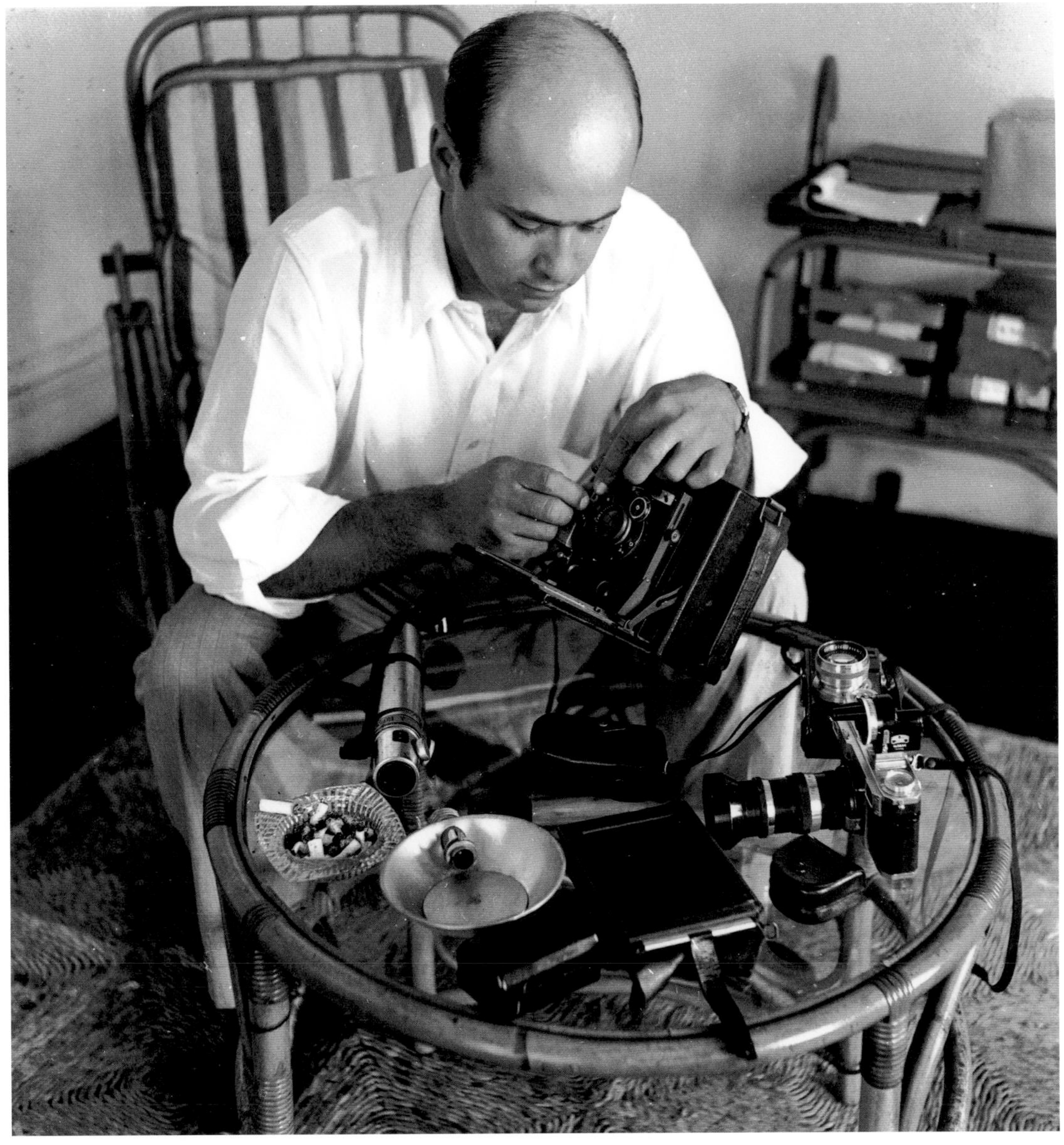

Jack Delano with his cameras and lenses in 1941 ▪ Jack Delano con sus cámaras y lentes en 1941

THE PEOPLE ▪ LA GENTE

In 1940 I had the good fortune of being employed as one of the photographers of an organization unique in the history of photography—the Historical Section of the Farm Security Administration. The FSA was created by the Roosevelt administration to help farmers and sharecroppers who had suffered the effects of the Great Depression and the terrible drought that turned their lands into dust. To document the agency's work, a group of photographers was organized under the direction of Roy E. Stryker to travel about the country photographing not only farmers and sharecroppers but all aspects of the current social conditions. They became the only photographers I know of whose mission was nothing less than to record everything that had to do with the American way of life.

As an art student at the Pennsylvania Academy of the Fine Arts in Philadelphia, I had seen some of the FSA photographs in magazines and exhibitions and was overwhelmed by their power and eloquence. I felt there was something in their portrayal of ordinary people akin to the drawings and paintings of Van Gogh, Daumier, Brueghel, Goya, and Hogarth, and the Persian and Indian miniatures and Japanese prints I had admired so much while on an art fellowship in Europe. I had returned from my travels with a camera, ready to look for work and hoping that someday, after gaining experience, I would be able to work for the FSA.

In the search for a job I found that I was not alone. Thousands of people had been left without work during the Depression. The Roosevelt administration had started work relief programs for the unemployed, including artists, writers, actors, dancers, and musicians. I was taken on as a photographer by the Federal Arts

En 1940 tuve la suerte de conseguir empleo como fotógrafo en una organización única en la historia de la fotografía—la Sección Histórica de la Administración de Seguro Agrícola (Farm Security Administration). La FSA fue creada por la administración del Presidente Roosevelt con el propósito de ayudar a los agricultores y agregados que habían sufrido los efectos de la Gran Depresión y la terrible sequía que convirtió sus tierras en polvo. Para documentar el trabajo de la agencia, se organizó un grupo de fotógrafos quienes, bajo la dirección de Roy E. Stryker, debían viajar por todo el país tomando fotografías, no sólo de los agricultores y los agregados, sino también de todos los aspectos de las condiciones sociales del momento. De este modo, se convirtieron en los únicos fotógrafos de quienes tengo conocimiento, cuya única misión era dejar constancia de todo lo relacionado con la vida norteamericana.

Como estudiante de arte en la Academia de Bellas Artes en Philadelphia, yo había visto algunas de las fotografías de FSA en revistas y exhibiciones y estaba anonadado por su fuerza y elocuencia. Sentía que en esos retratos de la gente común había algo muy parecido a los dibujos y pinturas de Van Gogh, Daumier, Brueghel, Goya, y Hogarth, a las miniaturas persas e indias, y a los grabados japoneses que tanto admiré como becario de arte en Europa, de donde había regresado con mi cámara lista para buscar trabajo y con la esperanza de que algún día, después de adquirir experiencia, podría trabajar para la FSA.

En la búsqueda de un empleo me encontré conque no estaba solo. Miles de personas habían quedado desempleadas durante la depresión, por lo que la administración Roosevelt había

Project at $90 a month.

A photographer, in the eyes of the administration, was someone who could take good, clear pictures of Pennsylvania Dutch antique furniture and other objects of folk art. Although I considered this a perfectly respectable occupation, I was interested in photography of a different sort.

Not far from Philadelphia, in the anthracite coal-mining area, the mines had been shut down and the people, mostly of Polish origin, had been left with no other source of income. In desperation, men were entering the mines illegally, extracting coal and selling it wherever they could. This was called bootleg mining. My sympathies had always been with working people, perhaps because I knew how hard my parents worked all their lives to earn just barely enough to keep us from going hungry. I felt I understood something of the plight of the miners' families, and I proposed doing a documentary study of bootleg mining. It took some convincing, but the project was finally approved.

Pottsville, Pennsylvania, where I stayed with a miner's family for a month, was a grimy, dreary coal town with streets caving in and houses tilted because of the tunnels underground. I photographed the miners' families; old women and children gathering bits of coal in the scrap heaps around the mines; men barely able to breathe after a life of inhaling coal dust; other men and boys risking their lives by going into the abandoned mines where no safety measures existed; and others building makeshift equipment for hauling the coal to the surface. In the evenings we drank beer at the corner bar, where I learned to sing songs like "The Beer Barrel Polka" and "Where do ya worka, John? On da Delaware Lakawan'."

Back in Philadelphia, I prepared two books of coal mine prints to serve as my portfolio and installed an exhibition in a large gallery in the Pennsylvania Railroad Station. The show was widely reviewed in the press, and it also caught the attention of one of the great photographers of our time, Paul Strand. Encouraged by my success, I decided to seek my fortune in New York and, incidentally, to look for a young woman I had met in art school who was now living there. Her name was Irene and I hoped to marry her someday.

In New York I lived in a cold-water flat on West 18th Street,

creado una serie de programas de trabajo para éstas, incluyendo a los artistas, actores, bailarines, y músicos. Yo conseguí empleo en el Proyecto Federal de Arte (Federal Arts Project) con un salario de $90 mensuales.

Un fotógrafo, para la administración, era alguien que podía tomar fotografías buenas y claras de muebles antiguos de arte popular y otros objectos de arte folklórico. Aunque yo consideraba ésta como una respetable profesión, me interesaba la fotografía de otra índole.

Cerca de Philadelphia, en el área minera de carbón, las minas habían sido clausuradas y la gente, casi toda de origen polaco, había quedado sin ninguna clase de ingreso. Sumidos en la desesperación, los hombres penetraban en las minas ilegalmente, extraían el carbón y lo vendían donde podían. A esto se le llamó minería de contrabando. Siempre sentí una gran simpatía por los obreros, quizás porque sabía muy bien cuán afanosamente habían trabajado mis padres durante toda su vida para ganar apenas lo necesario para que no pasáramos hambre. Sentí que entendía algo de la situación de las familias de los mineros y propuse hacer un estudio documental de la minería de contrabando. Tomó algún tiempo convencer a la administración pero al fin me aprobaron el proyecto.

Pottsville, Pennsylvania, donde viví durante un mes con una familia de mineros, era un pueblo sucio y monótono con calles hundidas y casas ladeadas a causa de los túneles subterráneos. Fotografié las familias de los mineros; mujeres viejas y niños recogiendo pedacitos de carbón entre la basura acumulada en montículos; hombres que apenas podían respirar después de toda una vida inhalando polvo de carbón; otros hombres y niños arriesgando sus vidas al penetrar en las minas, en las que no existían ningunas medidas de seguridad; y otros construyendo equipo provisional con el propósito de arrastrar el carbón a la superficie. Por las noches, tomábamos cerveza en la barra de la esquina, donde aprendí a cantar canciones como "The Beer Barrel Polka" ("la Polka del barrilito"), y "Where do ya worka, John? On da Delaware Lakawan'."

De vuelta a Philadelphia, preparé dos libros de fotografías de mineros para utilizarlos como mi portafolio y monté una exposición en una galería muy grande en la estación de tren de la

heated by a charcoal stove in the living room. Whenever I was down to my last quarter the important decision was whether to spend it on a bag of charcoal or a meal at the Automat. My parents helped support me and, having found Irene, I often borrowed money from her. (Her father was unaware that some of his generous allowance had helped many an impoverished student at the Academy.) My apartment had a back porch on which I built a darkroom to work on the occasional assignments that came my way from charitable organizations such as the Red Cross and the United Fund. In winter I had to work in the darkroom wearing a hat, overcoat, and gloves. On some mornings I would find the photographic solutions frozen. But I was young and ambitious, and such minor inconveniences did not bother me.

By 1939 the work of Walker Evans, Dorothea Lange, and Ben Shahn was appearing frequently in magazines and newspapers. They became my heroes. I sent my coal-mining photographs to the FSA in Washington and applied for a job. I never did find out quite how it happened, but apparently I was already being recommended to Roy Stryker by fellow Philadelphians Edwin Rosskam and Marion Post, who were on his staff, and by Paul Strand. The answer from Washington, however, was, "Sorry, no openings available. Do not give up hope. Perhaps in the future."

Hoping and waiting, I earned a little money doing freelance jobs, which I would spend on books about filmmaking and on producing short experimental films, while Irene worked on murals for the New York World's Fair. Then one day in April 1940, a telegram from Stryker arrived. "Position available," it read. "Salary $2,300 a year plus mileage and per diem. Must have car and driver's license." I had never owned a car, I couldn't drive, and I had no license, but such problems seemed negligible. With yet another loan from Irene I bought an ancient Dodge convertible for $250, and a friend gave me driving lessons in the area around Times Square. That I am alive today is proof that God looks after fools and madmen.

My introduction to the FSA consisted of a long briefing session with Roy Stryker. He talked about the history of the organization, methods of work, administrative procedures, and photographic equipment. He cursed the bureaucrats who didn't appreciate what FSA was trying to do, and he loaded me down

compañía de Pennsylvania R.R. La exhibición fue muy comentada en la prensa y además, atrajo la atención de uno de los más famosos fotógrafos de nuestro tiempo, Paul Strand. Estimulado por mi éxito, decidí buscar fortuna en New York e incidentalmente, tratar de encontrar a una joven mujer a quien había conocido en la escuela de arte y que vivía allí. Su nombre era Irene y yo albergaba la esperanza de casarme con ella algún día.

En New York viví en un piso en la calle 18 oeste, sin agua caliente y con sólo una estufa de carbón en la sala para calefacción. Cuantas veces me encontraba con sólo una peseta en el bolsillo, tenía que hacer la importante decisión de gastarla en una bolsa de carbón o en una comida en el Automático. Mis padres me ayudaron a sostenerme y después de encontrar a Irene, muchas veces le pedí dinero prestado. (Su padre ni siquiera sospechaba que parte de su generosa mesada había ayudado a muchos estudiantes pobres de la Academia.) En la parte de atrás de mi apartamiento había un porche, que transformé en cuarto obscuro con el propósito de trabajar en las asignaciones fortuitas de algunas organizaciones de caridad como la Cruz Roja y Fondos Unidos, que me caían. Durante el invierno, trabajaba en el cuarto oscuro con sombrero, sobretodo y guantes. Algunas mañanas, encontraba heladas las soluciones fotográficas. Pero yo era joven y ambicioso y esas pequeñas inconveniencias no me molestaban.

Hacia 1939, los trabajos de Walter Evans, Dorothea Lange, y Ben Shan aparecían frecuentemente en revistas y periódicos. Ellos se convirtieron en mis héroes. Envié mis fotografías de los mineros a la FSA en Washington y solicité un trabajo. Nunca me enteré realmente cómo pasó todo, pero lo cierto es que aparentemente, Paul Strand y mis compueblanos de Philadelphia Edwin Rosskam y Marion Post, quienes estaban en el equipo de trabajo de Stryker, me habían recomendado a éste. Sin embargo, la contestación que me llegó de Washington fue: "Lo sentimos. No hay vacante. No pierda la esperanza. Quizás en el futuro."

Lleno de esperanzas, mientras esperaba, gané algún dinero haciendo trabajos independientes, que luego gastaba en libros sobre cine o en la producción de pequeños films experimentales, mientras Irene trabajaba en murales para la Feria Mundial de New York. Pero un día en 1940, llegó un telegrama de Stryker: "Empleo disponible. Salario $2,300 al año, mas millaje y dietas. Impre-

with books on history, economics, folklore, farming, forestry, and even a Department of Agriculture pamphlet on canning vegetables. I was then turned over to Ed Rosskam, who drove me around and acted as my guide and counselor on my trial assignments in the nearby countryside.

For my first major assignment Stryker sent me out to cover conditions in the migratory agricultural labor camps along the eastern states. Now that I had a steady job I decided it was time to settle my debts with Irene. So I asked her to meet me in the town of Accomac, on the eastern shore of Virginia, and I married her. Early the next day we began our honeymoon by following migrant workers into Delaware and New Jersey.

It was on these assignments in the southern states that, for the first time in my life, I came in contact with open and brutal racial prejudice. As a child in Philadelphia I had not been particularly aware of any racial discrimination. In public school I saw nothing unusual in having some classmates and teachers who were black. Later, reading about lynchings and brutalities, I was outraged and confused, but these things happened far away and did not touch me personally. But now, in Maryland, in Virginia, and even in Washington, I found signs reading "white only" or "colored only" at drinking fountains, washrooms, and waiting rooms at bus and railroad stations. Many restaurants did not admit blacks, and there was segregation in movie theaters, schools, and even churches. All this was new to me and made an indelible impression. The years to come would take Irene and me into many areas of the Deep South, where we were to learn much about what it meant to both whites and blacks to be entrapped in a racist society.

Another revelation that was to affect our future work had to do with what it meant to be a tiller of the soil. Growing up on the streets of a big city, I had never had any contact with agriculture.. For me, eggs, vegetables, meat, and eggs all came from the corner grocery—not from farms where men, women, and children toiled on the land and worried about the weather from year to year. The only trees I had known were a few scraggly pines that somehow managed to survive through holes in the concrete pavement. Like exotic animals kept in a zoo, open space and woodlands were preserved in a place called Fairmount Park where, by taking a long trolley ride, one could visit them on weekends or holidays. But now, on my first assignment for FSA, I was learning what the

scindible tener automóvil y licencia de conductor." Yo nunca había tenido un automóvil, no sabía conducir y no tenía licencia, pero esos problemas parecían insignificantes. Con otro préstamo de Irene, compré un viejo Dodge convertible por $250 y un amigo me dió lecciones de conducir en el área alrededor de Times Square. El hecho de que yo aún esté vivo es prueba de que Dios ampara a los tontos y a los locos.

Mi iniciación en la FSA consistió de una larga sesión informativa con Roy Stryker. Me habló de la historia de la organización, métodos de trabajo, procedimientos administrativos, y equipo fotográfico. Maldijo a los burócratas que no apreciaban lo que la FSA estaba tratando de hacer y me llenó de libros de historia, economía, folklore, agricultura, forestación, y hasta un folleto del Departamento de Agricultura sobre cómo enlatar vegetales. Después fui asignado a Ed Rosskan, quien actuó como mi guía y consejero en mis asignaciones de prueba en el campo cercano.

Mi primera misión de importancia fue investigar las condiciones de trabajo de los migrantes en los campamentos agrícolas a lo largo de los estados del este. Ahora que tenía un trabajo estable, decidí que era hora de poner al día mis cuentas con Irene. De manera que le pedí que se encontrara conmigo en el pueblo de Accomac, en la costa este de Virginia, y me casé con ella. Al día siguiente, muy temprano, comenzamos nuestra luna de miel yendo detrás de los obreros migrantes hacia el interior de Delaware y New Jersey.

Fue en esas misiones y en los estados del sur donde por primera vez en mi vida me topé con un abierto y total prejuicio racial. En Philadelphia, cuando era niño, nunca estuve particularmente consciente de ninguna discriminación racial. En la escuela pública nunca me pareció raro tener algunos compañeros y profesores negros. Después, en mis lecturas sobre linchamientos y brutalidades, me sentí confundido y violentado, pero esas cosas pasaban lejos y no me tocaban de cerca. Pero ahora en Maryland, en Virginia, y aún en Washington, encontré letreros que decían: "Sólo blancos" o "Sólo negros," en fuentes de agua, baños, salas de espera, y estaciones de tren y de autobús. Muchos restaurantes no admitían negros y existía segregación en cines, escuelas, y hasta en iglesias. Todo esto era nuevo para mí y me causó una impresión indeleble. El pasar de los años nos llevaría a Irene y a mí a muchas áreas sur adentro, donde aprendimos mucho sobre lo que signifi-

word "land" really meant to the farm families whose lives depended on its care and cultivation. What I used to think of as dirt was revealed as a precious resource to be nurtured, treasured, pampered, and protected.

With Irene as wife, companion, assistant, and critic, I traveled through all the states from Florida to Maine, photographing cotton plantations, tobacco farms, fruit orchards, agricultural fairs, the lives of farm families, sharecroppers, fishermen, migratory farm laborers, teachers, religious ceremonies, funerals, baptisms, every aspect of working people's lives. We did not know it at the time, but all this turned out to be preparation for our great adventure in Puerto Rico.

I had been with the FSA for a little over a year when one day, in Greene County, Georgia, I received a call from Roy Stryker. He told me that the governor of the Virgin Islands was preparing a report for Congress and was requesting the services of a photographer. Would I be interested in going? "And while you're down there," he added, "you might stop by Puerto Rico and take some shots of our program there, too." Of course I said yes. Then I went looking for a map to see where Puerto Rico was.

I arrived in San Juan at the end of November 1941 aboard the steamer *Coamo*. (The *Coamo* was torpedoed in 1942 and all the passengers and crew, 187 in all, were lost.) A representative from the FSA office led me to the Palace Hotel in Old San Juan, across the street from the city's tallest building in those days, the eight-story Banco Popular. A few days later, I joined a solemn little group around a radio in the lobby to hear President Roosevelt announce the Japanese attack on Pearl Harbor.

War or no war, however, I had an assignment to complete. In a cloth-covered, single-engine biplane, I took off from Isla Grande airport in San Juan for Charlotte Amalie in the Virgin Islands. After ten days of photographing conditions on St. Thomas and St. Croix, I received a cable that read, "AM AT PALACE HOTEL IN SAN JUAN STOP WHAT SHALL I DO STOP IRENE." The day after Pearl Harbor, Irene had booked passage on a freighter out of Baltimore and zigzagged through the submarine-infested seas for ten days in a convoy, clutching our little 16mm camera "to take some shots in case our ship was torpedoed," she later said.

The threat of German submarines seemed quite real. Blackout regulations were in effect, and the police were nervously

caba, tanto para blancos como para negros, el encontrarse atrapados en una sociedad racista.

Otra revelación que afectaría nuestro trabajo en el futuro se relacionaba con lo que significaba ser trabajadores de la tierra. Como había crecido en las calles de una gran ciudad, nunca tuve ningún contacto con la agricultura. Para mí, los huevos, los vegetales, la carne, venían de la bodega, no de fincas donde hombres, mujeres y niños se afanaban trabajando la tierra y vivían preocupados por las condiciones del tiempo. Los únicos árboles que había conocido eran unos pinos escuálidos que de algún modo, se las arreglaban para sobrevivir en unos agujeros en el pavimento. Como animales exóticos guardados en un jardín zoológico, los árboles se preservaban en un lugar llamado Fairmount Park, que se podía visitar durante los días de fiesta y los fines de semana tomando un paseo largo en el tranvía. Pero ahora, en mi misión para FSA, comprendí lo que realmente significaba la palabra "tierra" para las familias de los agricultores, cuyas vidas dependían de su cultivo y cuidado. Lo que a mí me había parecido suciedad se me reveló entonces como un precioso recurso que debía ser nutrido, atesorado, mimado y protegido.

Con Irene como esposa, compañera, asistente y crítica, viajé por todos los estados desde Florida a Maine, fotografiando plantaciones de algodón, fincas de tabaco, huertas de frutas, ferias de productos agrícolas, la vida de las familias campesinas y de los agregados, pescadores, trabajadores migrantes, maestros, ceremonias religiosas, funerales, bautismos, en fin, todos los aspectos de la vida del pueblo. En ese momento no nos percatamos, pero esa experiencia en realidad estaba preparándonos para nuestra gran aventura en Puerto Rico.

Había estado con FSA poco más de un año cuando un día, trabajando en Greene County, Georgia, recibí una llamada de Roy Stryker. Me informó que el gobernador de las Islas Vírgenes estaba preparando un informe para el Congreso y necesitaba los servicios de un fotógrafo: "¿Te interesaría ir? Y mientras estés allí"—añadía—"podrías parar en Puerto Rico y tomar algunas fotografías de nuestro programa en la isla." Por supuesto que acepté. Después fuí a buscar un mapa para ver donde quedaba Puerto Rico.

Llegué a San Juan a fines de noviembre de 1941 a borde del vapor Coamo, que un año después fue hundido por un submarino

watching for foreign spies. At the Penthany Hotel in Christiansted, Irene and I would draw our blackout curtains at night, changing film under blankets, and preparing our cameras for the next day's work by the light of a small flashlight. In spite of our precautions we were taken to the police station one day on suspicion of "signaling to a German submarine." Thanks to the intervention of the governor's office we were quickly released.

Our work in the Virgin Islands complete, we returned to San Juan. The FSA office provided us with transportation, ration coupons for gas, and a guide/interpreter, as we knew not a word of Spanish. Everything on the island seemed exotic and fascinating to us: the exuberant vegetation, the tropical night sounds in the woods, the Hispanic culture, the vibrant folk music, and the warmth and generosity of the people everywhere. We took hundreds of pictures of agriculture, industry (the little there was), transportation, and health and education facilities.

In both the impoverished countryside and the urban slums, living conditions were horrendous. We had been accustomed to the sight of poverty in the States, but never had we witnessed anything like this. What most impressed us, however, was the dignity, hospitality, gentleness, patience, indomitable spirit, and unquenchable sense of humor of the people in the face of the most appalling adversity. This was a favorite joke at the time: A husband sits down to lunch and complains to his wife, "What's the matter, woman? No meat today?" She replies, "Oh yes, there is. It's under that little grain of rice on your plate."

Our travels took us through every one of the seventy-six municipalities of the island, photographing coffee *haciendas*, tobacco farms, sugarcane fields, and grinding mills. We recorded the misery of *tiempo muerto,* the dead season, when the breathtaking, silvery fields of *guajana,* the sugarcane flower, obscured the ugly brutality of unemployment and want. And we witnessed the *zafra,* the sugar harvest, when men and oxen strained every muscle under the broiling sun and forty-three sugar mills spouted black smoke into the sky day and night. We mailed our film to Washington to be developed and received cables informing us that everything was turning out well.

Stryker felt we were staying away too long, but we didn't want to leave. Fortunately for us, arranging transportation was not easy. The Caribbean was swarming with German U-boats, and the

alemán, perdiendo la vida 187 personas. Un representante de FSA me llevó al Hotel Palace en el Viejo San Juan, al otro lado de la calle donde estaba el edificio de ocho pisos del Banco Popular, en aquel momento el más alto de la ciudad. Unos días después, me uní a un pequeño grupo en el vestíbulo del hotel para escuchar al presidente Roosevelt anunciar por la radio el ataque japonés a Pearl Harbor. Guerra o no, sin embargo, yo tenía que completar mi misión. En un biplano de un solo motor y con cubierta de tela, salí del aeropuerto de Isla Grande en San Juan hacia Charlotte Amalie, en las Islas Vírgenes. Después de diez días fotografiando las condiciones en St. Thomas y St. Croix, recibí un cable que decía: "Estoy en el Hotel Palace en San Juan punto Que debo hacer punto Irene." El día después de Pearl Harbor, Irene había sacado un pasaje en un carguero que salía de Baltimore y que había zigzagueado durante diez días en un mar infestado de submarinos detrás de un convoy, agarrando nuestra pequeña cámara de 16 mm "para tomar algunas fotos en caso de que nuestro barco fuera torpedeado," según confesó después.

La amenaza de los submarinos alemanes parecía muy real. Se pusieron en vigor los apagones y la policía buscaba espías extranjeros nerviosamente. En el Hotel Penthany en Christiansted Irene y yo corríamos nuestras cortinas de apagón por las noches, cambiábamos los rollos de película debajo de las sábanas y preparábamos nuestras cámaras a la luz de una pequeña linterna de bolsillo para el trabajo del día siguiente. A pesar de nuestras precauciones, un día nos llevaron a la estación de policía bajo sospecha de "hacer señales a un submarino alemán." Gracias a la intervención de la oficina del gobernador nos dejaron en libertad.

Una vez concluido nuestro trabajo en Islas Vírgenes, regresamos a San Juan. La FSA nos proveyó transportación, cupones de racionamiento para gasolina, y un guía intérprete, ya que no sabíamos ni una palabra en español. Todo en la isla nos pareció exótico y fascinante: la vegetación exuberante, los sonidos de los bosques en las noches tropicales, la cultura hispánica, la vibrante música folklórica, y la cordialidad y generosidad de la gente en todos sitios. Tomamos cientos de fotografías de la agricultura, de la industria (lo poco que había), la transportación, y las facilidades de salud y educación.

Tanto en los campos empobrecidos como en los arrabales urbanos, las condiciones de vida eran horrendas. Nosotros estába-

U.S. military personnel had priority. On the pretext of not being able to get passage, we kept delaying our departure. Finally, in March 1942, we took off in a seaplane from San Juan Bay and arrived in Miami, with stops in Santo Domingo, Haiti, and Cuba. During our three months we had taken more than 2,000 pictures, but we believed this was only a beginning. If the opportunity ever presented itself, we would surely come back.

Back in Washington, we found the city in a turmoil of war activity. A new agency, the Office of War Information, had taken over the staff and facilities of the FSA. The photographers were being sent to all parts of the country to document what the nation was doing in support of the war effort. My assignment was to show the participation of various ethnic and racial groups in the fight against Hitler. I photographed Poles, Russians, and Greeks in the steel mills of Pennsylvania; Scandinavian dairy farmers in Wisconsin and Minnesota; Polish and Jewish truck farmers in Connecticut and New Jersey; Portuguese fishermen in Rhode Island; blacks and women working in industries that had never accepted them before; and railroad workers in freight yards from Chicago to the West Coast.

Just as in the early FSA days, we were also documenting the problems of thousands of migratory workers and displaced persons. These people were mainly construction workers with families living in trailer camps and shantytowns near shipyards, aircraft factories, or new army installations. The displaced were people whose land had been taken over by the government for army camps or training areas.

In a desolate area cleared for an army camp near Watertown, New York, I remember taking a picture that illustrates something significant about what we call documentary photography. It simply shows the interior of an abandoned wooden schoolhouse, with a blackboard on which a childish hand had written these words:

> I have swept and put things the way they used to be. I hope the government does not destroy the old building. It has been a good school to everyone around here that I know of and everyone seems to like it here. They took the seats, drawers, and articles away but it is still the same old schoolhouse we went to. We are all moving away now. I will miss some of our neighbors. Maybe it will do the

mos acostumbrados a ver pobreza en los Estados Unidos, pero nunca habíamos visto nada igual. Sin embargo, lo que más nos impresionó fue la dignidad, la hospitalidad, la gentileza, la paciencia, el espíritu indomable, y el inextinguible sentido de humor de la gente ante la adversidad más espantosa. Este era uno de los chistes favoritos del momento: "Un hombre se sienta a la mesa y le dice a su mujer: "¿Qué pasa, mujer? ¿No hay carne hoy?" Ella le contesta: "Oh, sí, hay. Está debajo de ese granito de arroz que hay en tu plato."

Nuestros viajes nos llevaron a cada uno de los setenta y seis municipios de la isla, donde fotografiamos haciendas de café, fincas de tabaco, campos de caña de azúcar y molinos. Registramos la miseria del tiempo muerto o el invernazo, cuando el espectáculo impresionante de los campos de caña cubiertos de guajanas mitigaba la horrible brutalidad del desempleo y la necesidad. Y fuimos testigos de la zafra, la cosecha del azúcar, cuando hombres y bueyes se esforzaban al máximo bajo el sol candente y cuarenta y tres centrales azucareras escupían día y noche humo negro hacia el cielo. Enviamos nuestros rollos de película a Washington para que los revelaran y recibimos cables en que nos informaban que todo estaba saliendo bien.

Stryker pensaba que nos estábamos demorando mucho, pero nosotros no queríamos irnos. El Caribe estaba lleno de submarinos alemanes y el personal militar tenía prioridad en viajes aéreos. Con el pretexto de que no conseguíamos pasaje, demoramos nuestra partida. Finalmente, en marzo de 1942, tomamos un hidroavión en San Juan y llegamos a Miami, después de hacer paradas en Santo Domingo, Haití, y Cuba. Durante esos tres meses, habiamos tomado alrededor de 2,000 fotografías, pero pensábamos que eso era sólo el comienzo. Si se presentara alguna oportunidad, era seguro que regresaríamos.

De vuelta en Washington, encontramos la ciudad agitada con actividad bélica. Una nueva agencia, la Oficina de Información de Guerra, había tomado el personal y las facilidades de la FSA y enviaba a los fotógrafos a todas partes de la nación con el propósito de documentar lo que el país estaba haciendo para apoyar al esfuerzo de guerra. Mi trabajo sería documentar la participación de varios grupos étnicos y raciales en la lucha contra Hitler. Fotografié polacos, rusos y griegos en las fábricas de acero; escandinavos en sus lecherías en Wisconsin y Minnesota; polacos y judíos

> government more good than it did us. Well, I am going now and shall never be in this part *[sic]* again. I live in South Rothen. My name is Mabel Simson, Watertown, N.Y. RFD #1.

Judged solely as an image, the photograph is certainly not a work of art, but to me that doesn't really matter when measured against the eloquence of those simple words.

My travels for the Office of War Information were interrupted when President Roosevelt decided that my services were indispensable to winning the war. ("Greetings," his summons began.) I was put through basic training in the U.S. Army Corps of Engineers, where we were taught to be "tougher than the Marines," and then three months in an Air Force Officers training school, from which, as a "90-day wonder," I emerged sprouting Air Force wings and sporting a natty, tailored uniform with shiny second lieutenant's bars. After being bounced around from one branch of the service to another, I ended up in a special photographic unit of the Air Transport Command, of which the commanding officer was none other than Pare (now Major) Lorenz, the noted filmmaker whom I knew from FSA days. And I was delighted to find

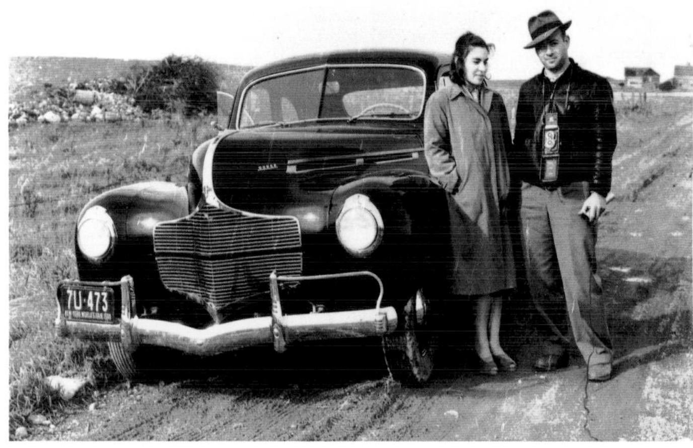

Irene and Jack Delano in Aroostook County, Maine, 1941

■

Irene y Jack Delano en Aroostook County, Maine, 1941

en sus fincas de vegetales y frutos menores en Connecticut y New York; pescadores portugueses en Rhode Island; negros y mujeres trabajando en industrias en las que nunca antes los habrían aceptado; y trabajadores del ferrocarril desde Chicago a la costa del oeste.

Como sucedió en los primeros días de la FSA también ahora nos dedicamos a documentar los problemas de miles de trabajadores migrantes y personas desplazadas. Estos eran sobre todo obreros de la construcción con familias que vivían en campamentos de remolques y en chozas cerca de astilleros, fábricas de aviones o nuevas instalaciones del ejército. Los desplazados eran aquellos a quienes el gobierno les había quitado sus tierras para establecer en ellas campamentos del ejército o áreas de entrenamiento.

En un área desolada que había sido preparada para un campamento del ejército cerca de Watertown, New York, recuerdo haber tomado una fotografía que ilustra algo muy importante sobre lo que llamamos fotografía documental. Simplemente presenta el interior de una escuela abandonada de madera, donde hay una pizarra en la que manos infantiles habían escrito:

> He barrido y he puesto las cosas como solían estar. Espero que el gobierno no destruya este viejo edificio. Ha sido una buena escuela para todos los que yo conozco y todos parecen quererla. Se llevaron los asientos, los escritorios y todos los artículos, pero continúa siendo la misma vieja escuela a la que todos asistimos. Ahora nos vamos todos. Echaré de menos a algunos de mis vecinos. Quizás le sirva al gobierno más de lo que nos sirvió a nosotros. Bueno, ahora me voy y nunca volveré aquí. Vivo en South Rothen. Mi nombre es Mabel Simpson, Watertown, N.Y., R.D.F.

Juzgándola sólo como una imagen, esta fotografía no es, por cierto, una obra de arte, pero para mí eso no importa si se tiene en cuenta la elocuencia de esas sencillas palabras.

Mis viajes para la Oficina de Información de Guerra se interrumpieron cuando el Presidente Roosevelt decidió que mis servicios eran indispensables para ganar la guerra. ("Saludos," decía su mensaje.) Me enviaron para el entrenamiento básico al Cuerpo de Ingenieros del Ejército, donde nos enseñaban a ser "más rudos que los Marinos," y luego estuve tres meses en una escuela de

that former FSA photographer Russell (now Captain) Lee was also a member of the unit.

Irene spent most of the war years as a civilian employee of the Air Force, designing posters, booklets, magazines, and training manuals for pilots and maintenance crews. In 1946, while waiting for my discharge from the army, we received the news that the John Simon Guggenheim Memorial Foundation had approved my application for a grant to produce a book of photographs on Puerto Rico. That's all we needed to know. Expecting to return in a year, we sublet our New York apartment and took off on the first ship for San Juan.

A different spirit now seemed to animate people everywhere on the island. New social programs were getting under way. The governor was Rexford G. Tugwell, whom we had known when he was in Washington. And to welcome us back were two people, Ed and Louise Rosskam, who had helped me so much when I was starting out at the FSA. Ed had been instrumental in setting up a photographic project attached to the governor's office, patterned somewhat after the FSA. Both he and Louise had already taken a great number of photographs and started an excellent picture file. Charles Rotkin, who had served in the army in Puerto Rico, stayed on to organize a fine laboratory and contribute to the file with many photographs, including a great number of aerial shots. With the approval of the Guggenheim Foundation I postponed my book project and joined the group as a photographer for what was called the Office of Information of the Government.

During the months that followed, with Irene's help, I photographed aspects of Puerto Rico we had only touched on before: the railroad (no longer in existence), hospitals, schools, folklore, customs, tobacco and coffee production, new industries, and always more people—about 2,000 pictures in all. The negatives from this period, together with those by the Rosskams, Rotkin, and a few Puerto Rican photographers, are today stored in the General Archives of the Institute of Puerto Rican Culture in San Juan. As far as I know, this collection, together with the FSA material the Library of Congress acquired after the war, represents the largest body of work on Puerto Rico in the forties.

The early forties were exciting times in Puerto Rico. Idealistic young men in government, spurred on by an imaginative, charismatic political leader, Luis Muñoz Marín, and by the New Deal

entrenamiento de la Fuerza Aérea, de donde salí "como una maravilla de 90 dias" luciendo las alas de la Fuerza Aérea, lustrosas barras de segundo teniente, y un elegante y entallado uniforme. Después de rebotar de una rama del ejército a otra, terminé en una unidad especial de fotografía del comando de la Fuerza Aérea, en la que el oficial era nada menos que Pare (ahora comandante) Lorenz, el conocido cineasta a quien conocía desde los tiempos de la FSA. Y también me llené de alegría al encontrar que el fotógrafo de FSA Russel (ahora capitán) Lee también era miembro de esa unidad.

Irene pasó la mayor parte de los años de guerra como una empleada civil de la Fuerza Aérea, diseñando carteles, folletos, revistas, y manuales de entrenamiento para pilotos y cuadrillas de mantenimiento. En 1946, mientras esperaba para mi licenciamiento del ejército, recibimos la noticia de que la Fundación John Simon Guggenheim había aprobado mi solicitud de una beca para hacer un libro de fotografías sobre Puerto Rico. Eso era todo lo que necesitábamos saber. Como esperábamos regresar dentro de un año, subarrendamos nuestro apartamiento de New York y tomamos el primer barco que salía para San Juan.

Un espíritu diferente parecía animar a la gente en toda la isla. El Gobernador era Rexford Guy Tugwell, a quien habíamos conocido cuando estaba en Washington. Y para darnos la bienvenida, estaban Ed y Louise Rosskam, quienes tanto me habían ayudado cuando yo comenzaba en la FSA. Ed había tomado la iniciativa de preparar un proyecto de fotografía adscrito a la oficina del gobernador, para el que se tomó como ejemplo el de la FSA. Tanto él como Louise habían tomado un gran número de fotografías y habían comenzado un excelente archivo. Charles Rotkin, quien había servido al ejército en Puerto Rico, se quedó para organizar un magnífico laboratorio y contribuir al enriquecimiento del archivo con muchas fotografías, incluyendo un gran número de tomas aéreas. Con la aprobación de la Fundación Guggenheim, pospuse el proyecto del libro y me uní al grupo como fotógrafo para la que se llamó Oficina de Información del Gobierno.

Durante los meses siguientes, y con la ayuda de Irene, tomé fotografías de algunos aspectos de Puerto Rico que antes sólo habíamos tocado: el ferrocarril (que ya no existe), hospitales, escuelas, folklore, costumbres, el tabaco y el café, las nuevas indu-

ideas of Rex Tugwell, were experimenting with all sorts of innovative projects in agriculture, planning, industrialization, housing, and education. "Illiteracy is extremely high," Muñoz told us, "and the average level of formal schooling is about third grade. Even if we spent the entire government budget on orthodox methods of education, we couldn't do a decent job. Invent something new. Bring me some ideas, and soon." The result was the Division of Community Education, first headed by Rosskam, with Irene in charge of setting up a graphics workshop to produce posters, leaflets, and profusely illustrated booklets and with me to organize a documentary film production department. There was so much to do, the work so challenging, the people so responsive to our efforts and so appreciative, that we let one thing lead to another without a thought of going back to New York.

Meanwhile, our FSA photographs had taken on a life of their own. In 1977 a young anthropologist in Charleston, South Carolina, organized an exhibition of photographs I had taken in the nearby Santee-Cooper River basin of people being forced off the land because of the construction of a government dam. I was invited as a lecturer. In Connecticut, a Norwich newspaper called to say they were publishing my 1940 photographs of the Crouch family at Thanksgiving dinner with a follow-up story of the family today. In Bath, Maine, the feature section of a newspaper was devoted to my photographs of the Bath shipyards in 1943, together with present-day pictures and a telephone interview with me. Perhaps it was the constant recurrence of cases of this sort that got us thinking about the possibility of photographing the Puerto Rico of the present to compare with what we had seen forty years before. With the encouragement of several friends who knew our work, we applied for a research grant from the National Endowment for the Humanities.

Seldom had I seen such a big grin on Irene's face as the day in 1979 when she came back from fetching the mail at our roadside mail box. Waving a letter in her hand, she shouted, "We got it! Jack, we got it!" Now, just as in the old days, we were on the road again, a little less innocent, a little less naive, but perhaps a bit more mature if not more wise. We saw things not with the wide-eyed fascination of amiable young outsiders but with the critical insight that comes from a long, intimate relationship among friends. Off

strias, y más gente—como 2,000 fotografías. Los negativos de ese período, junto con las de los Rosskam, Rotkin, y de algunos fotógrafos puertorriqueños, están actualmente en el Archivo General del Instituto de Cultura Puertorriqueña en San Juan. Según tengo entendido, esta colección, junto con el material de la FSA que la Biblioteca del Congreso adquirió después de la guerra, representa el trabajo más abarcador sobre el Puerto Rico de los años cuarenta.

Los primeros años de esa década fueron tiempos estimulantes en Puerto Rico. Muchos jóvenes idealistas en el gobierno, espoleados por un líder político imaginativo y carismático, Luis Muñoz Marín, y por las ideas del Nuevo Trato de Rex Tugwell, estaban experimentando con todo tipo de proyectos innovadores en agricultura, planificación, industrialización, vivienda y educación. "El analfabetismo es extremadamente alto," nos dijo Muñoz, "y el nivel promedio es como de tercer grado. Aunque gastáramos todo el presupuesto del gobierno en métodos ortodoxos de educación, no podríamos hacer un trabajo decente. Inventen algo nuevo. Traiganme algunas ideas, y pronto." El resultado fue la División de Educación de la Comunidad, dirigida en sus comienzos por Rosskam, con Irene a cargo de la creación de un taller de gráficas para producir carteles, panfletos y folletos profusamente ilustrados, y yo para organizar un departamento de producción de películas. Había tanto que hacer, el trabajo era tan retador, la gente estaba tan interesada y apreciaba tanto nuestros esfuerzos, que dejamos que cada cosa nos llevara a otra sin pensar siquiera en regresar a New York.

Mientras tanto, nuestras fotografías de la FSA habían tomado vida propia. En 1977 un joven antropólogo en Charleston, Carolina del Sur, organizó una exhibición de fotografías que yo había tomado cerca de la represa del río Santee-Cooper, de gente que era expulsada de su tierra porque el gobierno iba a construir una represa. A mí me invitaron además como conferenciante. Desde Connecticut, un periódico de Norwich llamó para decirme que iban a publicar mis fotos de 1940 de la cena de la familia Crouch el día de Thanksgiving, para compararla con la misma hoy. En Bath, Maine, le dedicaron la sección más importante de un periódico a mis fotografías de 1943 del astillero de Bath, junto con fotos de actualidad y una entrevista telefónica que me habían

we went, carrying many of the old pictures with us to help find the same places and perhaps even the same people we had photographed in the forties.

Wherever we went, people responded enthusiastically and offered their help as soon as we explained the purpose of our project. One little old woman in the country seemed especially interested when I pointed out that I had taken pictures in her neighborhood forty years ago and had now come back to photograph the changes that had taken place. Her eyes twinkled as she listened and nodded her head. But I must have repeated the idea of "forty years" too often, for when I finished speaking she smiled and said, "Oh, I understand. So you come back every forty years."

On the outskirts of the town of Cidra we searched for the little wooden schoolhouse where we had photographed children in class. It was now a sprawling concrete junior high school. None of the young teachers recognized the portrait of the little girl we showed them. But one teacher said, "Let me call my husband. He has lived all his life in this neighborhood." After one look the man said, "Why, of course. That's Rosin Casillas. She runs that little fruit stand down the road." We found Rosin, as lovely and charming as the child we remembered from long ago, and now the mother of four children of her own.

Driving through the town of Guayanilla, we stopped by a group of young men in front of a bar to ask if they could help us identify a street in one of the old photographs. One of them, noticing that Irene had more pictures in her lap, said, "Park over there, lady. We want to see the other photos, too." Soon we were surrounded by a large crowd of young and old passersby, who joined the group to have a look as the pictures were circulated. When I showed concern about losing some of them the word went, "Careful with those pictures! They're worth a million!" (the advertising slogan of a popular beer). People thanked us for "taking the trouble to record the history of our town," and we received invitations to come in for a beer and offers to help locate the people in some of our portraits. One young woman, a schoolteacher, said, "You sure are lucky to be doing this kind of work." We agreed.

As we went back to the familiar places and saw the dramatic changes that had taken place on the island, we could not help

hecho. Quizás fue la recurrencia de casos de este tipo lo que nos hizo pensar en la posibilidad de documentar el Puerto Rico del momento para compararlo con el de cuarenta años atrás. Con el estímulo de muchos amigos que conocían nuestro trabajo, solicitamos una subvención para investigación a la Fundación Nacional de las Humanidades.

Pocas veces había visto en Irene la amplia sonrisa de aquel día de 1979, cuando regresó de recoger la correspondencia del buzón de la orilla del camino y gritaba: "¡Nos lo dieron, Jack, nos lo dieron!" Y otra vez, como en los viejos tiempos, nos encontramos en la carretera, quizás un poco menos inocentes, menos cándidos, pero posiblemente un poco más maduros, si no más sabios. Veíamos las cosas, no con los ojos de asombro y fascinación de jóvenes extranjeros, sino con la comprensión crítica que nace de una larga e íntima relación entre amigos. Nos fuimos llevando muchas de las viejas fotografías que quizás nos ayudarían a encontrar los mismos lugares y hasta las mismas personas que habíamos retratado en los años cuarenta.

Adonde quiera que llegábamos, la gente nos respondía con entusiasmo y nos ofrecía su ayuda tan pronto les explicábamos el propósito del proyecto. Una pequeña viejita campesina parecía especialmente interesada cuando le expliqué que había estado allí tomando fotografías hacía cuarenta años y que había vuelto para fotografiar los cambios que habían ocurrido desde entonces. Sus ojos brillaban mientras escuchaba y cabeceaba. Pero parece que yo repetí demasiadas veces lo de cuarenta años, porque cuando terminé de hablar, sonrió y me dijo: "¡Oh! ya entiendo. De manera que usted viene cada cuarenta años."

En las afueras del pueblo de Cidra nos dimos a la tarea de buscar la pequeña escuela de madera en la que habíamos fotografiado niños en una clase. Ahora era una extensa escuela intermedia de concreto. Ninguno de los jóvenes maestros reconoció el retrato de una pequeña niña. Pero una maestra dijo: "Déjeme llamar a mi esposo. El ha vivido en este vecindario durante toda su vida." Este miró la foto una sola vez y dijo: "Por supuesto. Esa es Rosin Casillas. Ella tiene un puesto de frutas a la orilla de la carretera." Encontramos a Rosin, tan bonita y encantadora como la niña a quien nosotros recordábamos, aunque ahora madre de cuatro niños.

reflecting on the changes in the whole world since 1941: millions of people killed in the most disastrous wars of all time; the breaking up of colonial empires and the birth of new nations full of hope; the creation of new social and political systems different from ours; the struggle for the improvement of race relations and respect for minorities; the development of new modes in music and the other arts; the incredible advances in technology (plastics, electronics, computers, television, flights into space—all merely dreams in the forties), and, of course, the nuclear bomb, the nightmare of today. Yet there remained, through all these upheavals, our early images of Puerto Rico, as if frozen in time. Looking at them after four decades, with all the memories they brought back, how could we not feel that photography was indeed a most marvelous invention? As images of the present preserved for the future, all photographs are important historical documents.

Irene was already showing the effects of the illness that would kill her within two years, but she insisted on doing her share of the work: organizing and classifying the early material, preparing our itinerary, conducting the interviews with people I was photographing, and evaluating our progress. I was somewhat inclined to accept pictures for their historical interest even if they sometimes did not measure up to our artistic standards, but she was adamant. "If it's no good, it's no good," she would say of a shot I had struggled to get. "Kill it." Often the result was a compromise.

In selecting the pictures, we did not start out with the concept of the "Contrasts" exhibition, but rather simply aimed to show a comparison between the old and the new. But as we edited, the comparisons of all sorts seemed so striking that, inevitably, "Contrasts" suggested itself as the title of the project.

The result of our work was presented in 1982 in an exhibition at the University of Puerto Rico, made possible by a grant from the Puerto Rico Endowment for the Humanities. The show has since traveled widely through the island and has also been seen in New York, Buenos Aires, and Caracas, prompting numerous reviews, seminars, forums, newspaper articles, and television programs. Portraits occupied an important place in the exhibition, simply because the people and their environment have always been our primary concern. After all, we had remained in Puerto Rico all those years not because of its delightful climate and beautiful beaches but because of the special quality of its people.

En otra ocasión, al pasar por el pueblo de Guayanilla, nos detuvimos al lado de un grupo de hombres que charlaban frente a un cafetín para preguntarles si podían identificar una calle en una de nuestras fotos. Uno de ellos, al ver que Irene tenía más en su falda, le dijo: "Parquéese aquí, señora. Queremos ver las otras también." Pronto nos encontramos rodeados de un grupo de jóvenes y gente mayor que al pasar, también se unieron al grupo para mirar las fotografías. Cuando yo me mostré ansioso pensando que podía perder alguna, los muchachos lanzaron el grito: "Cuidado con esas fotos. Valen un millón"—el lema de una marca de cerveza. Todos nos dieron las gracias por habernos tomado el interés de documentar la historia de su pueblo, nos invitaron a tomar cerveza y ofrecieron ayudarnos a localizar a algunas de las personas que aparecían en los retratos. Una mujer joven, maestra de escuela, nos dijo: "Son ustedes afortunados al poder hacer este trabajo." Naturalmente, estuvimos de acuerdo.

A medida que regresábamos a aquellos lugares familiares y nos percatábamos de los cambios dramáticos que habían ocurrido en la isla, no podíamos dejar de reflexionar sobre las profundas transformaciones que habían tenido lugar en todo el mundo a partir de 1941; miles de personas muertas en la guerra más desastrosa de todos los tiempos; la caída de los imperios coloniales y el nacimiento de naciones jóvenes llenas de esperanzas; la creación de nuevos sistemas sociales y políticos diferentes de los nuestros; la lucha por el mejoramiento de las relaciones internacionales y el respeto por las minorías; el surgimiento de nuevas modas en la música y en todas las artes; el increíble progreso en la tecnología (los plásticos, la electrónica, las computadoras, la televisión, los vuelos al espacio—todos meros sueños en los cuarenta), y por supuesto, la bomba nuclear, la pesadilla de nuestro tiempo, Sin embargo, allí estaban, a pesar de todos estos cataclismos, nuestras primeras imágenes de Puerto Rico, como detenidas en el tiempo. Mirándolas después de cuatro décadas, con todos los recuerdos que nos traían, ¿cómo no pensar que la fotografía era realmente una invención maravillosa? Como imágenes del presente preservadas para el futuro, todas las fotografías son importantes documentos históricos.

Irene estaba ya sintiendo los efectos de la enfermedad de la que finalmente moriría al cabo de dos años, pero insistía en hacer su parte del trabajo: organizar y clasificar el material anterior,

There are no more thatched-roof huts, no more company towns. Yes, much has changed since those early days. Small plots of marginal land *(parcelas)* have been distributed by the government year after year to people with no land of their own. Food stamps help to feed the needy. Public health clinics are not far away, though it may take hours of waiting to get attention. Subsidized housing, electricity, and a public water supply exist except in the most isolated areas. Universities and technical schools abound, with regional colleges in many towns. People now take these services for granted and are likely to picket and protest over any deficiencies. But many old problems remain—unemployment, a shortage of housing, crowded and deteriorated schools and medical centers—and many new problems have arisen during the period of rapid industrialization: rampant crime, drug addiction, urban congestion, pollution of the environment, and corruption in and out of the government.

To confront these conditions people, too, have changed. Perhaps symbolic is the typical picket line of today: people in high spirits shouting slogans and singing to the beat of a salsa band or a *plena* group as they march defiantly under the eyes of the police. Such scenes contrast with the solemn processions of strikers we had seen in the forties, walking through the streets in silence and in proper order as if to create any disturbance were an act of poor breeding. We found people today to be more outspoken, more assertive in their demands for social justice, more aggressive in the struggle for their rights, and far more confident in their own power to affect the course of their future. Do these changes mean that the traditional moral values of decency and respect for one's neighbors *(respeto al prójimo)* are being lost? I don't think so. We still found them, though less in the cities than in the countryside. Some of our Puerto Rican friends are, however, less optimistic than I am.

Art is long, life is short, the old saying goes. Irene died in 1982, but our photographs did not die; they continue to live on in the files of the Library of Congress and the Institute of Puerto Rican Culture. Again and again they are resurrected to appear in books, magazines, newspapers, and television documentaries, to remind us of what things were like more than forty years ago.

Not long ago I found a letter in my mailbox postmarked El Paso, Texas. The letter was written in pencil on school notebook

preparar nuestro itinerario, hacer entrevistas a personas a quienes yo retrataba, y evaluar nuestro progreso. Yo estaba hasta cierto punto dispuesto a aceptar algunas fotos sólo por su interés histórico aunque a veces no llenaran nuestras exigencias artísticas, pero ella era inexorable: "Si no es buena, no es buena," decía a veces, de una toma que me había costado mucho hacer. "Descártala." Muchas veces, al final llegábamos a un acuerdo.

Al seleccionar las fotografías, no comenzamos con el concepto de una exhibición de contrastes, sino más bien nos proponíamos presentar una comparación entre lo viejo y lo nuevo. Pero mientras editábamos, las comparaciones de todo tipo parecían tan sorprendentes que, inevitablemente, el nombre de Contrastes surgió como título para nuestro proyecto.

El resultado de nuestro trabajo se presentó en 1982 en una exhibición en la Universidad de Puerto Rico, con el auspicio de la Fundación Puertorriqueña de las Humanidades. Desde entonces, la exhibición ha sido llevada a New York, Buenos Aires y Caracas, y ha sido objecto de muchas reseñas, seminarios, foros, artículos, periódicos, y programas de televisión. Los retratos ocuparon un lugar importante, simplemente porque la gente y el ambiente que les rodea siempre fueron nuestro principal interés. Después de todo, habíamos permanecido en Puerto Rico todos esos años, no por su maravilloso clima y hermosas playas, sino por la calidad de su gente.

Ya no hay bohíos con techos de paja, ya desaparecieron las escuálidas barracas de las compañías azucareras para los trabajadores agrícolas, las llamadas "colonias." Sí, muchas cosas han cambiado desde aquellos días lejanos. Año tras año, el gobierno ha ido distribuyendo pequeñas parcelas a quienes carecen de tierra propia. Los cupones para alimentos ayudan a mantener a los necesitados. Las clínicas de salud no están lejos, aunque a veces haya que esperar horas para recibir atención. Con excepción de las áreas más aisladas, existen viviendas subsidiadas, servicio de electricidad y agua potable. Abundan los colegios tecnológicos y las universidades y hay colegios regionales en muchos pueblos. Ya la gente da por sentada la existencia de estos servicios y suele piquetear y protestar por cualquier deficiencia. Pero muchos de los viejos problemas persisten—el desempleo, la escasez de vivienda, las escuelas y centros médicos congestionados y deteriorados, y muchos nuevos problemas que han surgido durante el período de

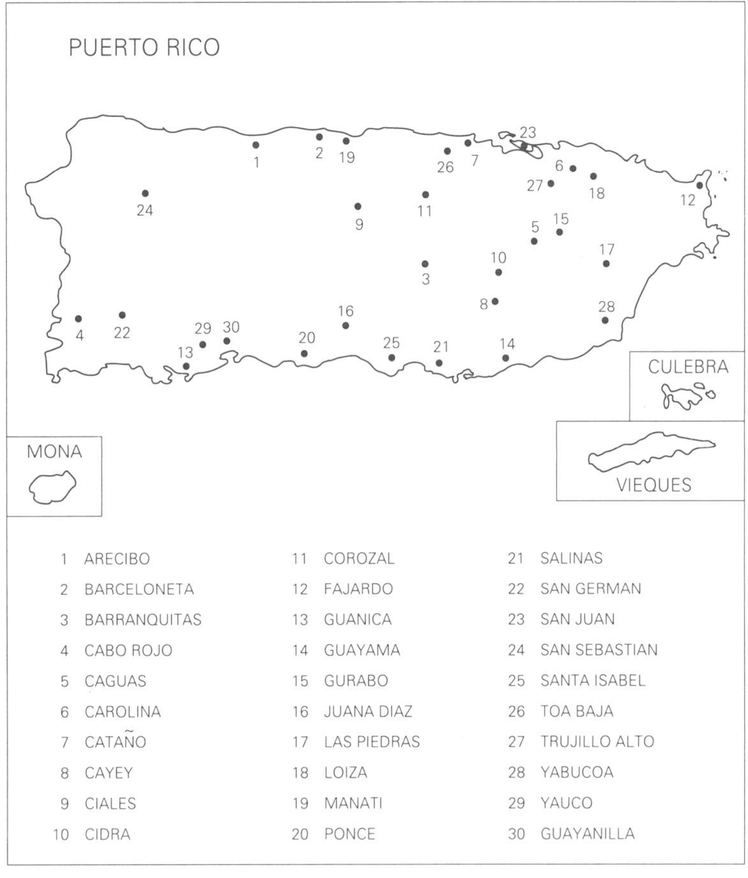

Map of Puerto Rico, showing towns mentioned in this book

■

Mapa de Puerto Rico, en el cual aparecen pueblos que se mencionan en el libro

paper and had many grammatical errors. "Dear Mr. Delano," it began. "I am fourteen years old and when I grow up I want to be a photographer like you. . . ." (Well, I decided right there, this is a letter I *must* answer.) The boy went on to explain, in two long pages, that he came from a poor family; his mother worked in a shirt factory; that he had started taking pictures but his camera was stolen, and he was saving up for another one; that he had found some FSA pictures in books at the library while writing a school paper on the Great Depression; and that he was asking for my autograph because he liked the pictures so much. I am generally a

industrialización rápida—el crimen desenfrenado, la adicción a las drogas, la congestión urbana, la contaminación del ambiente, y la corrupción dentro y fuera del gobierno.

Para poder enfrentarse a estos problemas, la gente también ha cambiado. Quizás simbólico de esto es la línea de piquetes que puede verse en nuestros días: gente alterada, gritando consignas y cantando al son de una banda de salsa o de un grupo de plena mientras marchan desafiantes ante la presencia de la policía. Estas escenas son muy diferentes de aquellas procesiones solemnes de huelguistas, marchando por las calles en silencio y en perfecto orden, como si crear algún disturbio fuera un acto de mala educación, que habíamos visto en los años cuarenta. Hoy nos encontramos conque la gente se atreve a hablar, es más asertiva en sus demandas de justicia social, más agresiva en la lucha por sus derechos y más segura de su propio poder para cambiar el curso de su futuro. ¿Significan estos cambios que los valores morales tradicionales de decencia y respeto al prójimo se están perdiendo? No lo creo. Todavía los encontramos, aunque más en el campo que en las ciudades. Sin embargo, algunos de nuestros amigos puertorriqueños son menos optimistas que yo.

La vida es corta, pero el arte es eterno, dice un viejo adagio. Irene murió en 1982, pero nuestras fotografías no han muerto; continúan viviendo en los archivos de la Biblioteca del Congreso y del Instituto de Cultura Puertorriqueña. Una y otra vez cobran vida para aparecer en libros, en revistas, en periódicos, y en documentales para televisión, para recordarnos cómo eran las cosas hace cuarenta años.

No hace mucho tiempo, encontré en mi buzón una carta sellada en El Paso, Texas. Estaba escrita a lápiz, en papel de libreta escolar, y tenía muchos errores gramaticales. Comenzaba así: "Mi querido señor Delano: Tengo catorce años y cuando crezca quiero ser fotógrafo como usted." (Bueno, decidí en aquel instante, esta es una carta que tengo que contestar.) El niño continuaba explicando, en dos largas páginas, que venía de una familia pobre: su madre trabajaba en una fábrica de camisas; que había empezado a tomar fotografías, pero le habían robado su cámara y que estaba ahorrando para comprar otra; que había encontrado algunas fotos de la FSA en algunos libros mientras investigaba en la biblioteca con el propósito de escribir un trabajo para la escuela sobre la Gran Depresión; y que quería que le

poor correspondent but such flattery was irresistible. I sent him a signed print and a letter with several questions. One of them was, "What is it that you like about FSA pictures?" His next letter was euphoric. He was making a cherry wood frame for the picture to leave for his children and grandchildren. His thanks were effusive, and in answer to my question he wrote, "I like the pictures because they make ordinary people important."

To enrich the human spirit in some measure seems to me to be the purpose of all art. If any of our work has come close to doing that for anyone, anywhere, at any time, then I am more than satisfied. I know that Irene would be, too.

JACK DELANO

mandara mi autógrafo porque le habían gustado mucho mis fotografías. Yo suelo ser muy vago para escribir, pero tal lisonja era irresistible. Le mandé una fotografía firmada y una carta con varias preguntas. Una de ellas era: ¿Qué fue lo que más te gustó de las fotografías de la FSA? Su próxima carta fue eufórica. Estaba haciendo un marco de madera de cerezo para el retrato, que quería dejar a sus hijos y nietos. Me daba las gracias efusivamente y en respuesta a mi pregunta escribió: "Me gustan las fotos porque en ellas la gente común adquiere importancia."

Enriquecer el espíritu humano en alguna medida es, para mí, el propósito de todo el arte. Si algunos de nuestros trabajos ha logrado hacer esto por alguien, en algún lugar, en algún tiempo, entonces me siento más que satisfecho. Estoy seguro de que Irene también se sentiría así.

JACK DELANO

THE PHOTOGRAPHS ▪ LAS FOTOGRAFIAS

⊡ indicates an image for which additional text appears in "The Voices," starting on page 223.

⊡ indica una imagen para la cual aparece texto adicional en "Las Voces," empezando en la página 223.

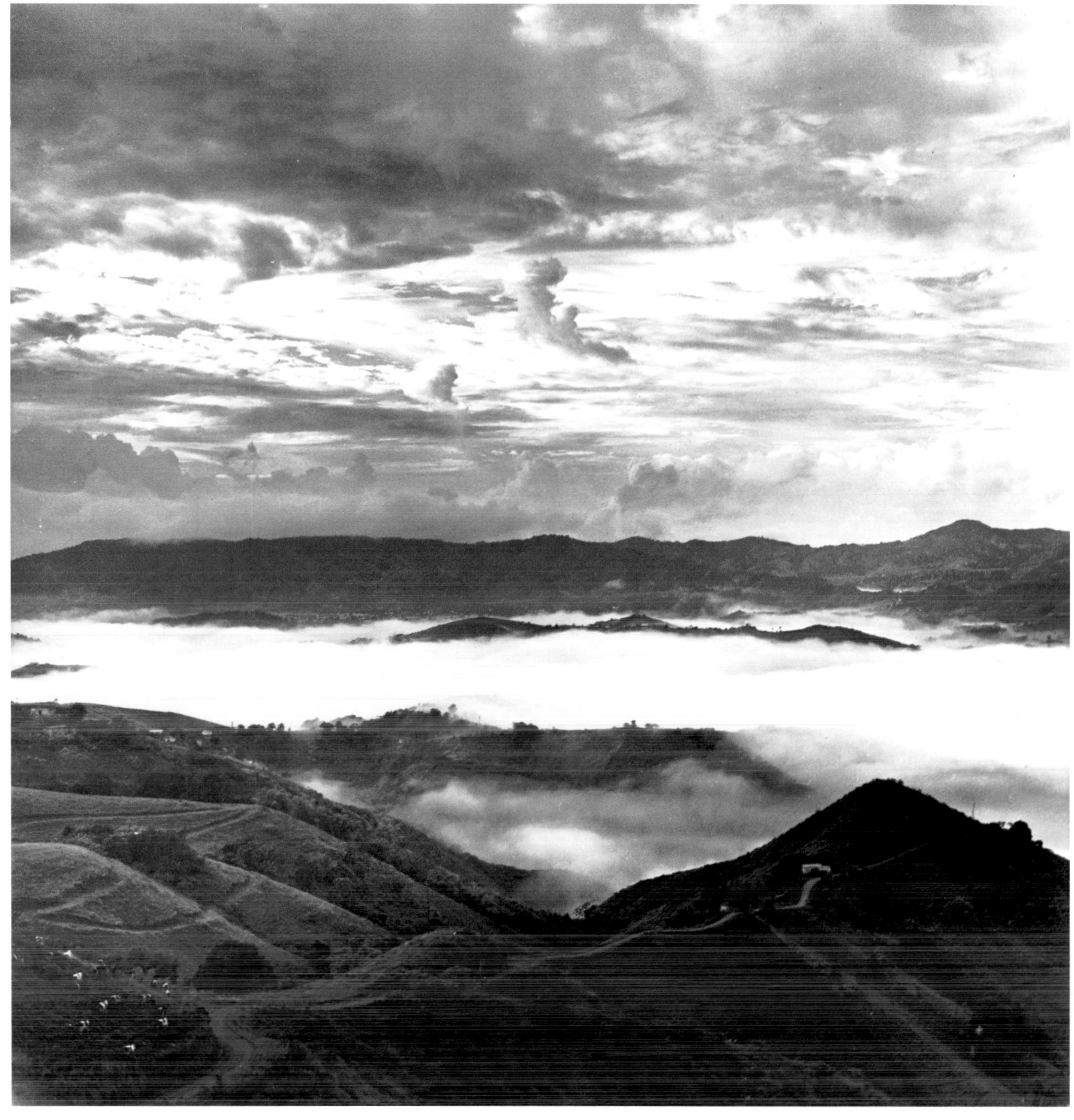

1 9 8 2

Sunrise in the Cayey valley ■ Amanecer en el valle de Cayey

. . . in climate and qualities it far surpasses all the windward islands, since it enjoys perpetual spring, neither heat nor cold ever reaching the point of disturbing the natural order, which is why the natives live so many years.

Description of the Island and City of Puerto Rico, etc., by Diego Torres Vargas, Canon of the Holy Church of this island, 1647

■

. . . en el temperamento y calidades se adelanta mucho a todas las islas de barlovento, porque goza de una perpetua primavera sin que el calor ni el frío llegue a sentirse de manera que aflija ni descomponga la naturaleza, a cuya causa viven los nativos largos años.

Descripción de la Isla y Ciudad de Puerto Rico, etc., de Diego Torres Vargas, Canónigo de la Santa Iglesia de esta isla, 1647

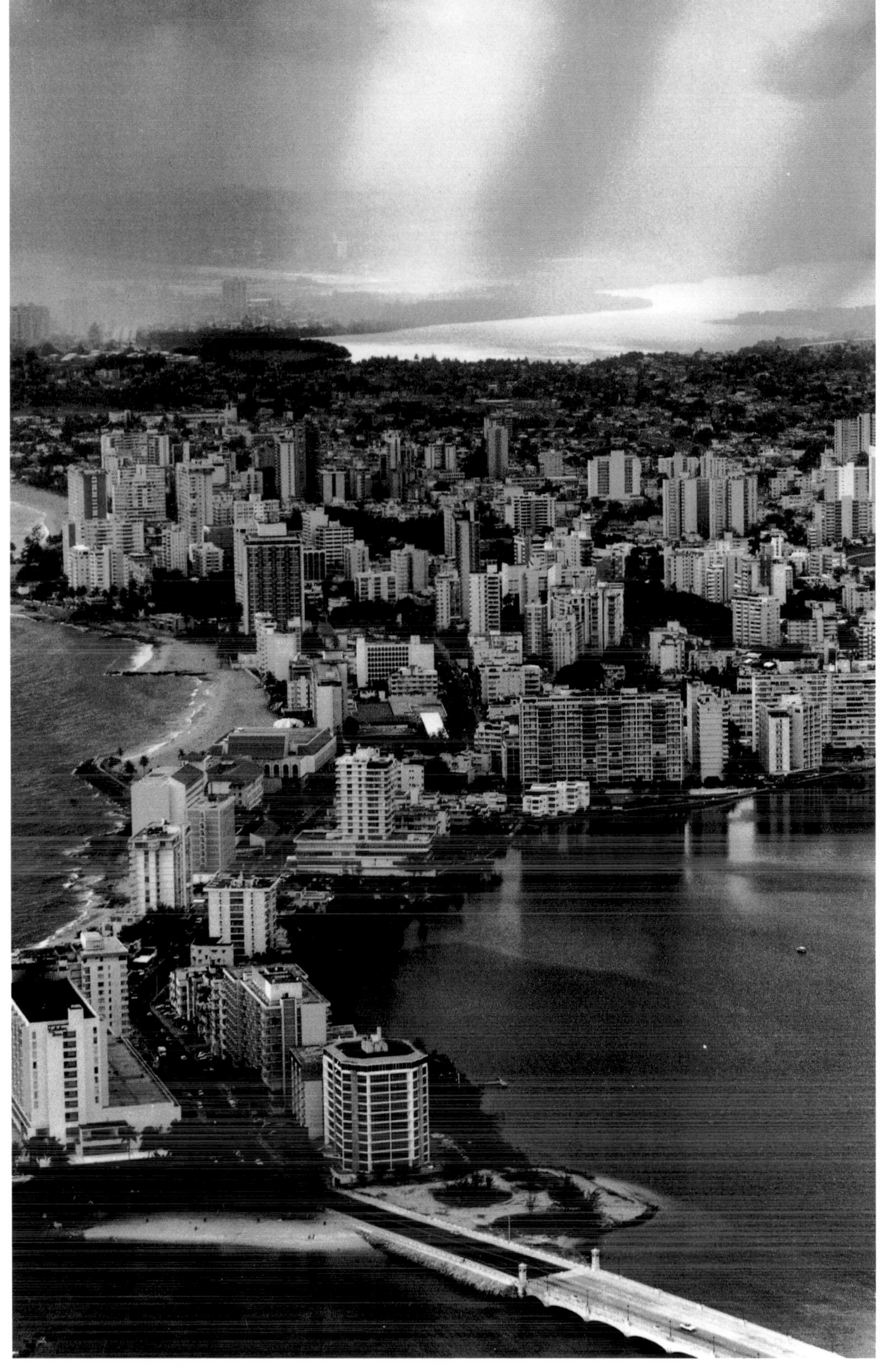

1 9 8 9

View of the Condado area of San Juan ■ Vista del área del Condado de San Juan

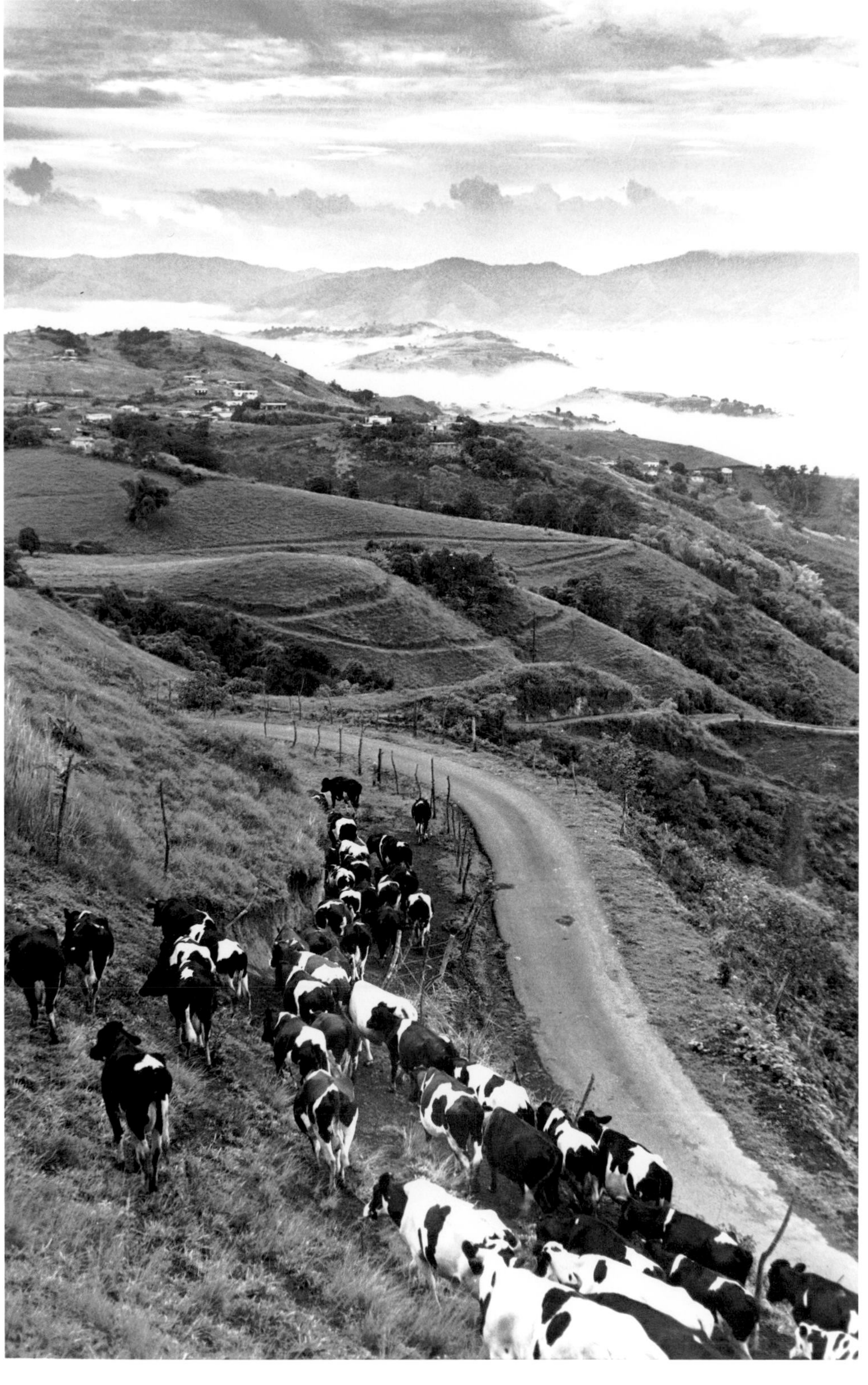

1 9 8 2

Landscape in Barrio Rabanal, Cidra ■ Paisaje en Barrio Rabanal de Cidra

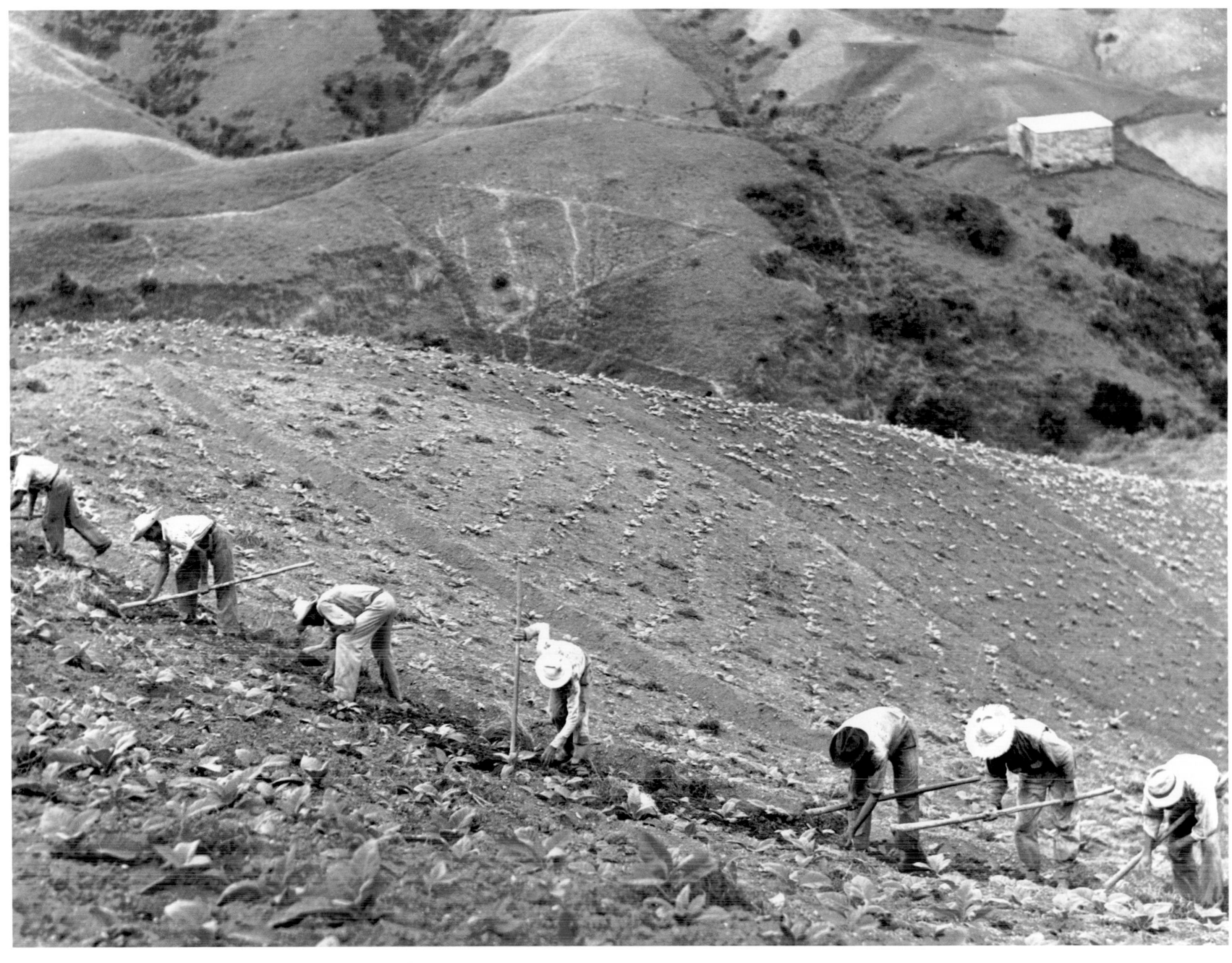

1 9 4 1

Cultivating tobacco on a farm near Barranquitas ■ Cultivando tabaco en una finca cerca de Barranquitas

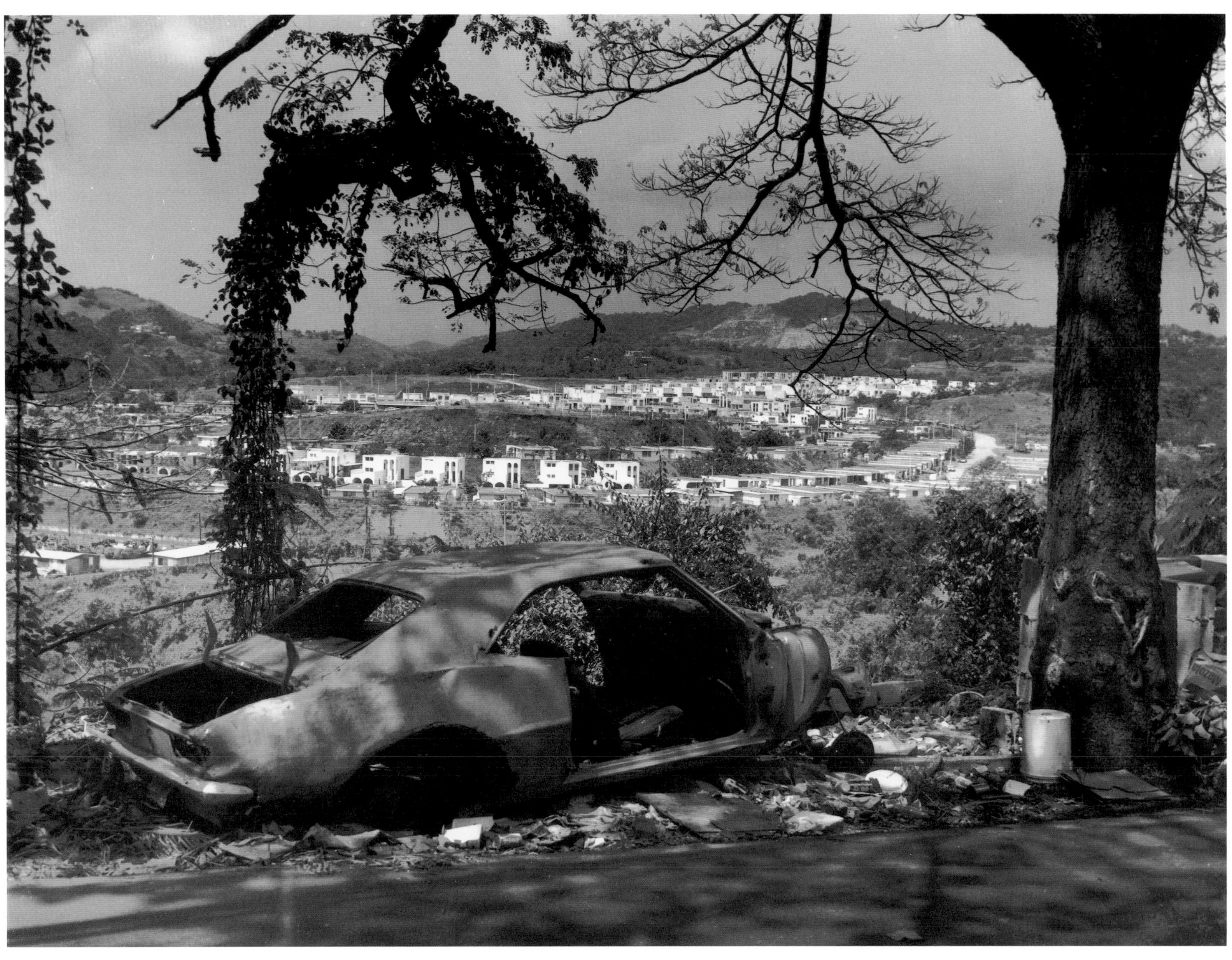

1 9 8 2

A housing development under construction in Trujillo Alto ■ Una urbanización en construcción, Trujillo Alto

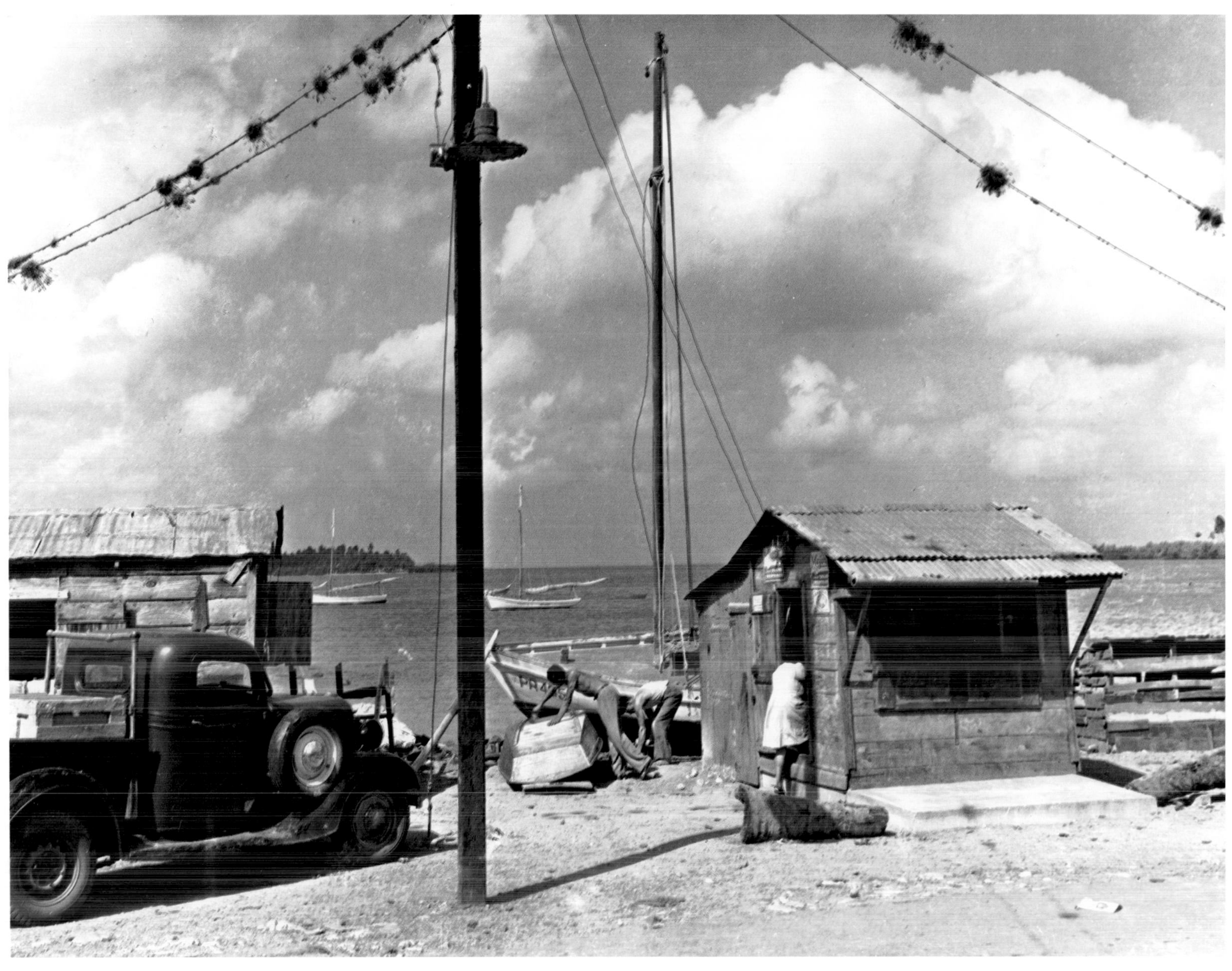

1 9 4 6

In the fishing village of Puerto Real, on the southwestern coast ■ En el pueblo pesquero de Puerto Real, en la costa suroeste

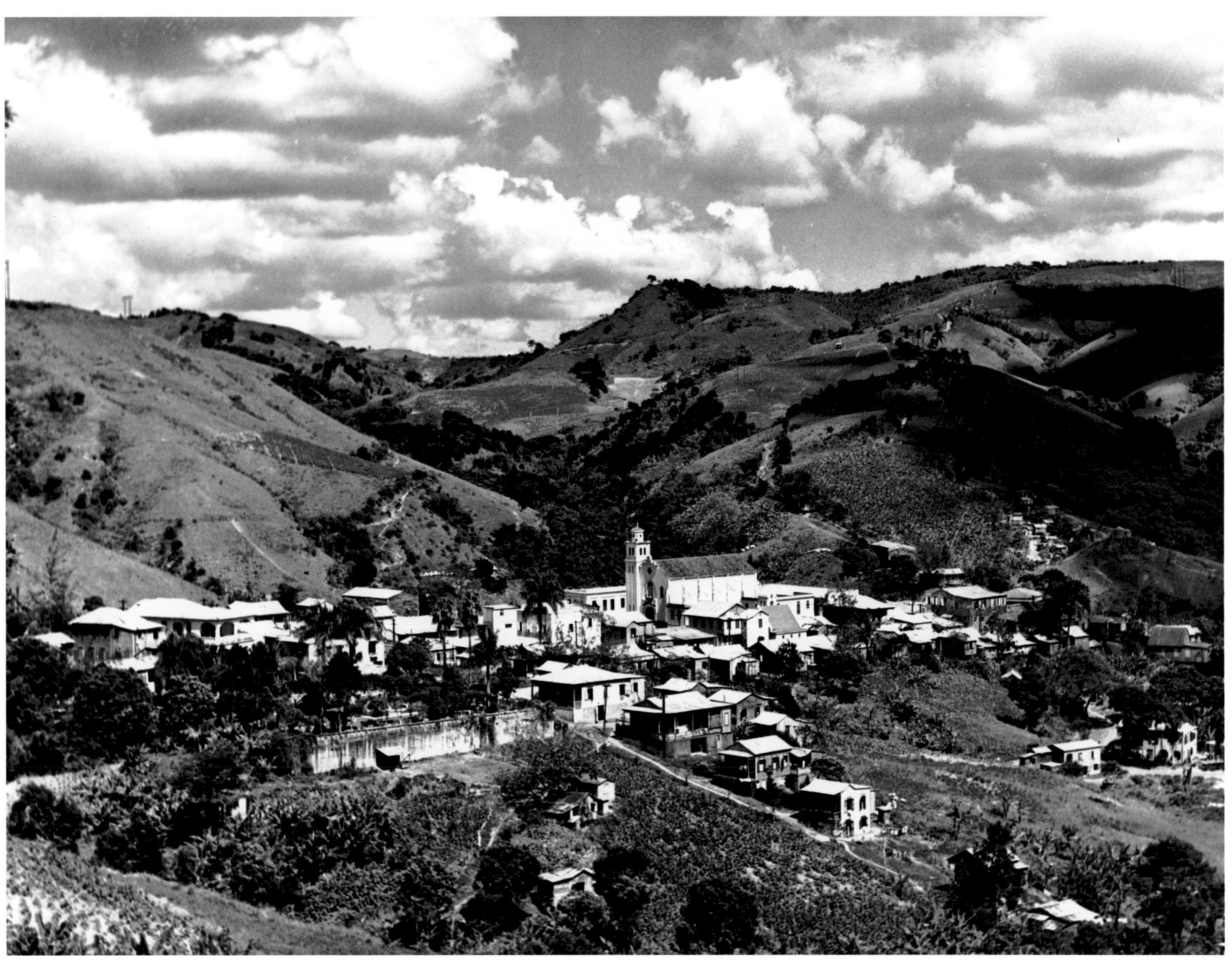

1941

The town of Barranquitas, in the central highlands ■ El pueblo de Barranquitas, en la Cordillera Central

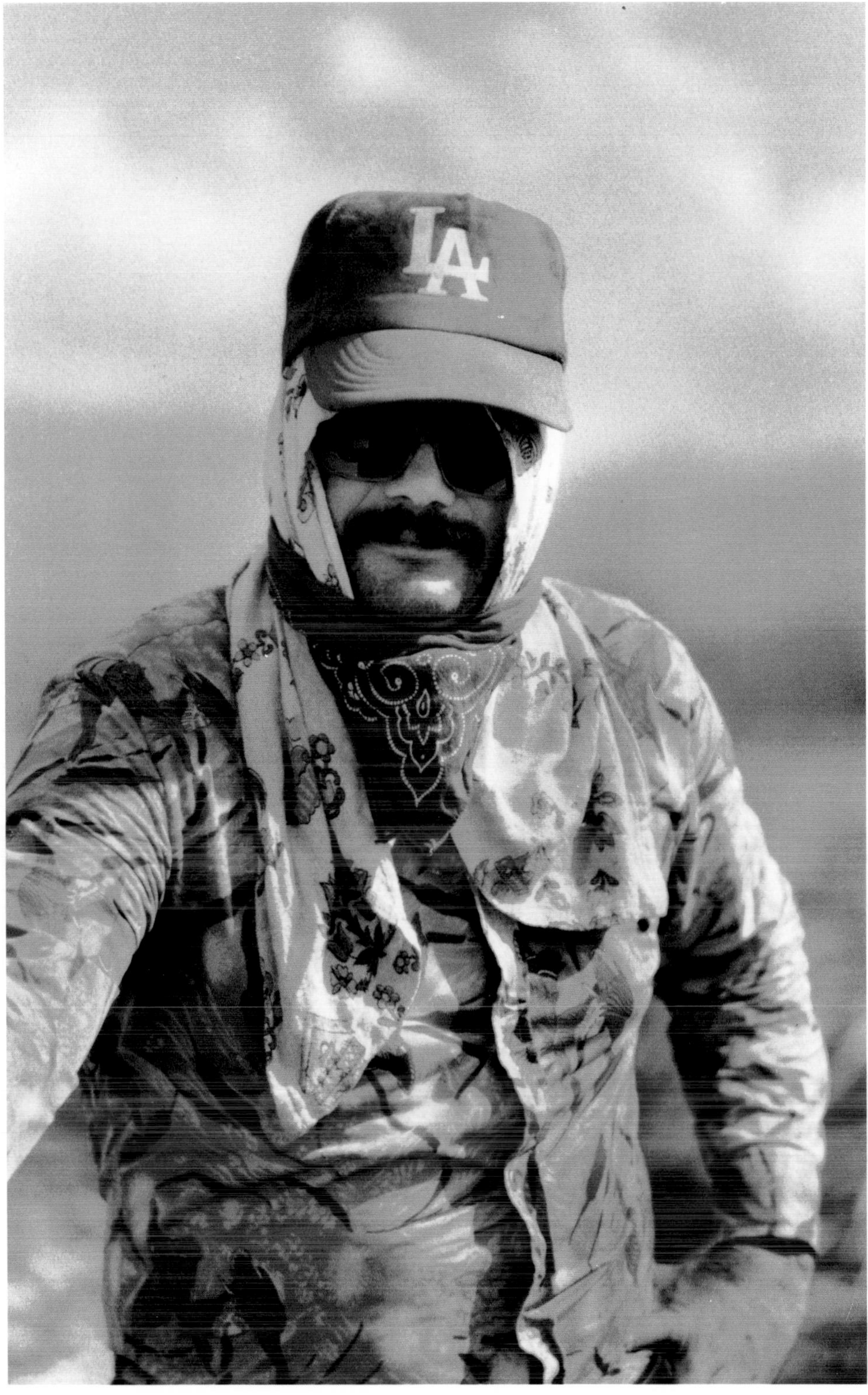

1 9 8 0

Operator of a sugarcane cutting machine, on a plantation near Ponce ■ Operador de una máquina de cortar caña, en una hacienda cerca de Ponce

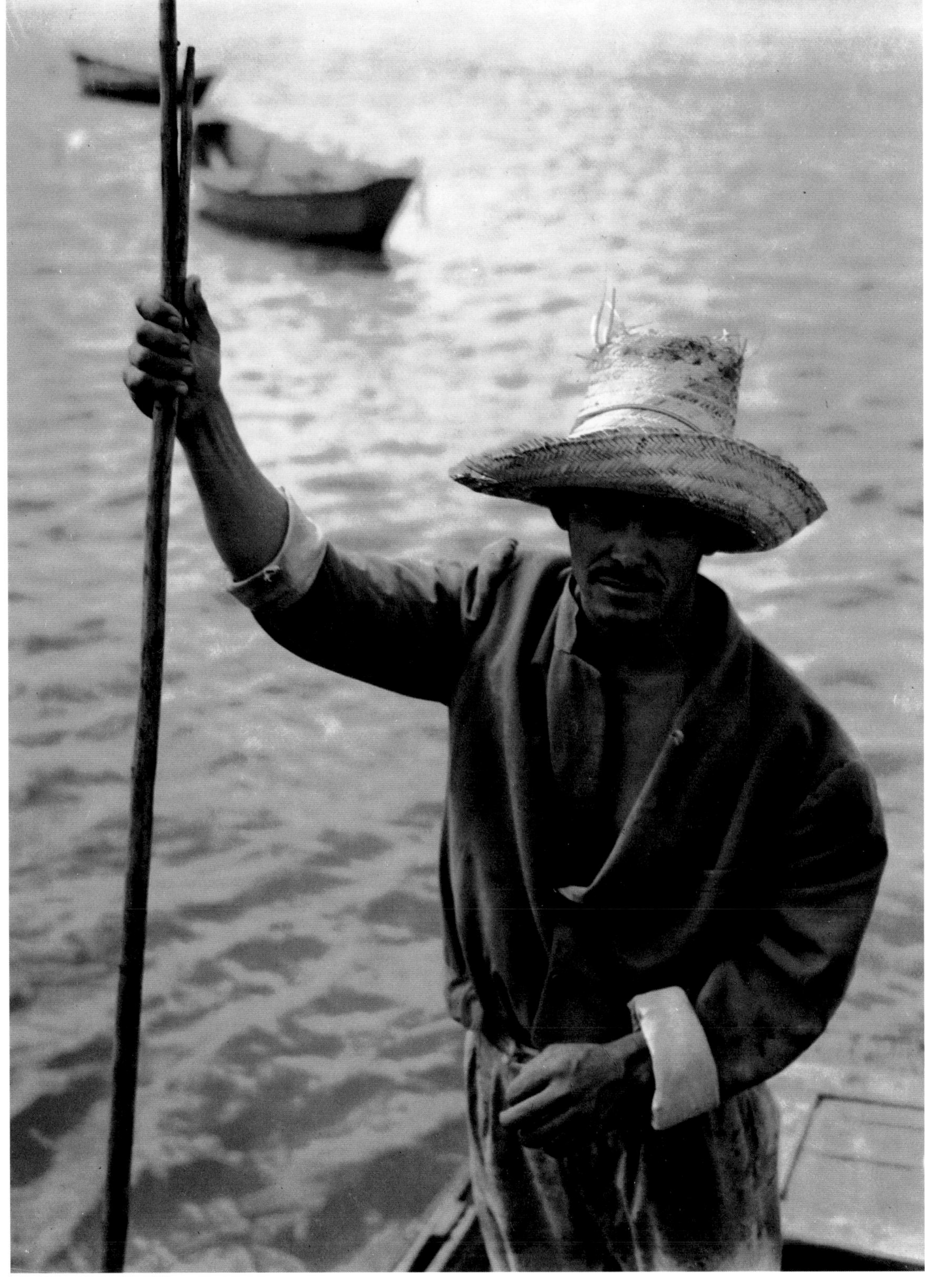

1 9 4 6

Fisherman in the town of Puerto Real ■ Pescador en el pueblo de Puerto Real

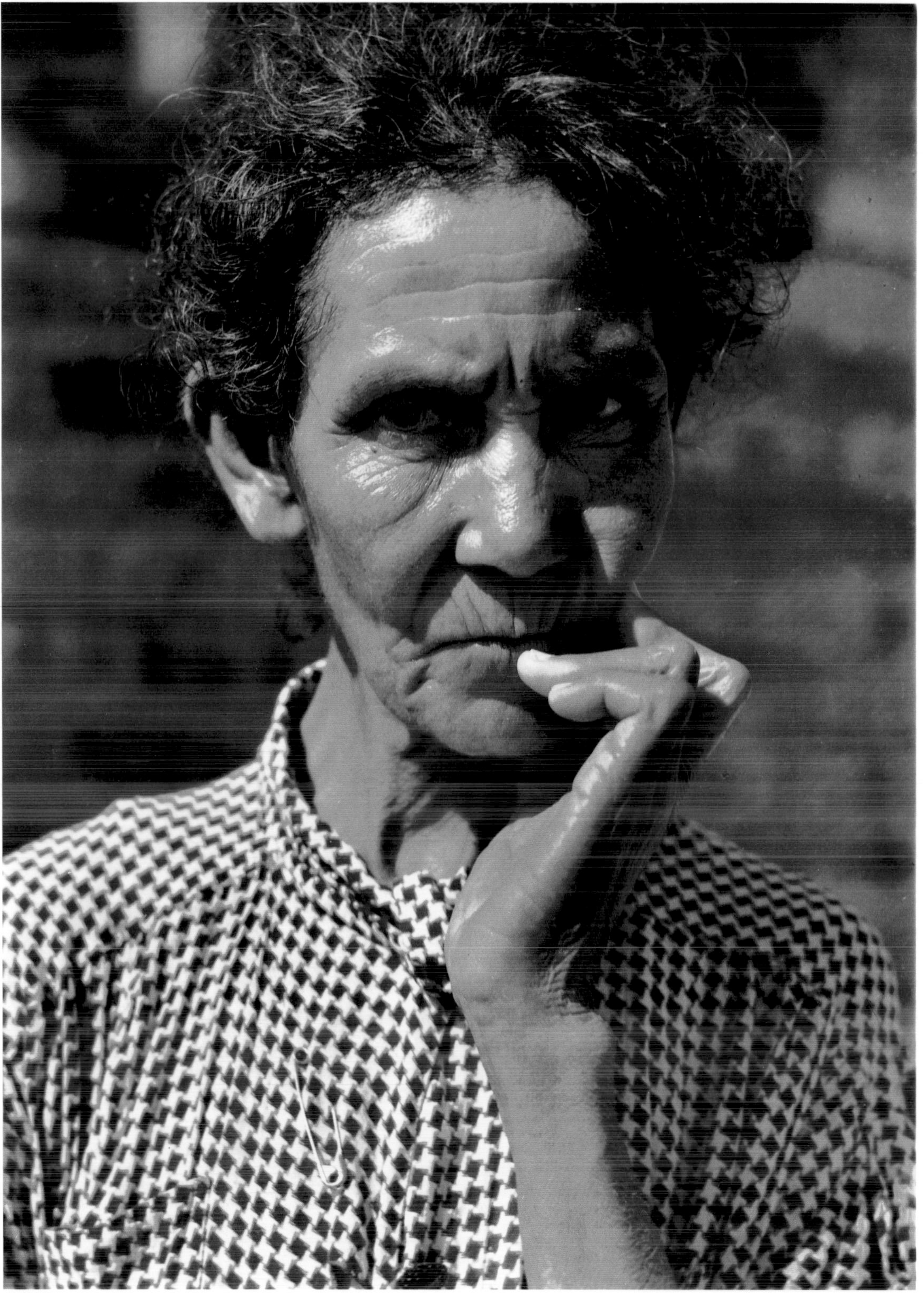

1 9 4 1

A farm laborer's widow living on a Farm Security Administration project near Manatí ■ Viuda de un trabajador agríola que vivía en un proyecto de la Administración de Seguridad Agrícola cerca de Manatí

The stalks of sugarcane are the thickest, tallest, juiciest in America, that cotton, indigo, cacao, nutmeg are of good quality . . .

Memorandum to H. M. the King of Spain and his ministers from Field Marshall D. Alejandro O'Reylly, his special envoy, 1765

■

Las cañas de azucar son las más gruesas, altas, jugosas de América, que el algodón, añil, café, pimienta de tabasco, cacao, nuez moscada y habinilla se da en buena calidad . . .

Memorial a S. M. el Rey y sus Ministros de mariscal de campo D. Alejandro O'Reylly, enviado especial del Rey de España, 1765

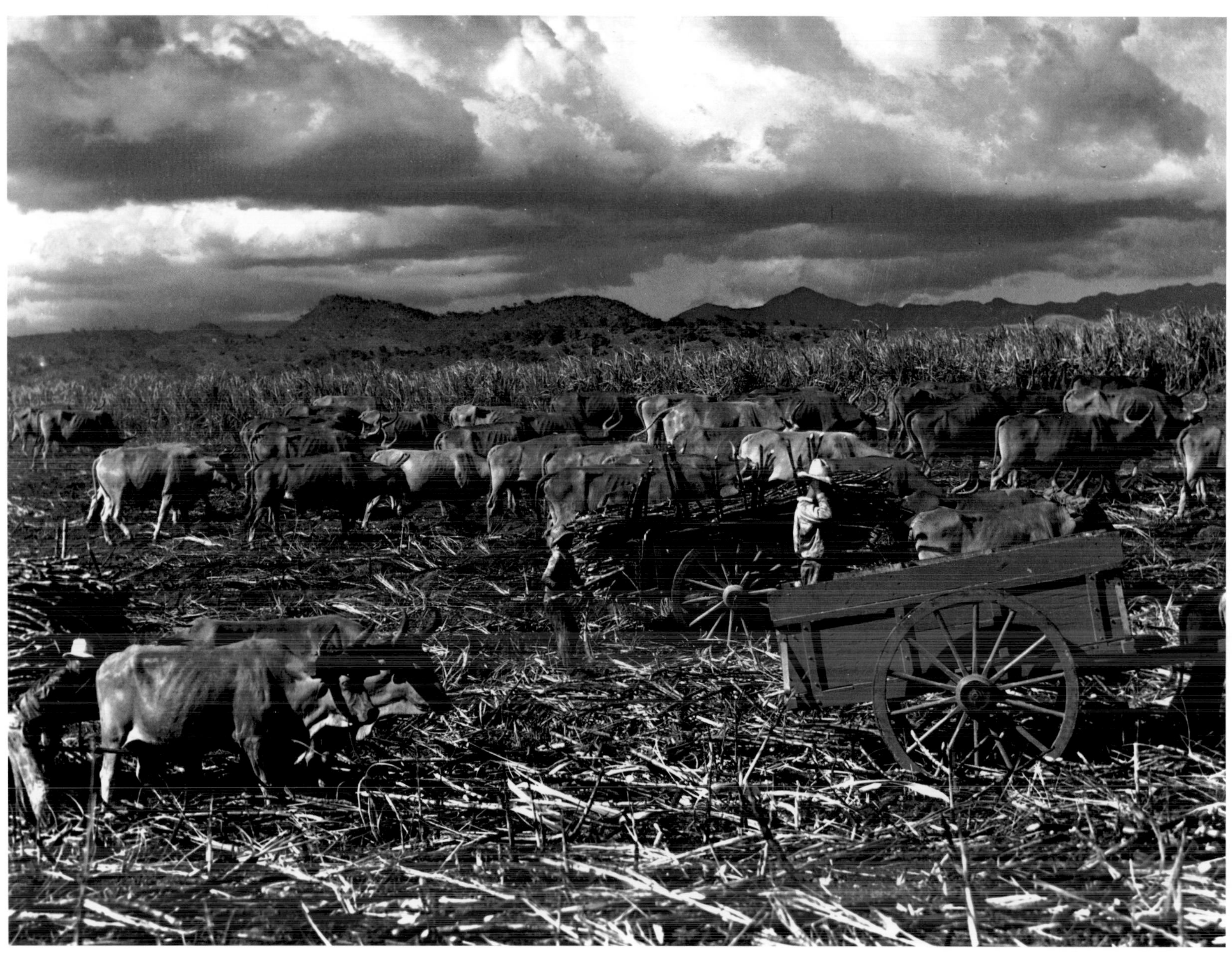

1 9 4 1

Harvesting sugarcane near Guánica ■ Cortando caña cerca de Guánica

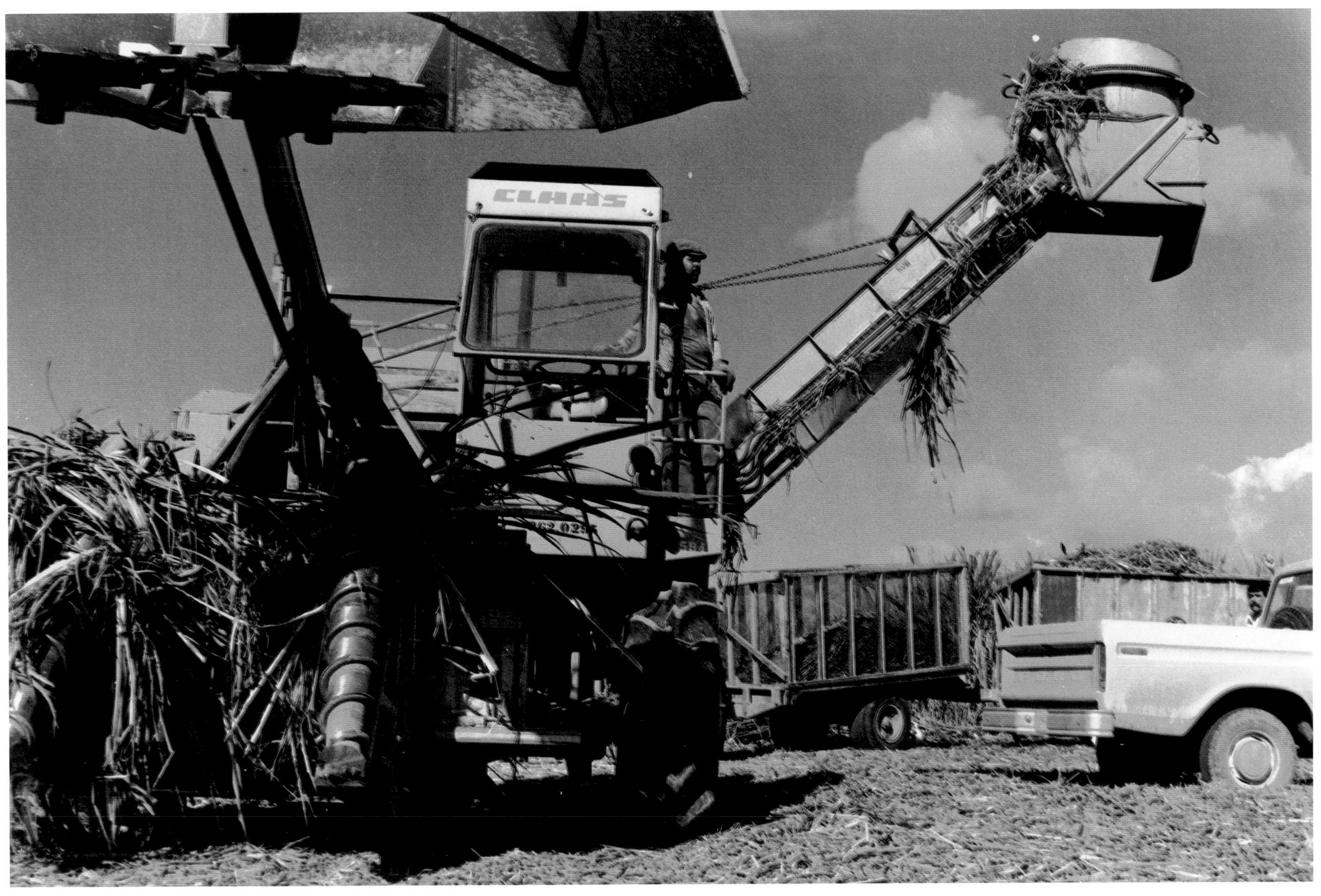

1981

Cutting cane by machine in a field near Juana Díaz ■ Cortando caña con máquina, cerca de Juana Díaz

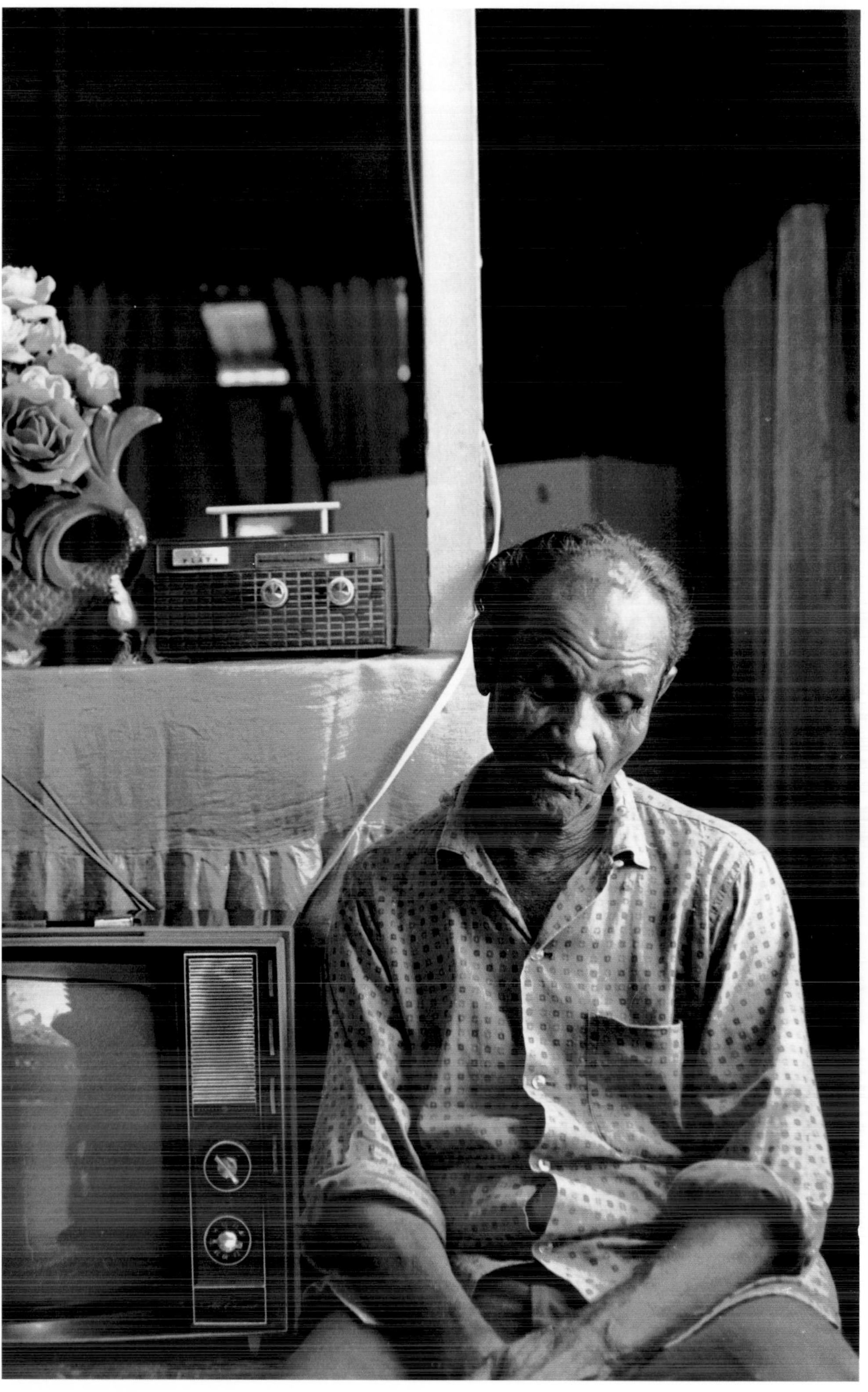

1 9 8 1

Emiliano Pacheco Vega (Don Toli), a retired sugarcane worker, near Guayanilla ▪ Don Emiliano Pacheco Vega (Don Toli), un trabajador de caña retirado, cerca de Guayanilla

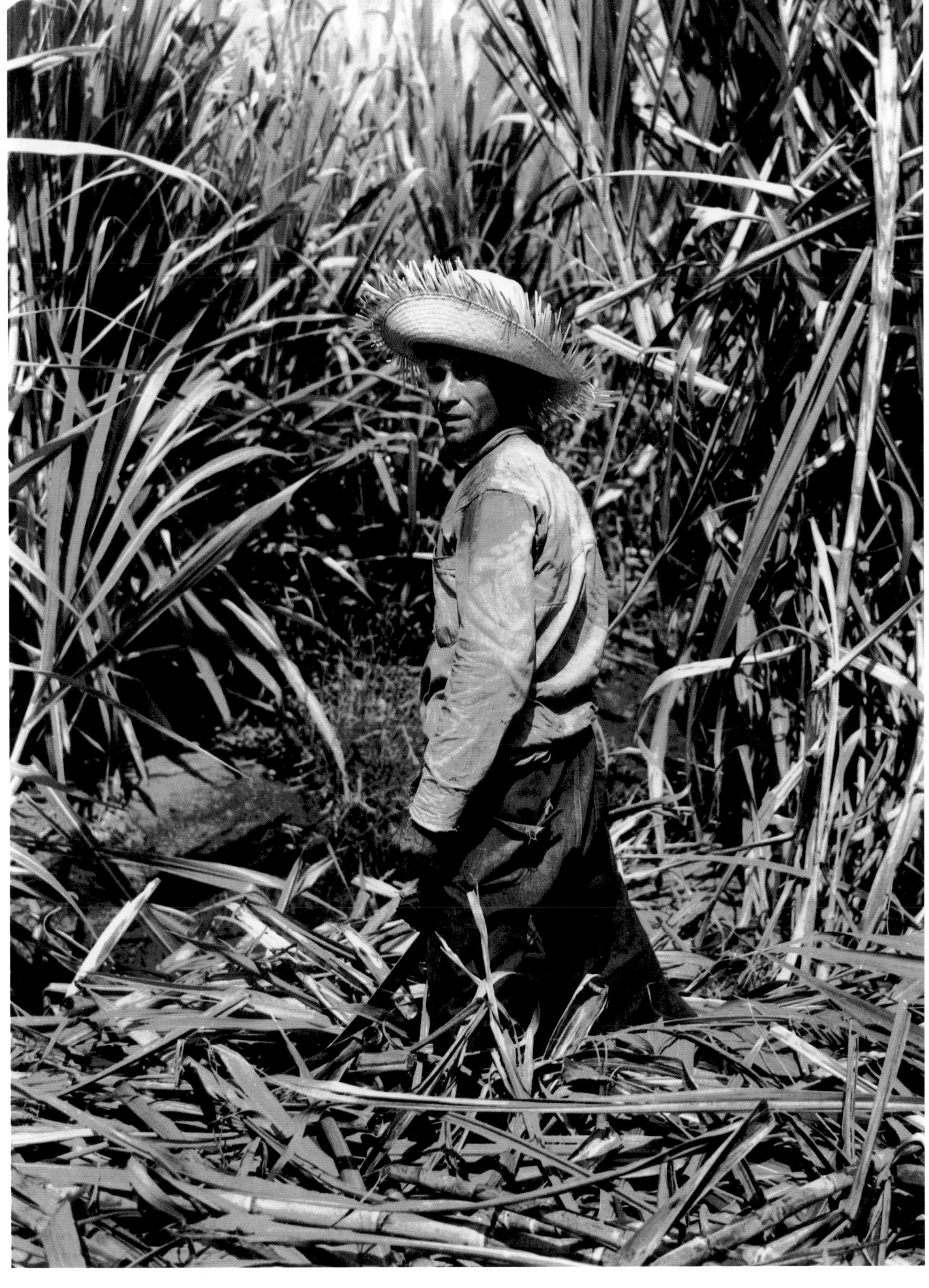

1 9 4 6

Don Toli as a young man working in a sugarcane field near Guayanilla ■ Don Toli cuando joven trabajando en un cañaveral cerca de Guayanilla

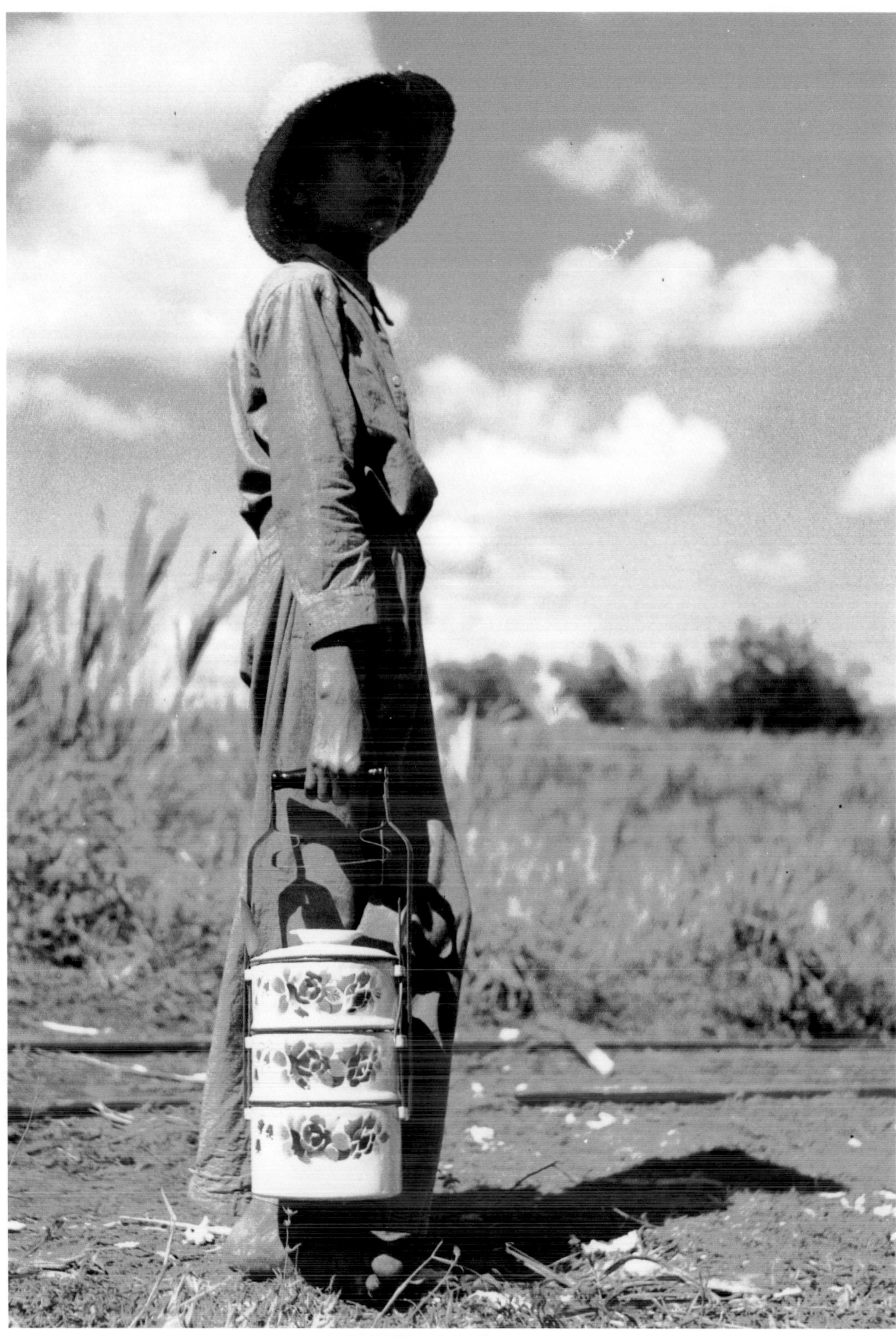

1 9 4 2

Son of a sugarcane worker, carrying his father's hot lunch in a *fiambrera*, near Río Piedras

Hijo de un trabajador de caña, llevando el almuerzo de su padre en una fiambrera, cerca de Río Piedras

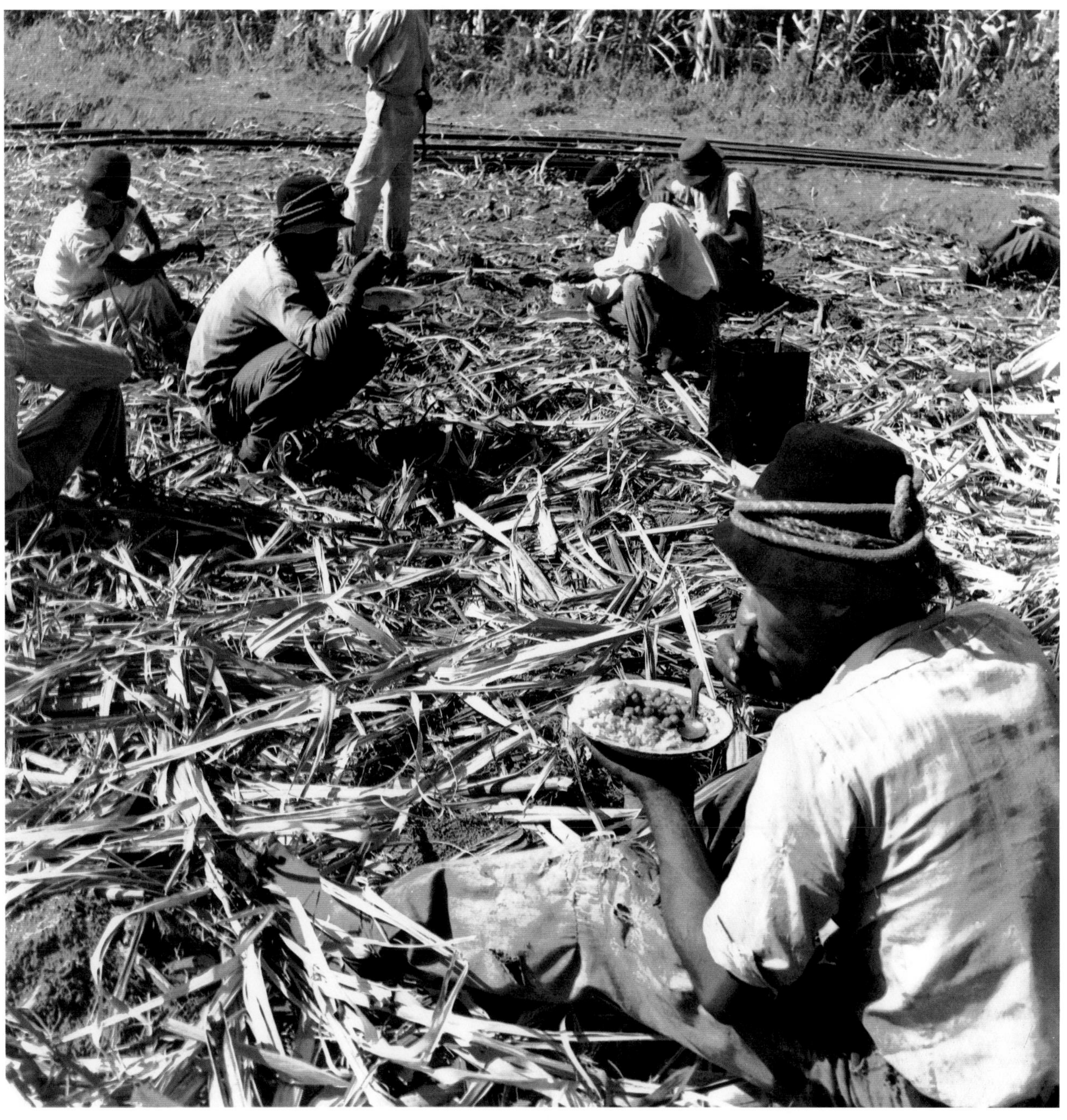

1 9 4 2

Lunchtime in a sugarcane field near Arecibo ▪ Hora de almorzar, en un cañaveral cerca de Arecibo

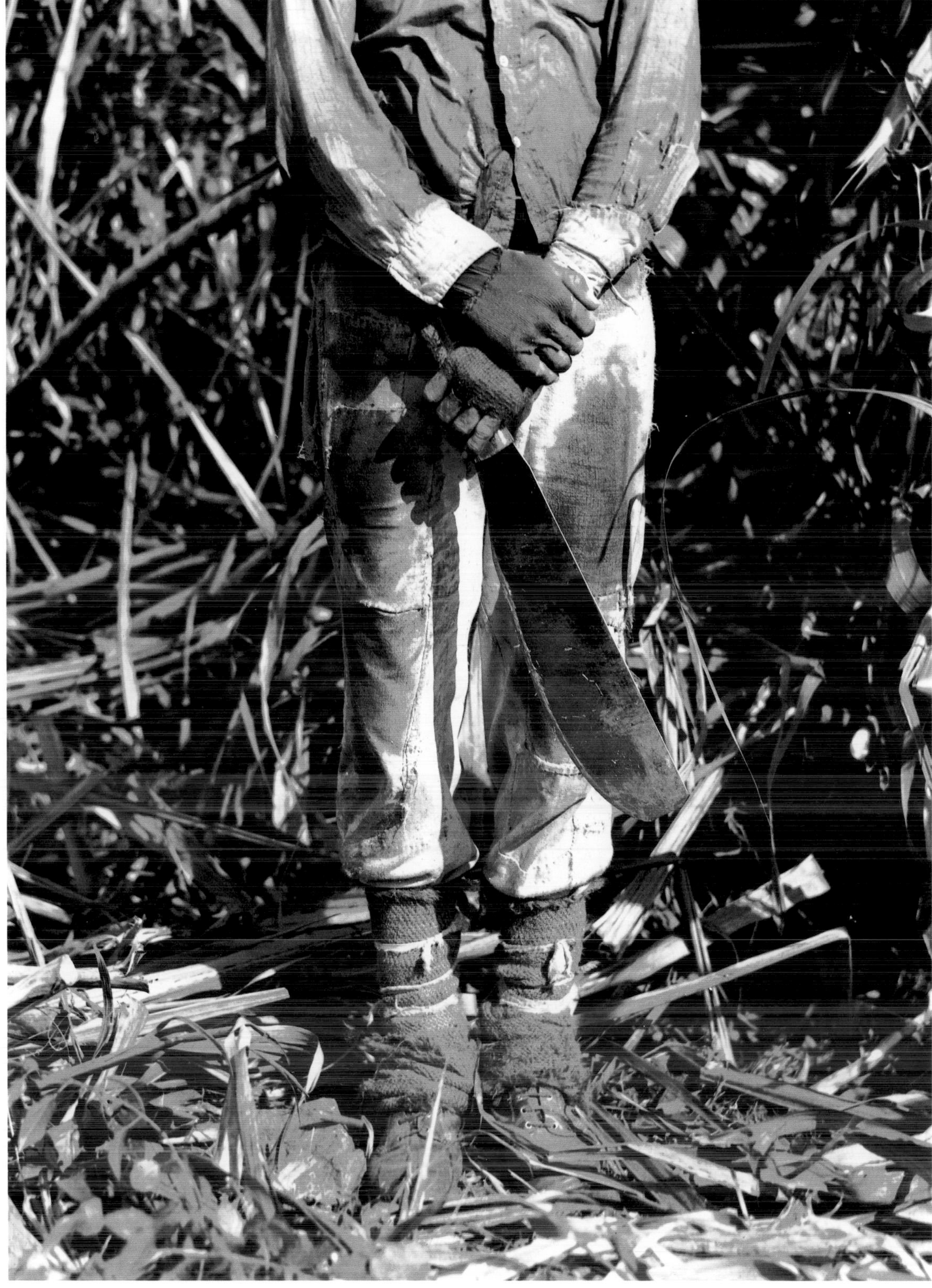

1 9 4 1

A sugarcane cutter in Guánica ■ Un cortador de caña en Guánica

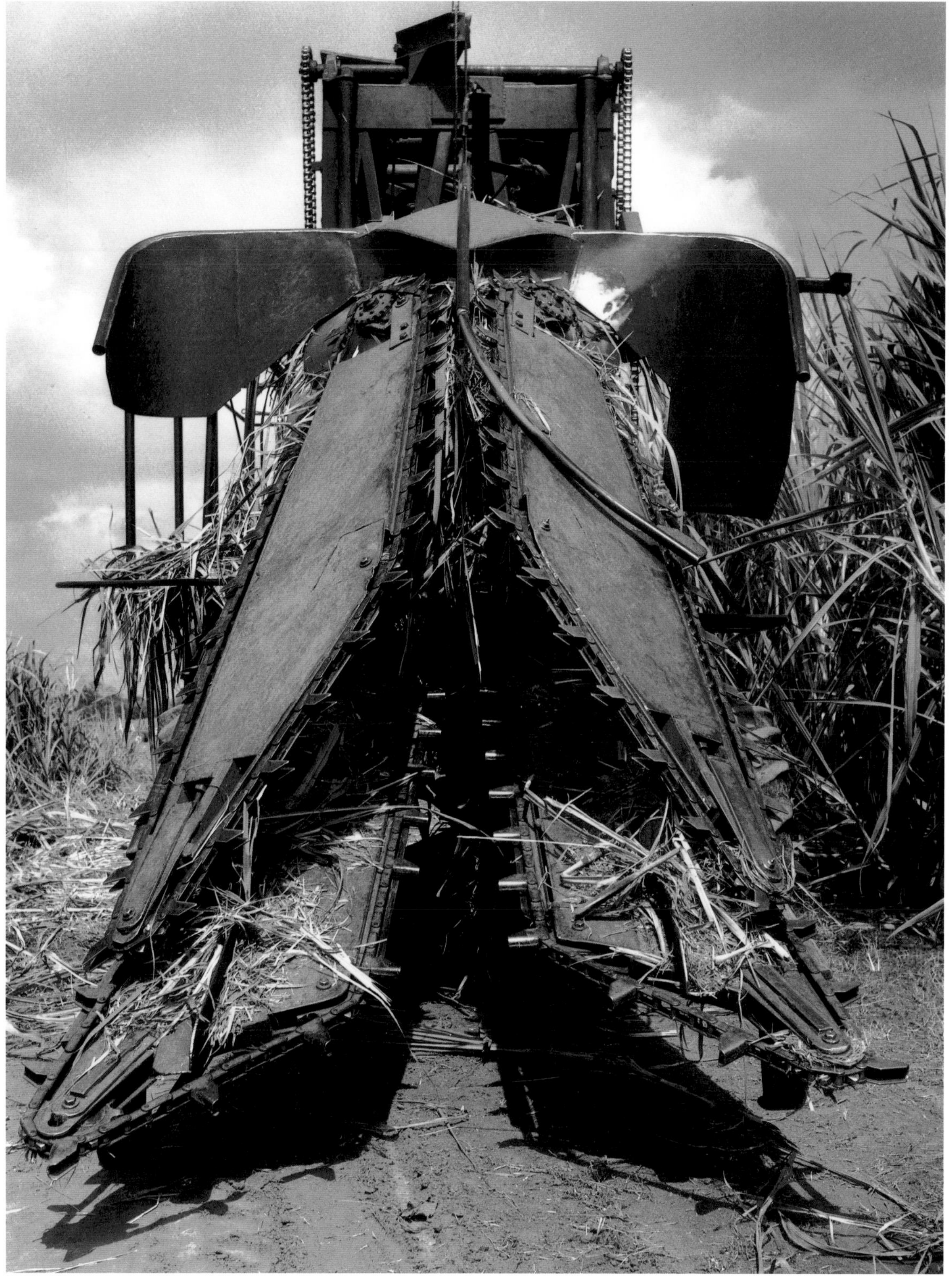

1 9 8 0

A cane cutting machine near Juana Díaz ■ Una máquina cortadora de caña cerca de Juana Díaz

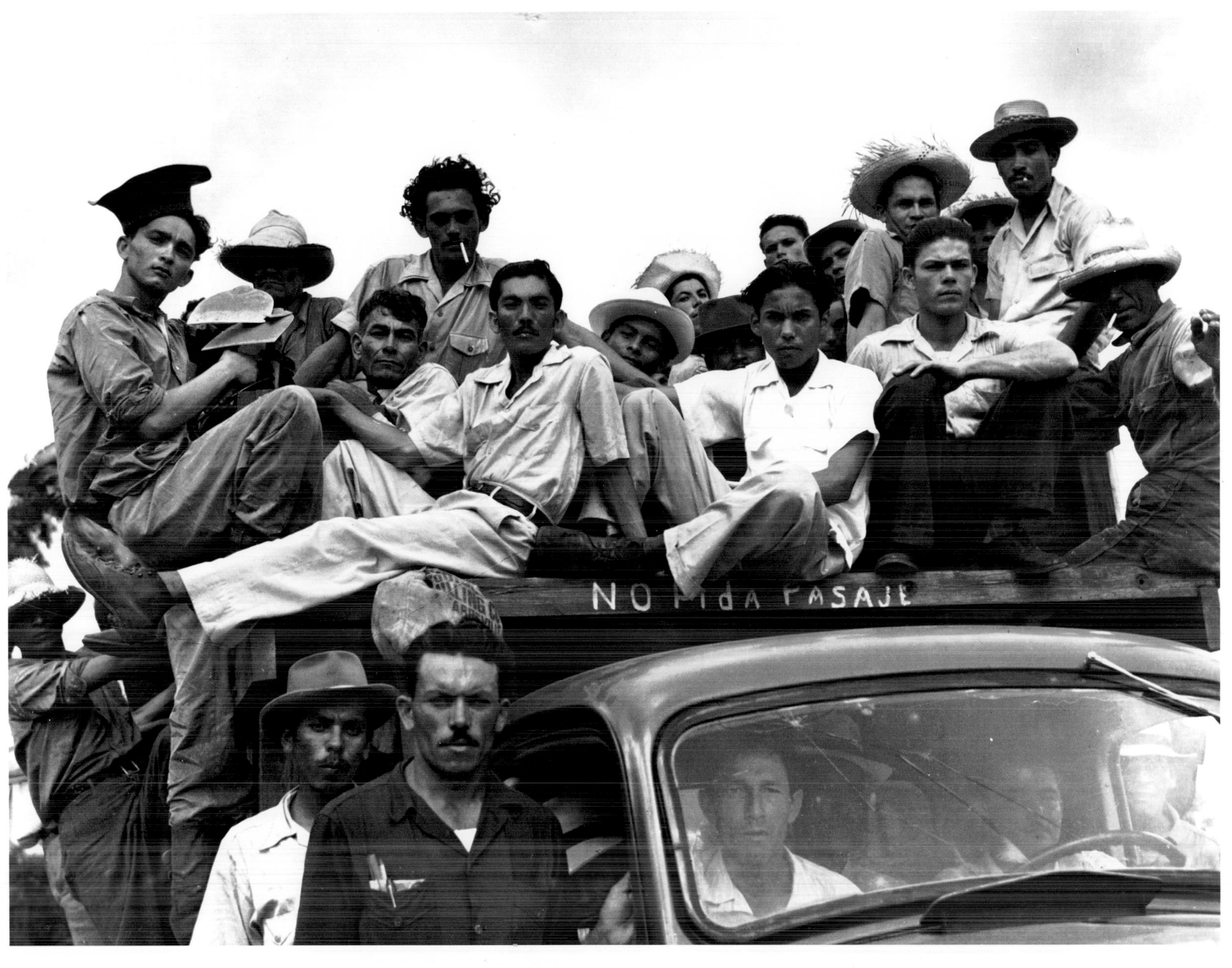

1 9 4 6

Sugarcane workers on their way to the mill to collect their wages, near San German

Trabajadores de caña rumbo a la central para recibir su jornal, cerca de San German

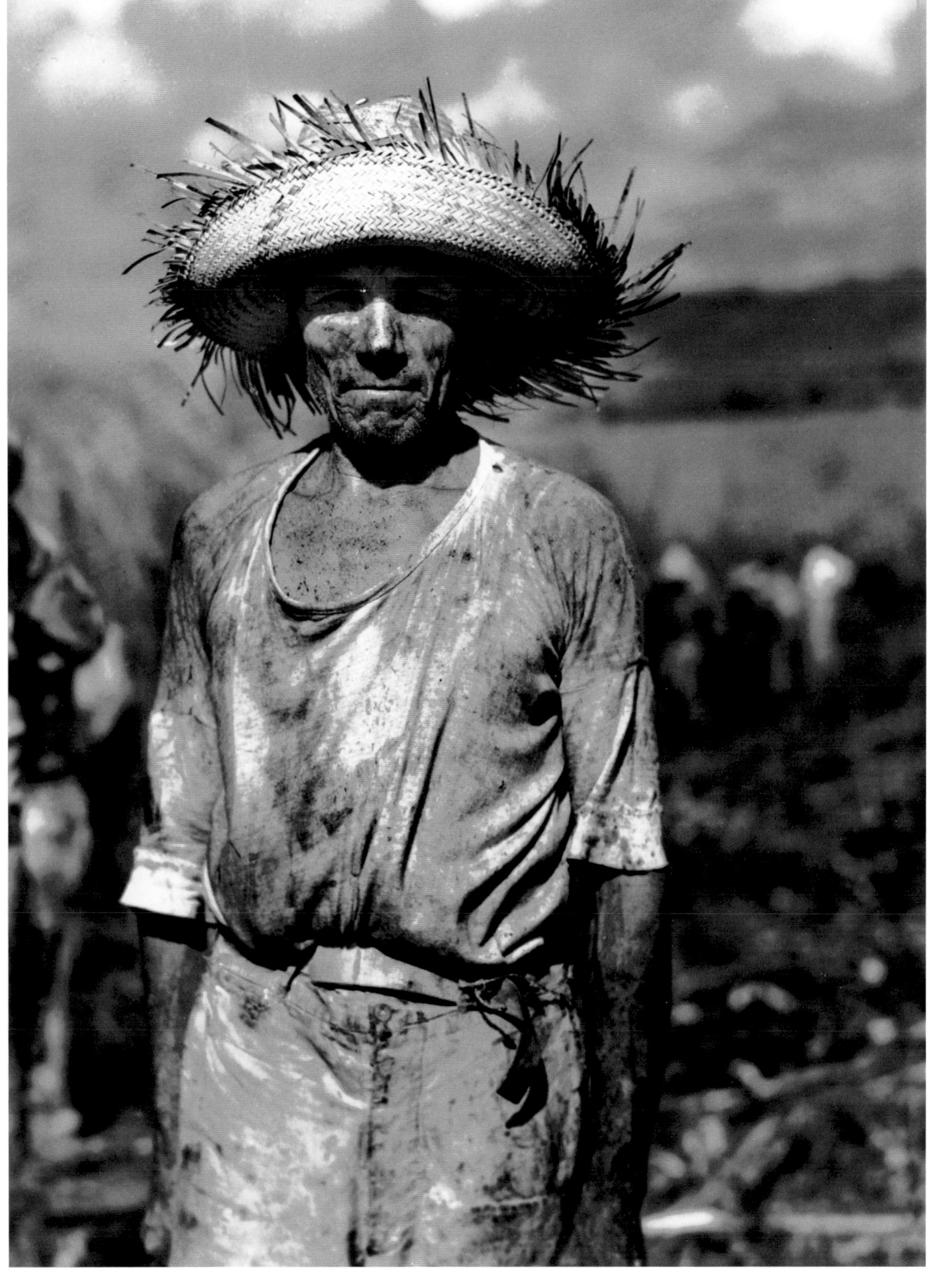

1 9 4 1

Sugarcane cutter working in a field that had been burned, near Guánica ■ Cortador de caña trabajando en un cañaveral quemado, cerca de Guánica

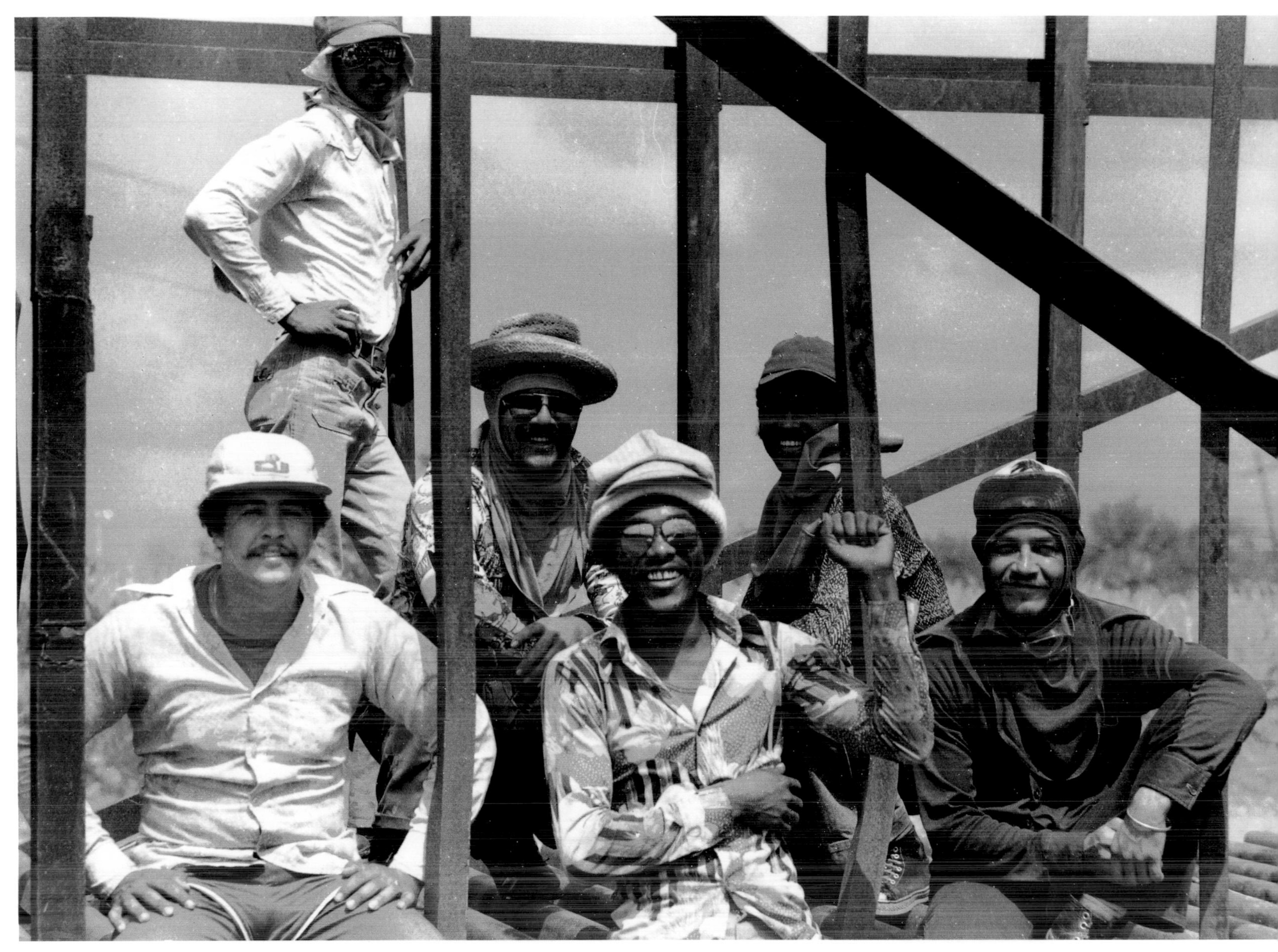

1 9 8 1

Sugarcane workers, near Ponce ■ Trabajadores de caña, cerca de Ponce

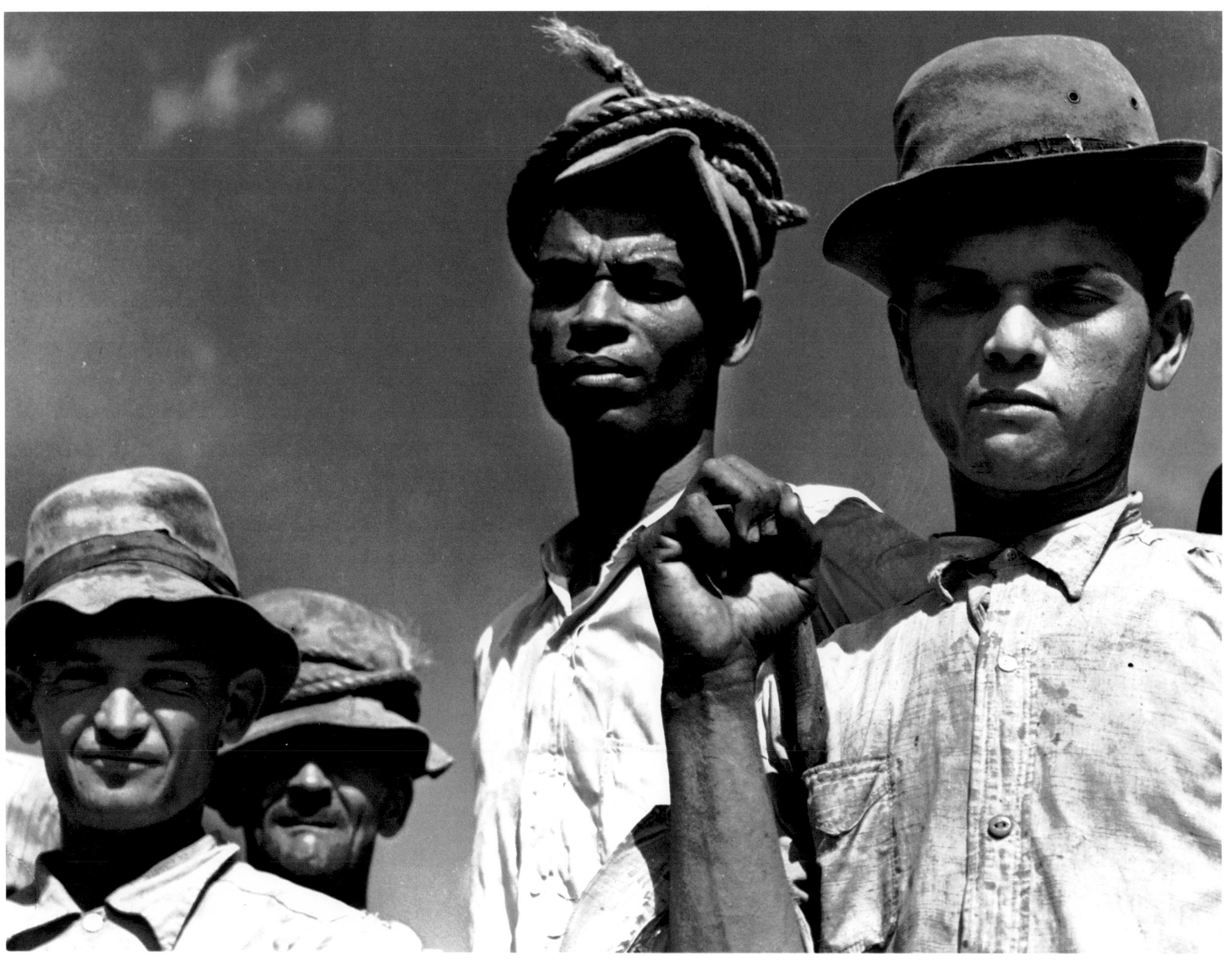

1941

Sugarcane workers, near Arecibo ■ Trabajadores de caña, cerca de Arecibo

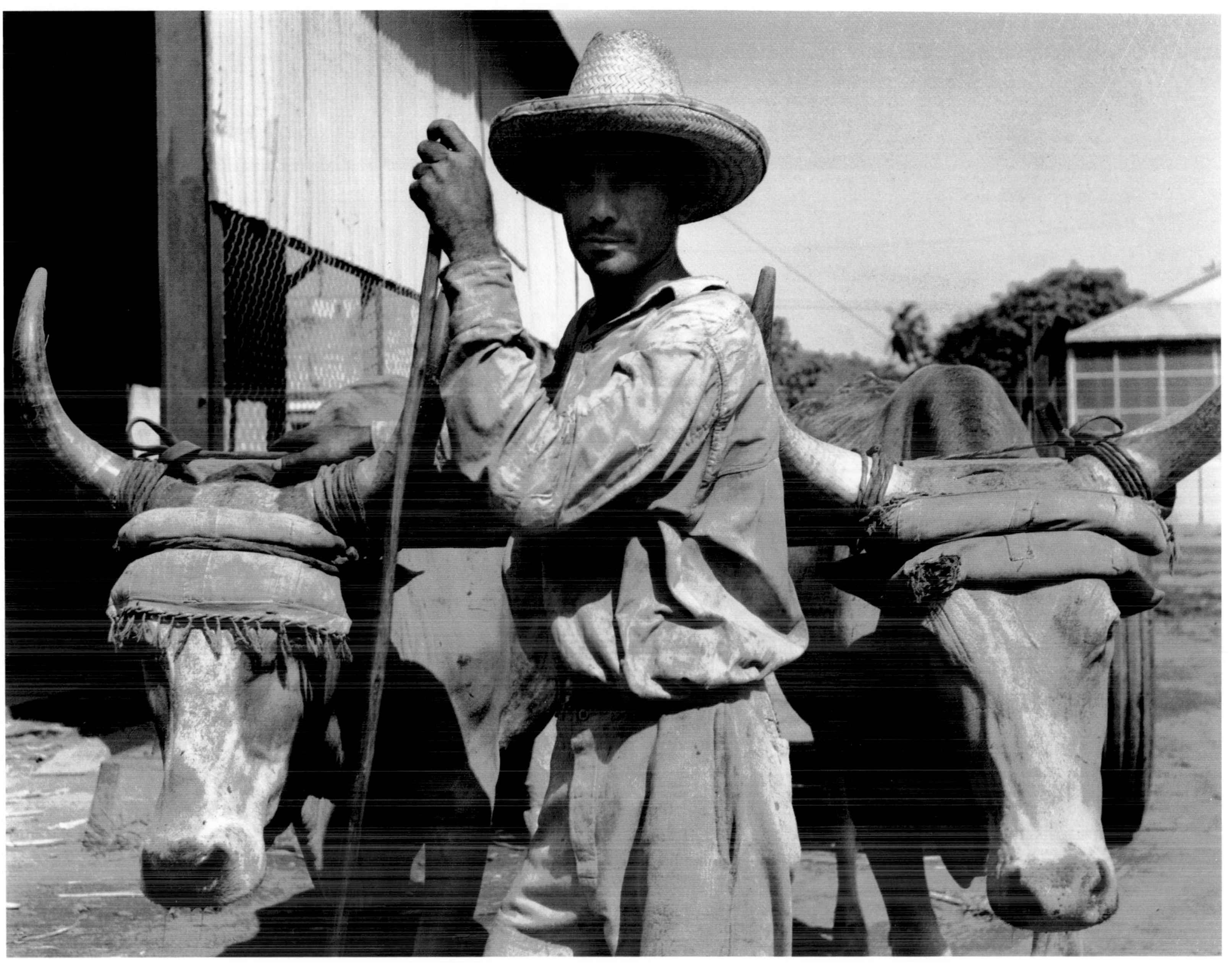

1 9 4 6

Ox driver and his team at the sugar mill *San Francisco*, near Guayanilla ■ Bueyero con su yunta frente a la central *San Francisco*, cerca de Guayanilla

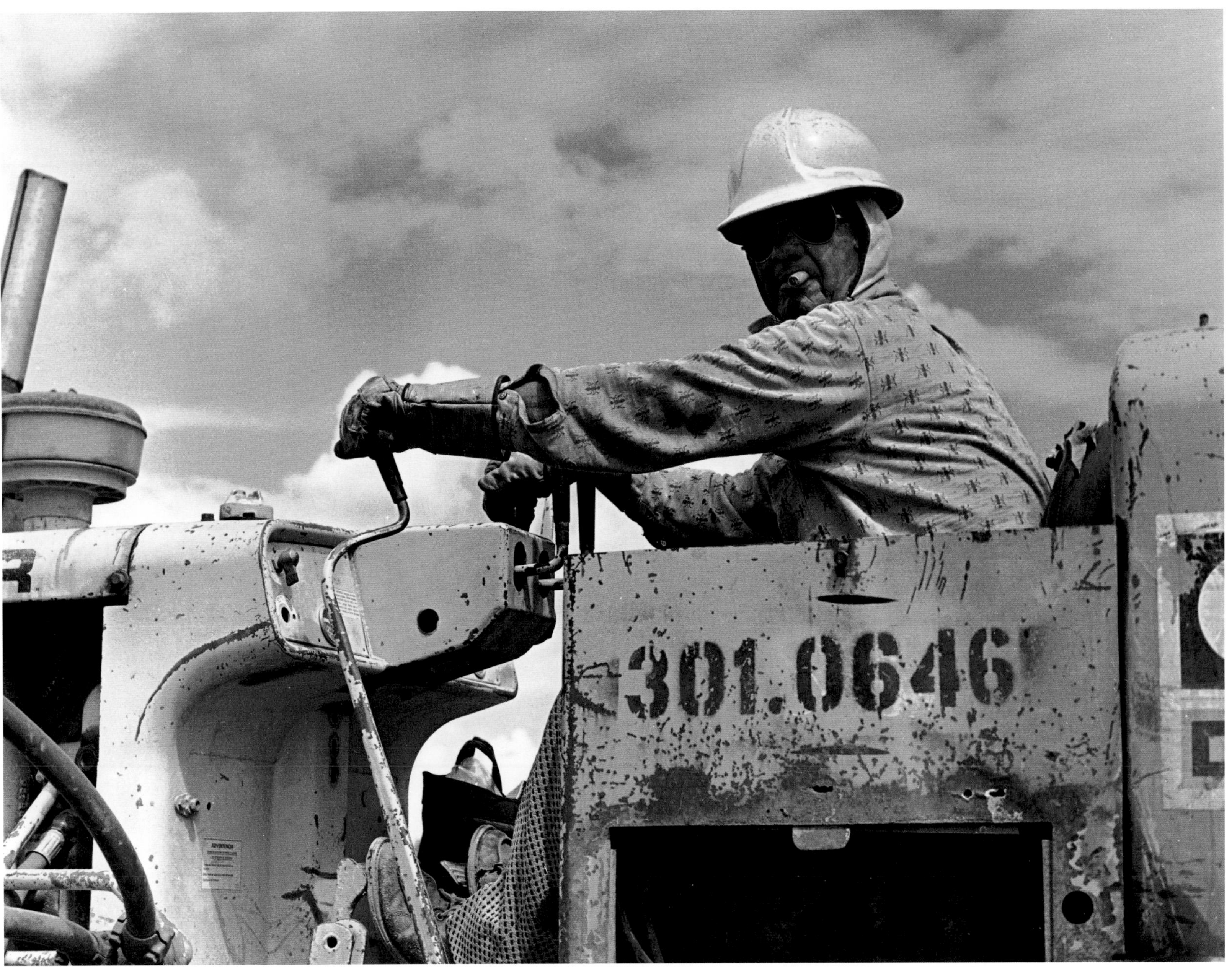

1 9 8 0

Tractor driver in a cane field near Ponce ■ Operador de un tractor en un cañaveral cerca de Ponce

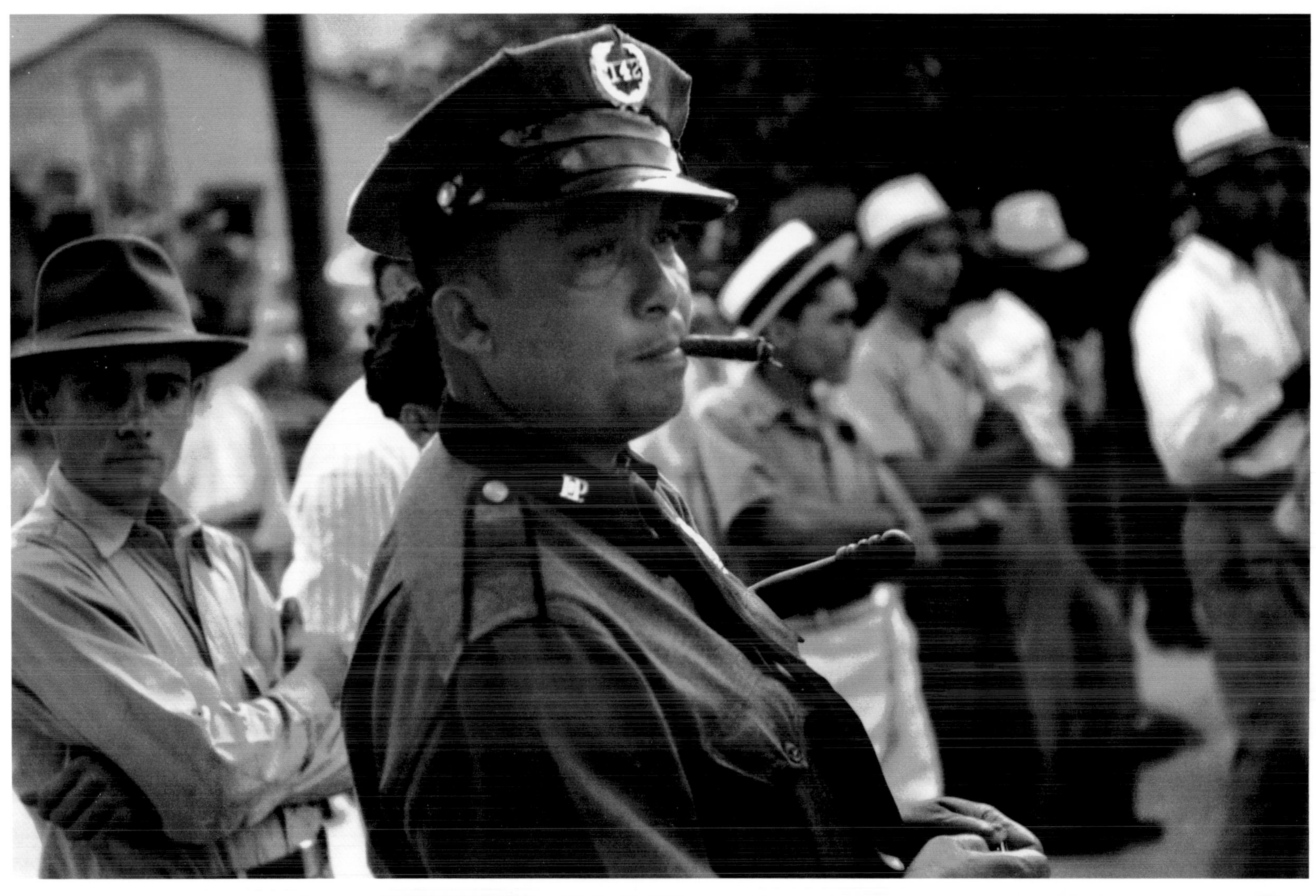

1 9 4 1

Policeman on guard duty during a meeting of striking sugarcane workers in Yabucoa ■ Policía haciendo guardia durante una reunión de trabajadores de caña en huelga, en Yabucoa

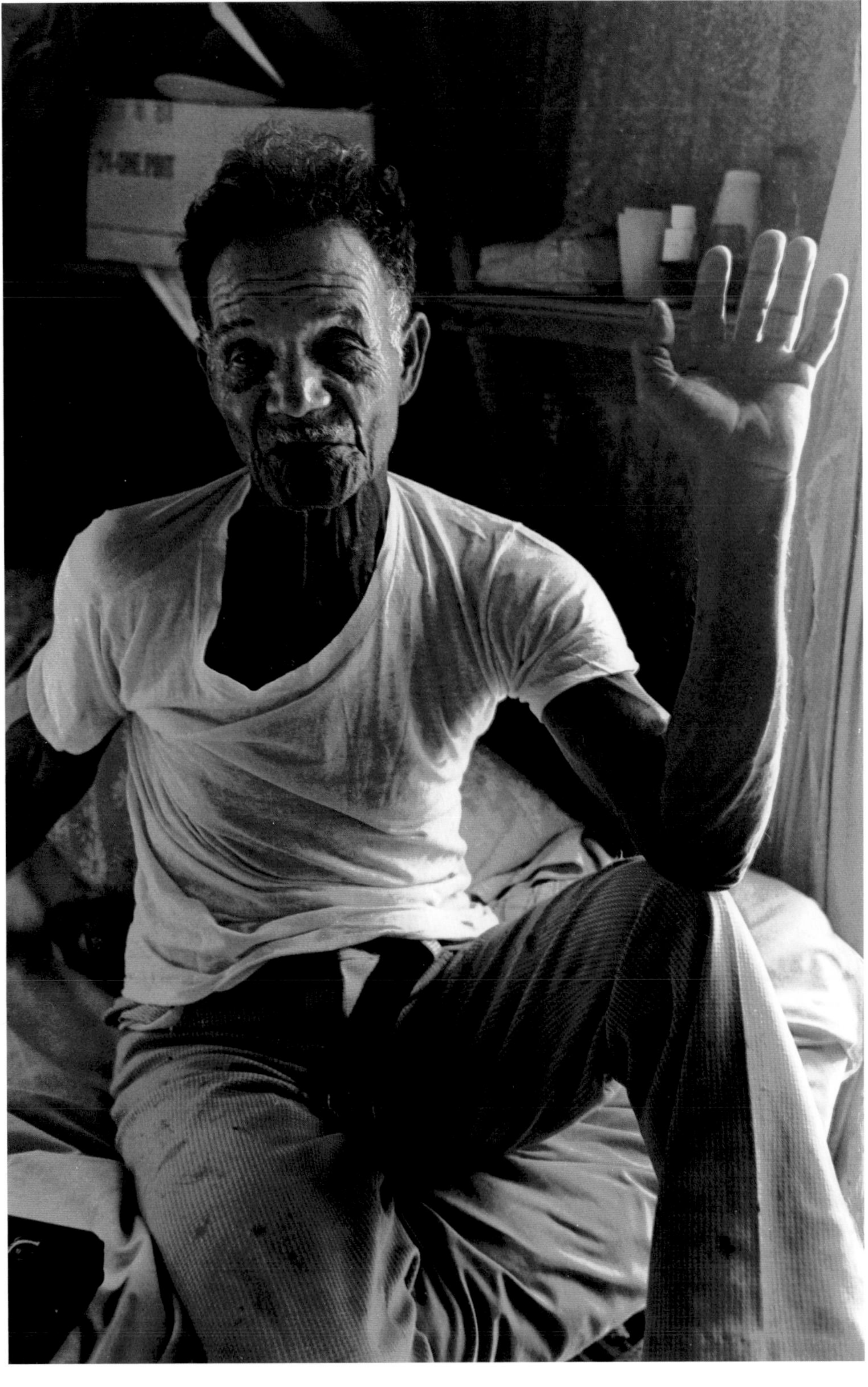

1 9 8 0

Don Santos Colon, retired sugarcane worker, recalling the labor struggles of the 1940s

Don Santos Colon, trabajador de caña retirado, recordando las luchas obreras de la década de los cuarenta

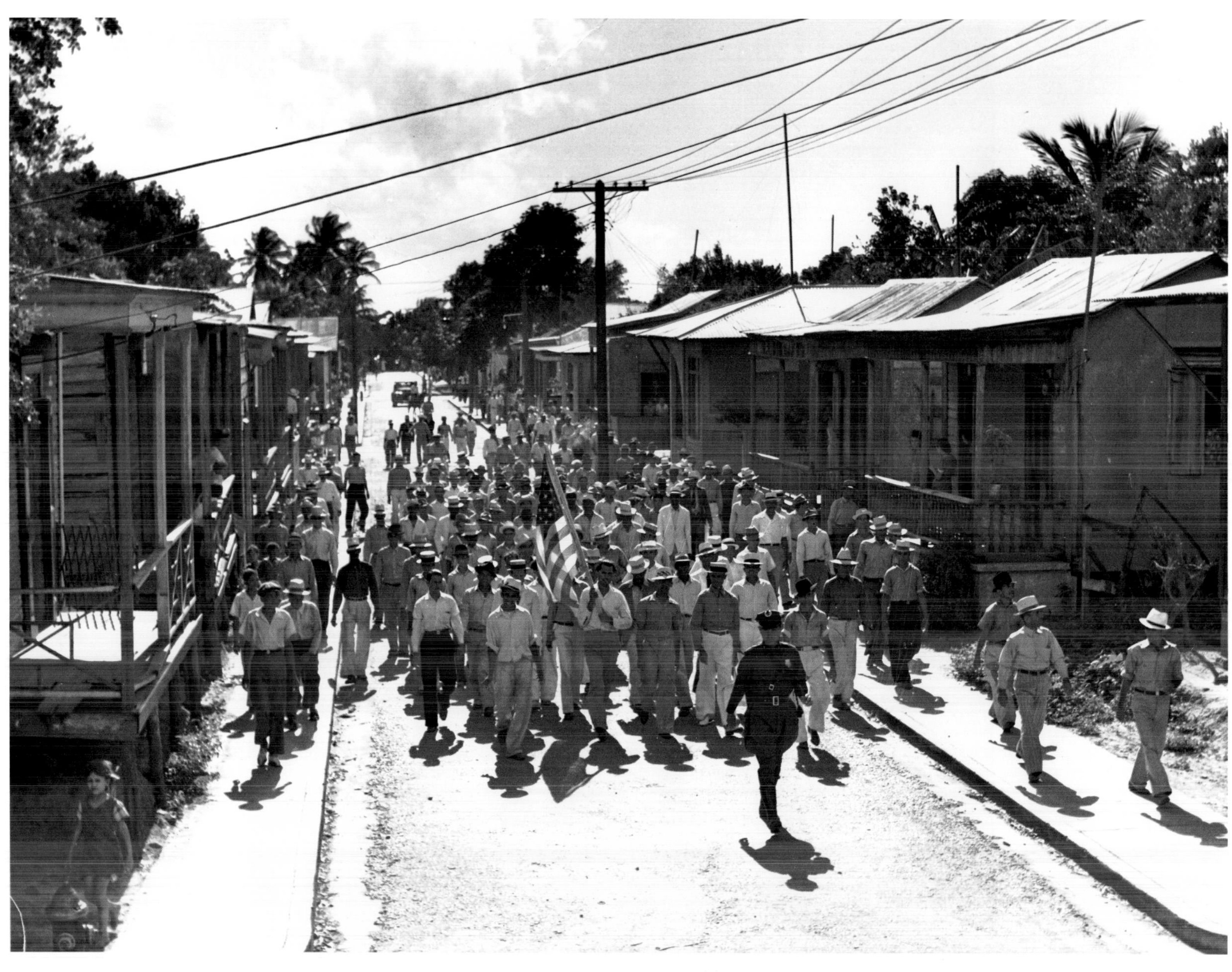

1 9 4 1

Striking sugarcane workers marching through the town of Yabucoa to hold a mass meeting in the plaza

Trabajadores de caña en huelga dirigiendose hacia la plaza del pueblo de Yabucoa para celebrar una reunión en masa

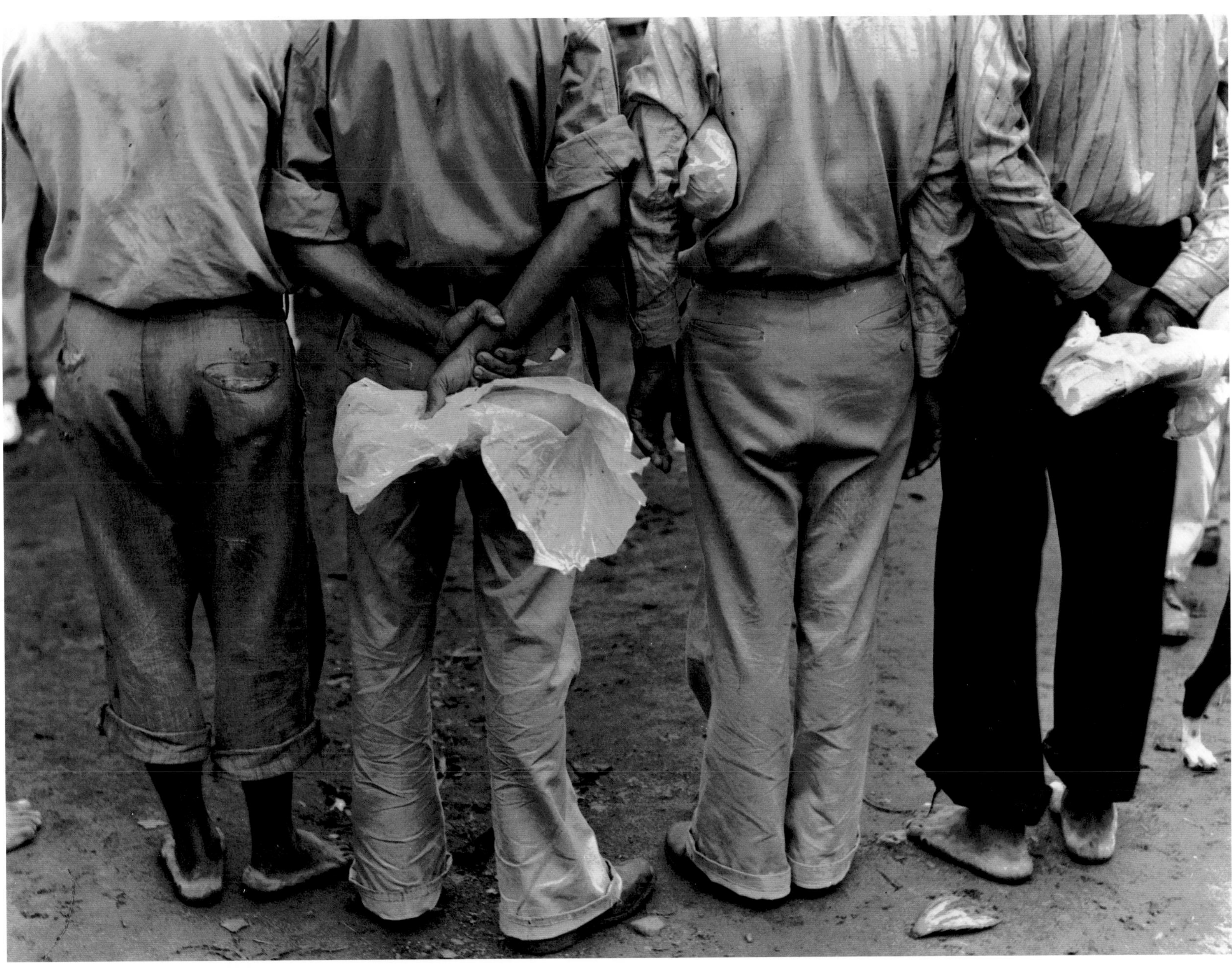

1 9 4 1

Striking sugarcane workers at a meeting in Yabucoa; in their hands are half loaves of bread the union distributed as lunch

Trabajadores de caña en huelga en una reunión en la plaza de Yabucoa; en las manos tienen los medios bollos de pan que la unión distribuyó como el almuerzo

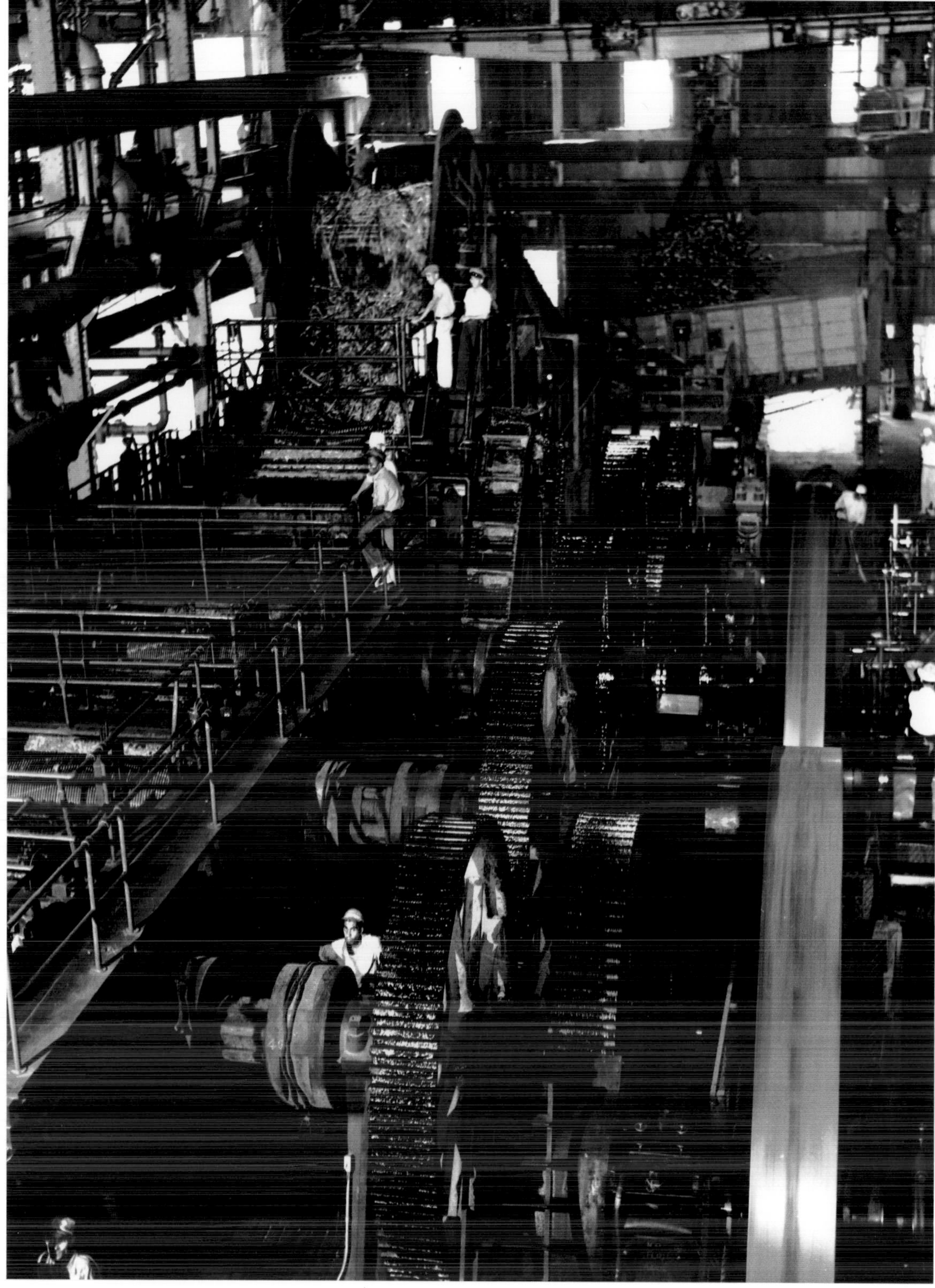

1 9 4 1

Interior of the sugar mill in Guánica ■ Interior de la central azucarera de Guánica

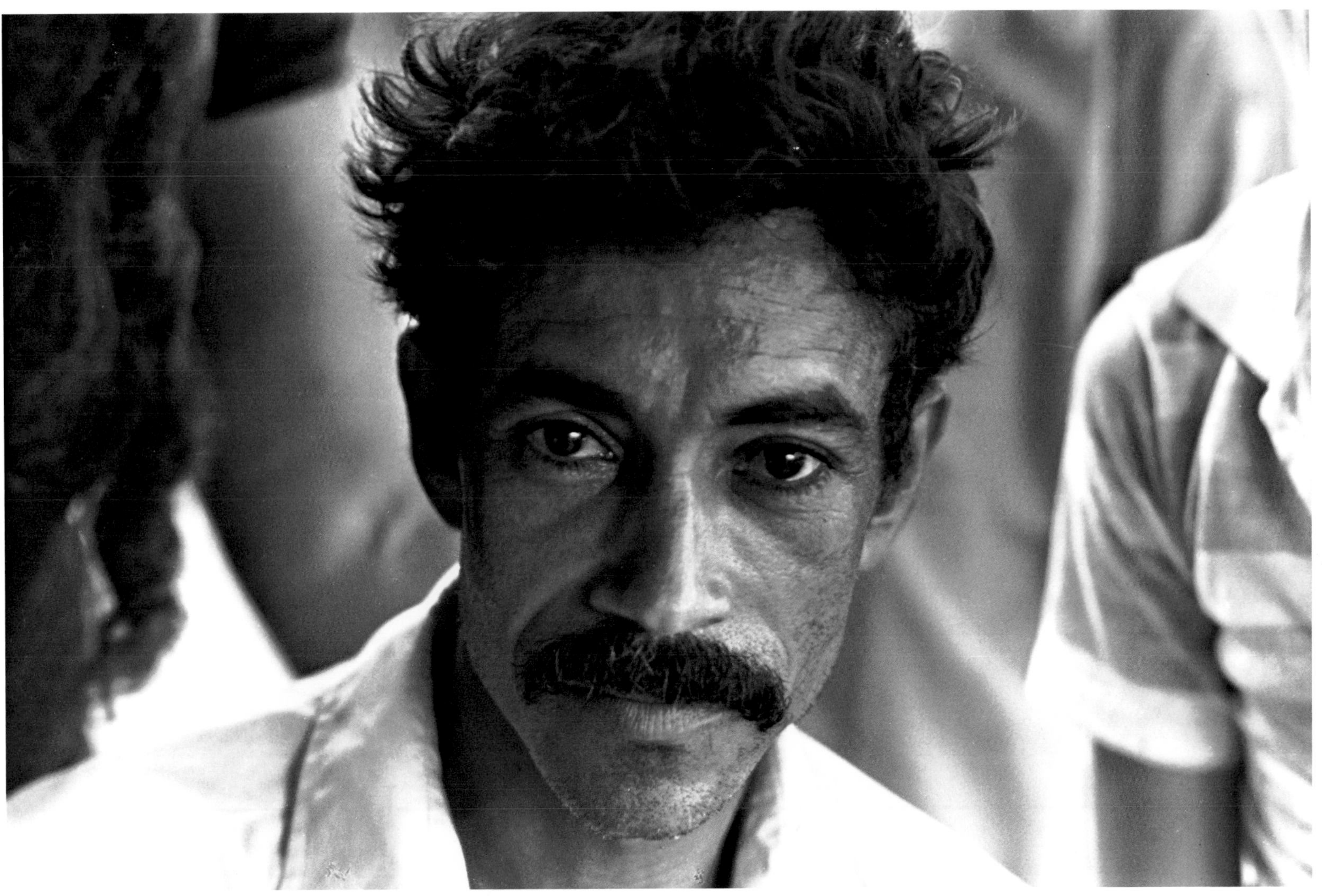

1 9 8 0

Young sugar-mill worker in Yabucoa ▣ Un joven trabajador de la central azucarera de Yabucoa

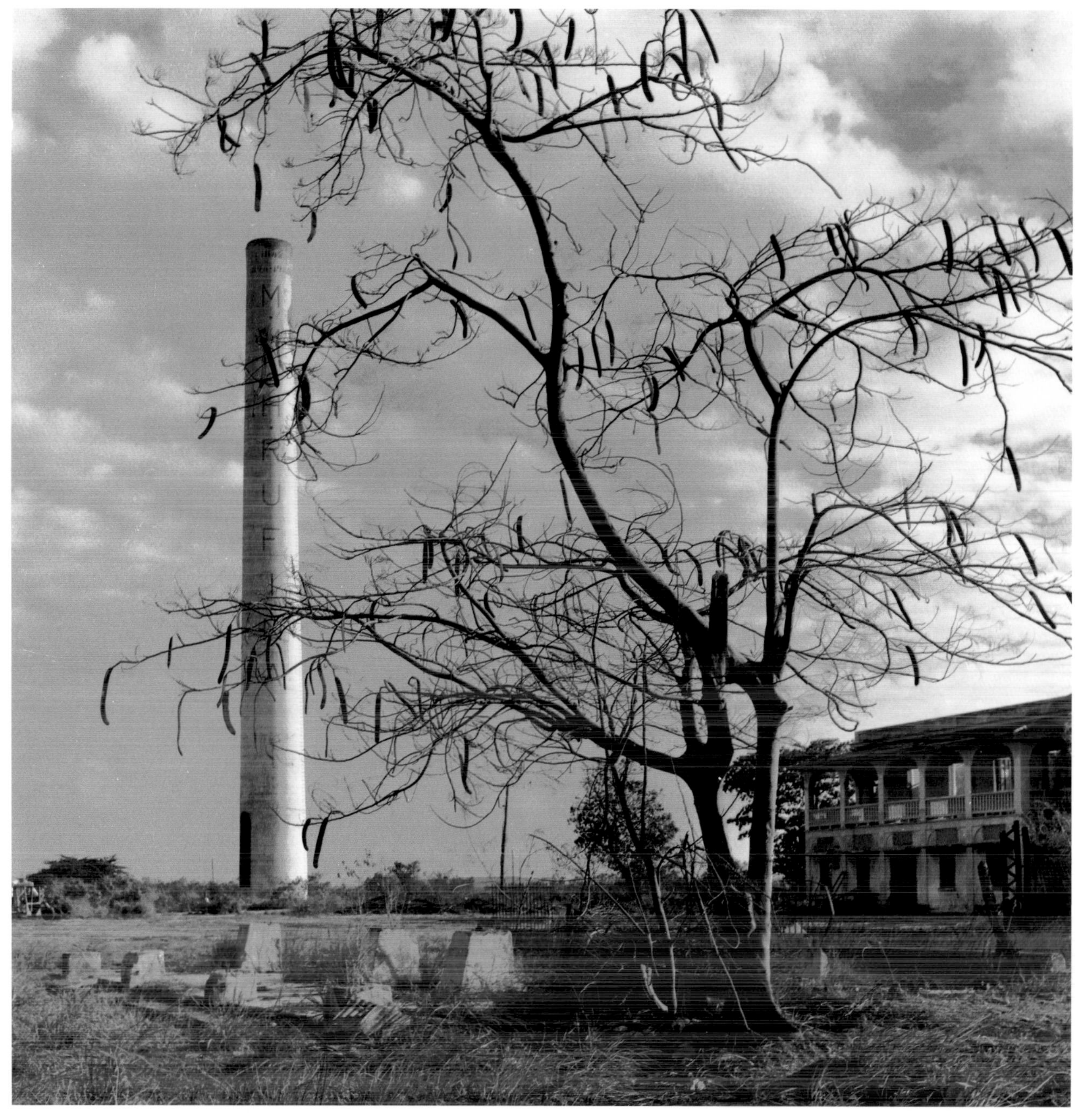

1981

Ruins of the Rufina sugar mill in Guayanilla ■ Ruinas de la Central Rufina en Guayanilla

Tobacco is generally grown in all areas. . . . They devote special care to the coffee crop, which has a sure market for foreigners who seek it with eagerness because of its good quality.

Geographic, Civil and Political History of the Island of San Juan Bautista de Puerto Rico by Friar Iñigo Abbad y Lasierra, 1782

■

El tabaco se cultiva generalmente en todos los territorios. . . . Dedican su cuidado con más esmero al café . . . que tiene salida segura para los extranjeros que lo solicitan con ansia por su buena calidad.

Historia Geografica, Civil y Politica de la Isla de San Juan Bautista de Puerto Rico, por Fray Iñigo Abbad y Lasierra, 1782

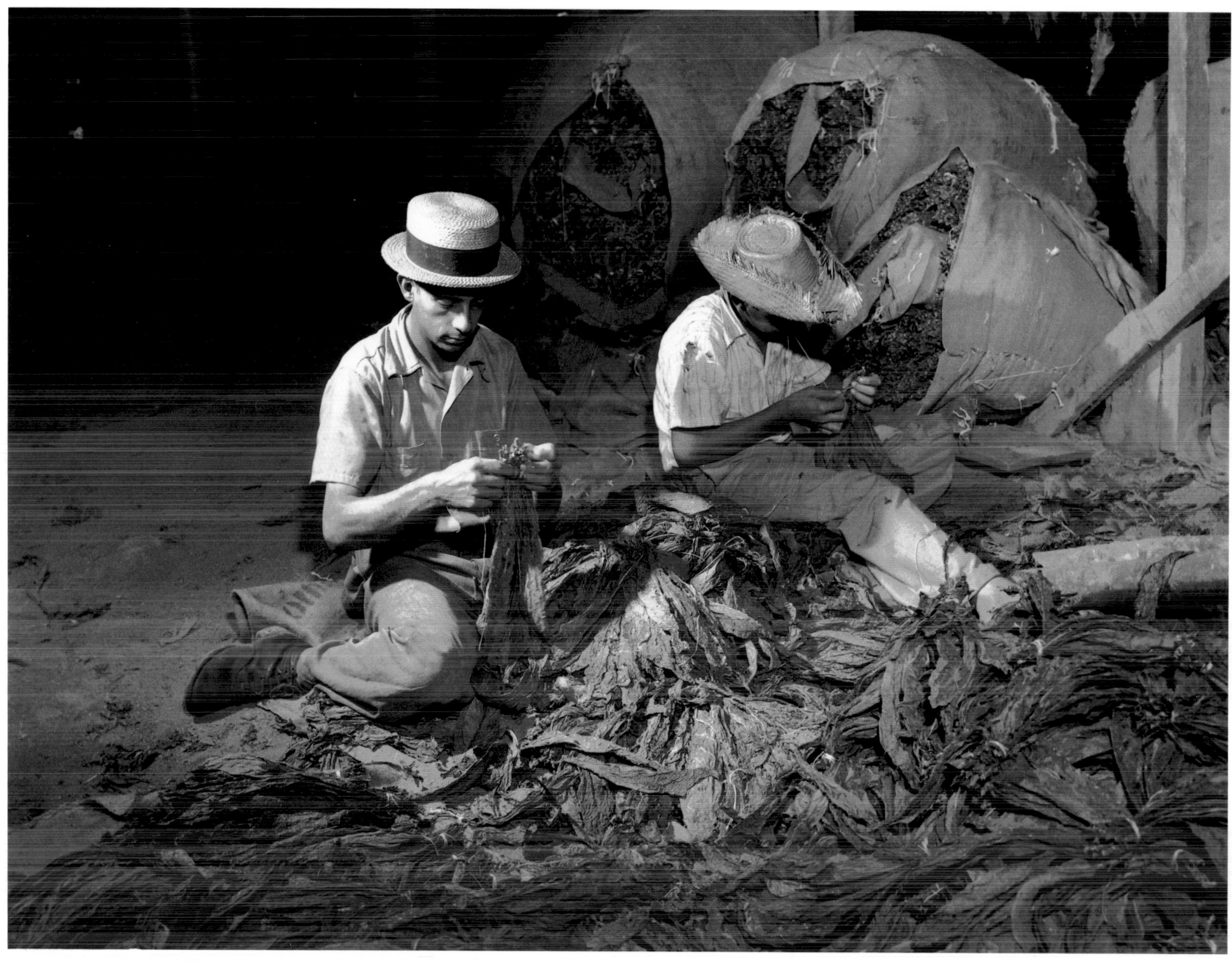

1 9 4 1

Stringing tobacco on a farm near Barranquitas ■ Cosiendo tabaco en una finca cerca de Barranquitas

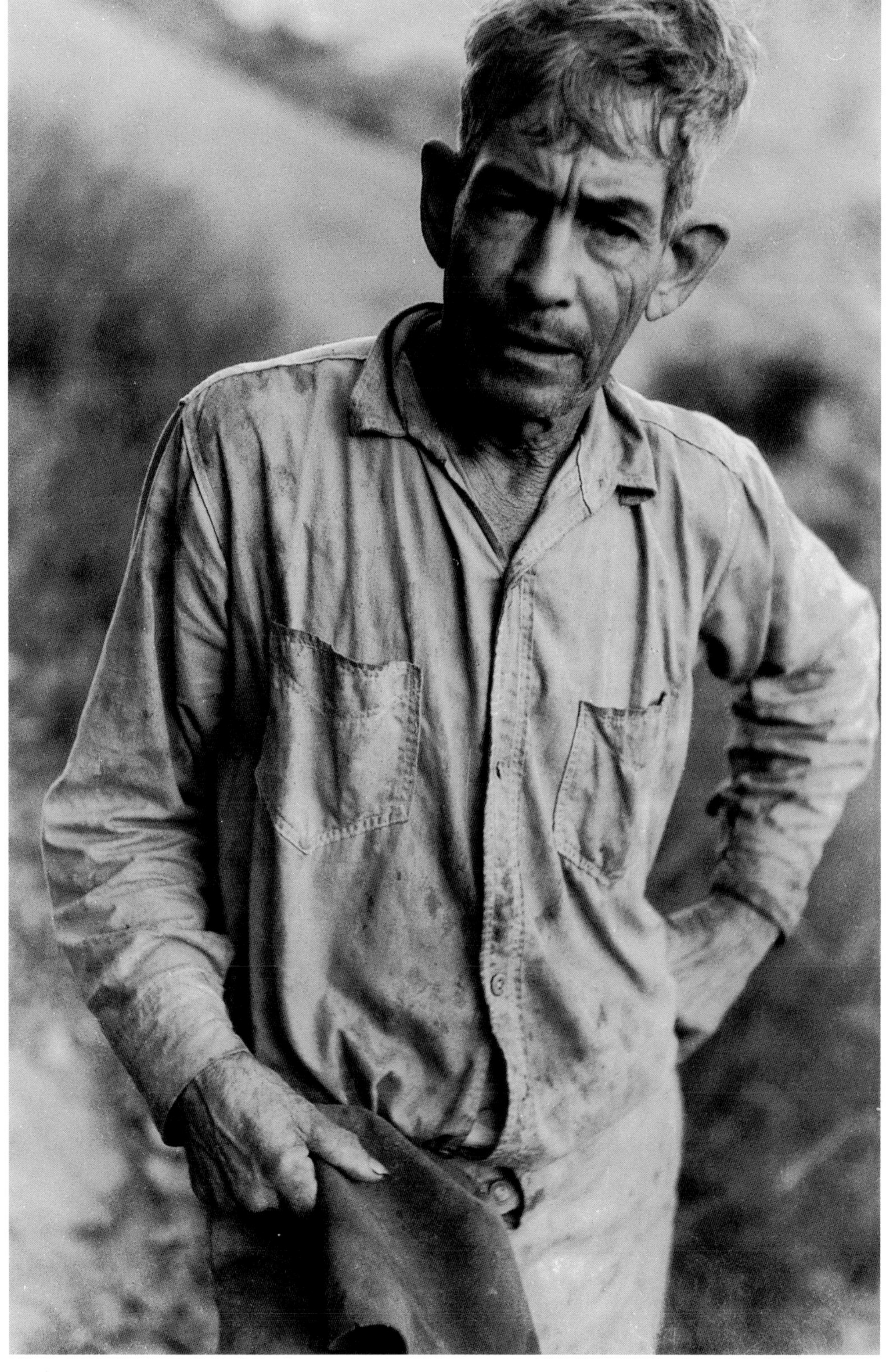

1 9 4 1

Tobacco farmer, near Corozal ■ Agricultor de tabaco, cerca de Corozal

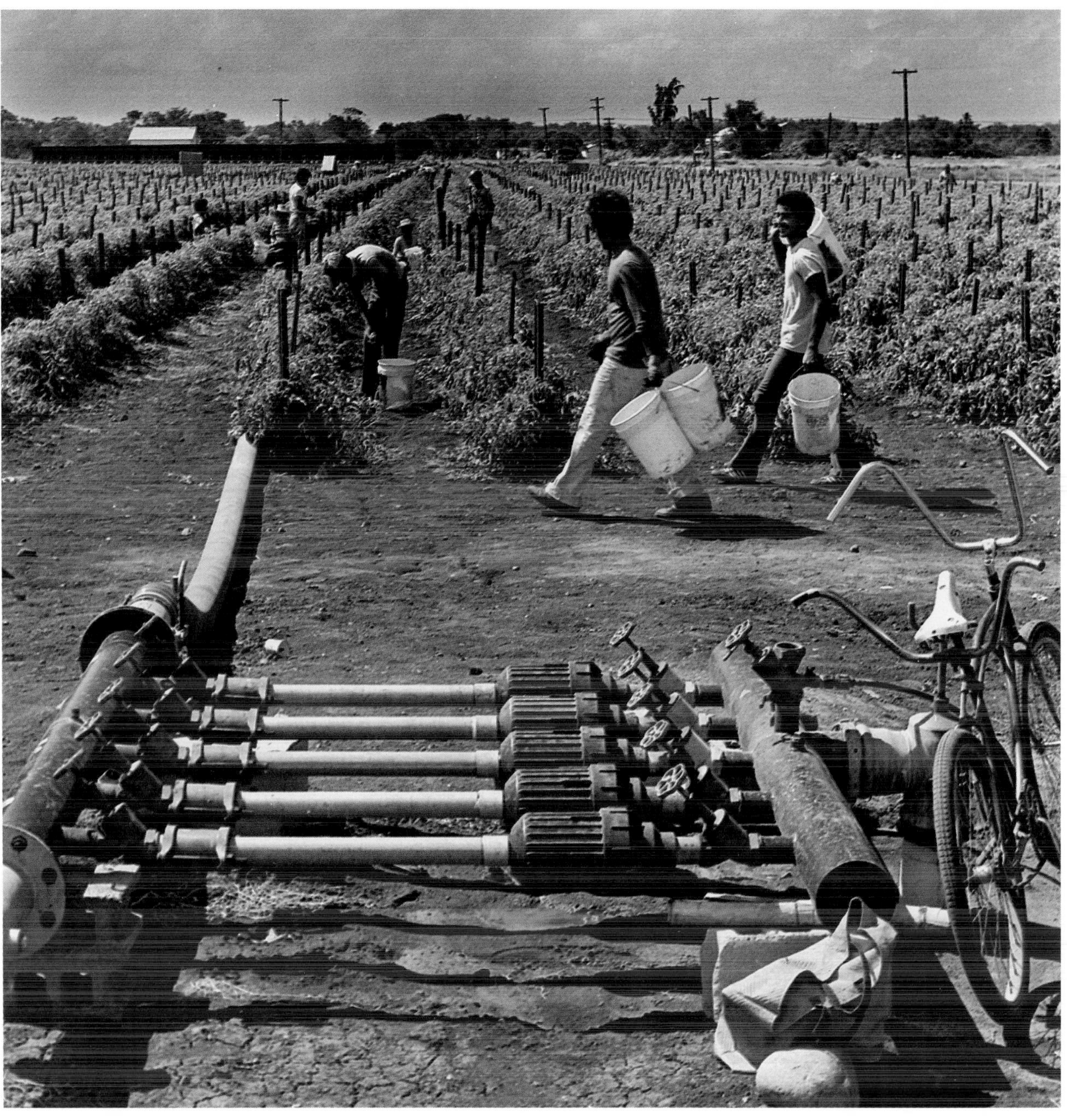

1 9 8 1

Truck farm using modern irrigating and fertilizing techniques, near Santa Isabel ■ Finca de hortalizas que funciona con técnicas modernas de riego y distribución de abono, cerca de Santa Isabel

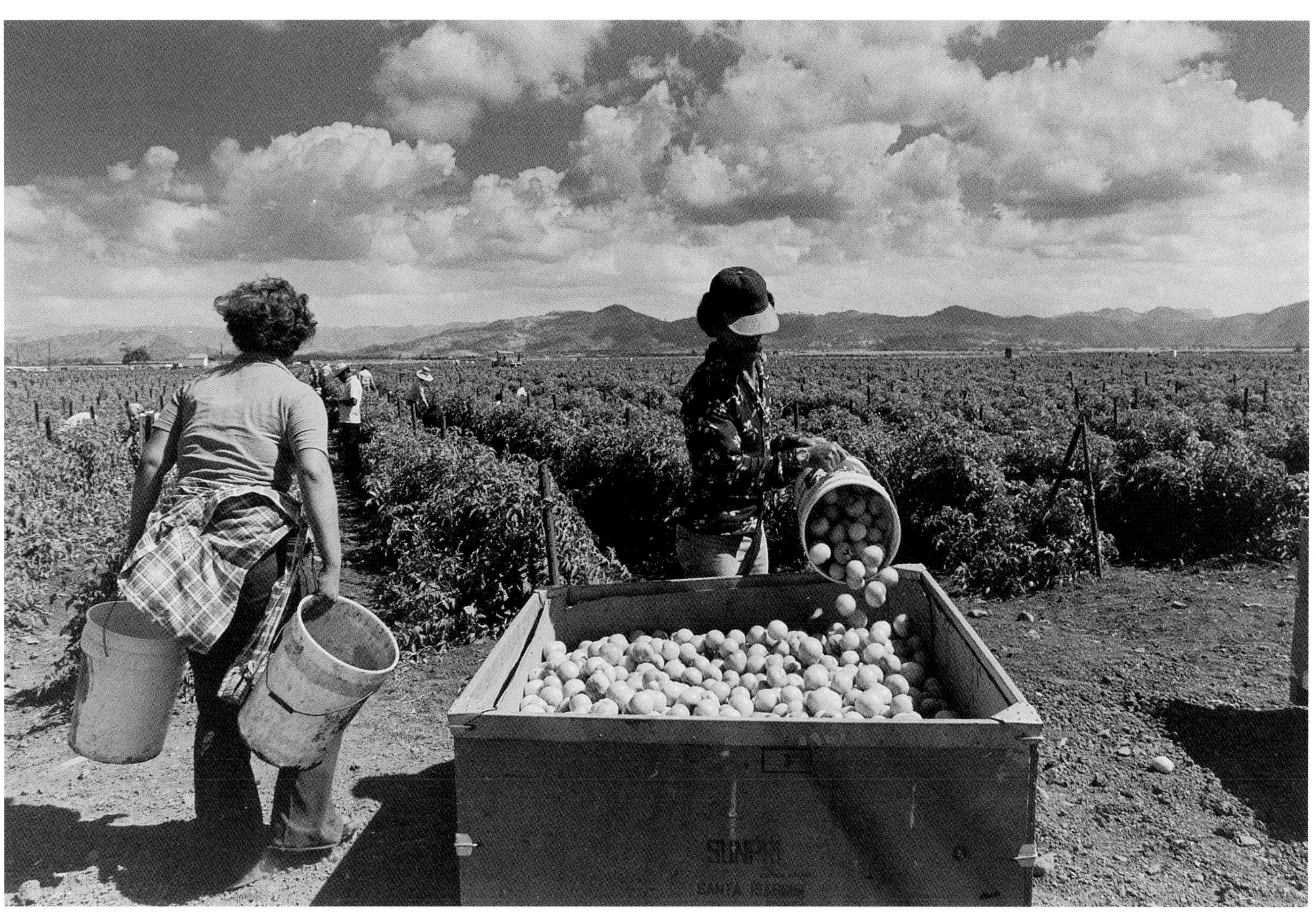

1 9 8 0

Harvesting tomatoes on a highly mechanized truck farm, near Santa Isabel ■ Cosechando tomates en una finca altamente mecanizada cerca de Santa Isabel

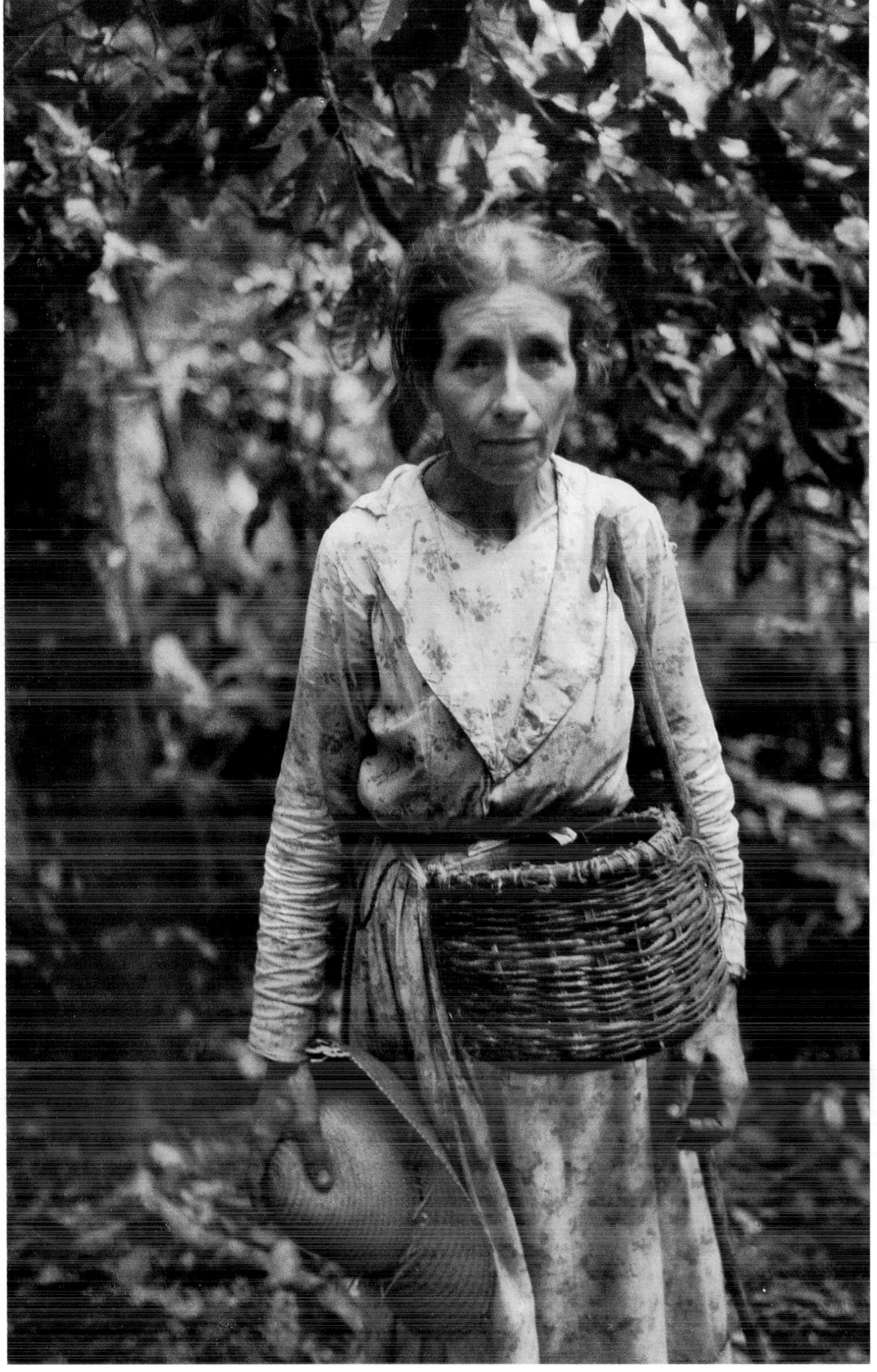

1 9 4 1

Coffee picker on a farm near Corozal ■ Recogedora de café en una finca cerca de Corozal

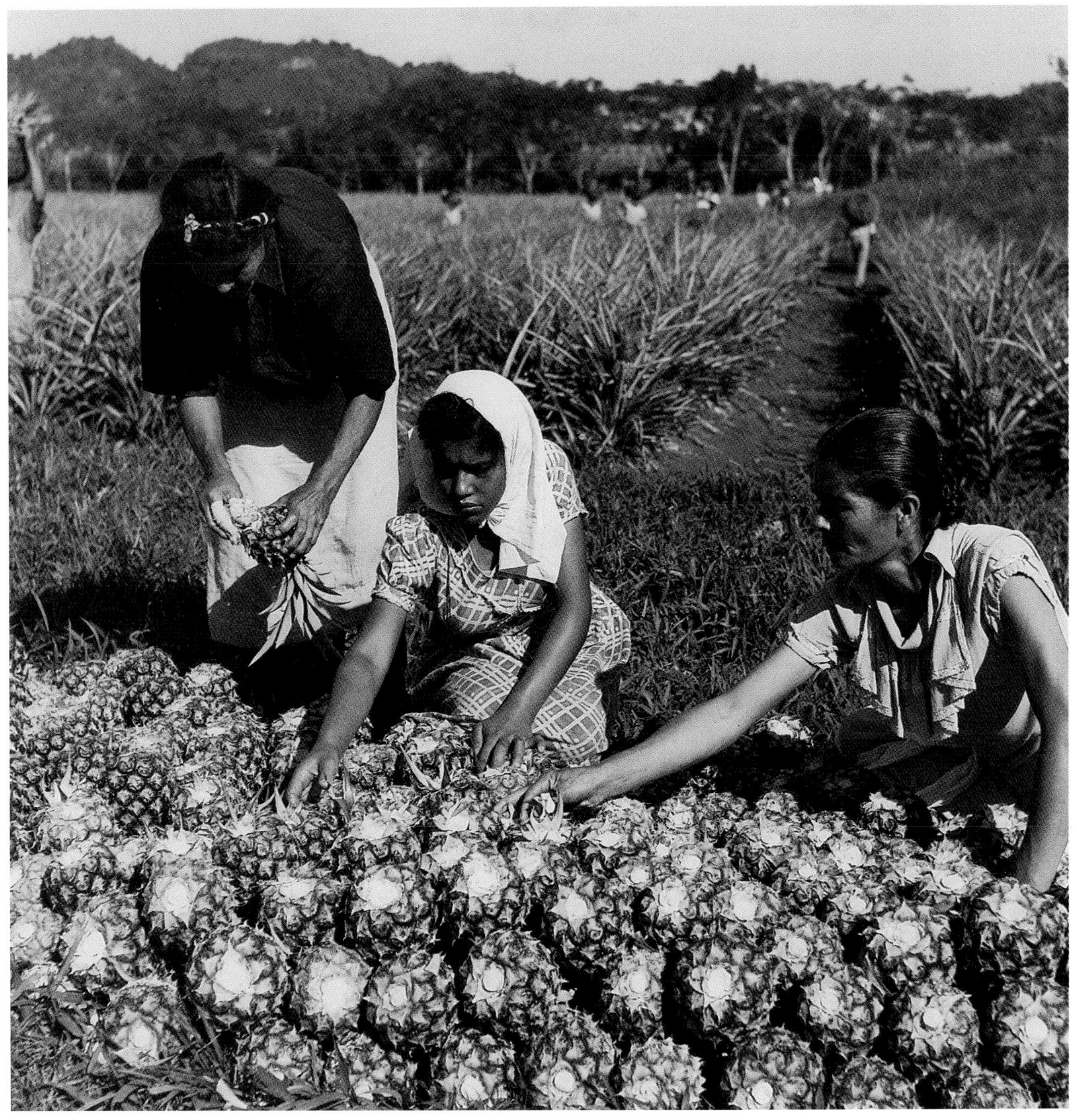

1941

Harvesting pineapples, near Manatí ■ Cosechando piñas, cerca de Manatí

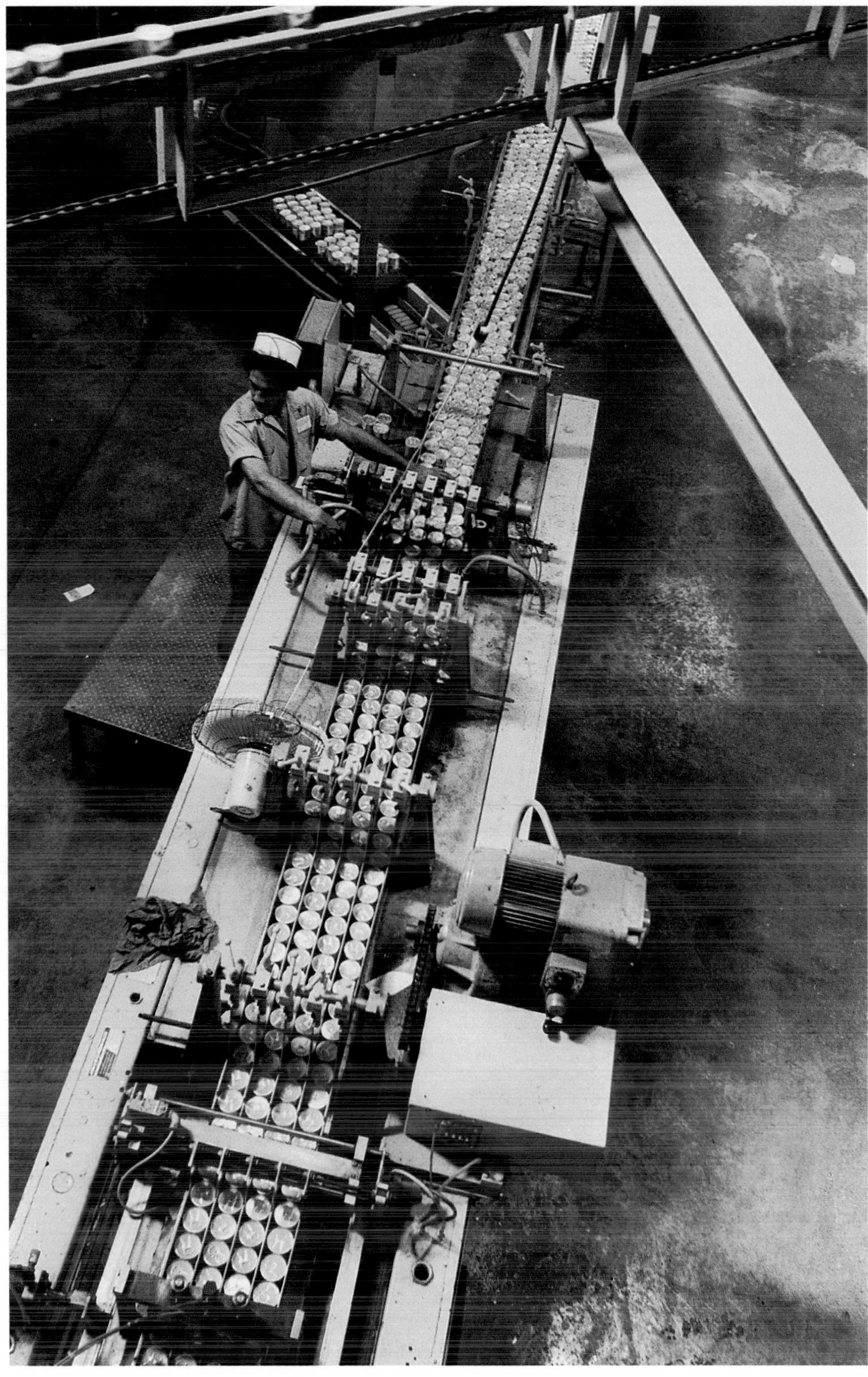

1 9 8 0

A pineapple-juice canning plant in Bayamón ■ En una planta de enlatar jugo de piña en Bayamón

The Europeans of different nations who have established themselves on this island, the mixture of these with the Indians and blacks and the effects of the climate that molds human beings have produced different types of inhabitants that are distinguished by their color, physical appearance and character.

Geographic, Civil and Political History of the Island of San Juan Bautista de Puerto Rico by Friar Iñigo Abbad y Lasierra, 1782

■

Los Europeos de diferentes Naciones que se han establecido en la Isla, la mezla de estos con los Indios y Negros y los efectos de clima que obra siempre sobre los vivientes han producido diferentes castas de habitantes que se distinguen en su color, fisiognomía y caracter.

Historia Geografica, Civil y Politica de la Isla de San Juan Bautista de Puerto Rico, por Fray Iñigo Abbad y Lasierra, 1782

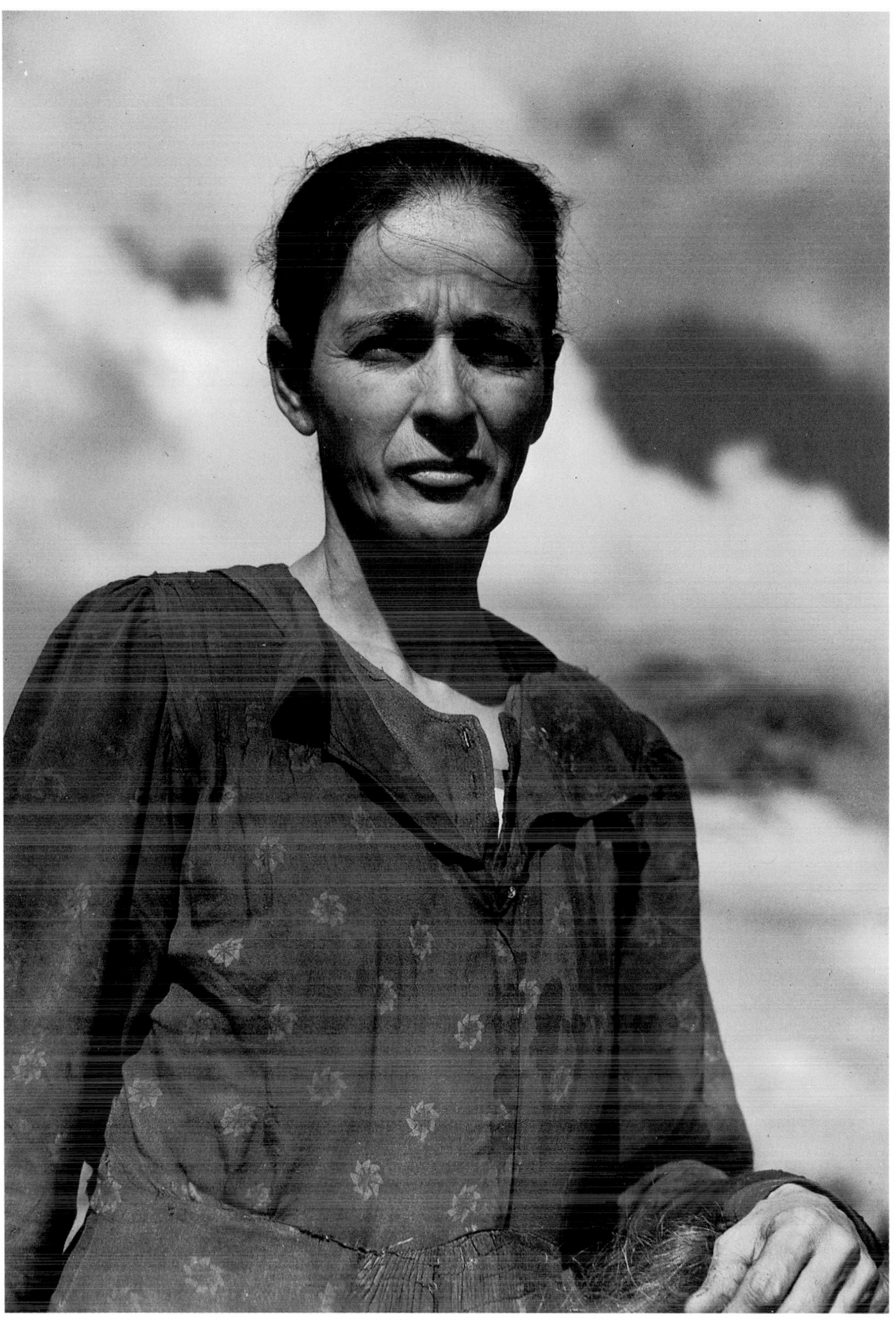

1 9 4 1

Farm woman of Río Piedras who received aid from the Farm Security Administration ■ Campesina de Río Piedras que recibía asistencia de la Administración de Seguridad Agrícola

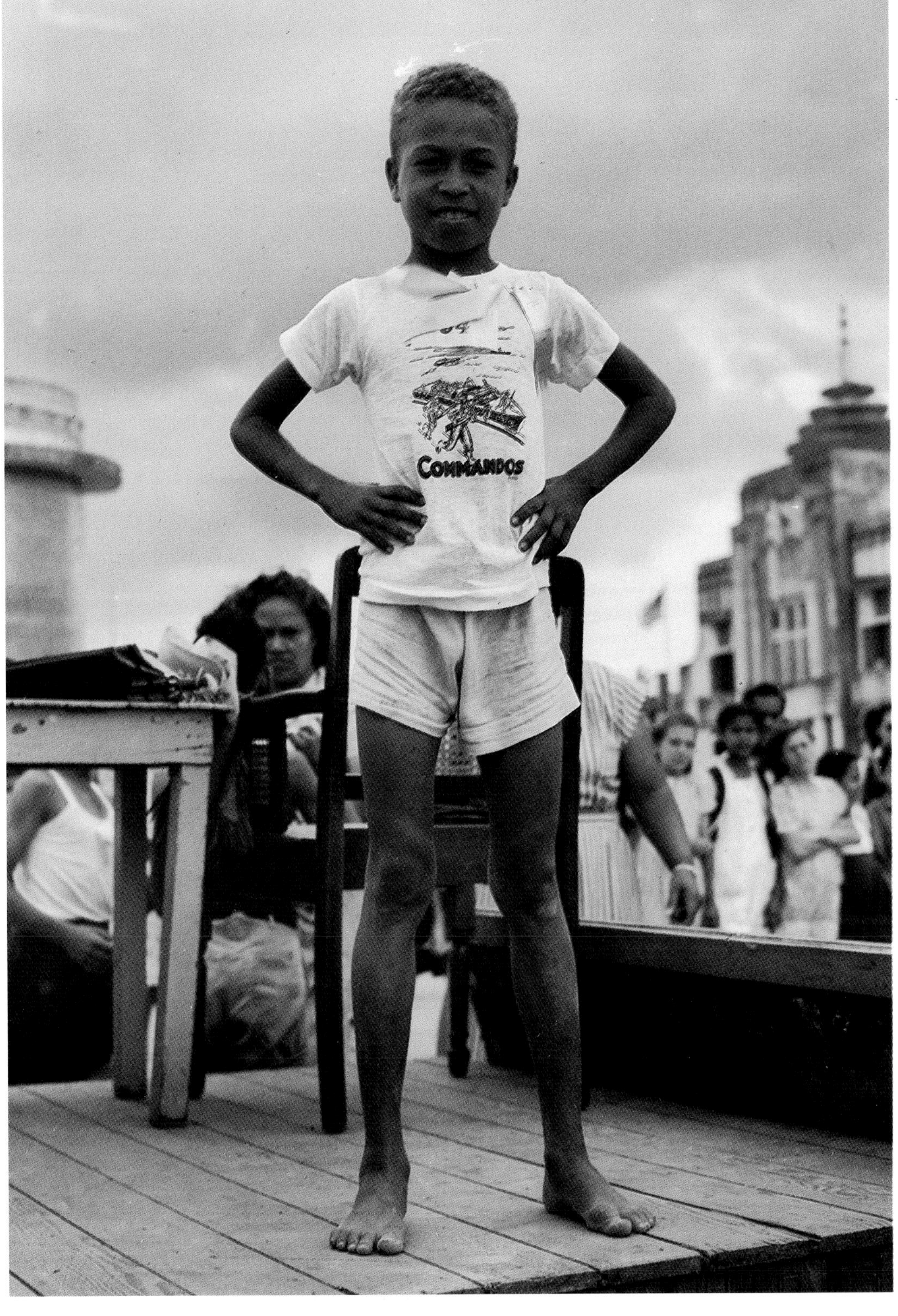

1946

Winner of one of the track-and-field events at a high school athletic meet in Caguas ■ Ganador de campo y pista en las competencias atléticas de una escuela superior en Caguas

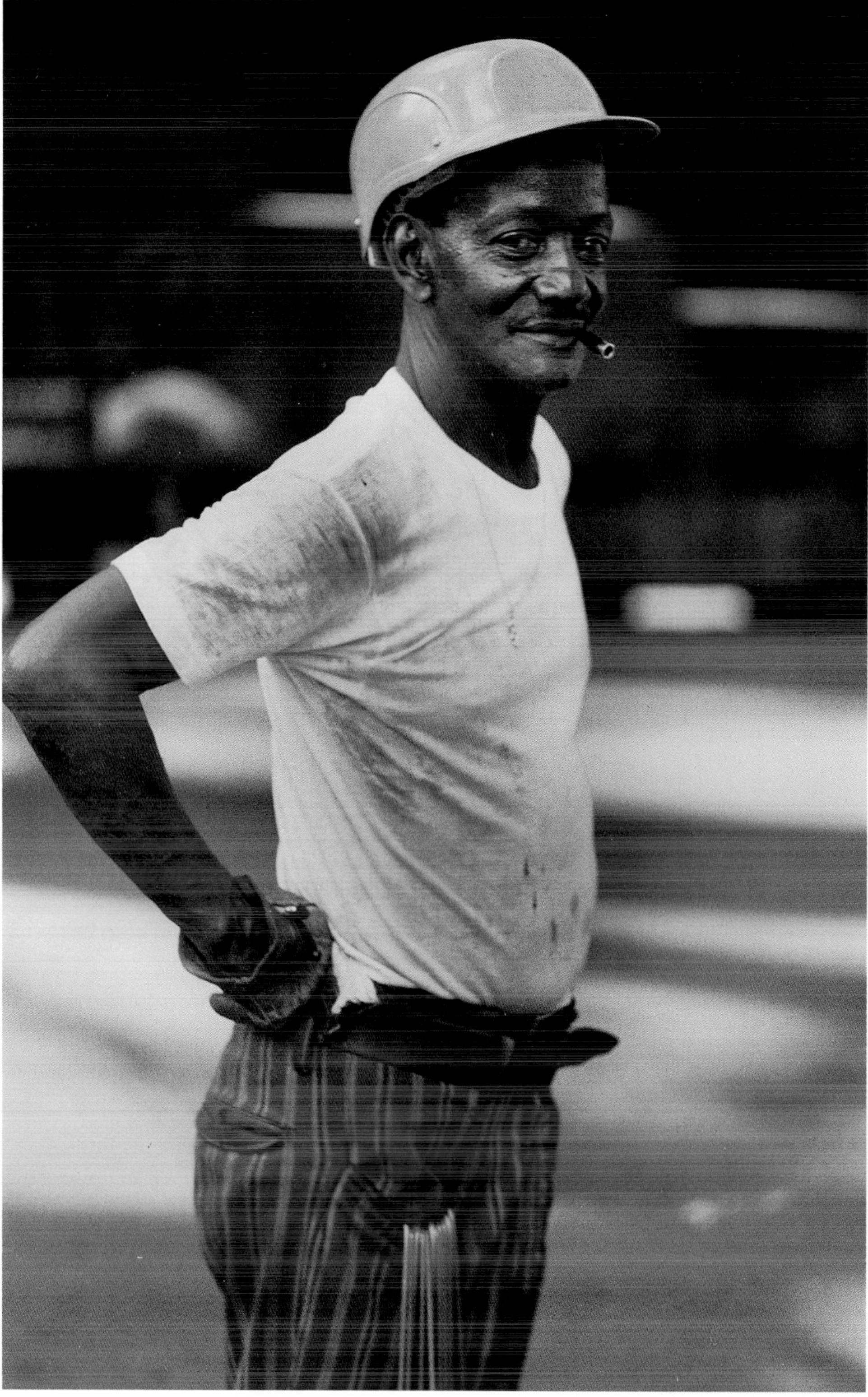

1 9 8 1

Stevedore in the port of San Juan ■ Estibador en el puerto de San Juan

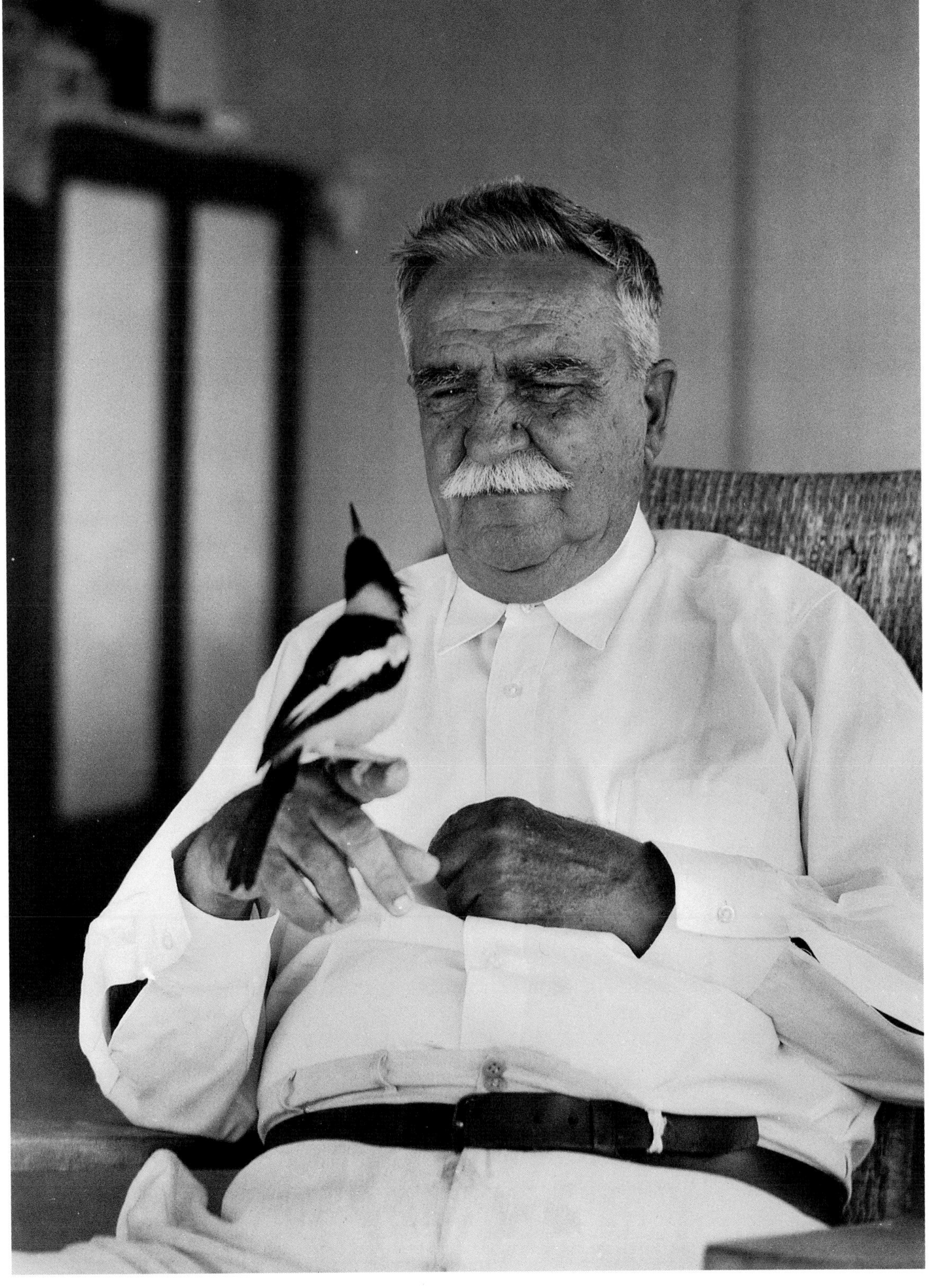

1 9 4 1

Don Luis Quiñones, a sugar planter near Guánica ▪ Don Luis Quiñones, dueño de un cañaveral cerca de Guánica

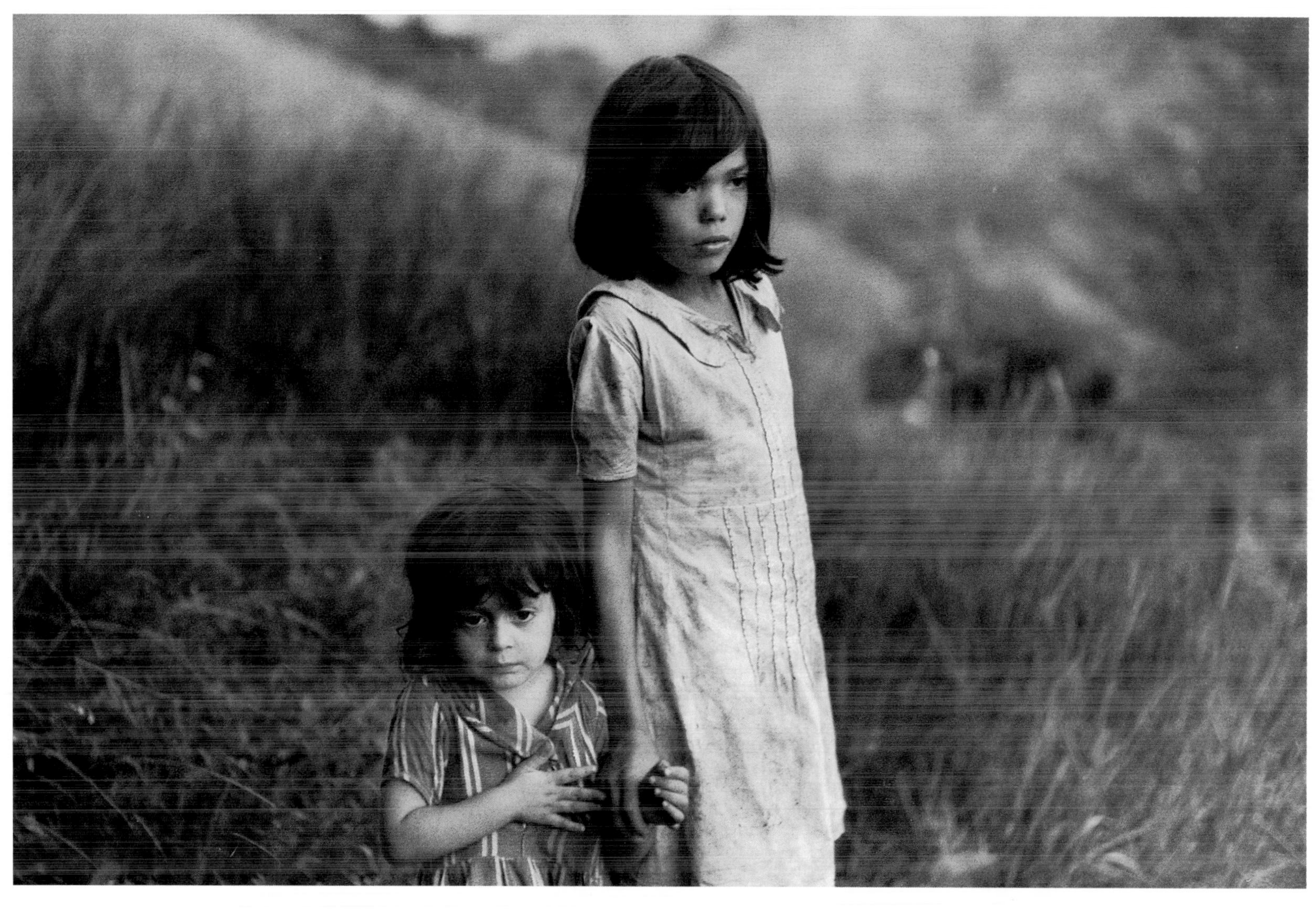

1 9 4 1

Children of a farmer near Corozal ■ Hijas de un agricultor cerca de Corozal

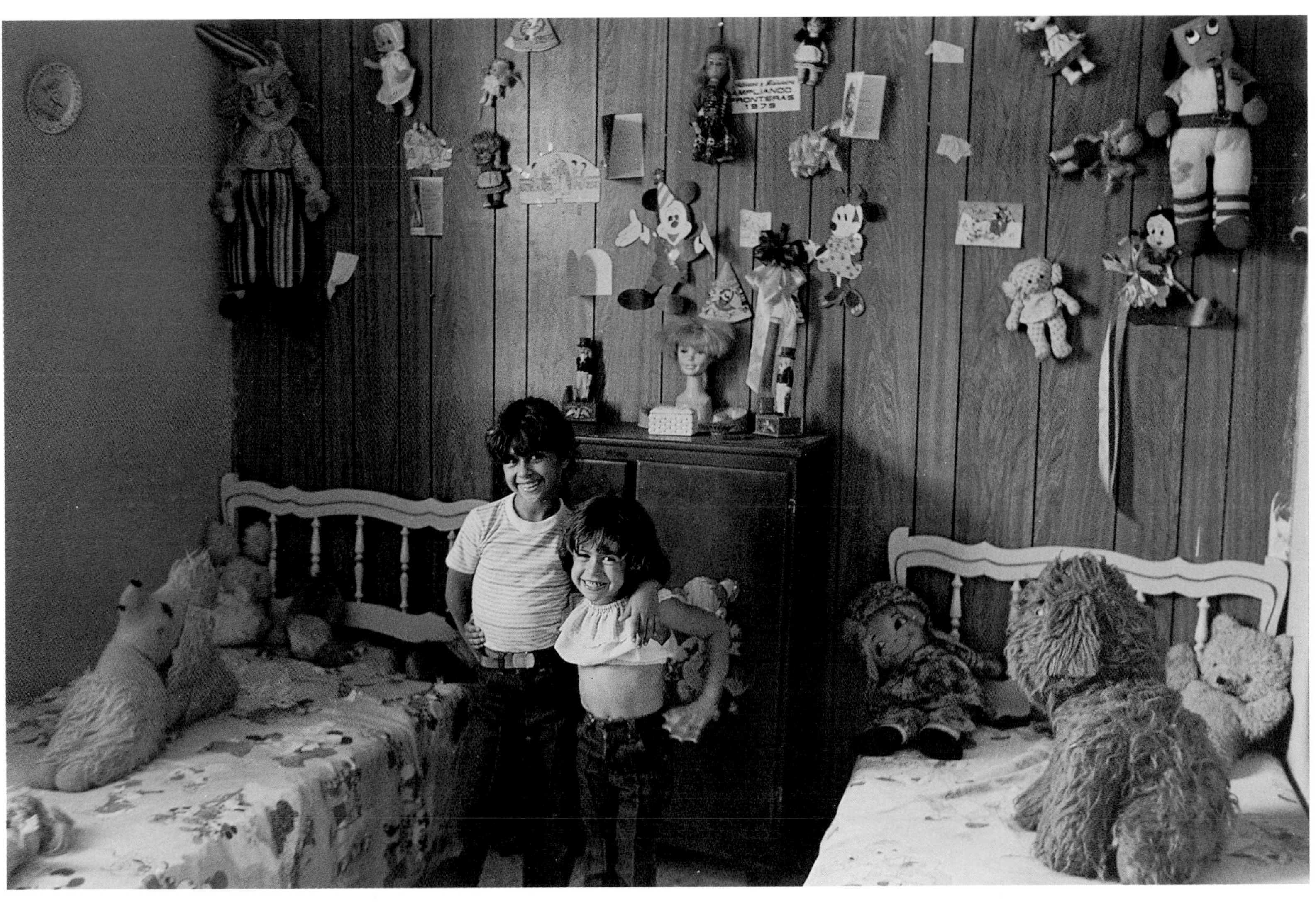

1 9 8 2

Children whose father is a maintenance worker at a pharmaceutical plant in Barceloneta ■ Niñas cuyo padre trabaja en el departamento de mantenimiento de una fabrica de productos farmaceúticos en Barceloneta

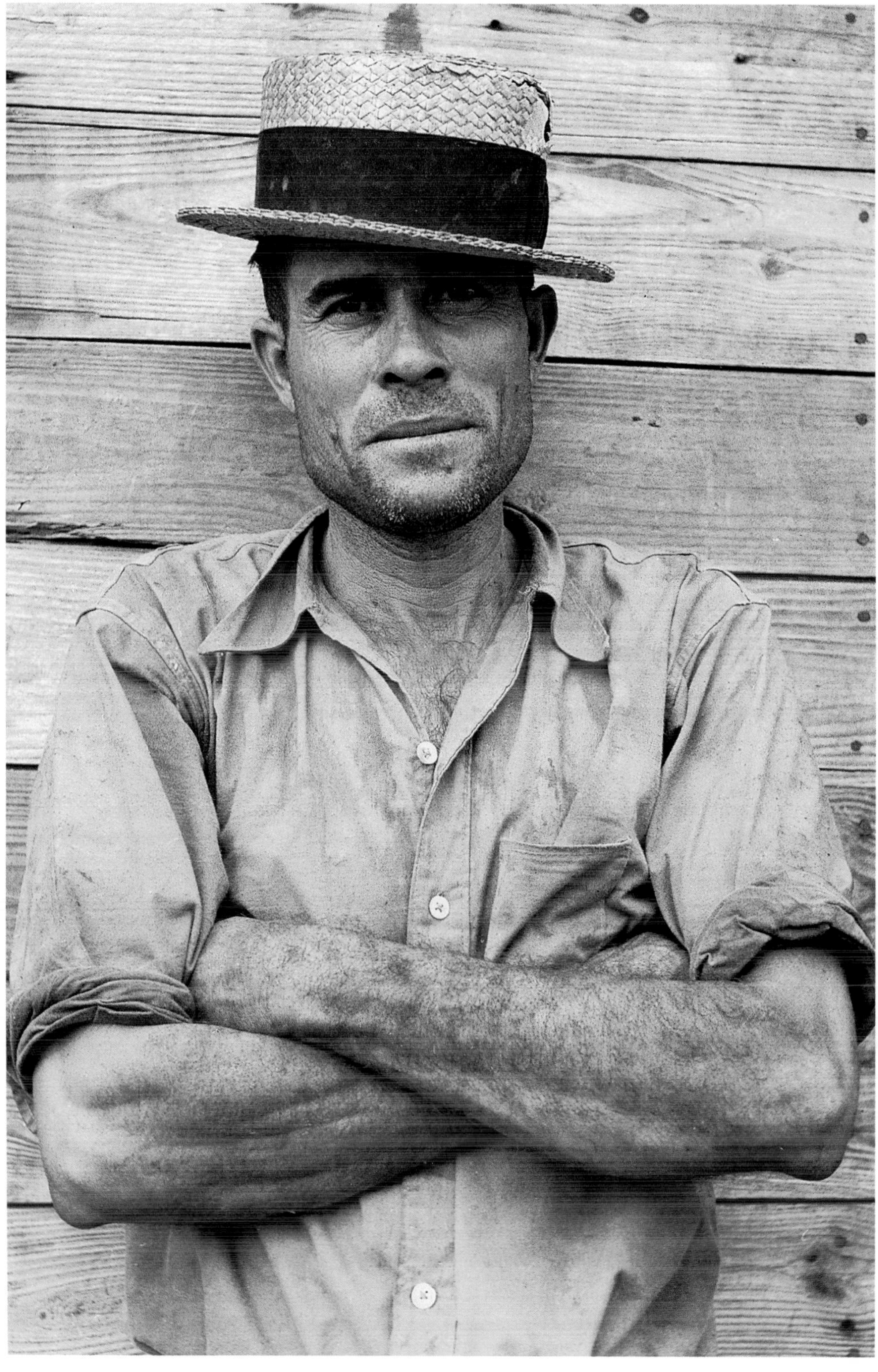

1941

Farmer near Caguas who was receiving aid from the Farm Security Administration ■ Campesino cerca de Caguas que recibía ayuda de la Administración de Seguridad Agrícola

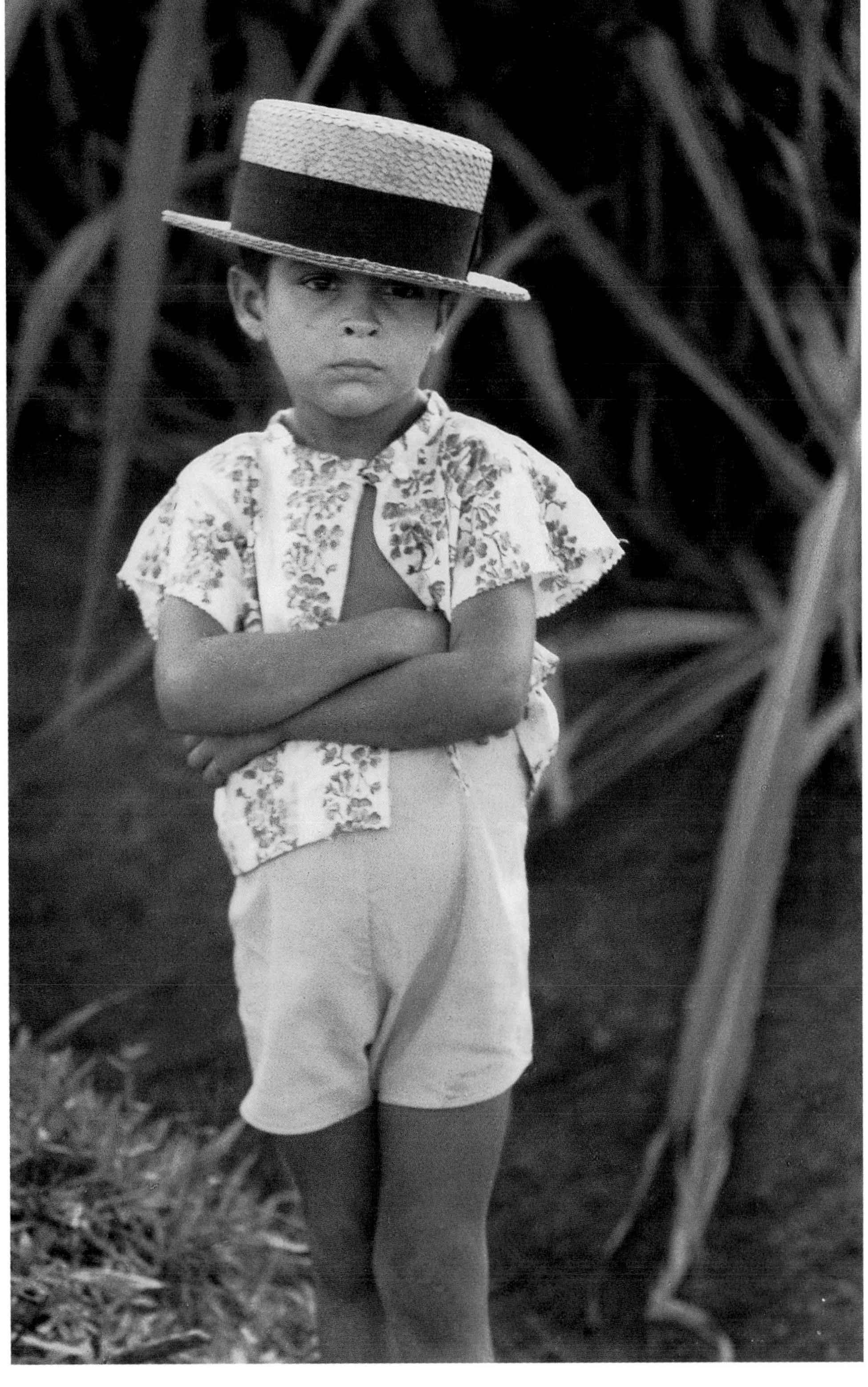

1 9 4 1

Little boy on the roadside near Corozal ■ Muchachito a la orilla de la carretera cerca de Corozal

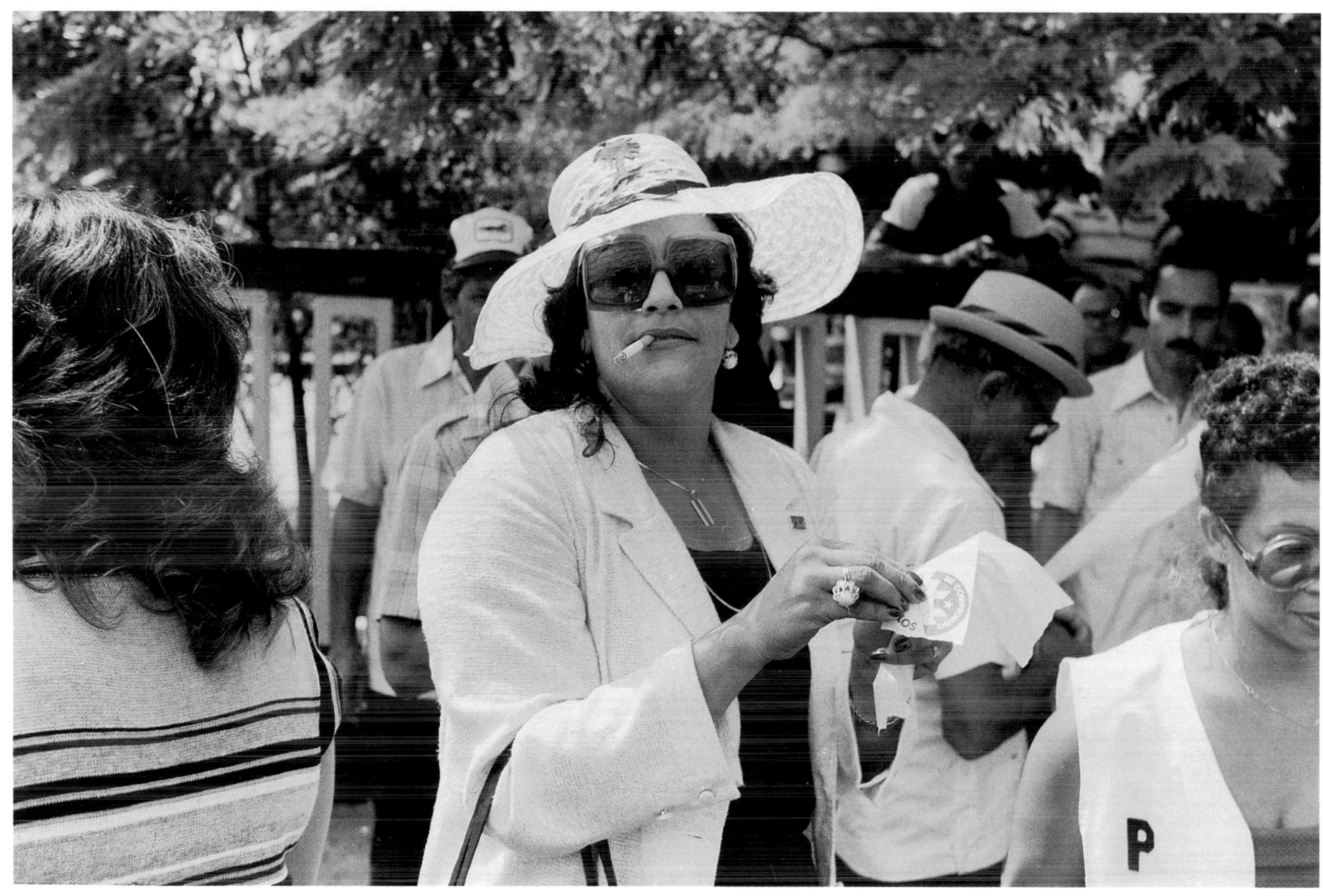

1 9 8 0

At a political rally near Toa Baja ■ En una reunión política cerca de Toa Baja

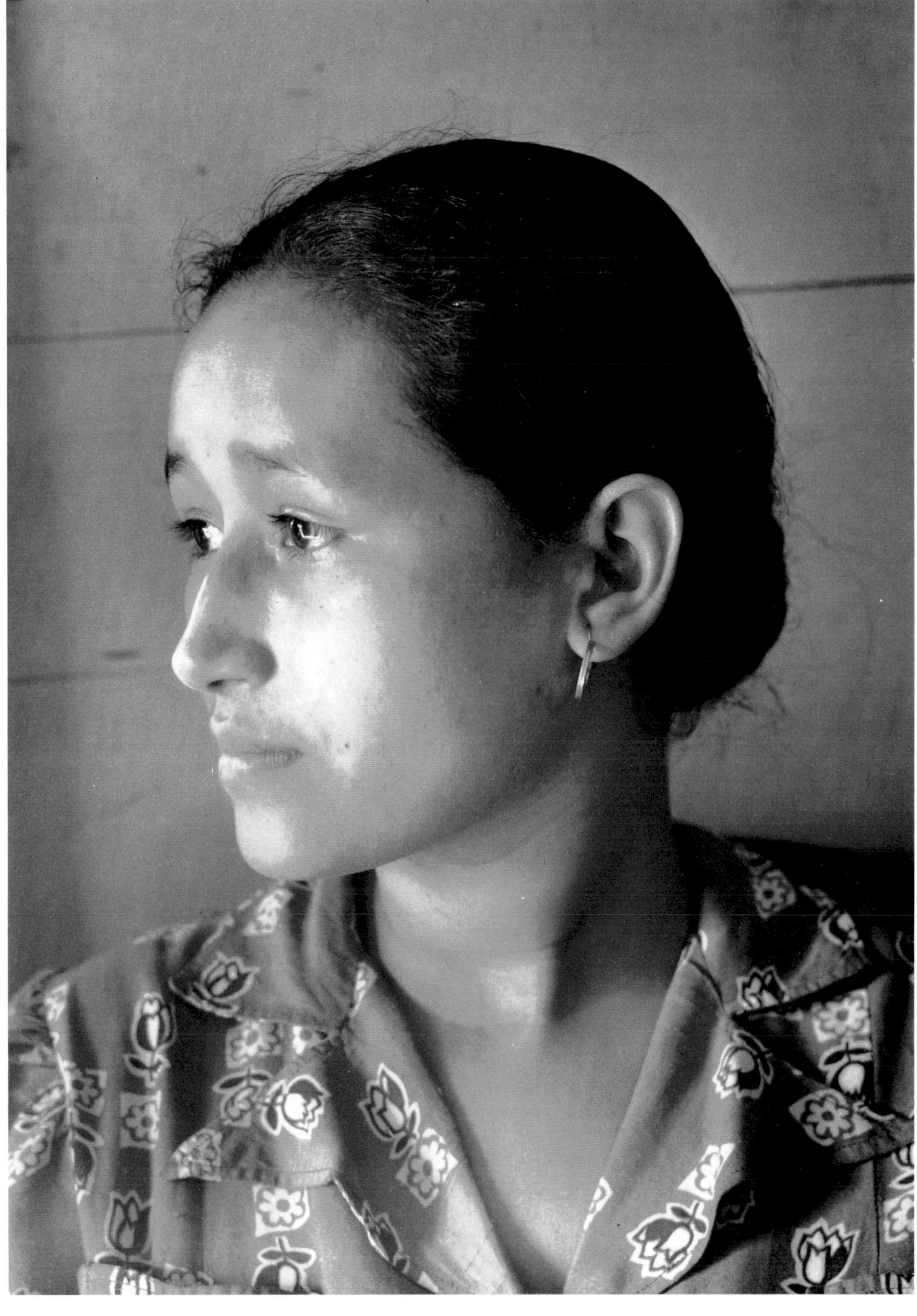

1 9 4 1

Daughter of an FSA client near Río Piedras ■ Hija de un cliente de la FSA en Río Piedras

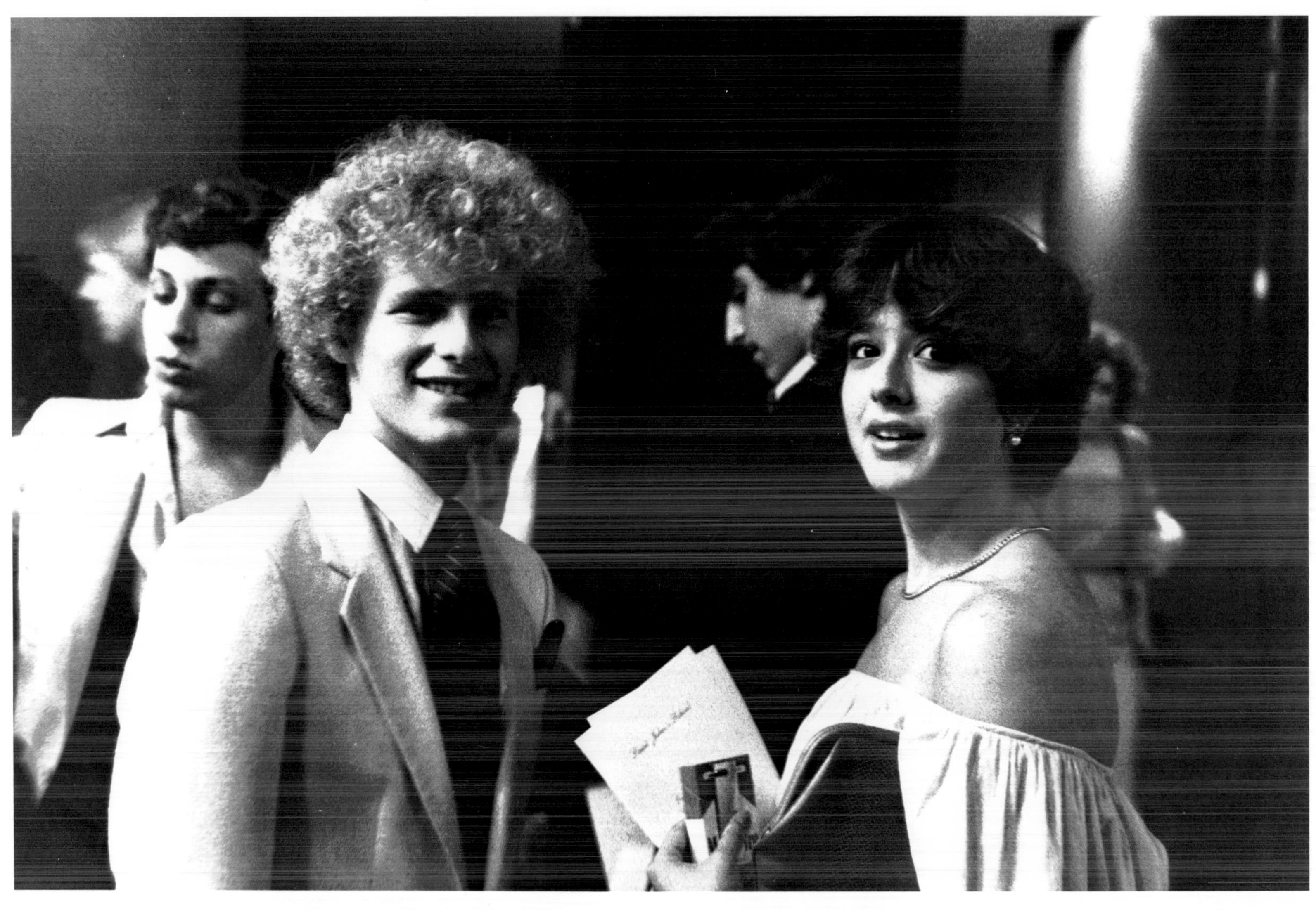

1 9 8 2

High school graduates at a private school in San Juan ■ Graduandos de una escuela superior privada en San Juan

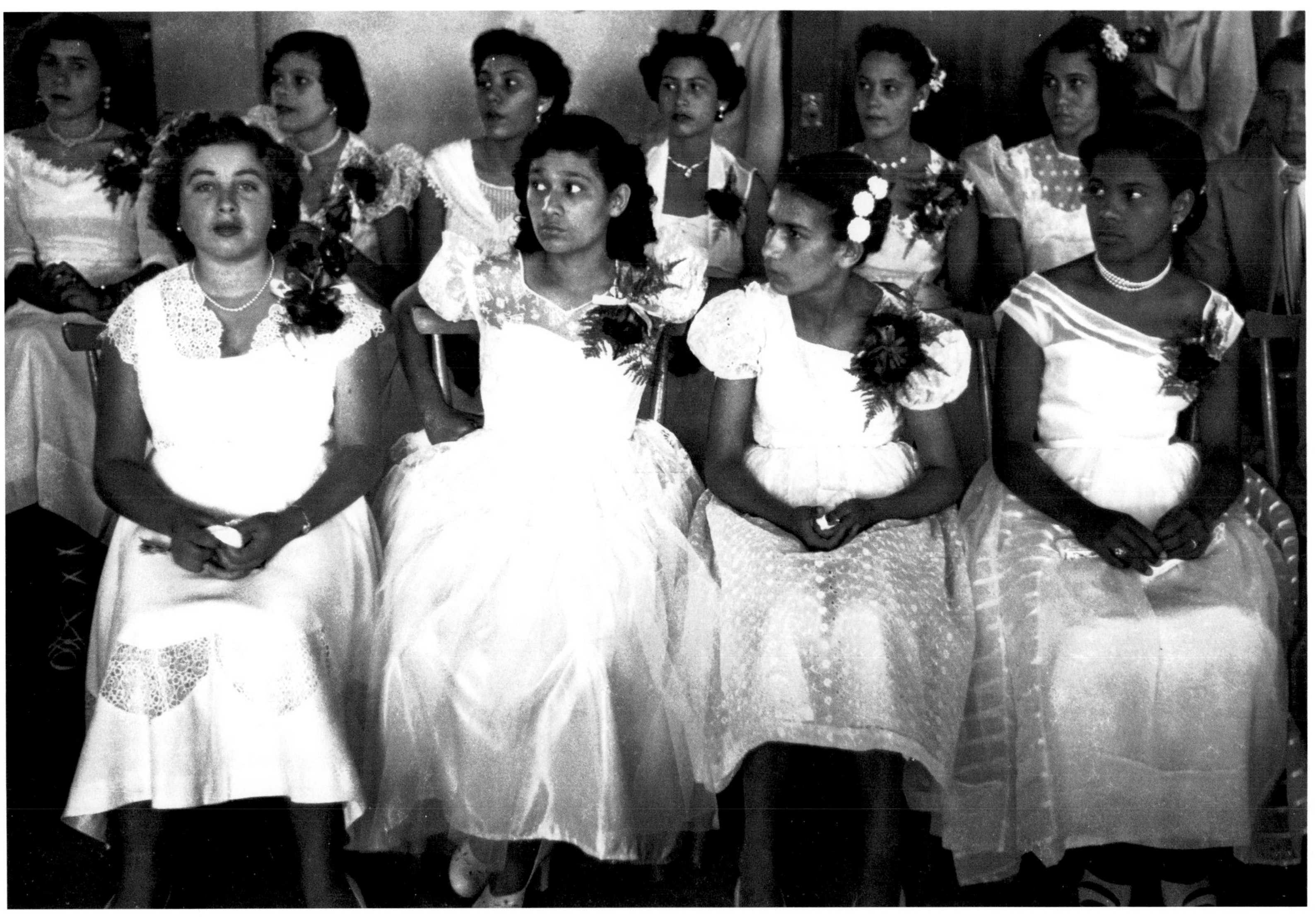

1 9 5 2

At a public high school graduation in Cidra ■ Gradución en una escuela superior pública en Cidra

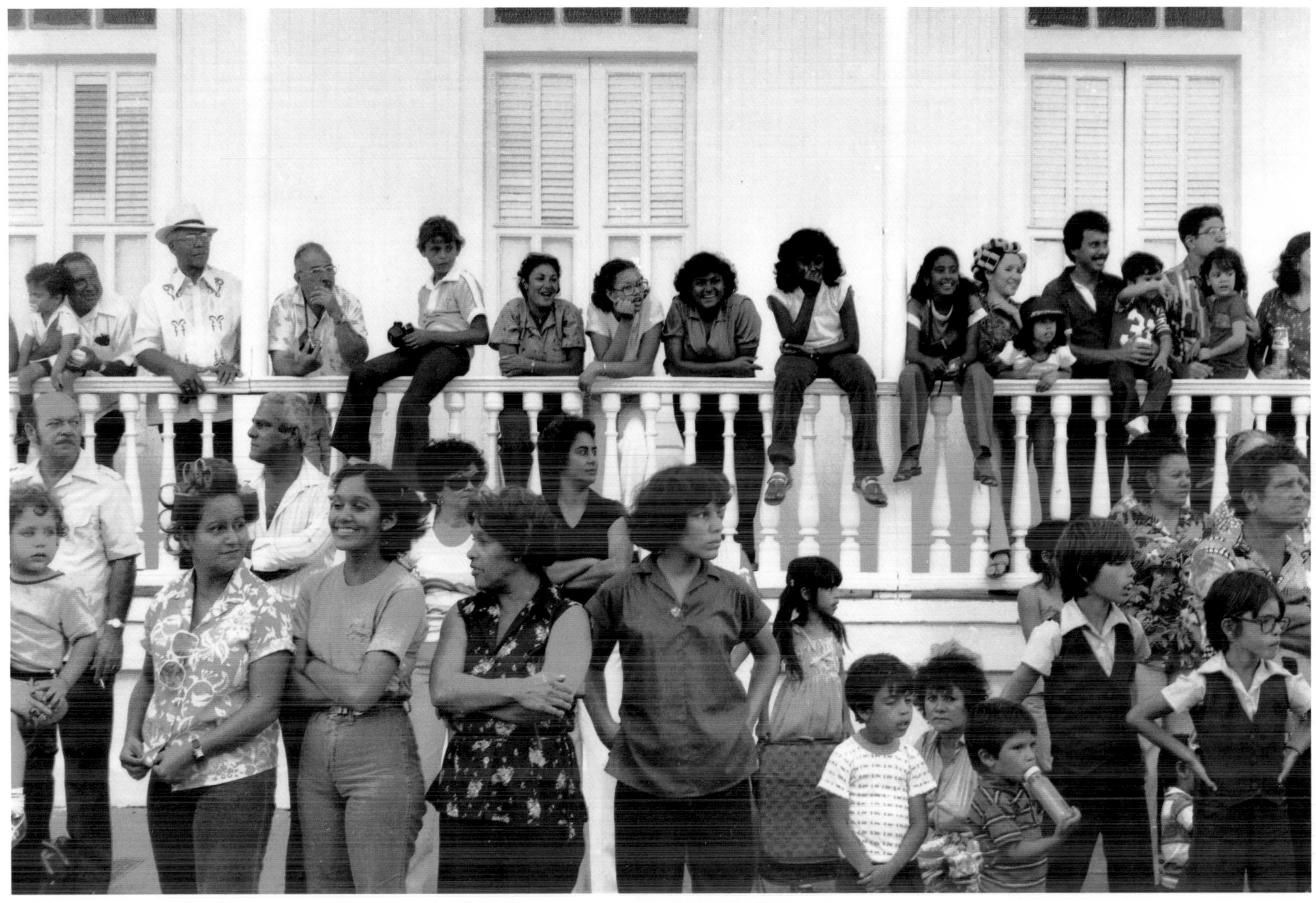

1 9 8 2

People watching a carnival parade in Ponce ■ Gente presenciando un desfile de carnaval en Ponce

. . . [the women] are affectionate wives, tender mothers, and attached and faithful friends. They are industrious, frugal and economical without meanness . . . they would do honor to any country in the world.

An Account of the Present State of the Island of Puerto Rico, report by Colonel George C. Flinter of the General Staff of the Army of Her Most Catholic Majesty, 1834

■

. . . [las mujeres] son esposas afectuosas, madres tiernas, y muy ligadas y fieles amigas. son indiligentes, frugales y economicas sin tacañería . . . harían honor a cualquier país del mundo.

Del Estado Actual de la Isla de Puerto Rico, informe de Coronel Jorge C. Flinter, del estado mayor del ejército de su Majestad Católica, la Reina, 1834

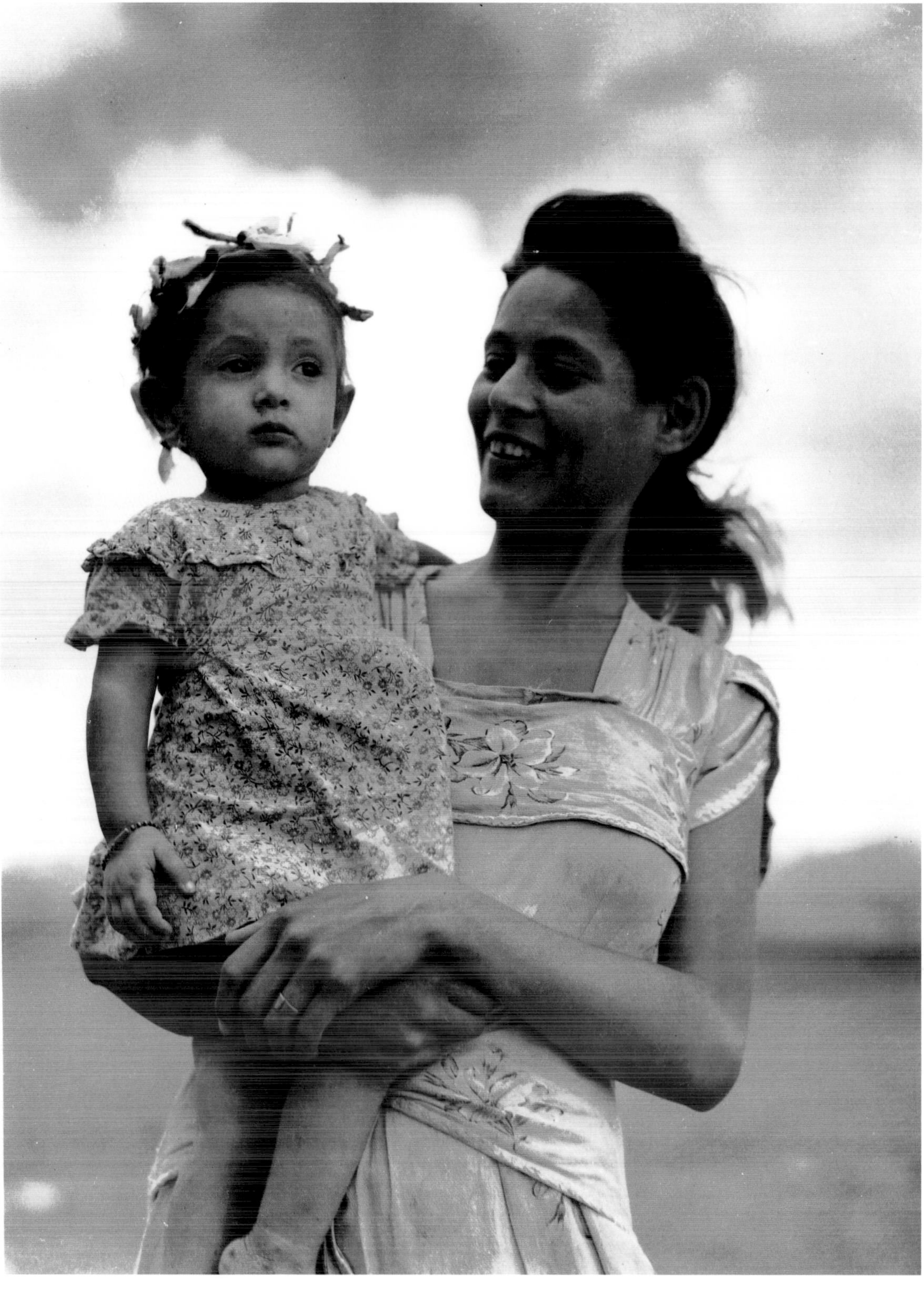

1 9 4 6

Mother and daughter who lived in one of the company houses on a sugar plantation near Lajas

■

Madre e hija que vivían en una de las casas de la compañía azucarera en una hacienda cerca de Lajas

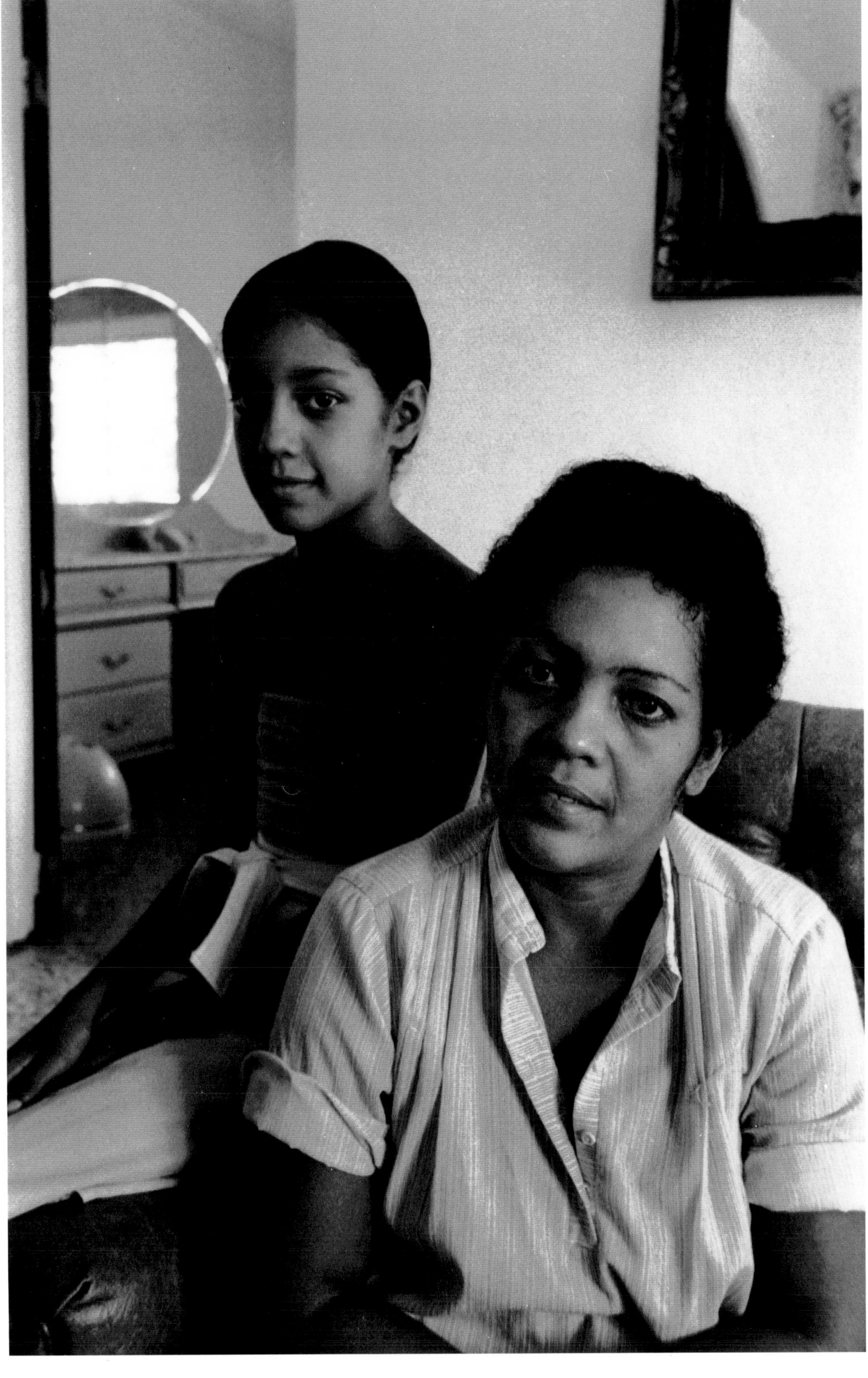

1 9 8 0

Wife and daughter of an employee of the oil company in Yabucoa ■ Esposa e hija de un empleado de la compañía petrolera de Yabucoa

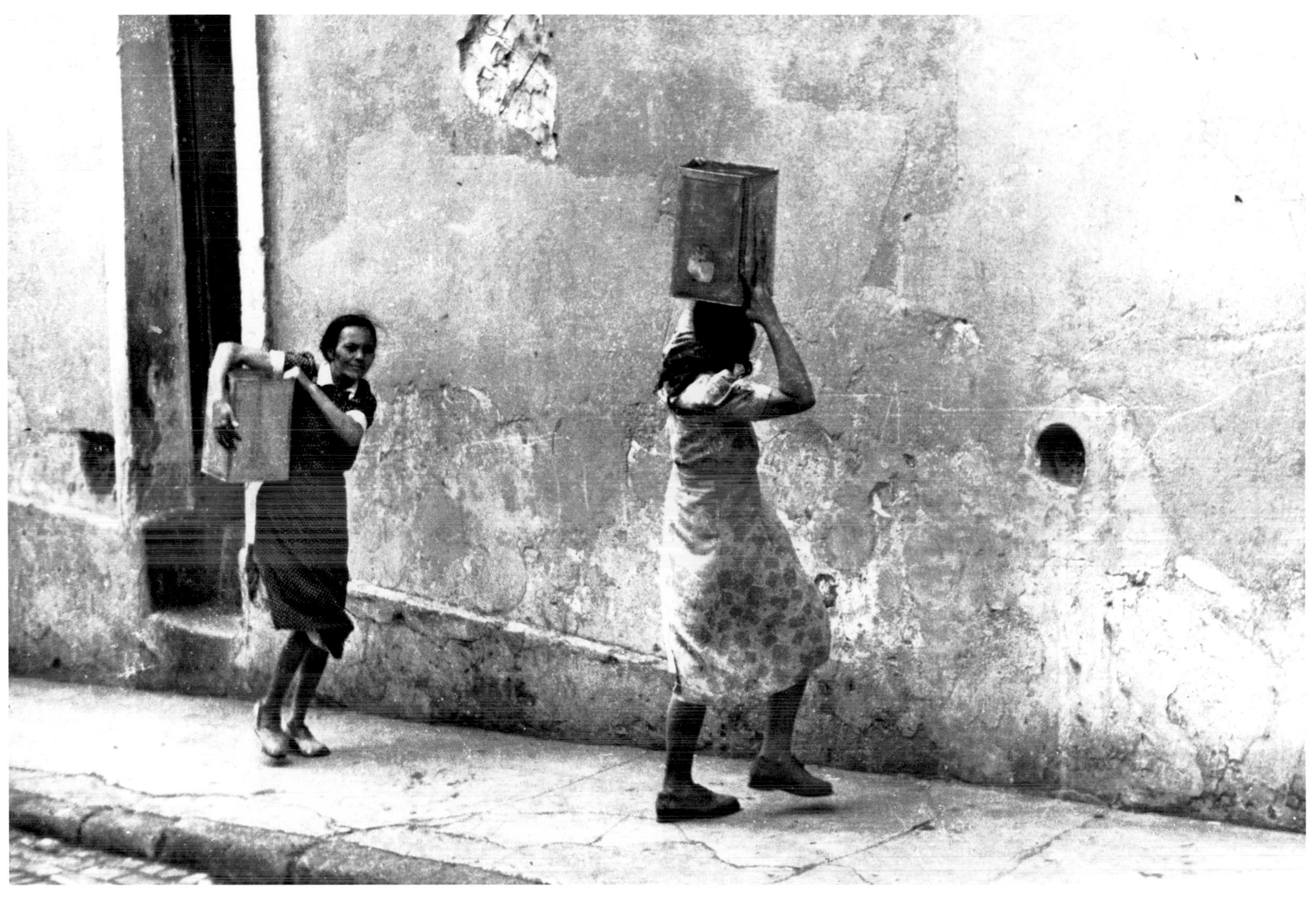

1 9 4 1

Women carrying water they collected from a public faucet during a water shortage in San Juan

■ Mujeres llevando agua que habían recogido de una espita pública durante una escasez de agua en San Juan

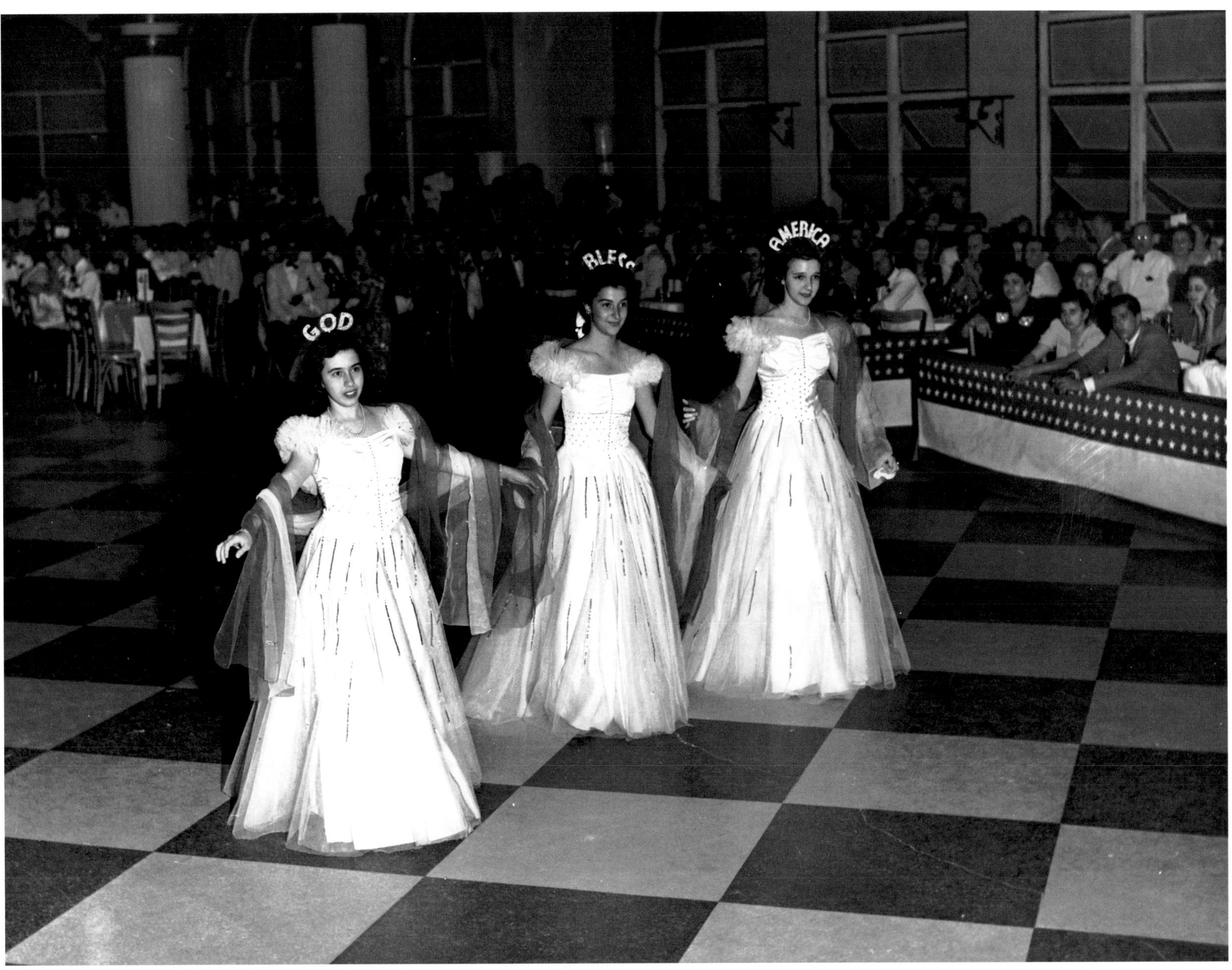

1 9 4 1

At the Escambrón Beach Club, a nightclub and social center in San Juan ■ En el Escambrón Beach Club, un club nocturno y centro social en San Juan

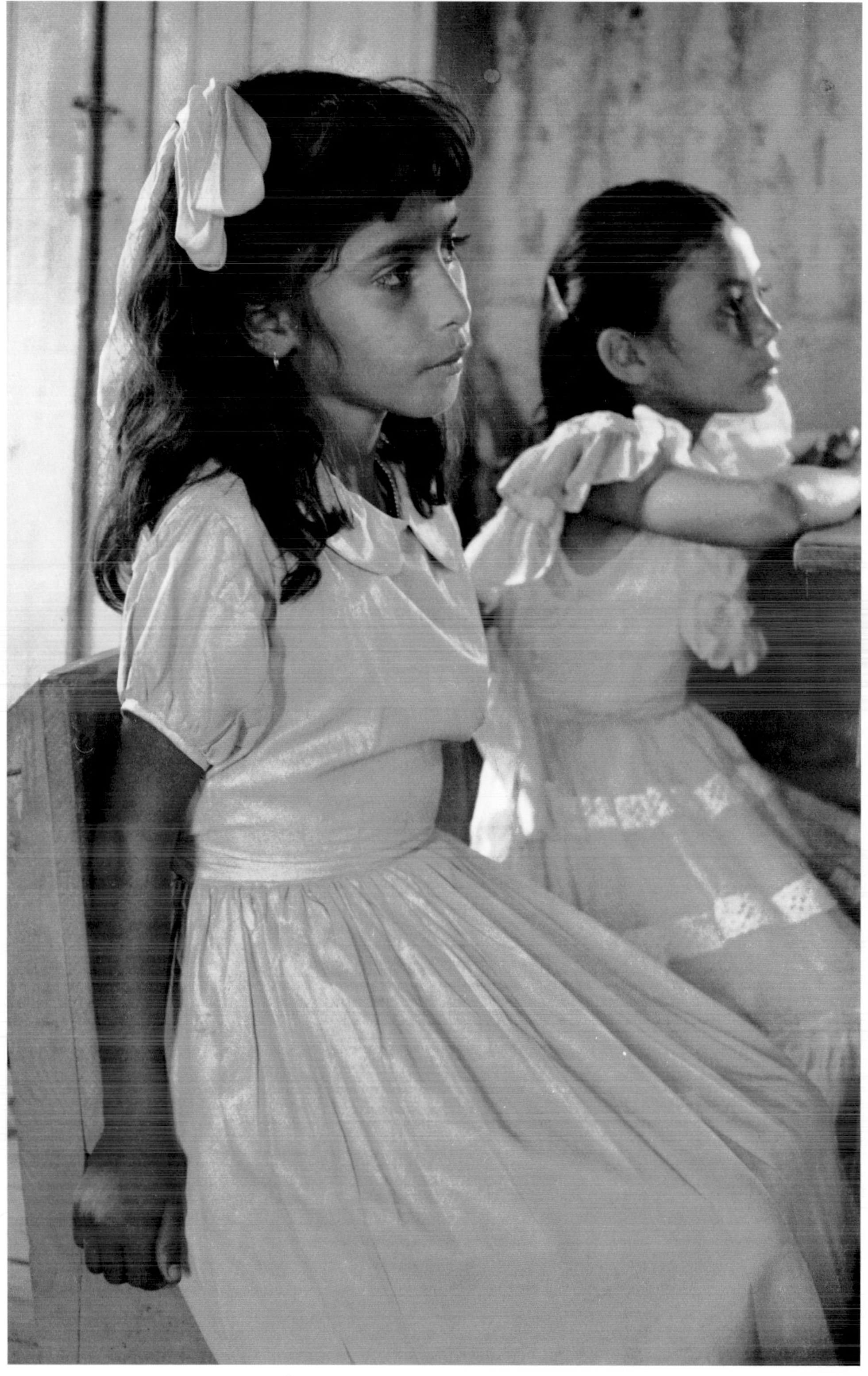

1 9 5 4

Rosin Casillas as a child in the second grade of an elementary school in Cidra ■ La niña Rosin Casillas en segundo grado de una escuela elemental en Cidra

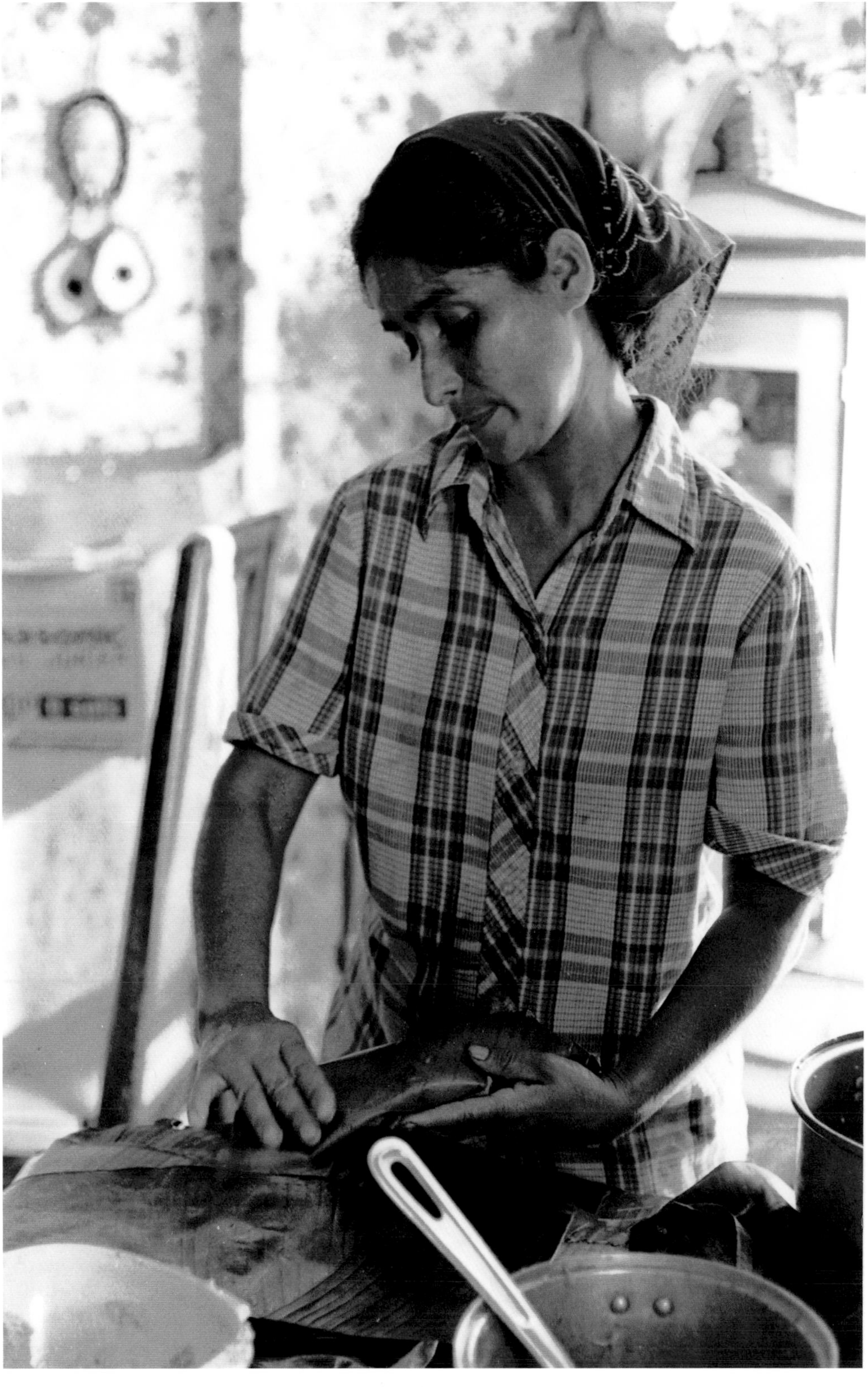

1 9 8 1

Rosin Casillas in her house in Cidra, making *pasteles* for Christmas ▪ Rosin Casillas en su casa en Cidra, haciendo pasteles para las Navidades

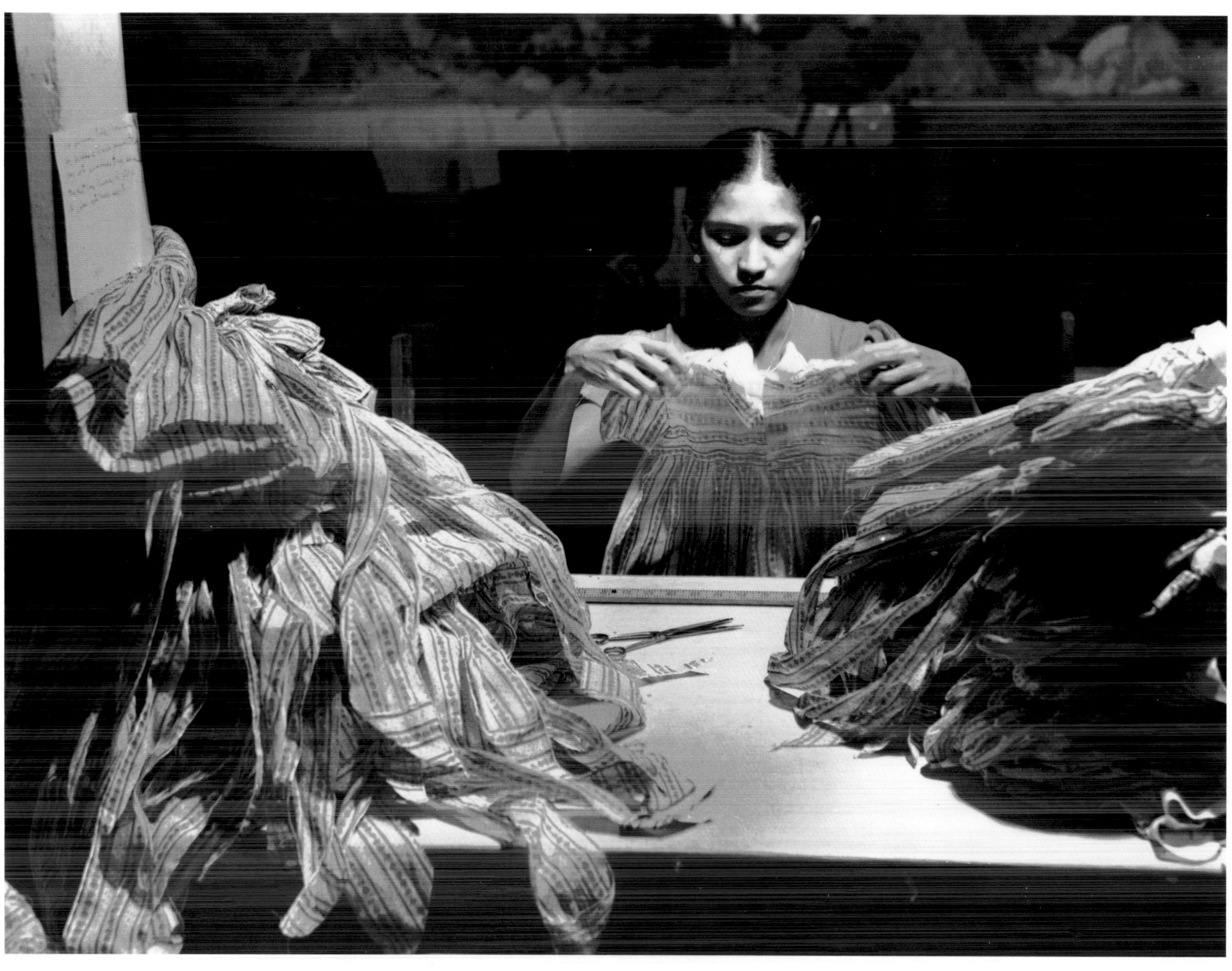

1 9 4 1

In a dress factory in Río Piedras ■ En una fábrica de vestidos en Río Piedras

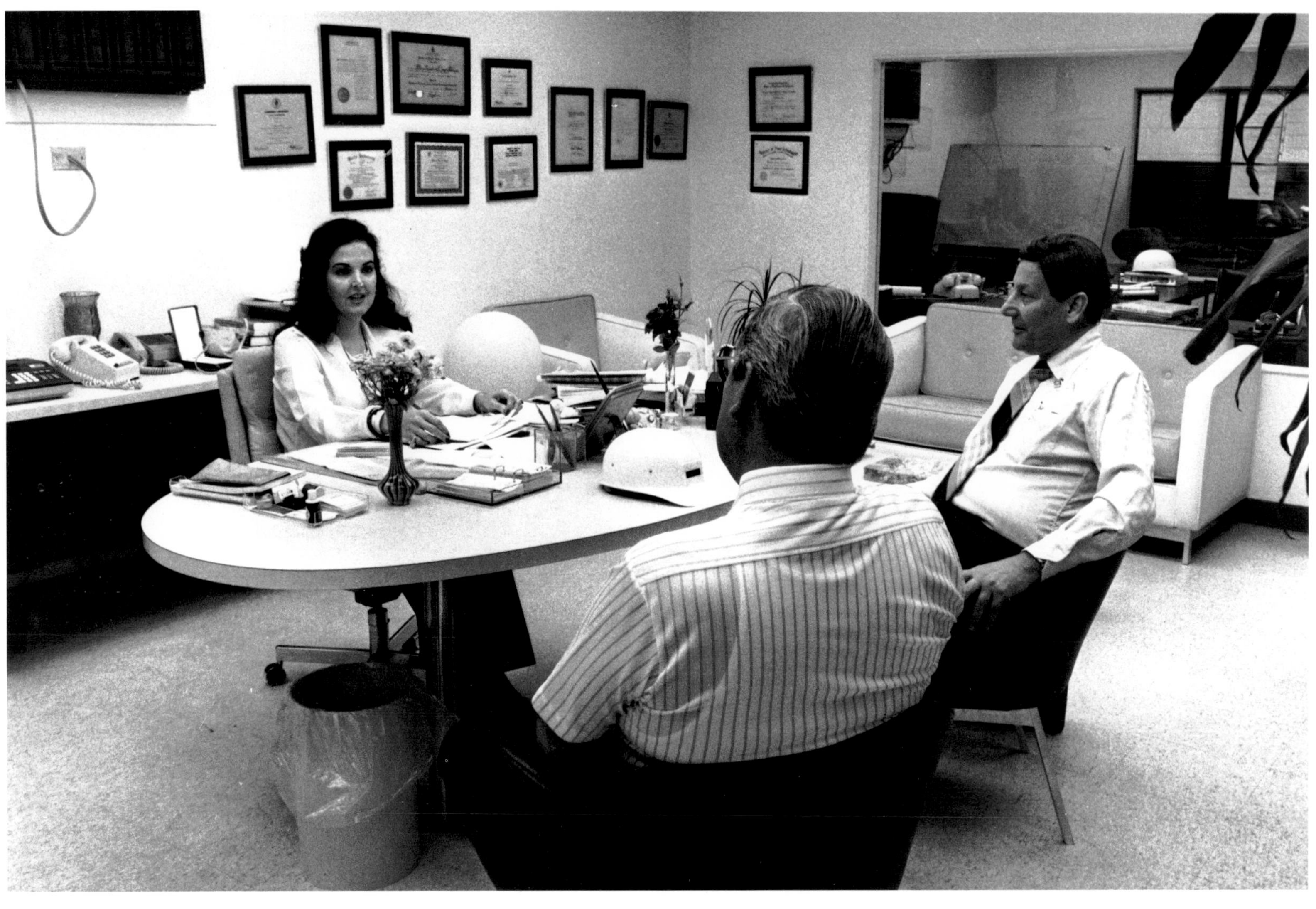

1980

Manager of a pineapple canning company meeting with two of her staff in Bayamón ■ La gerente de una compañía de jugo de piña enlatado en una reunión con dos de sus ejecutivos en Bayamón

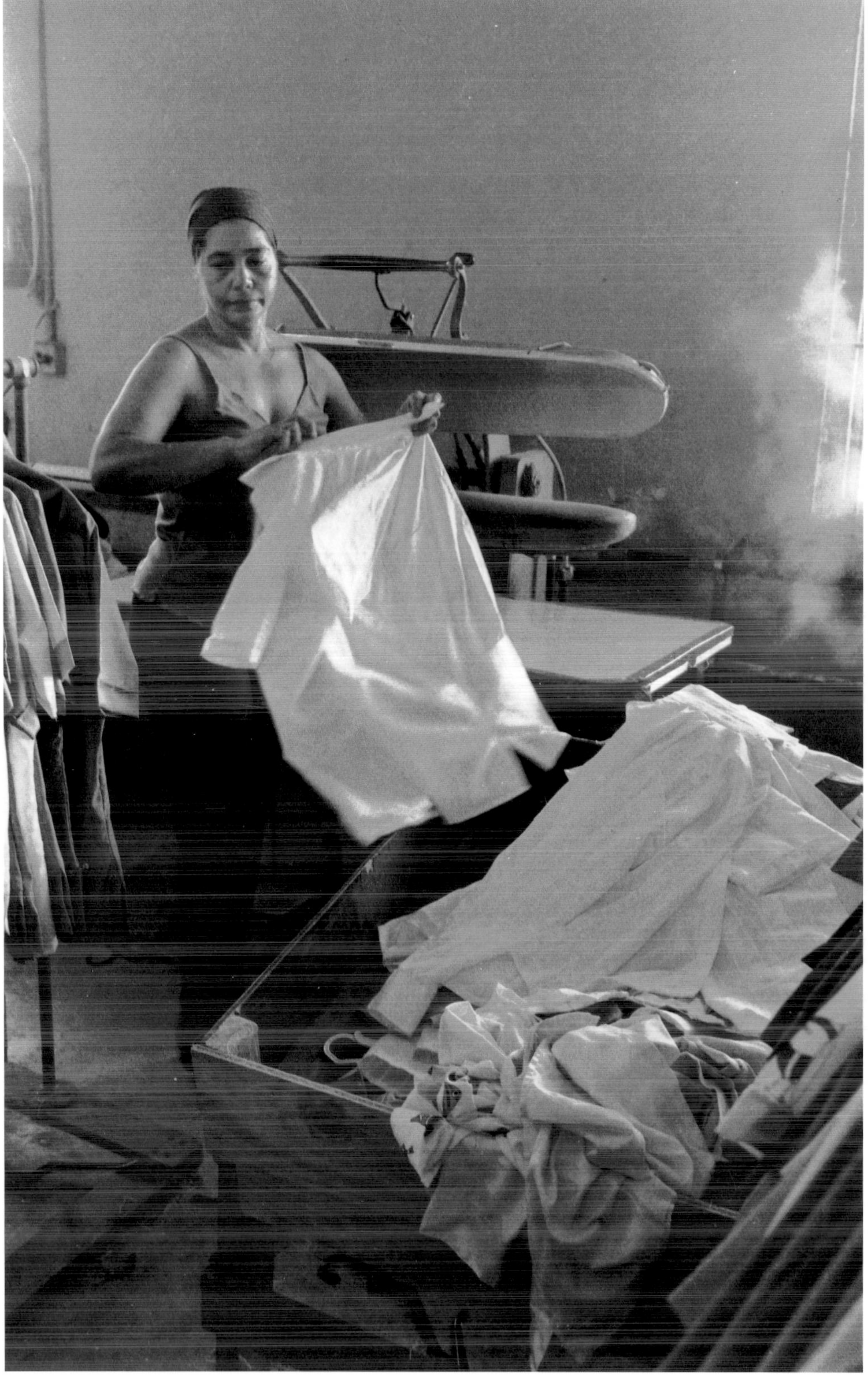

1 9 8 1

In a shirt factory in Las Piedras ■ Planchadora en una fábrica de camisas en Las Piedras

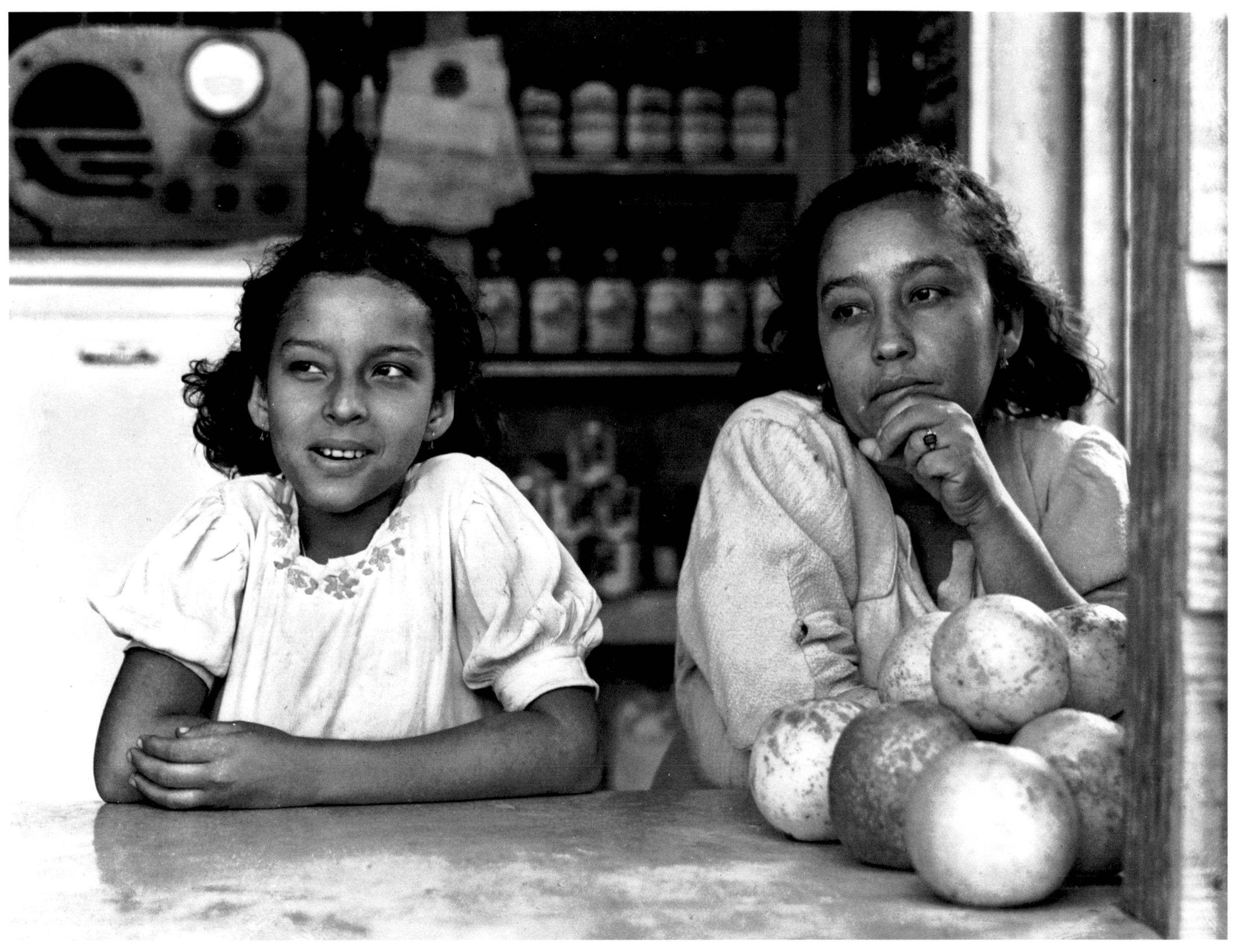

1 9 4 1

Mother and daughter at their roadside store, near Bayamón ■ Madre e hija en su tiendita a la orilla de la carretera de Bayamón

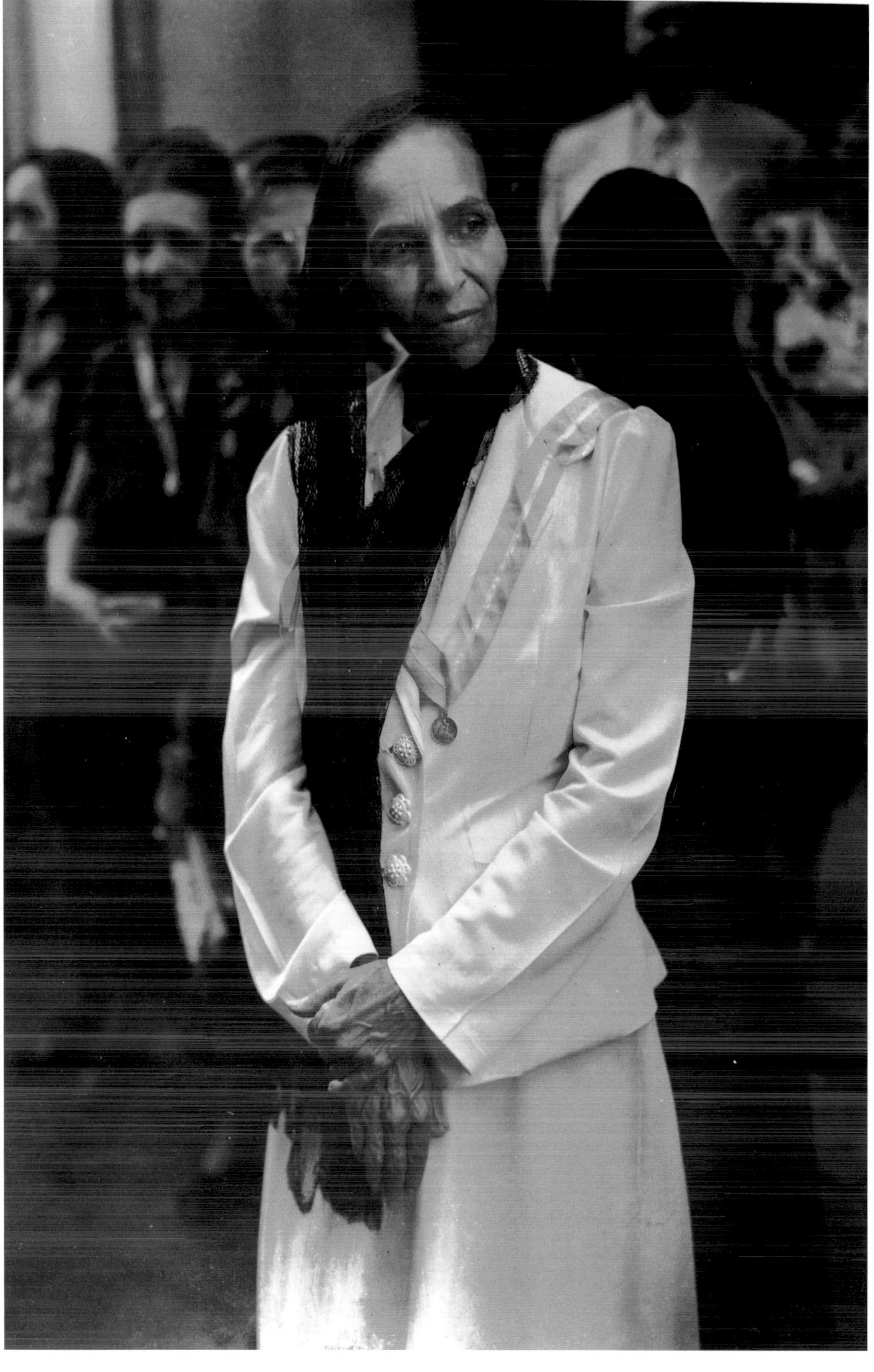

1 9 4 6

At a religious procession in San Juan on Saint John the Baptist Day ■ En un procesión religiosa en San Juan el Dia de San Juan Bautista

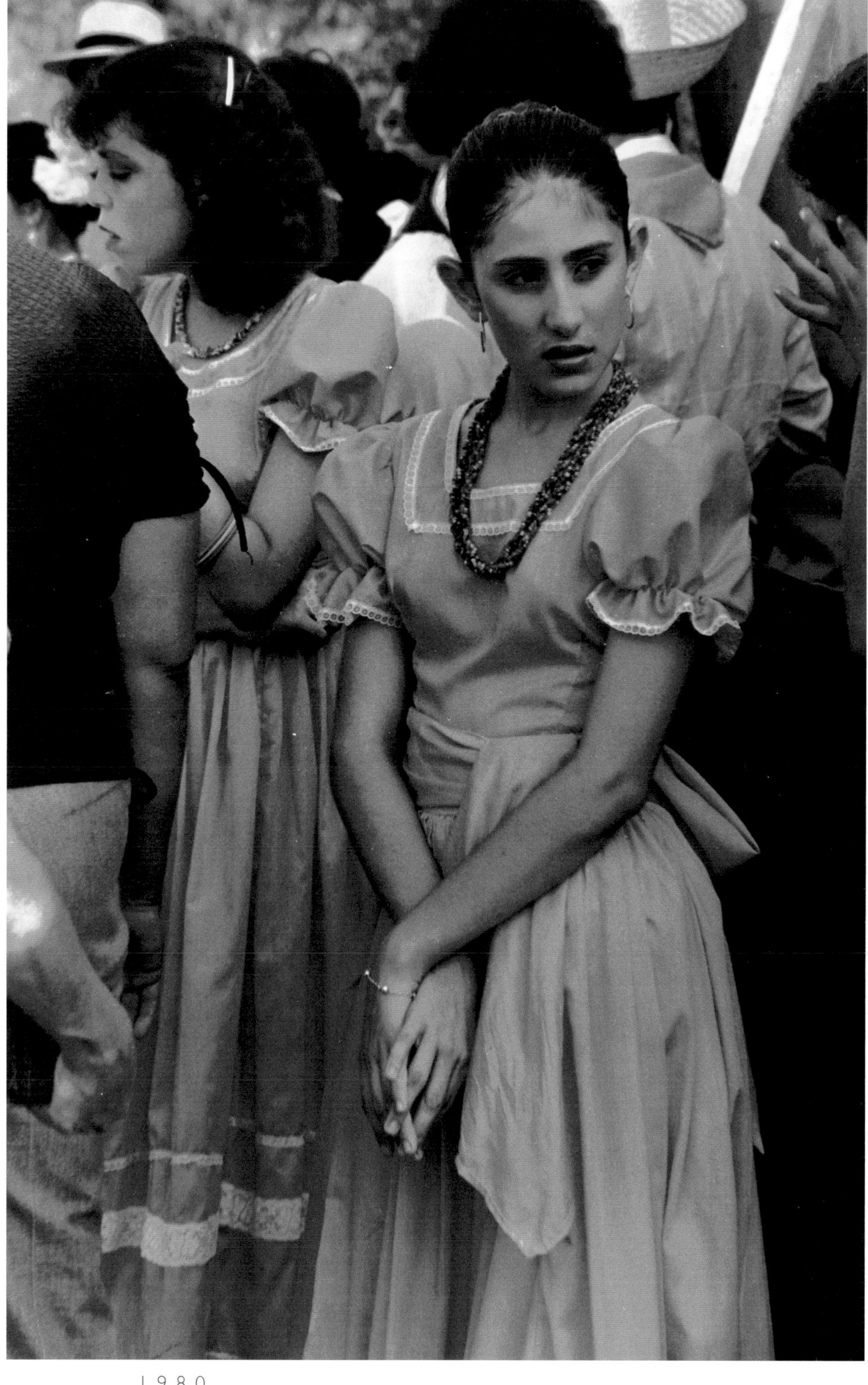

1980

At a folklore festival in Dorado ■ En un festival de folklore en Dorado

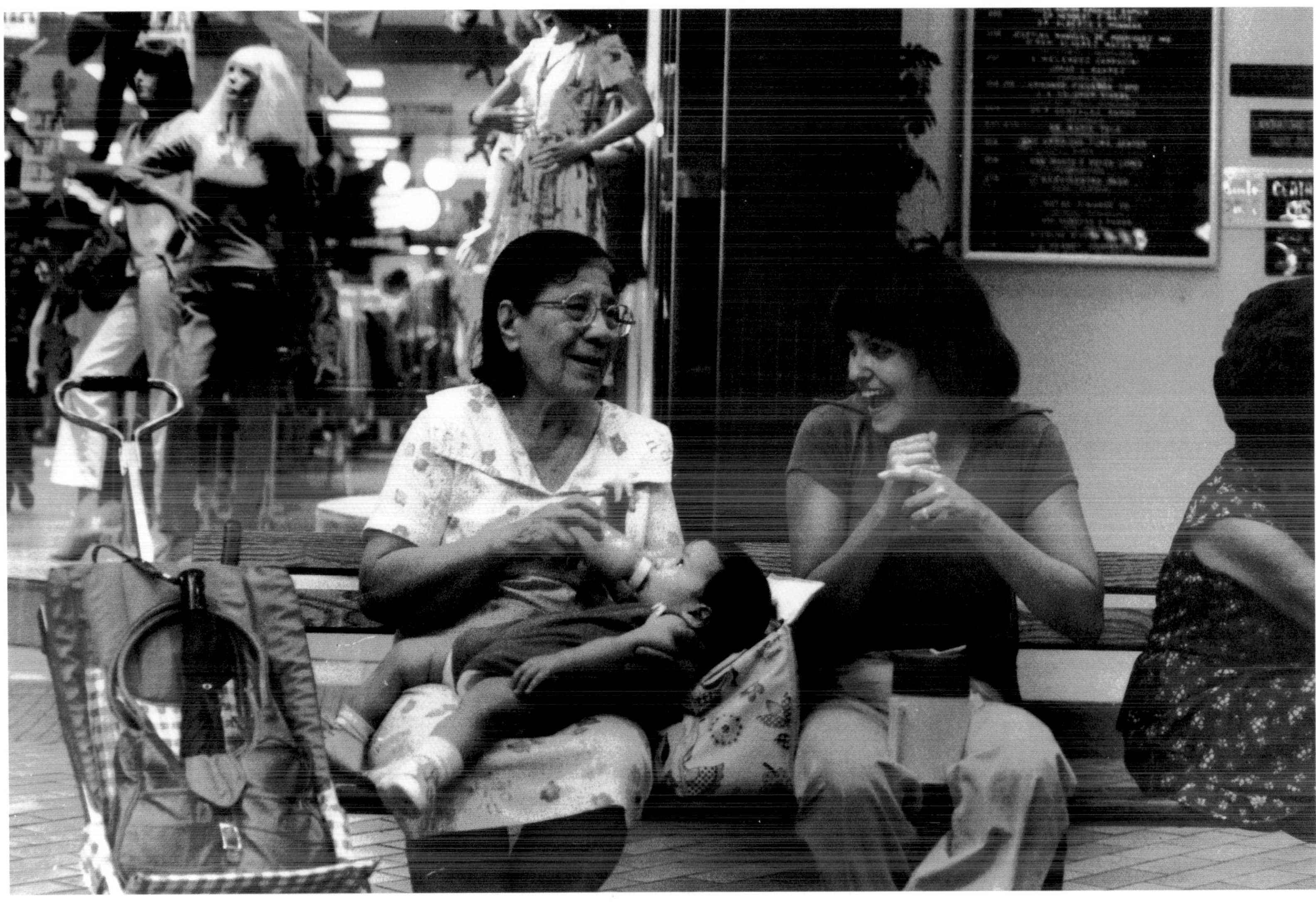

1 9 8 0

Family at the shopping center called Plaza Las Americas in San Juan ■ Una familia en el centro comercial Plaza Las Americas de San Juan

The native of Puerto Rico is passionately fond of horses: a Xibaro must be very poor indeed who has not one or two horses, which serve to carry both his own person and the produce of his land to market.

An Account of the Present State of the Island of Puerto Rico, report by Colonel George C. Flinter of the General Staff of the Army of Her Most Catholic Majesty, 1834

■

El Puertorriqueño tiene un afecto apasionado por el caballo: un jíbaro tendría que ser extremadamente pobre para no poseer uno o dos caballos que sirven para llevar a su propia persona y los productos de su tierra al mercado.

Del Estado Actual de la Isla de Puerto Rico, informe de Coronel Jorge C. Flinter, del estado mayor del ejército de su Majestad Católica, la Reina, 1834

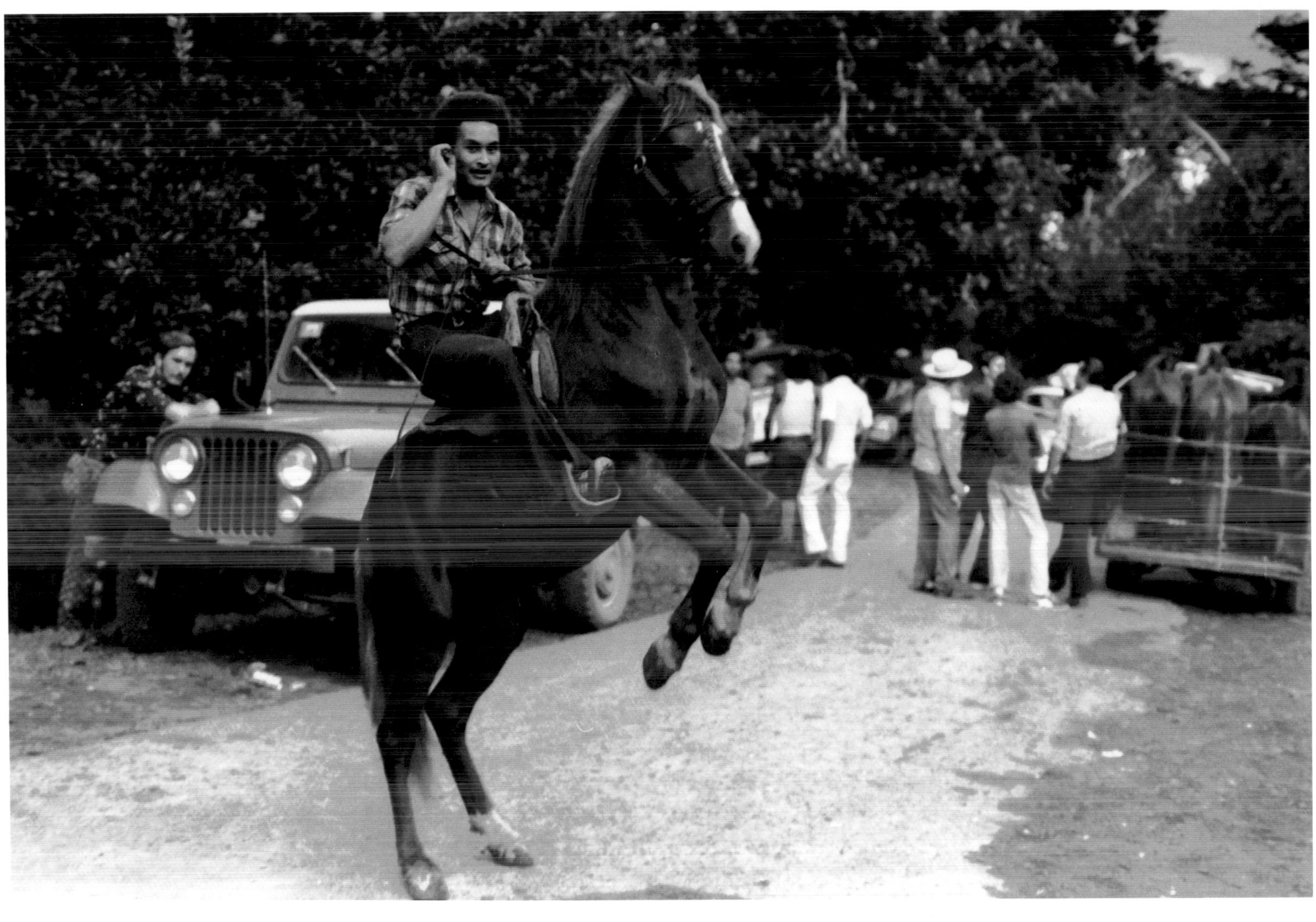

1 9 7 9

Horseman showing off his mount at a horse sale near Utuado ■ Jinete mostrando la habilidad de su caballo en una venta de caballos cerca de Utuado

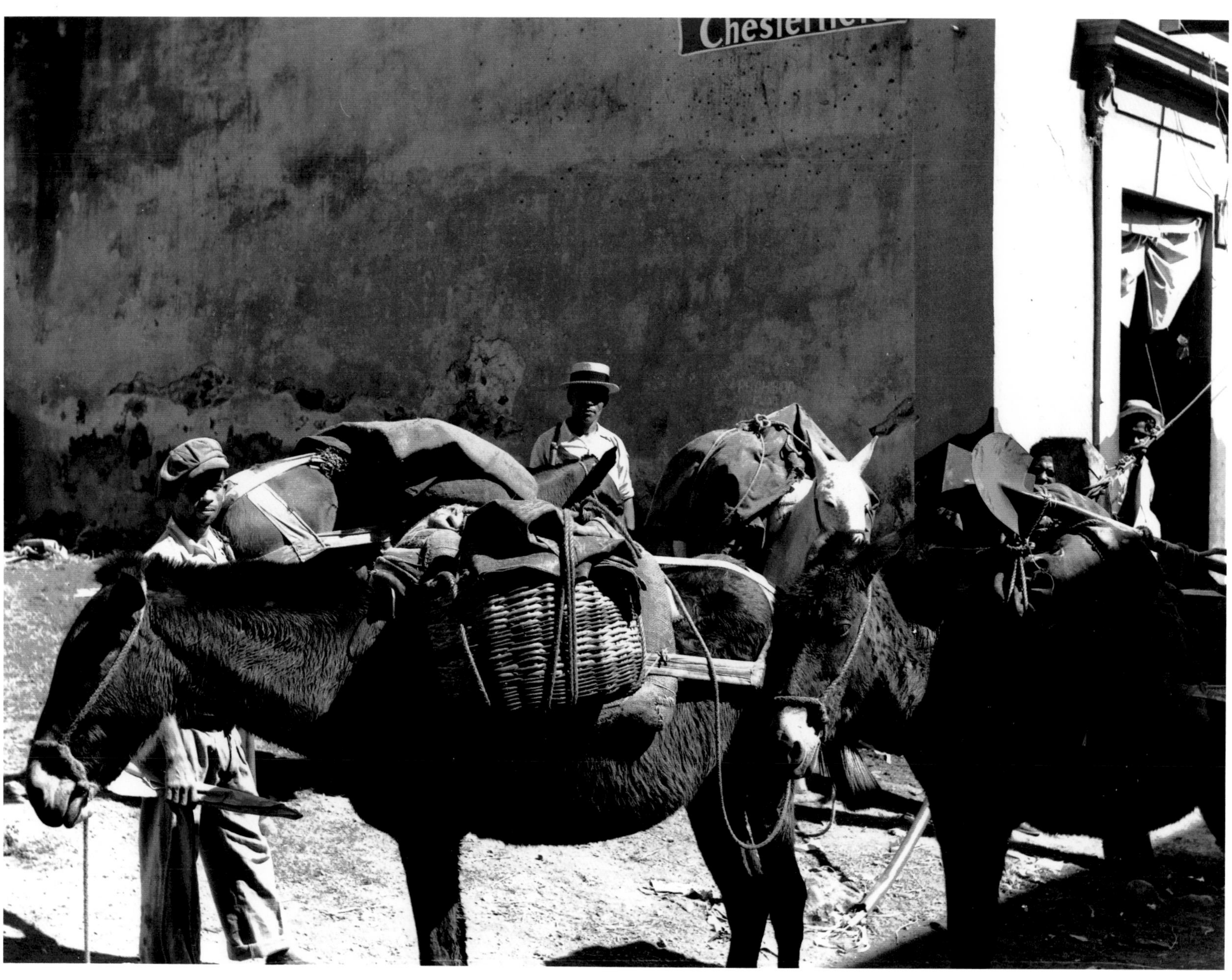

1 9 4 2

Farmers from the hills near Yauco, with provisions bought at the country store ■ Campesinos de las alturas de Yauco, con sus compras hechas en la tienda del barrio

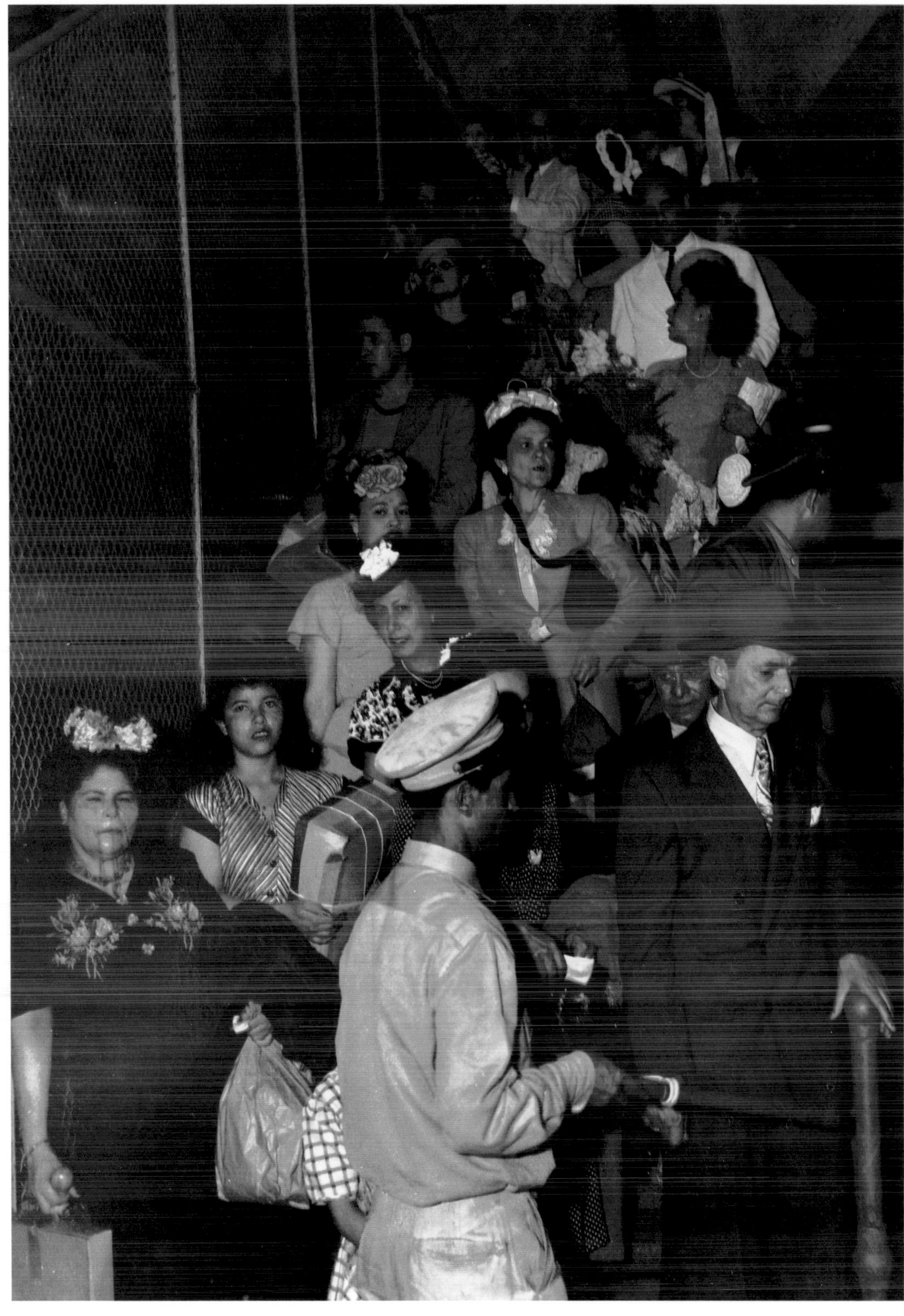

1 9 4 1

Passengers disembarking from a steamship in the port of San Juan ■ Pasajeros desembarcando de un vapor en el puerto de San Juan

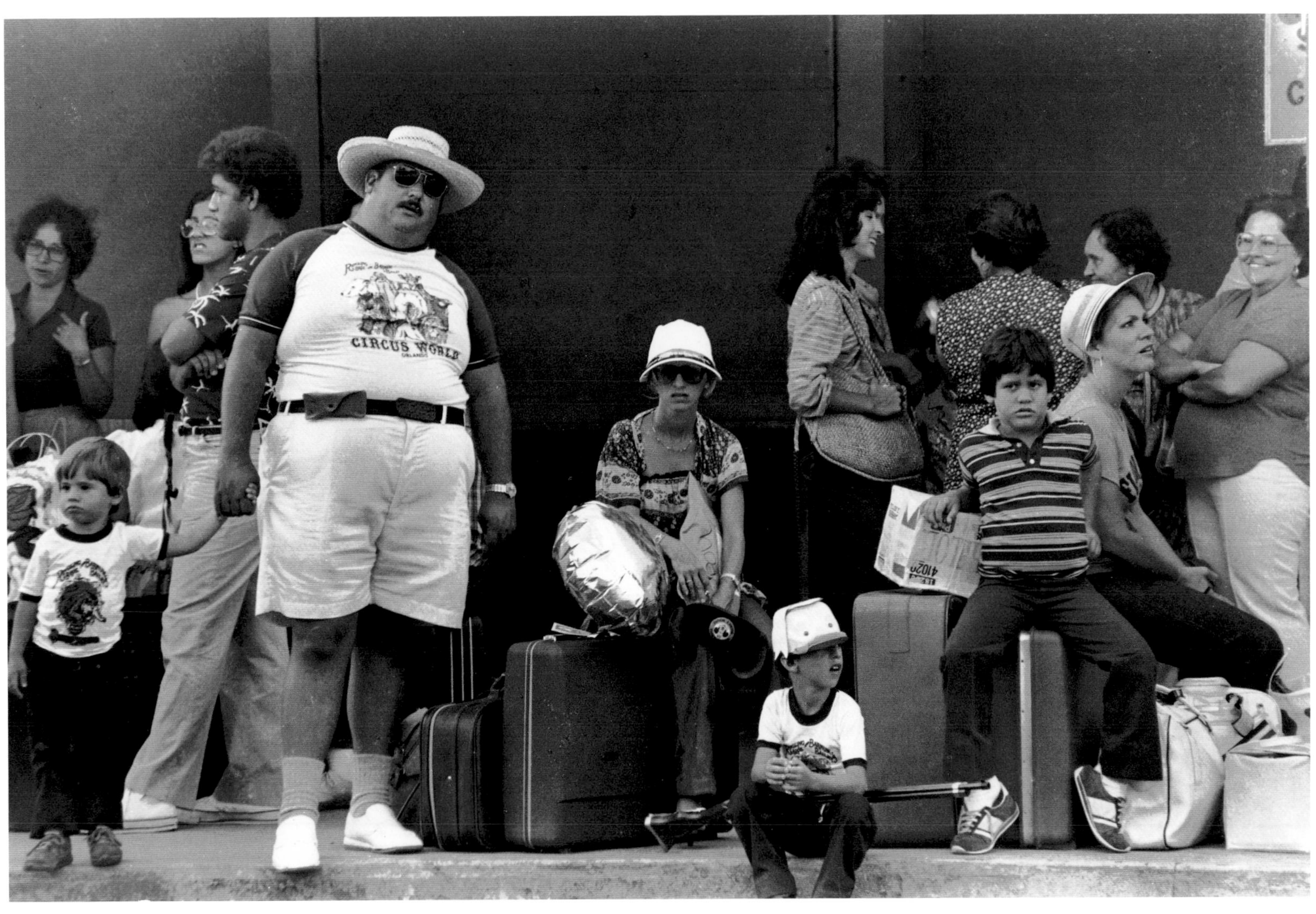

1 9 8 1

Arrivals at the San Juan international airport waiting for transportation into town ■ Pasajeros acabados de llegar en el aeropuerto internacional de San Juan esperando transportación terrestre

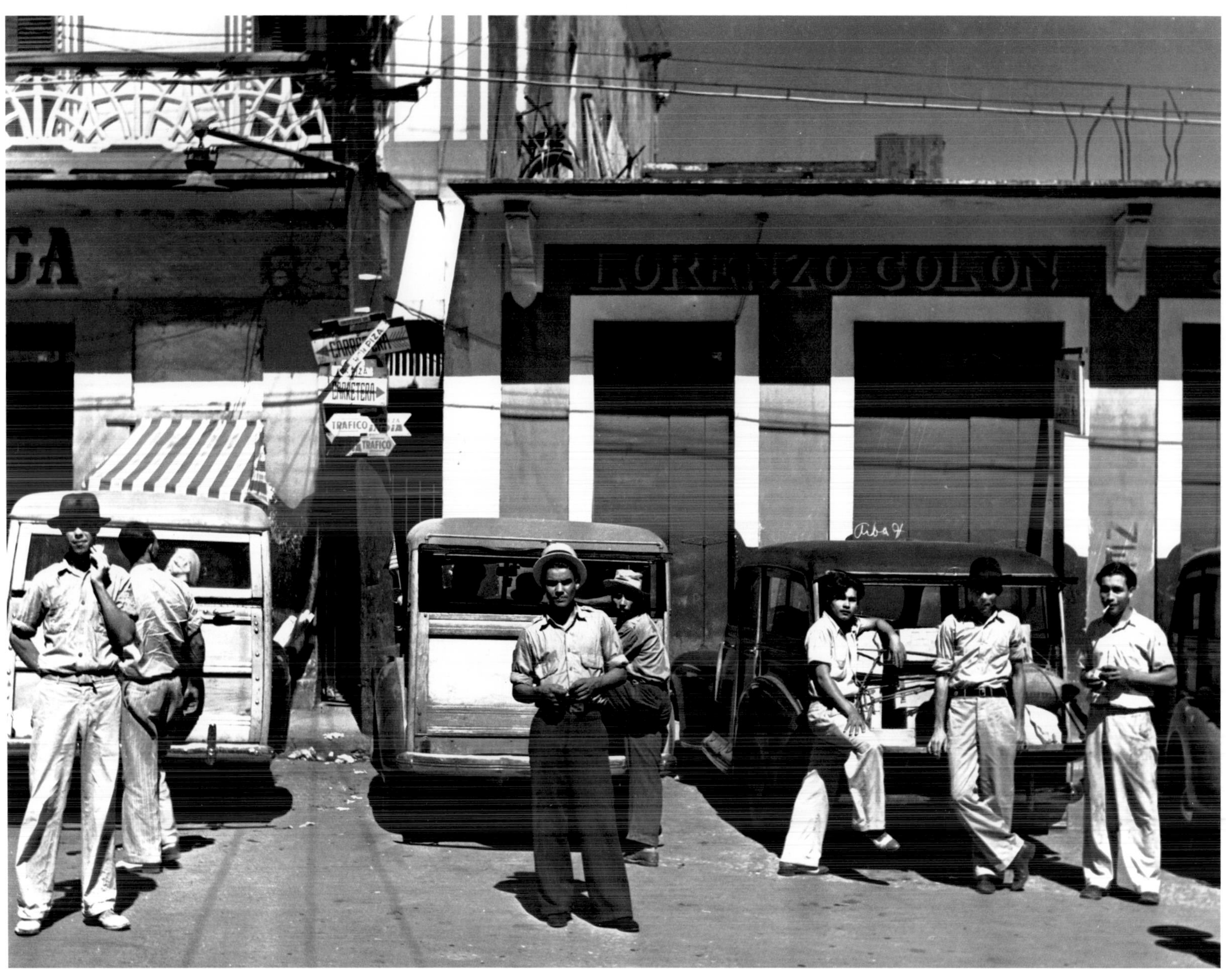

1 9 4 1

Drivers of *públicos* (public jitneys) waiting for passengers in Arecibo ■ Choferes de carros públicos esperando pasajeros en Arecibo

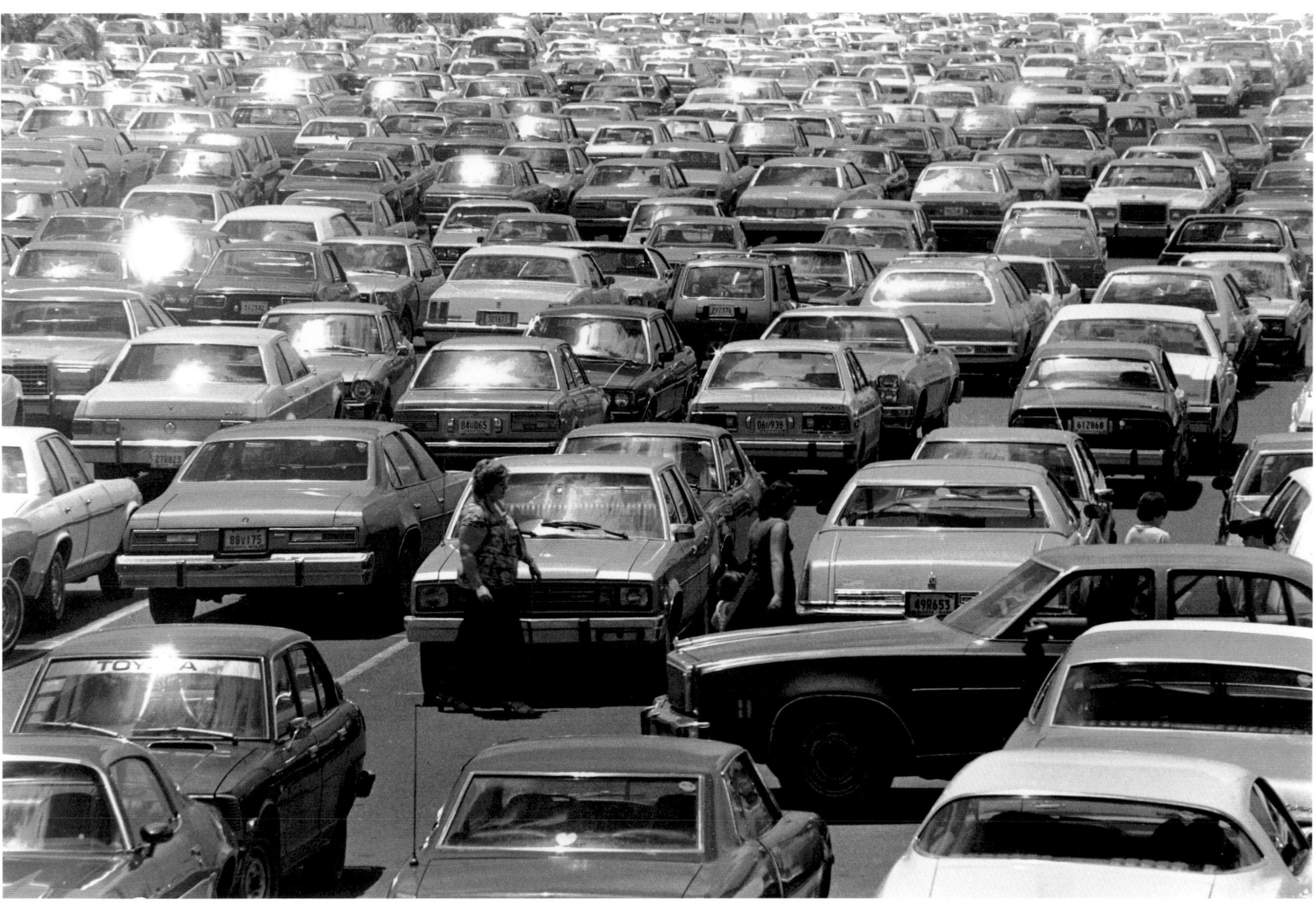

1 9 8 1

Parking lot at the shopping mall Plaza Las Americas in San Juan ■ Area de estacionamiento en el centro comercial Plaza Las Americas en San Juan

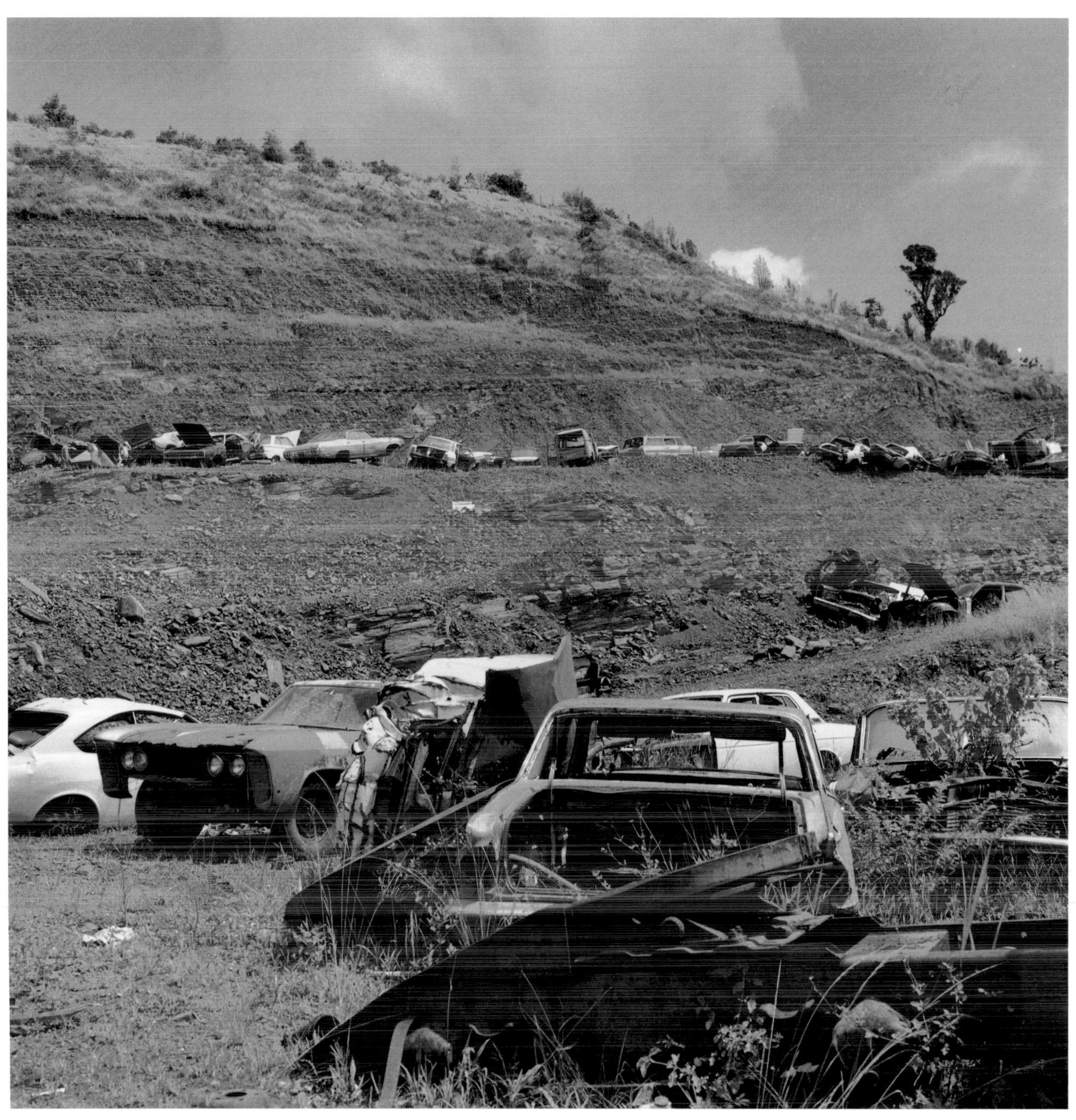

1 9 8 1

Automobile junkyard on the highway near Caguas ■ Automóviles destrozados en un negocio de piezas en la carretera de Caguas

The favorite diversion of these islanders is dancing. They have dances for no other reason than to pass the time of day, and rarely is there not one here or there.

Geographic, Civil and Political History of the Island of San Juan Bautista de Puerto Rico by Friar Iñigo Abbad y Lasierra, 1782

■

La diversión más apreciada para estos Isleños son los bailes. Los tienen sin más motivo que el de pasar el tiempo y rara vez falta en una u otra.

Historia Geografica, Civil y Politica de la Isla de San Juan Bautista de Puerto Rico, por Fray Iñigo Abbad y Lasierra, 1782

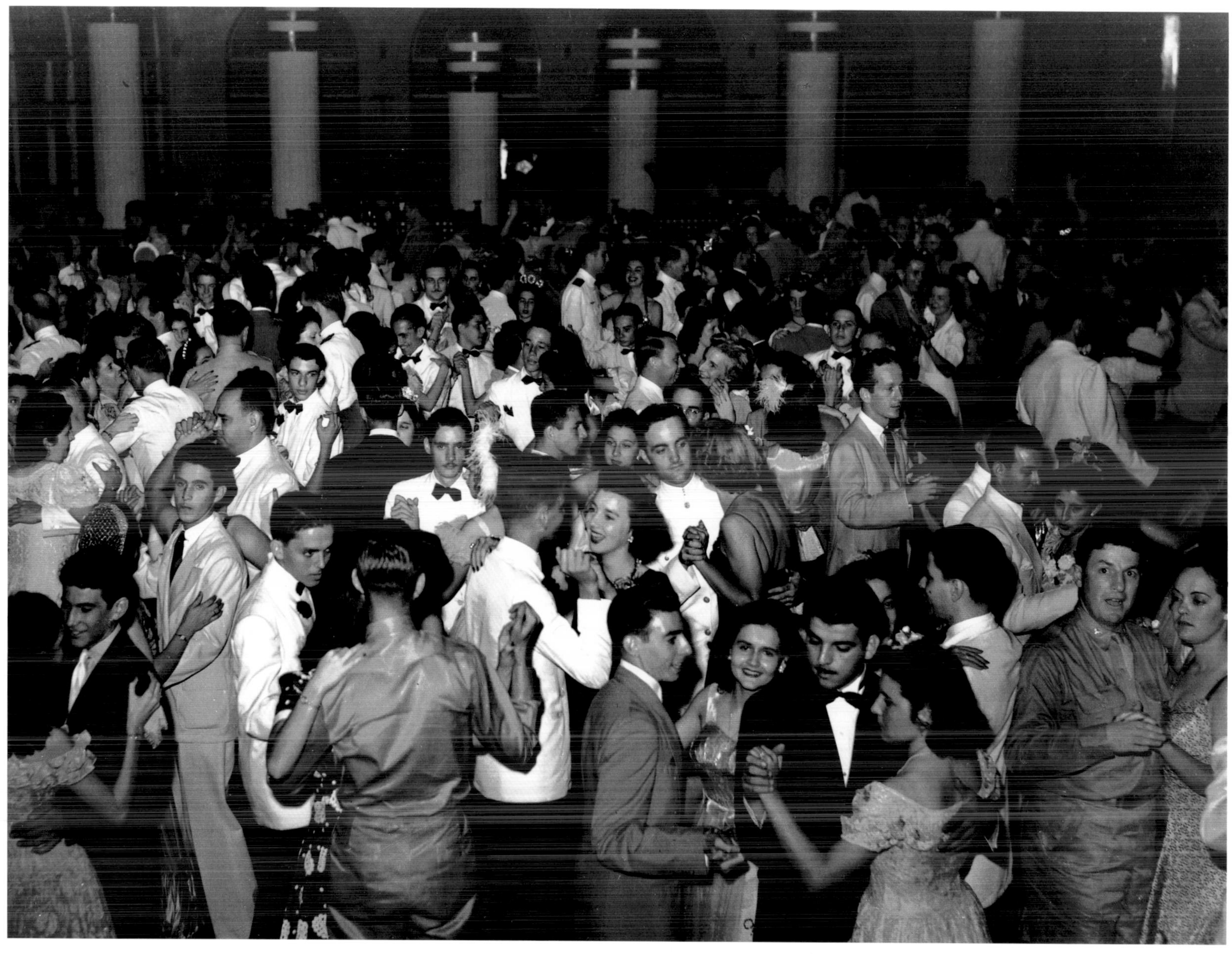

1941

Dance at the Escambrón Beach Club, San Juan ▪ Baile en el Escambrón Beach Club, San Juan

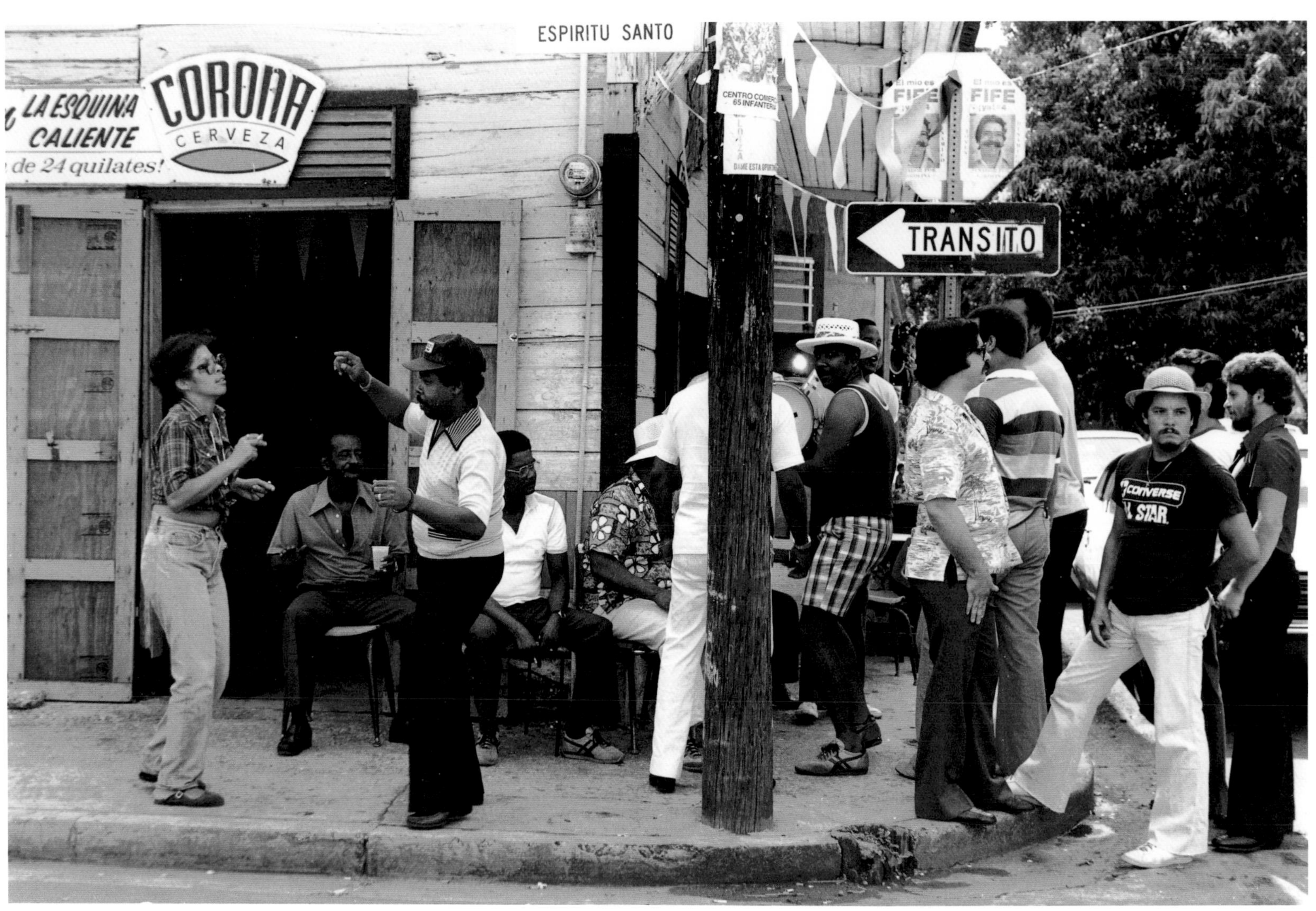

1 9 8 1

Dancing in the street during the patron saint's day in the town of Loiza Aldea ■ Bailando en la calle durante las fiestas patronales en el pueblo de Loiza Aldea

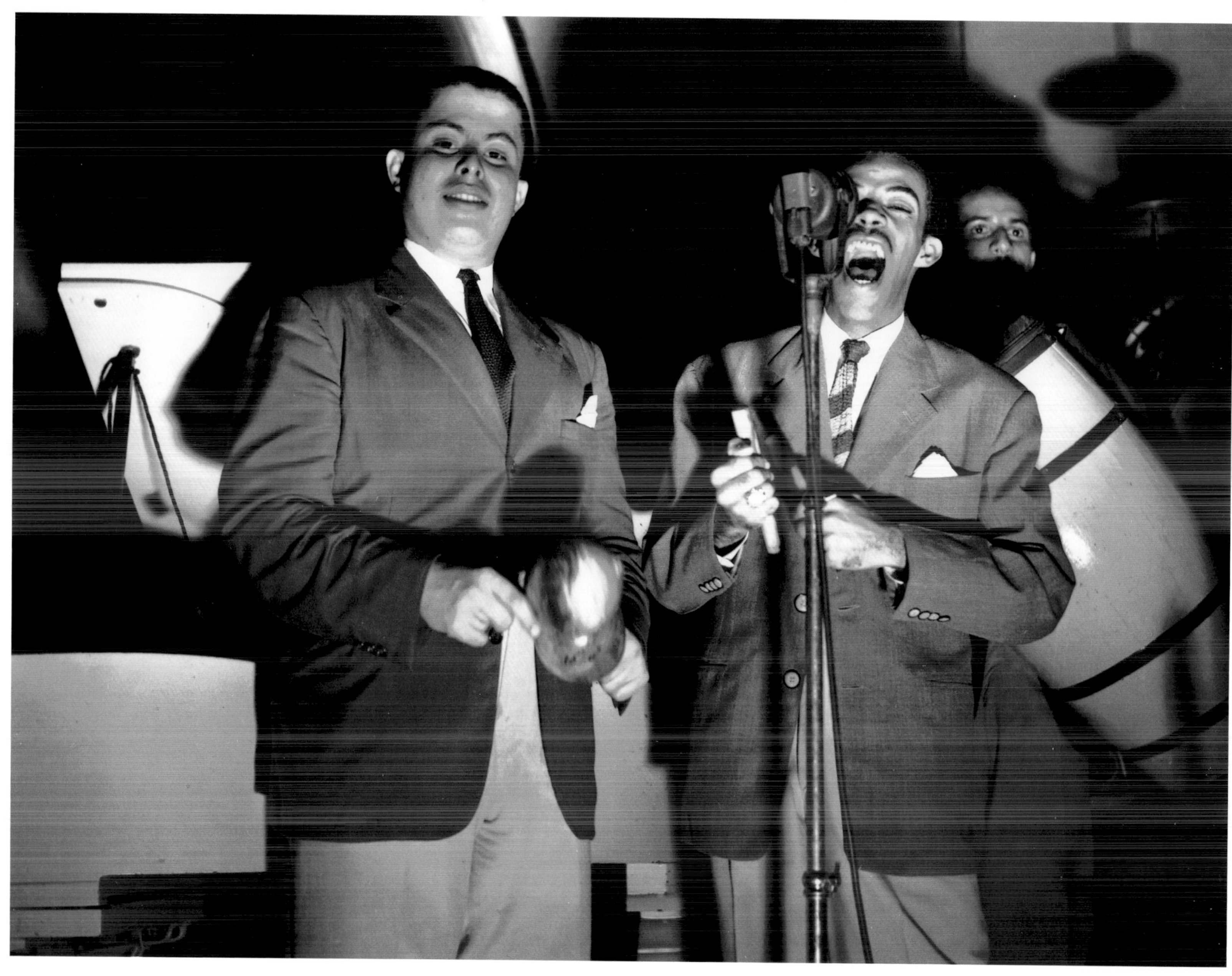

1 9 4 1

Musicians at the Escambrón Beach Club, San Juan ■ Músicos en la orquesta del Escambrón Beach Club, San Juan

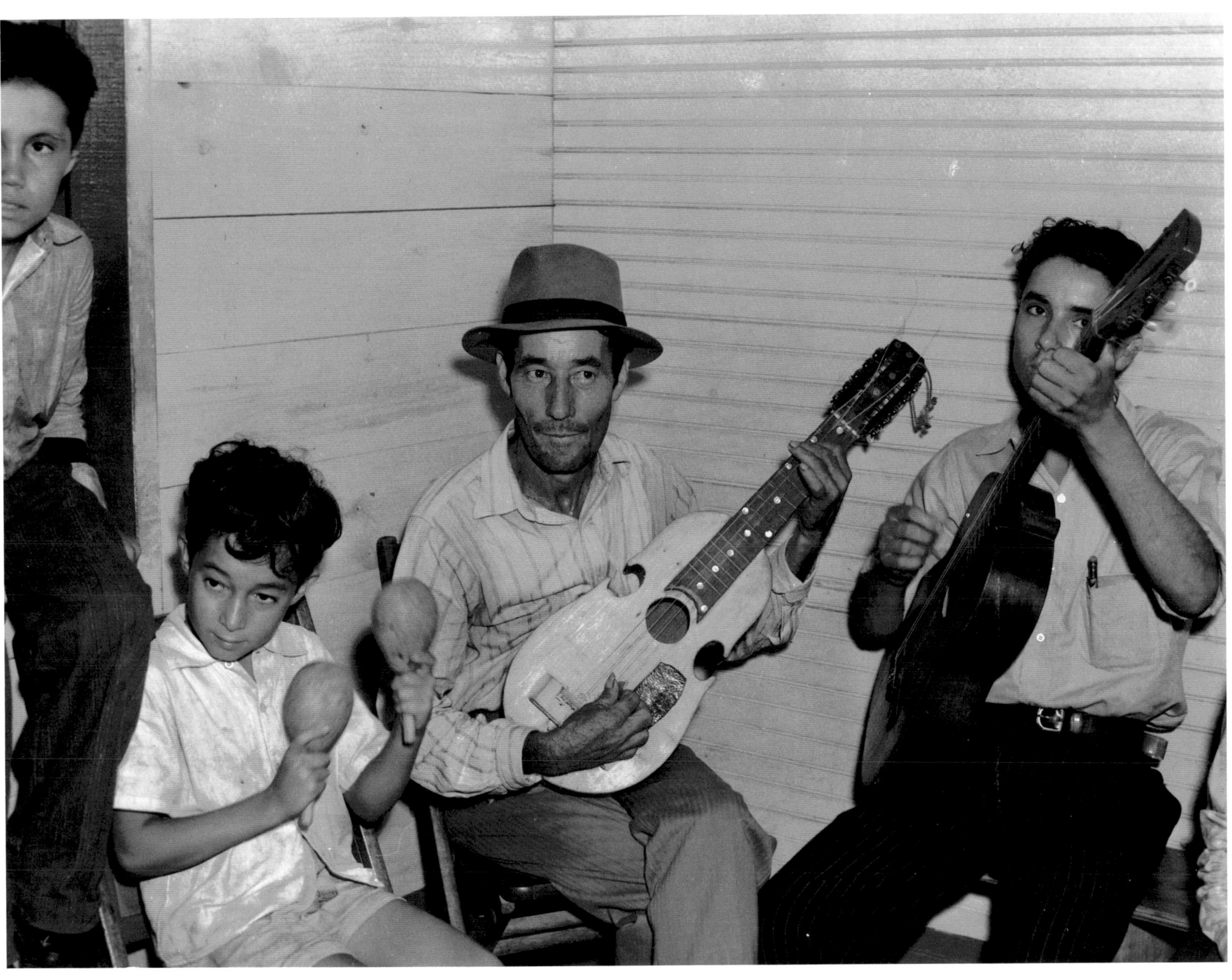

1941

Country musicians at a Christmas party in Guánica ■ Músicos campesinos en una fiesta de Navidad en Guánica

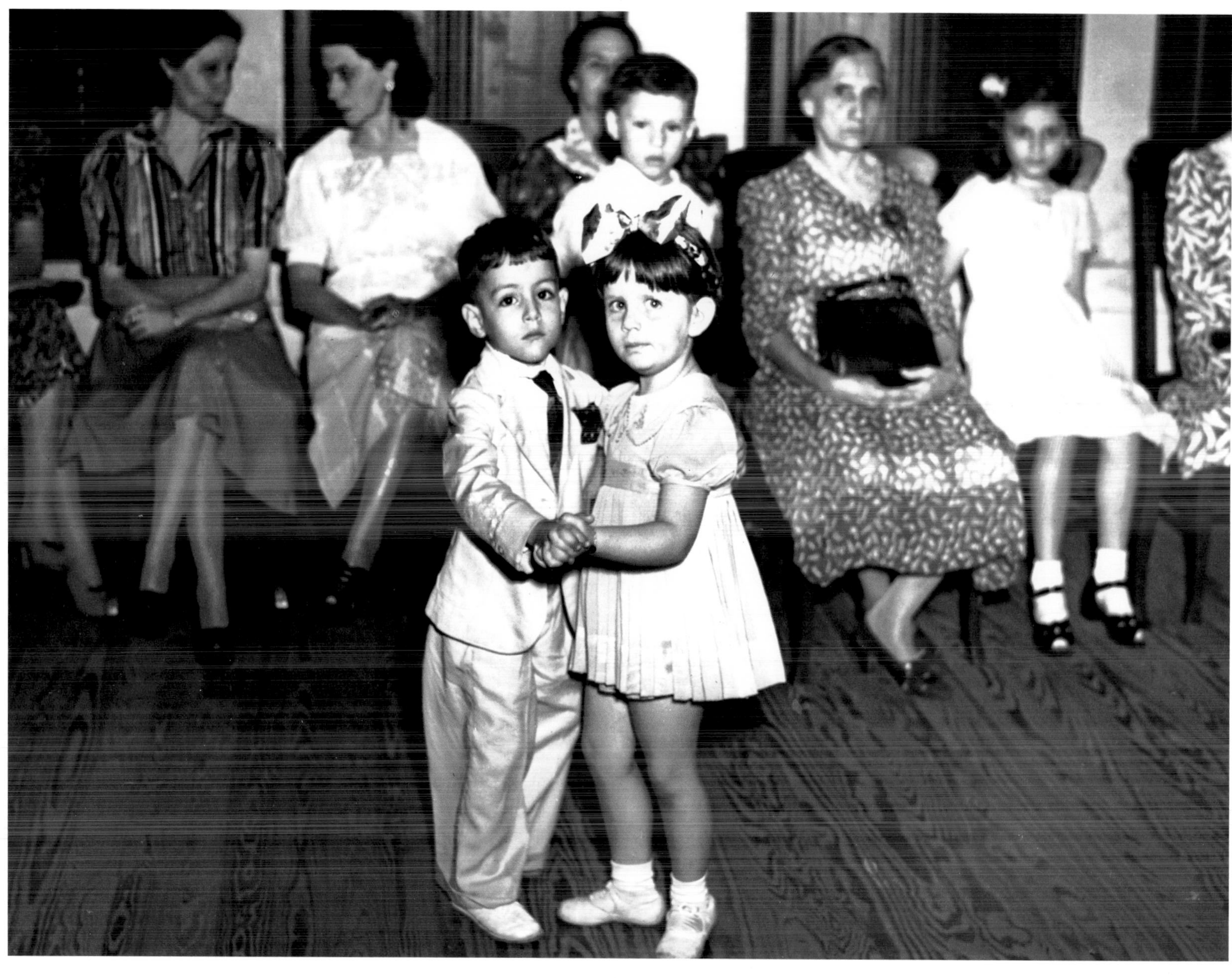

1 9 4 2

Children and parents at a Three Kings party in Yauco ■ Niños y padres en una fiesta de Reyes en el casino de Yauco

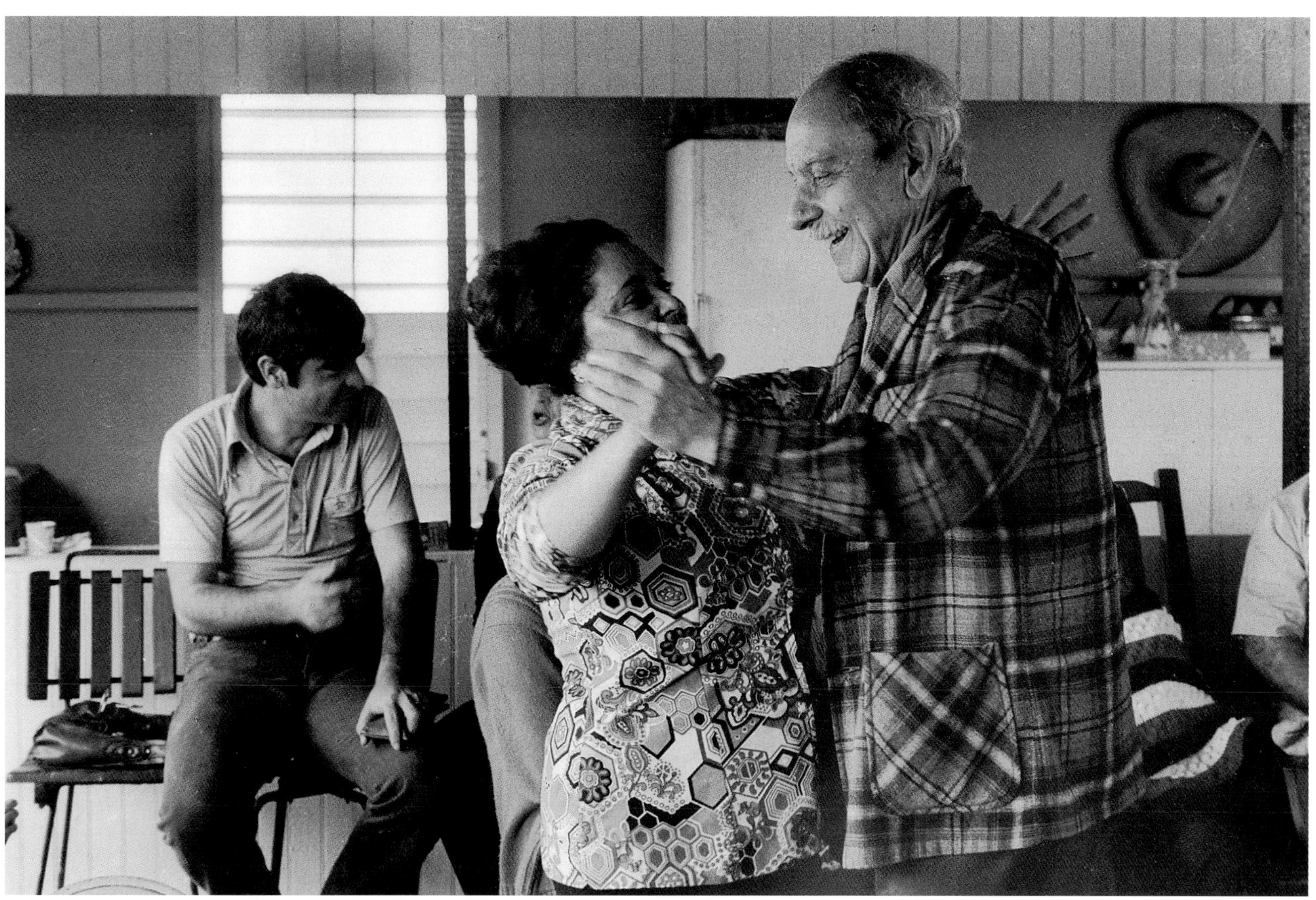

1 9 7 4

Governor Luis Muñoz Marín and a friend at a Three Kings party in Ciales ■ El Gobernador Luis Muñoz Marín y una amiga bailando en una fiesta de Reyes en Ciales

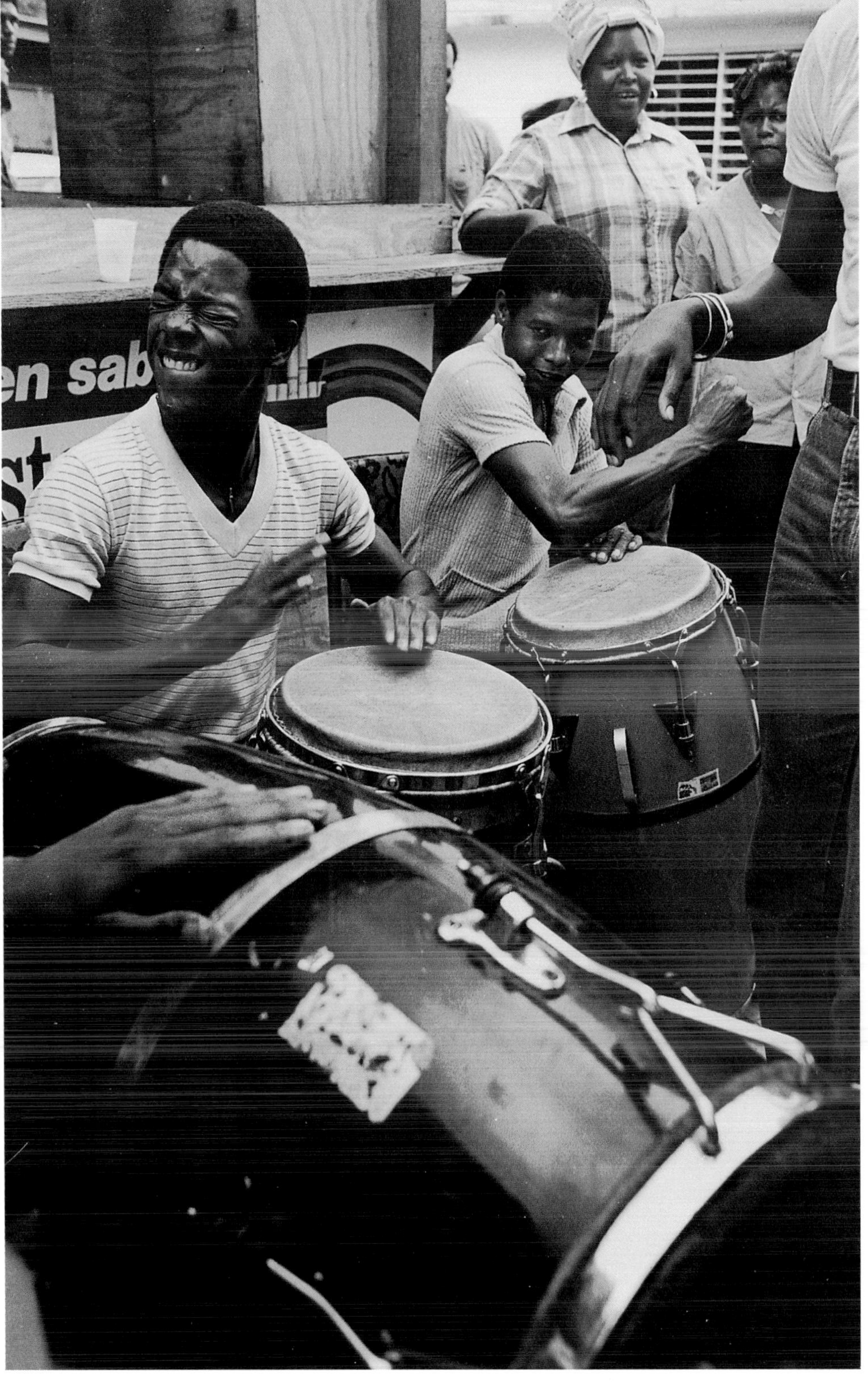

1981

Musicians at the patron saint's festivities in the town of Loiza Aldea ■ Músicos en las fiestas patronales del pueblo de Loiza Aldea

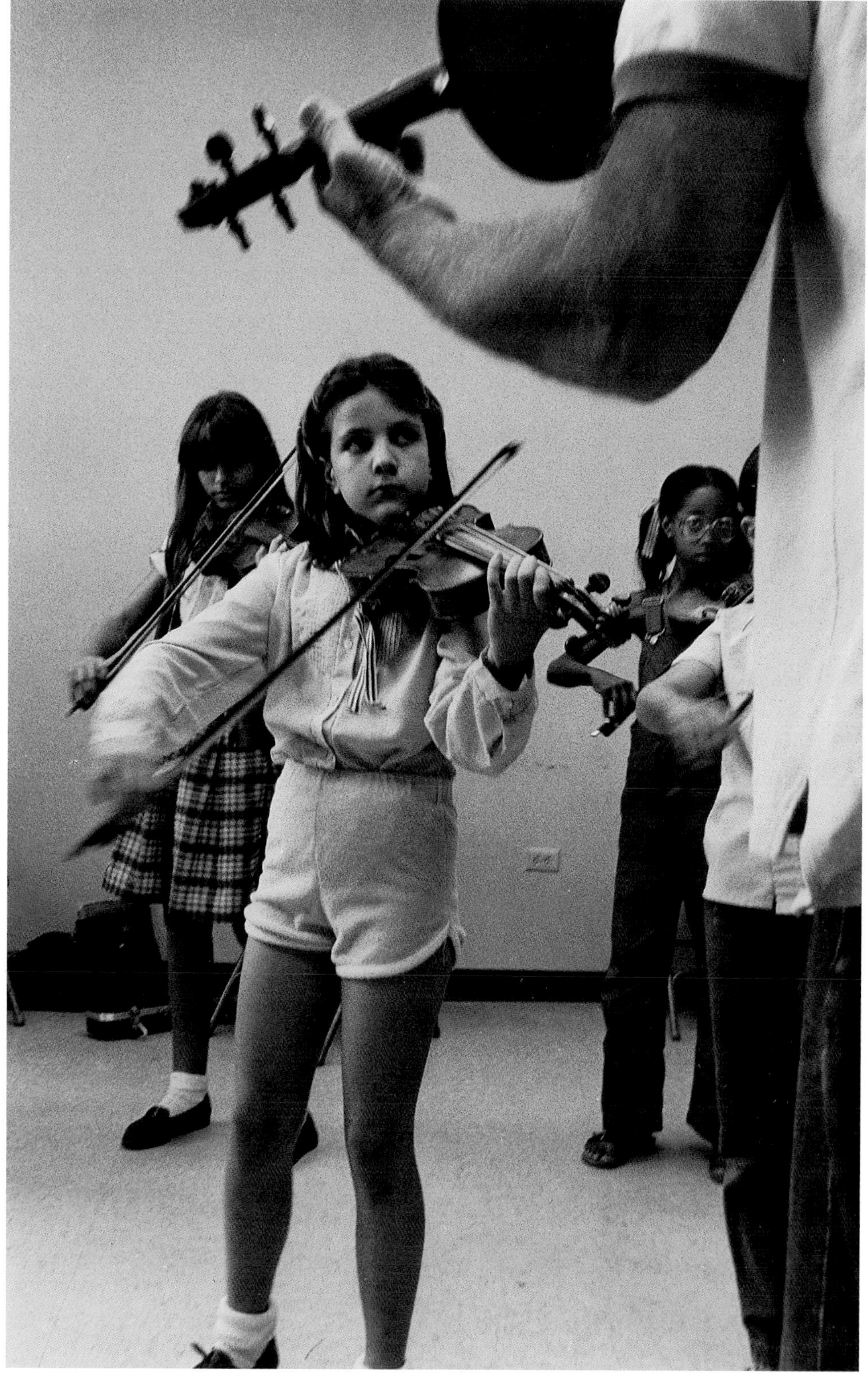

1 9 8 1

Violin class at the Puerto Rico Conservatory of Music in Hato Rey ■ Clase de violín en el Conservatorio de Música de Puerto Rico en Hato Rey

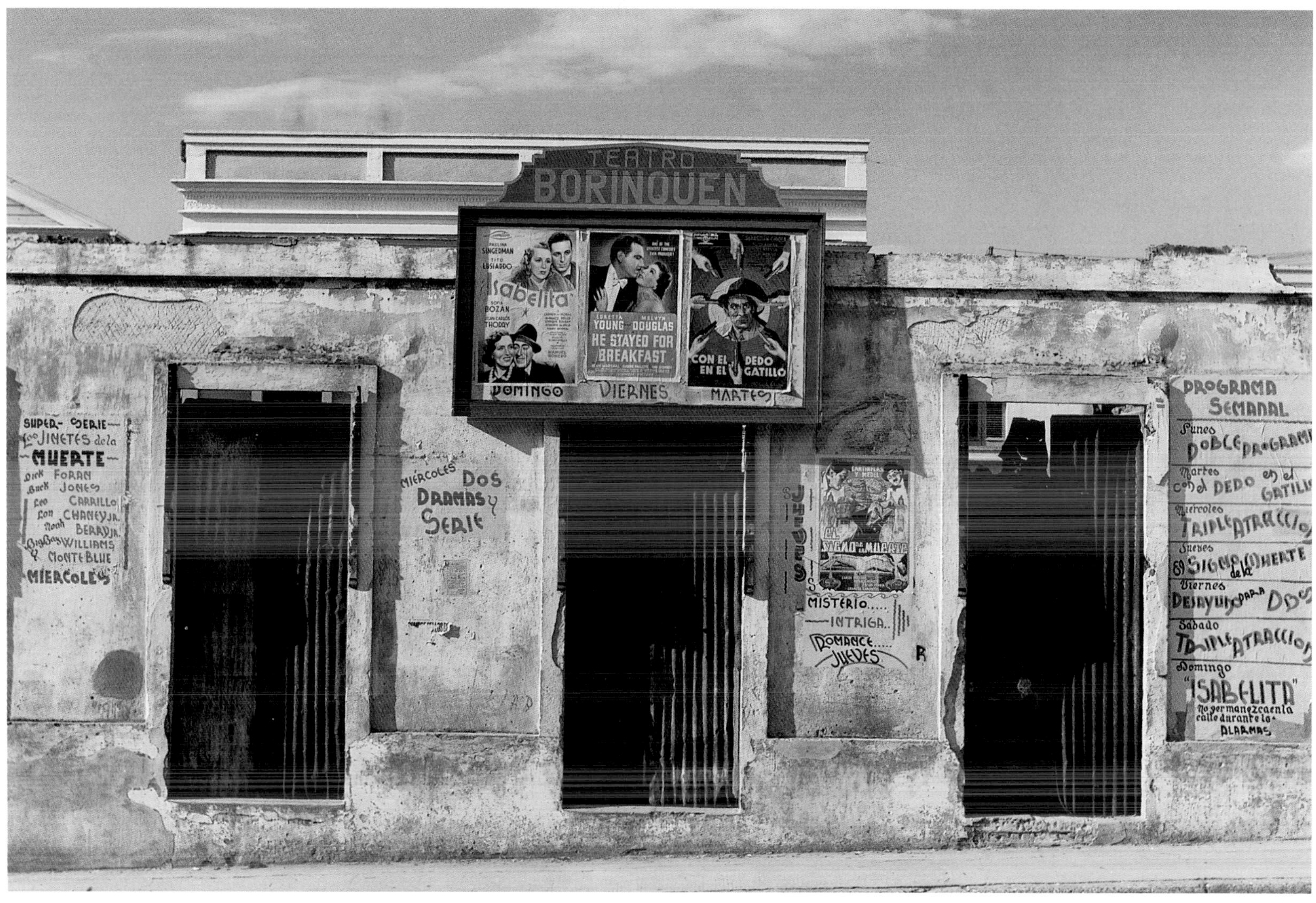

1941

Abandoned movie theater, San Sebastian ■ Teatrito de cine abandonado, San Sebastian

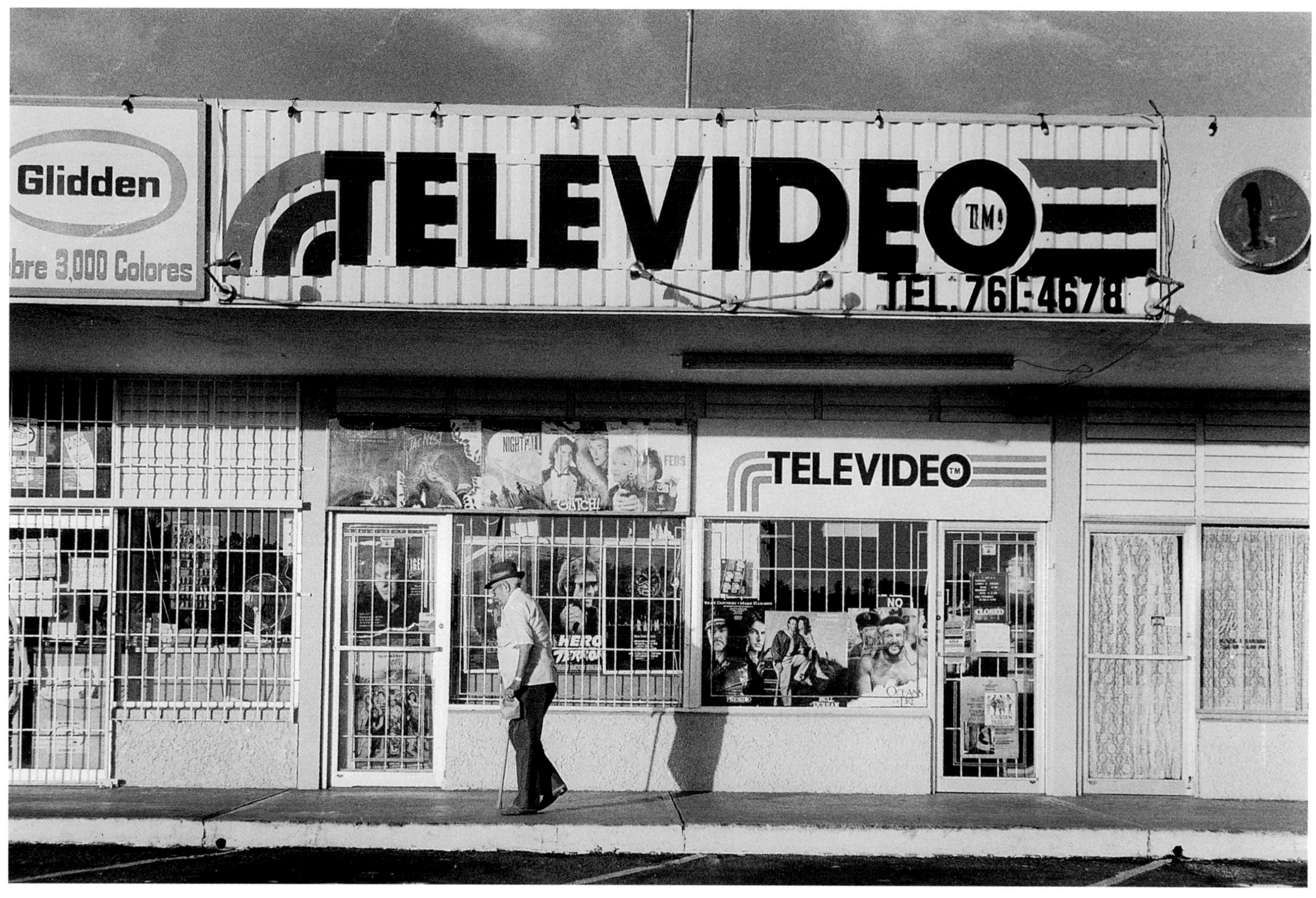

1 9 8 9

Video rental store, Río Piedras ■ Negocio de alquiler películas en video, Río Piedras

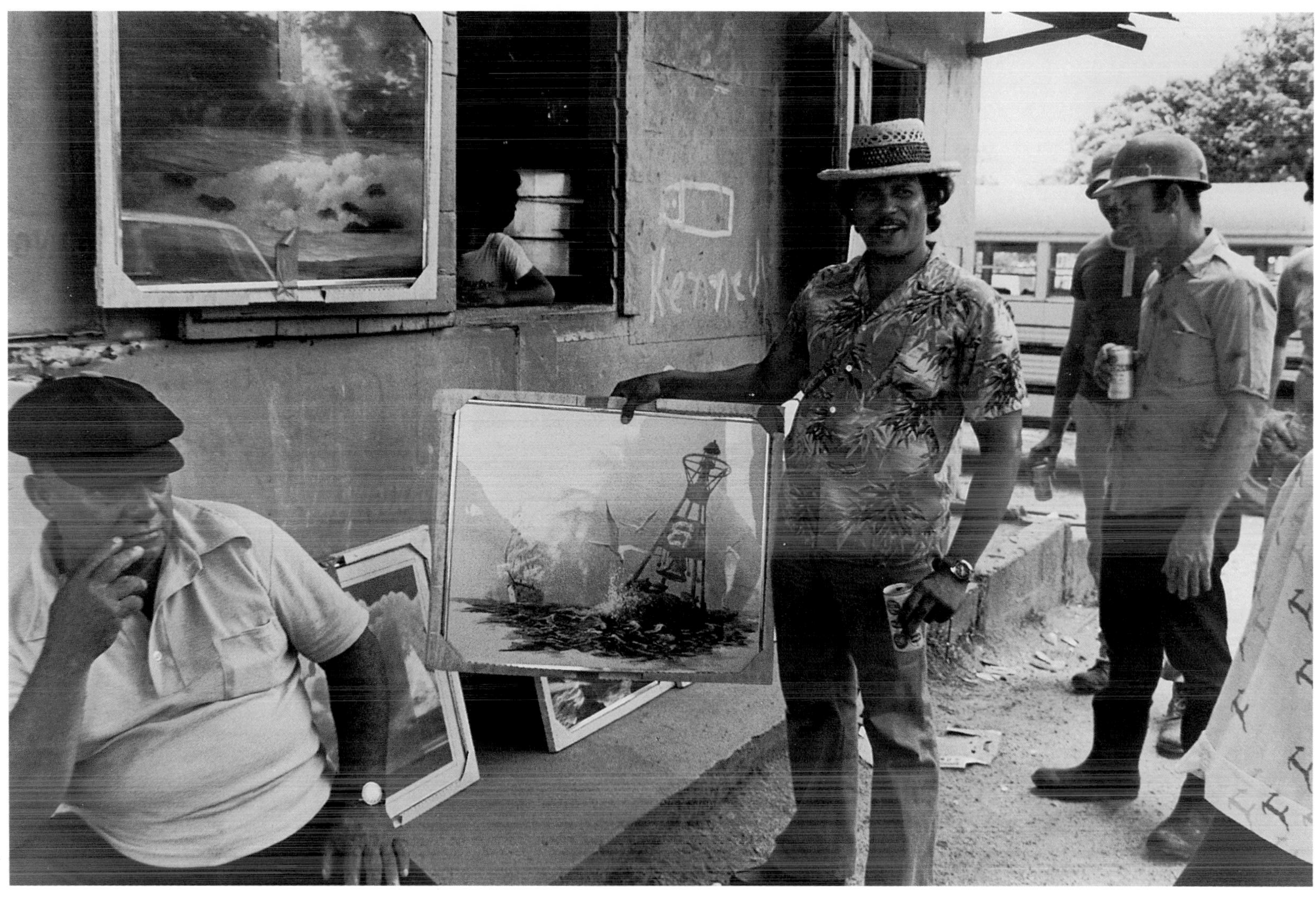

1 9 8 2

Selling reproductions of paintings along the highway near Yabucoa ■ Vendiendo reproducciones de cuadros en la orrila de la carretera de Yabucoa

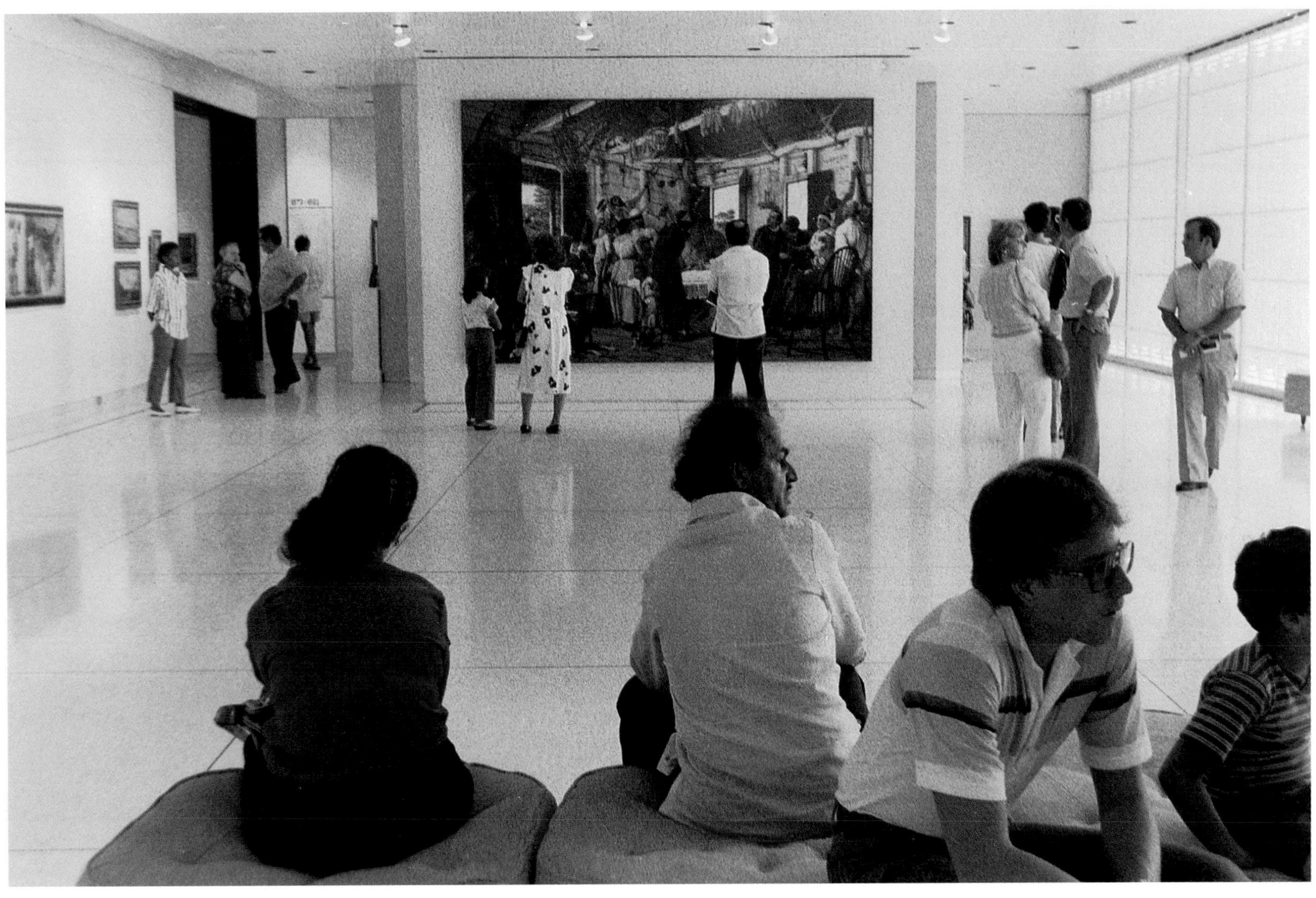

1 9 8 3

In the Ponce Museum of Art; in the background, the famous painting *El Velorio (The Wake)*, by Francisco Oller, painted in 1893

■

En el Museo de Arte de Ponce; al fondo, el famoso cuadro de Francisco Oller, *El Velorio,* pintado en 1893

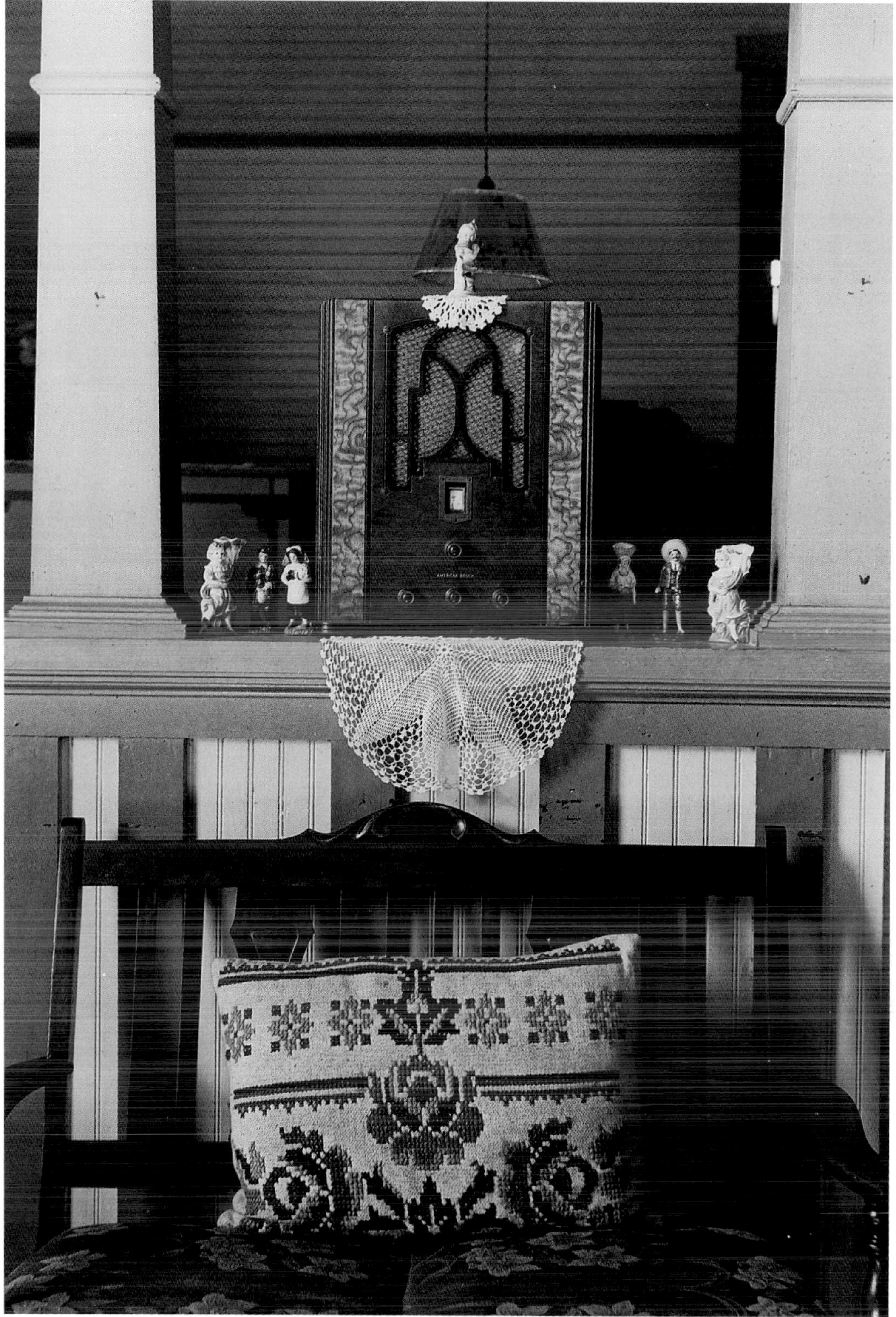

1 9 4 1

In the house of a farmer of fairly modest means, Río Piedras ▣ En la casa de un agricultor de medianos recursos economicos, Río Piedras

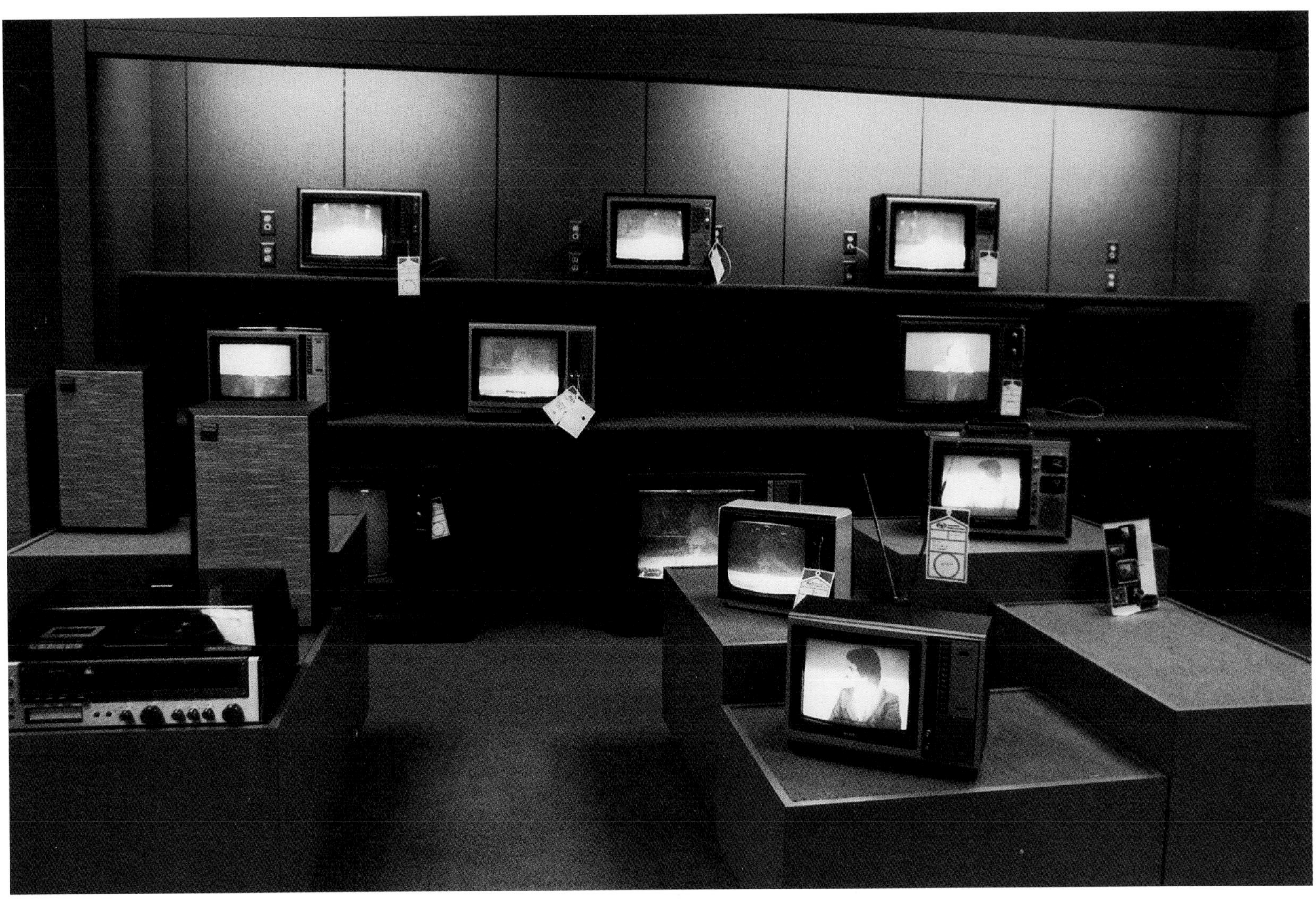

1 9 8 1

Television sets for sale in a department store in San Juan ■ Televisores a la venta en un almacén en San Juan

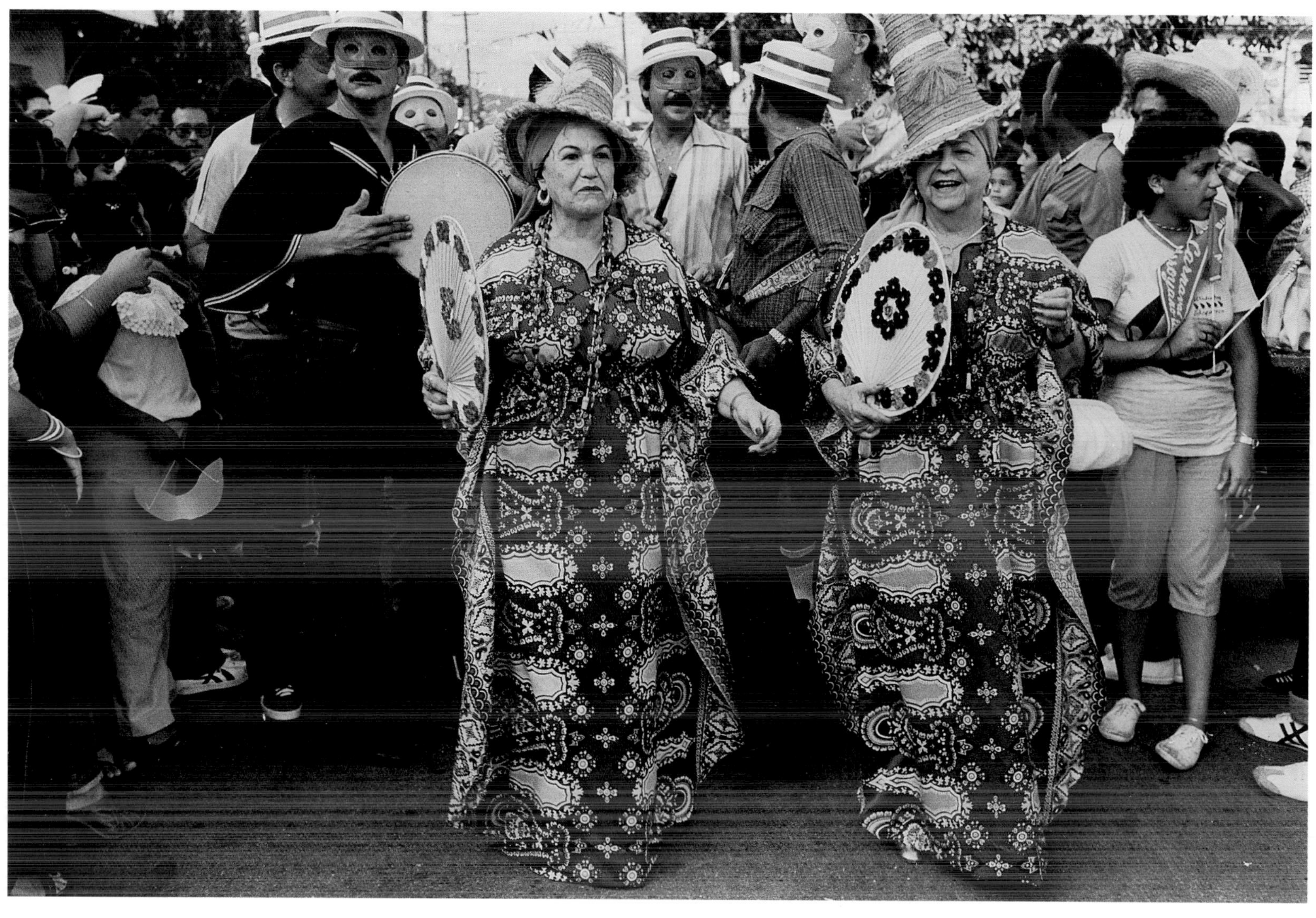

1 9 8 2

At the carnival in the town of Arroyo ■ En el carnaval del pueblo de Arroyo

These islanders are very devoted to Our Lady. They all carry a rosary around their necks, they say their prayers at least twice a day; every family begins the day with this holy exercise, some repeat it at noon and do not omit it in the evening.

Geographic, Civil and Political History of the Island of San Juan Bautista de Puerto Rico by Friar Iñigo Abbad y Lasierra, 1782

■

Estos isleños son muy devotos de nuestra Señora: todos llevan el Rosario en el cuello, lo rezan por lo menos dos veces al día; todas las familias empiezan el día con este santo ejercicio y algunos lo repiten al mediodía, sin omitirlo en la noche.

Historia Geografica, Civil y Politica de la Isla de San Juan Bautista de Puerto Rico, por Fray Iñigo Abbad y Lasierra, 1782

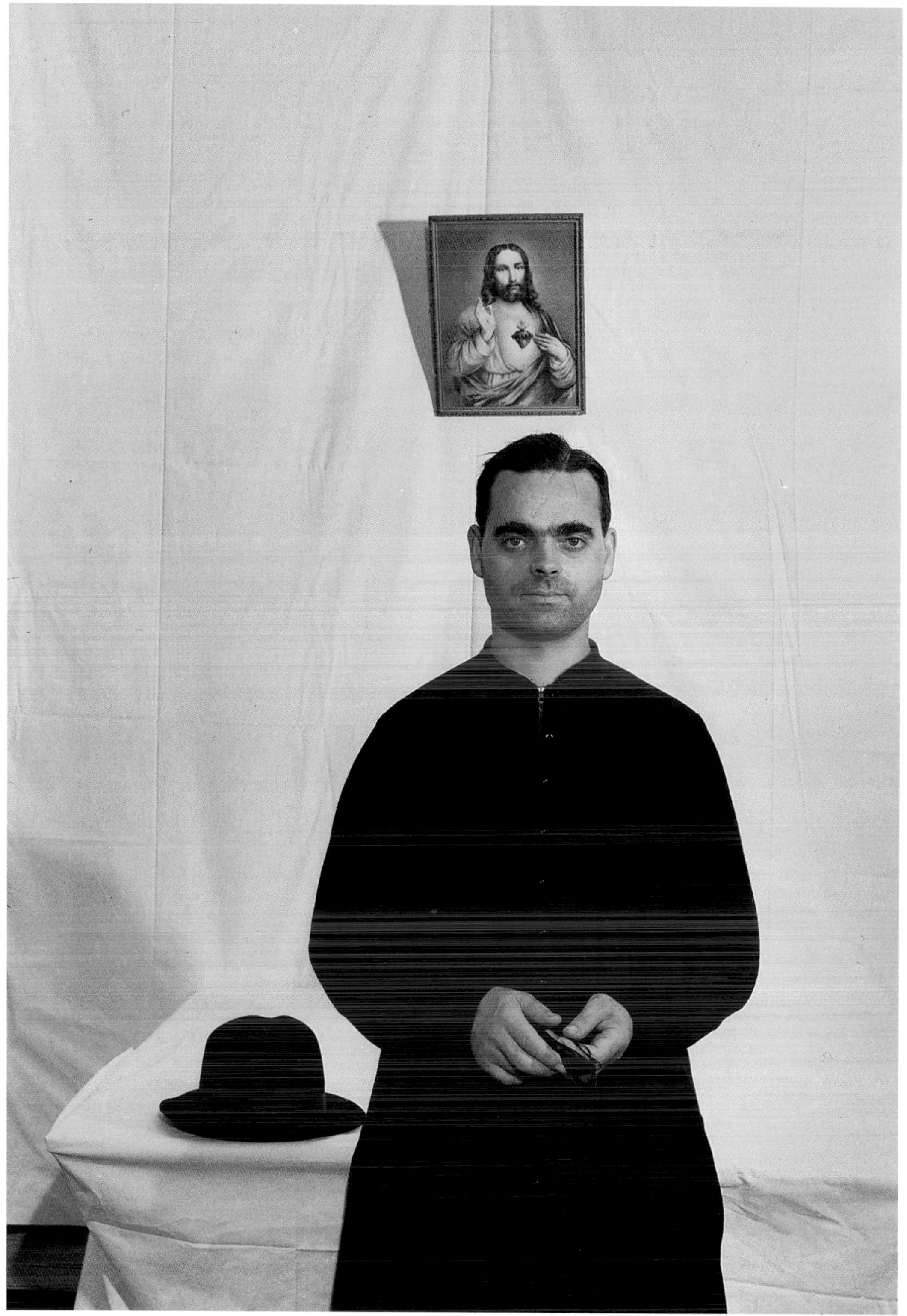

1 9 4 1

The town priest of Corozal ■ El cura del pueblo de Corozal

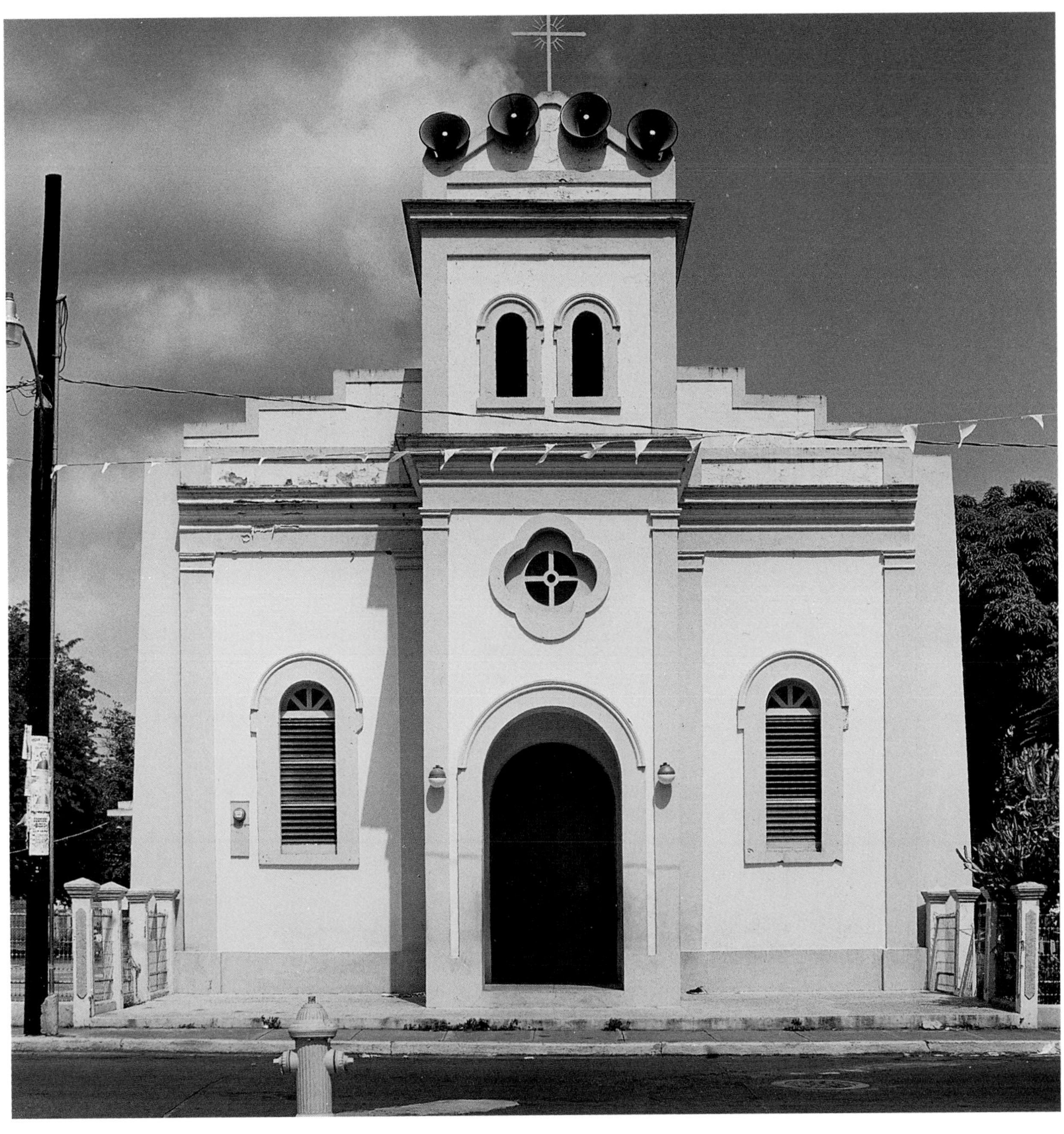

1981

Church in the town square of Salinas ■ Iglesia en la plaza de Salinas

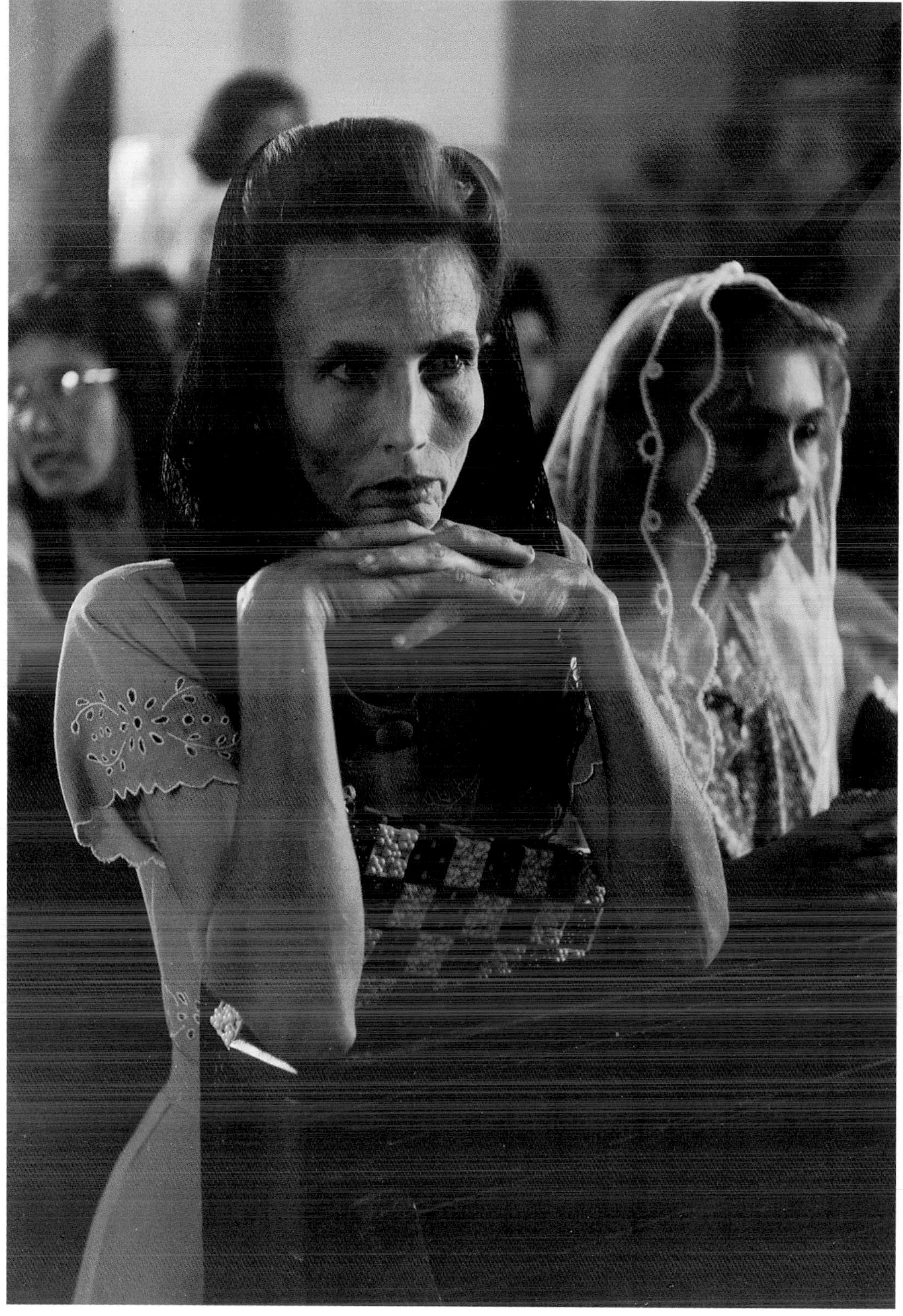

1 9 4 6

In the cathedral of San German ■ En la catedral de San German

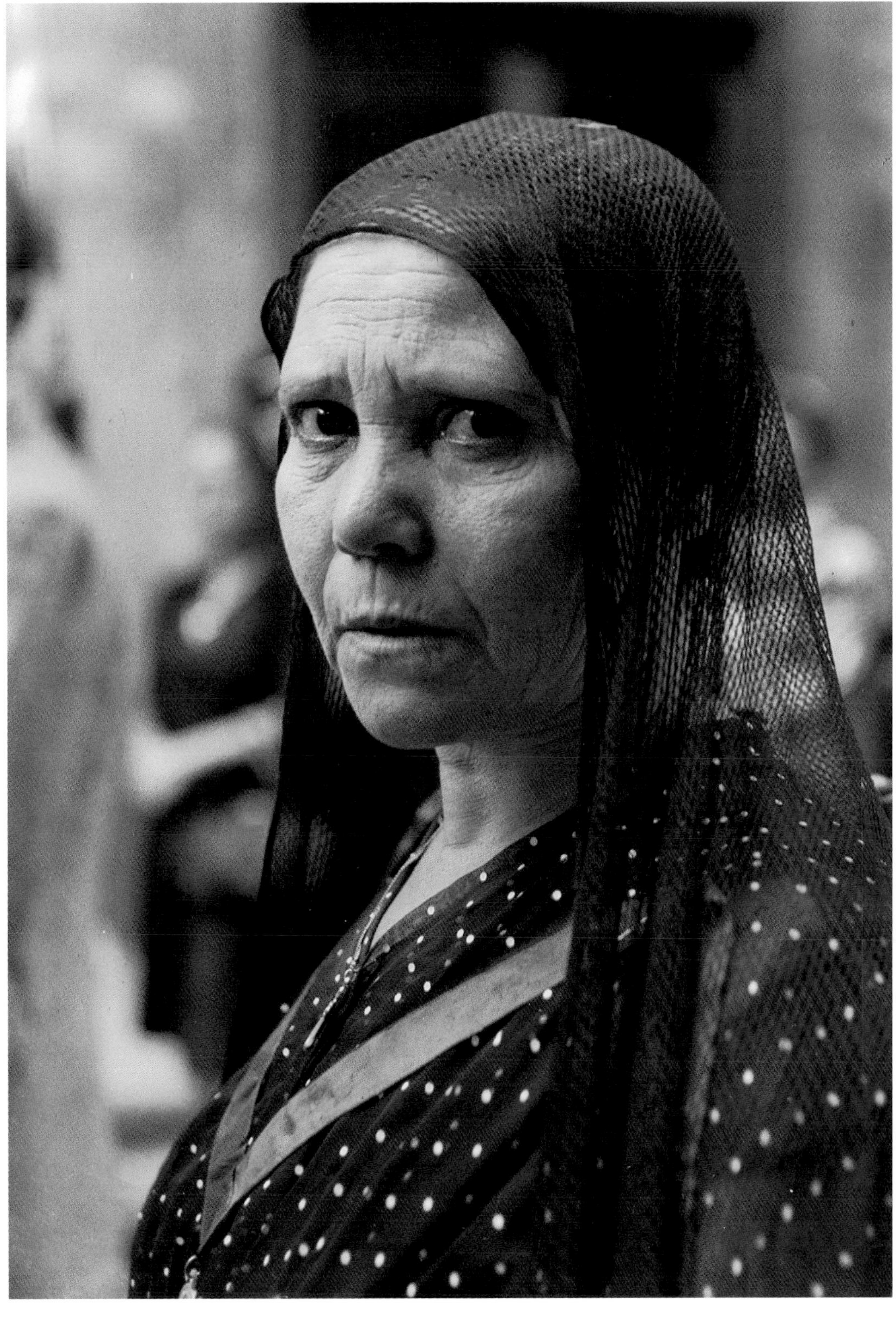

1 9 4 6

In a religious procession in San Juan on St. John the Baptist Day ■ En una procesión religiosa en San Juan el Día de San Juan Bautista

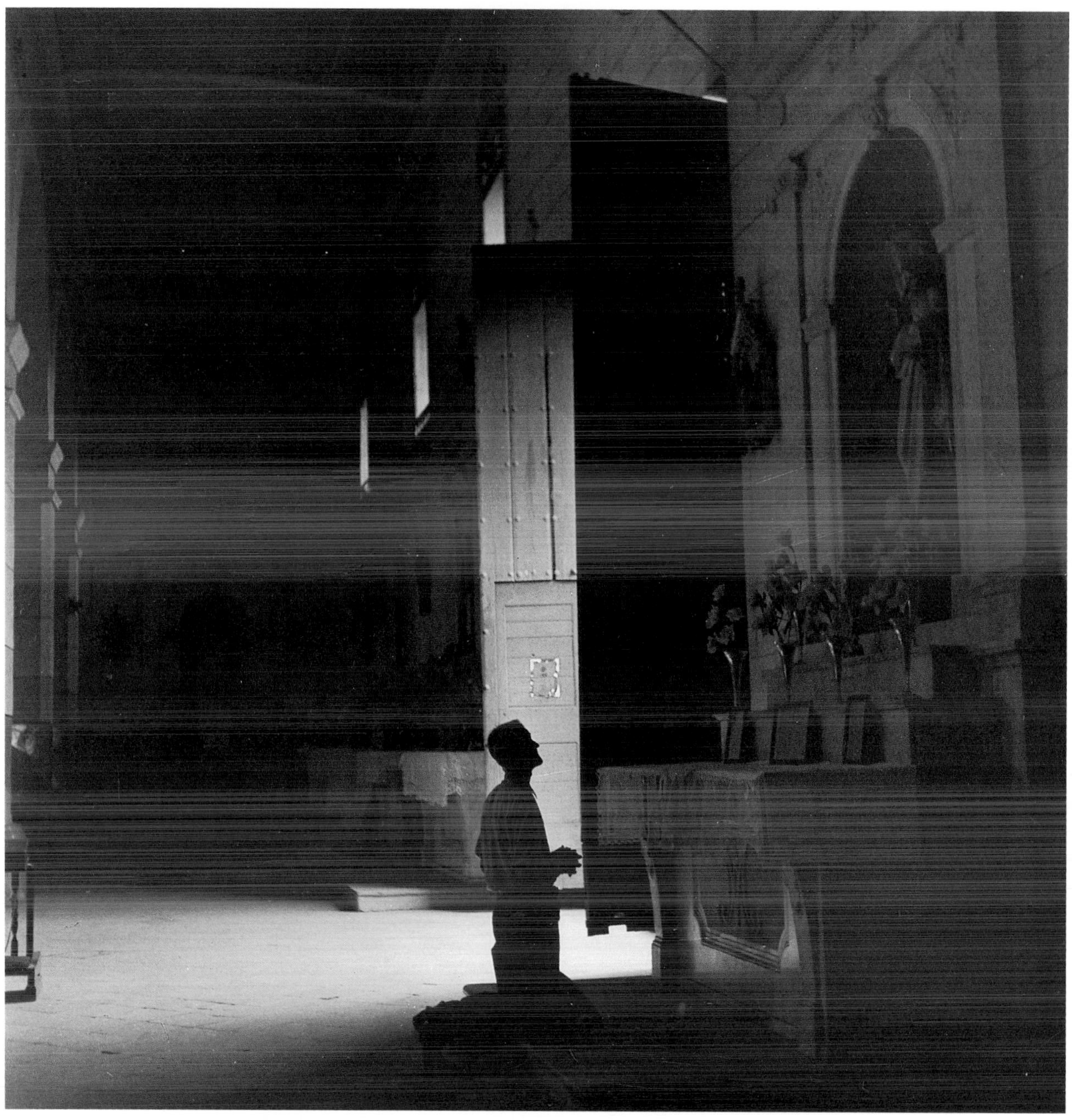

1 9 4 6

In the cathedral of San German ■ En la catedral de San German

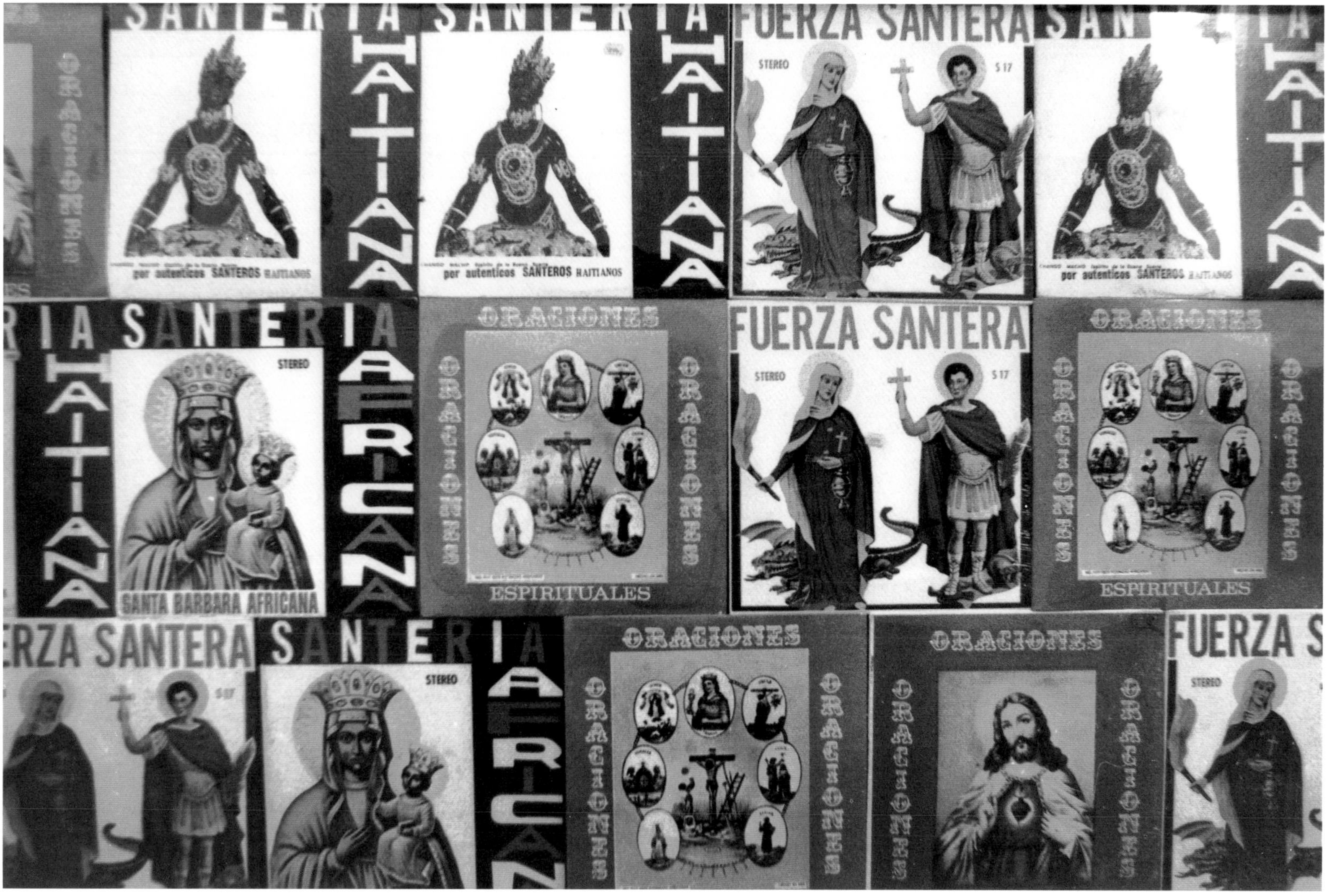

1 9 8 1

A window display of records of a religious cult of Afro-Christian influence (Santería) at a store in the public market of Río Piedras

■

Despliegue de discos de un culto religioso conocido como Santería en una tienda en la plaza de mercado de Río Piedras

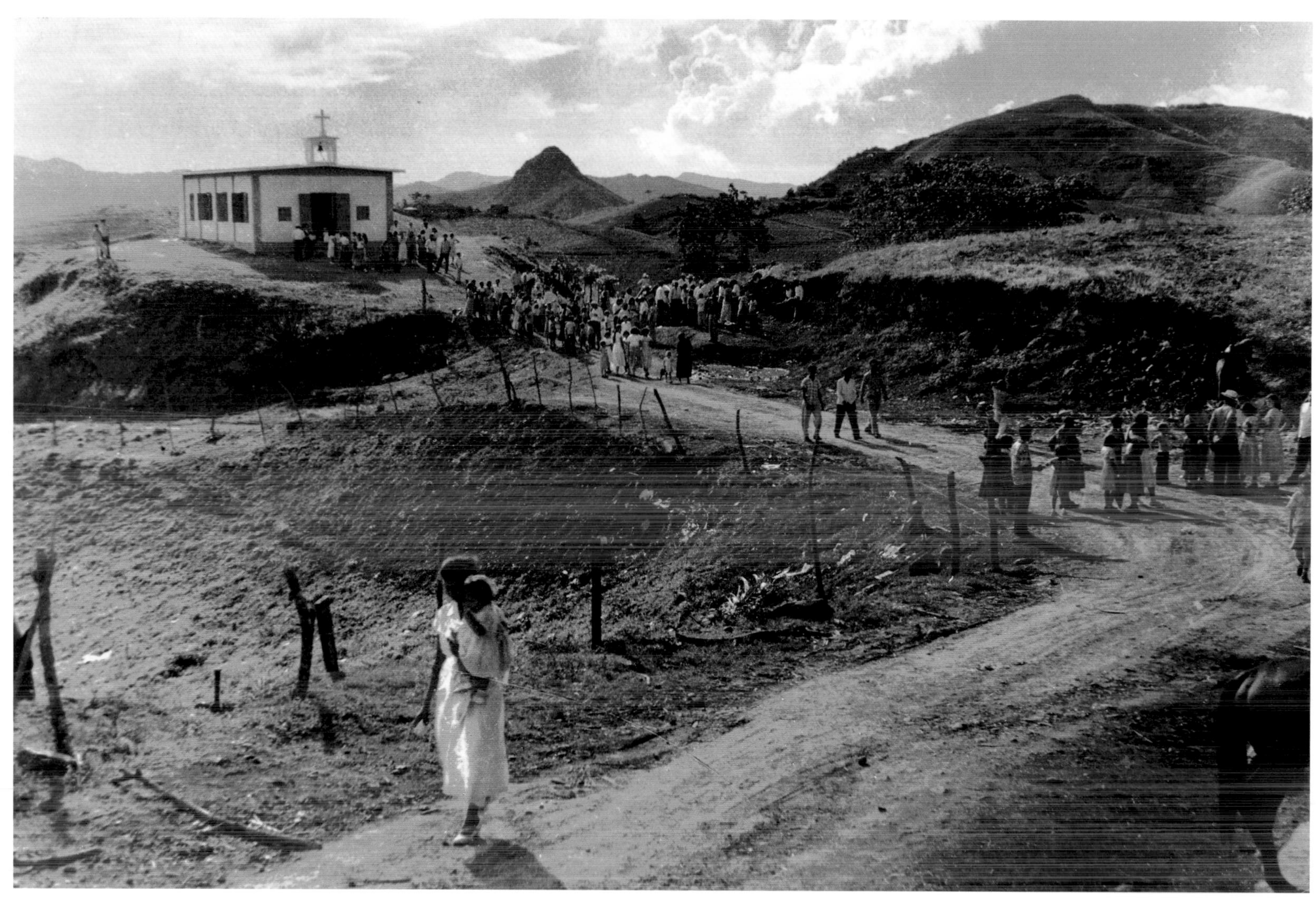

1 9 5 4

People leaving church on a Sunday morning in Barrio Rabanal, Cidra ■ Gente saliendo de la iglesia un domingo por la mañana en Barrio Rabanal de Cidra

Among the events of November there is one from Isabela that saddens the imagination and moves the soul to pity. Pedro Martinez, barrio Jobos, had his wife and children in a deplorable state of illness; two of his children had already died of complete lack of food . . . the unhappy father goes out to see if he can find a salary to bring something for his starving family. . . . Nothing! He returns to his hut to see that desolate picture again . . . goes to a nearby barn and hangs himself! . . . May God not permit a repetition of such horrible scenes in the island of Puerto Rico and which detract so much from the charity and sweetness of the customs of its inhabitants!

Gaceta Oficial of the government,
December 11, 1847

■

Entre los sucesos ocurridos en Noviembre hay uno del pueblo de Isabela que contrista la imaginación y afecta el ánimo con pena: Pedro Martinez, del barrio Jobos, tenía a su mujer y sus hijos en un estado deplorable por enfermedades y miseria; ya habian fallecido dos de estos por falta absoluta de alimentos. . . . ¡Nada! Vuelvese a su chosa a ver otra vez aquel cuadro de desolación; . . . se va a un rancho cercano y se ahorca . . . ¡No permita Dios que se repiten en la isla de Puerto Rico escenas tan horrorosas, y que desdicen tanto de la caridad y dulzura de costumbres de sus habitantes!

Gaceta Oficial del gobierno,
Il de diciembre de 1847

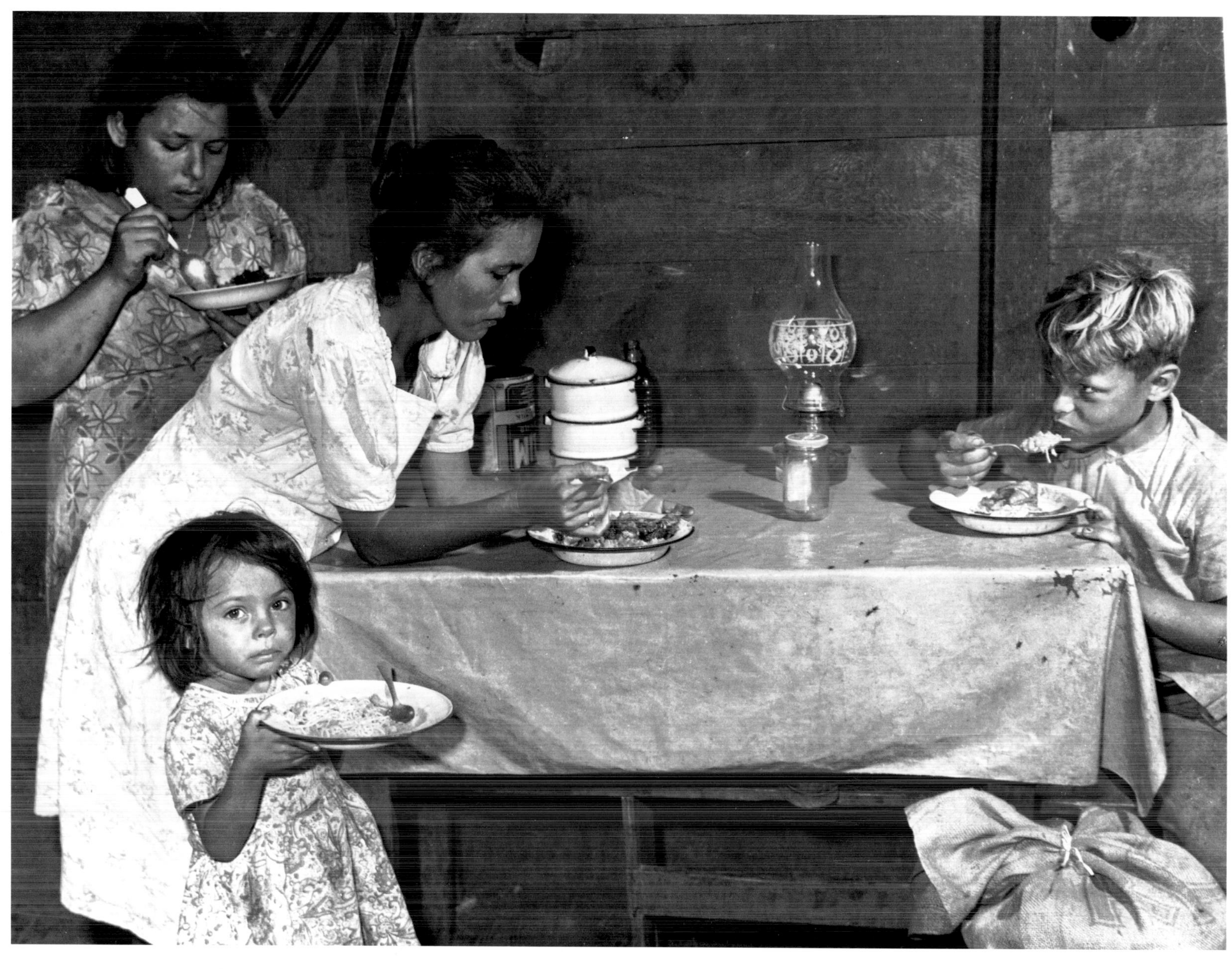

1 9 4 6

Supper at the home of a farm laborer in Lajas ■ Cena de la familia de un trabajador agrícola en Lajas

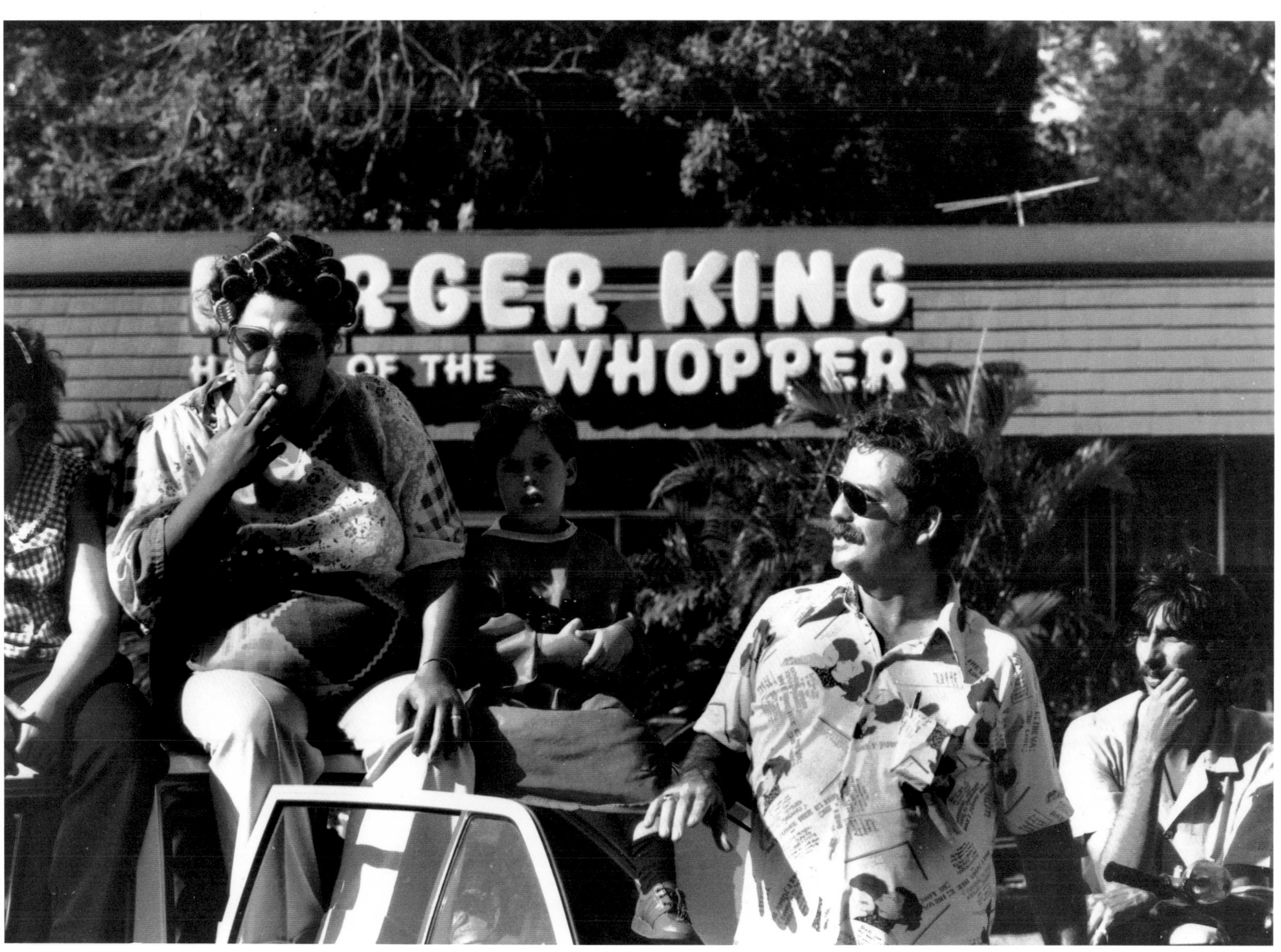

1 9 8 0

Spectators at a carnival in Ponce ■ Espectadores en un carnaval en Ponce

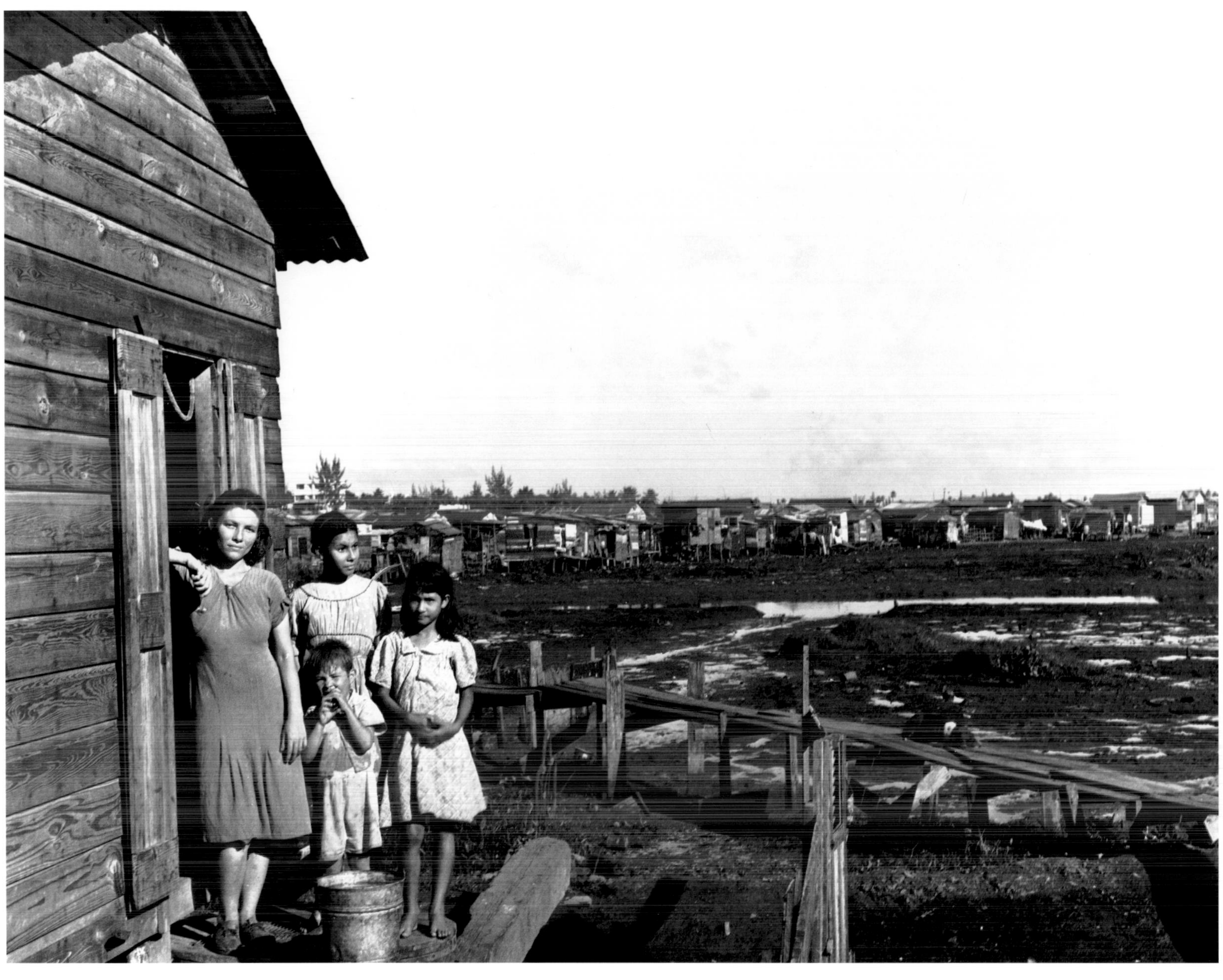

1 9 4 1

Partial view of the slum called El Fanguito (The Little Mud), San Juan; the area today is a public park

Vista parcial del arrabal conocido como El Fanguito, San Juan; el área es hoy un parque público

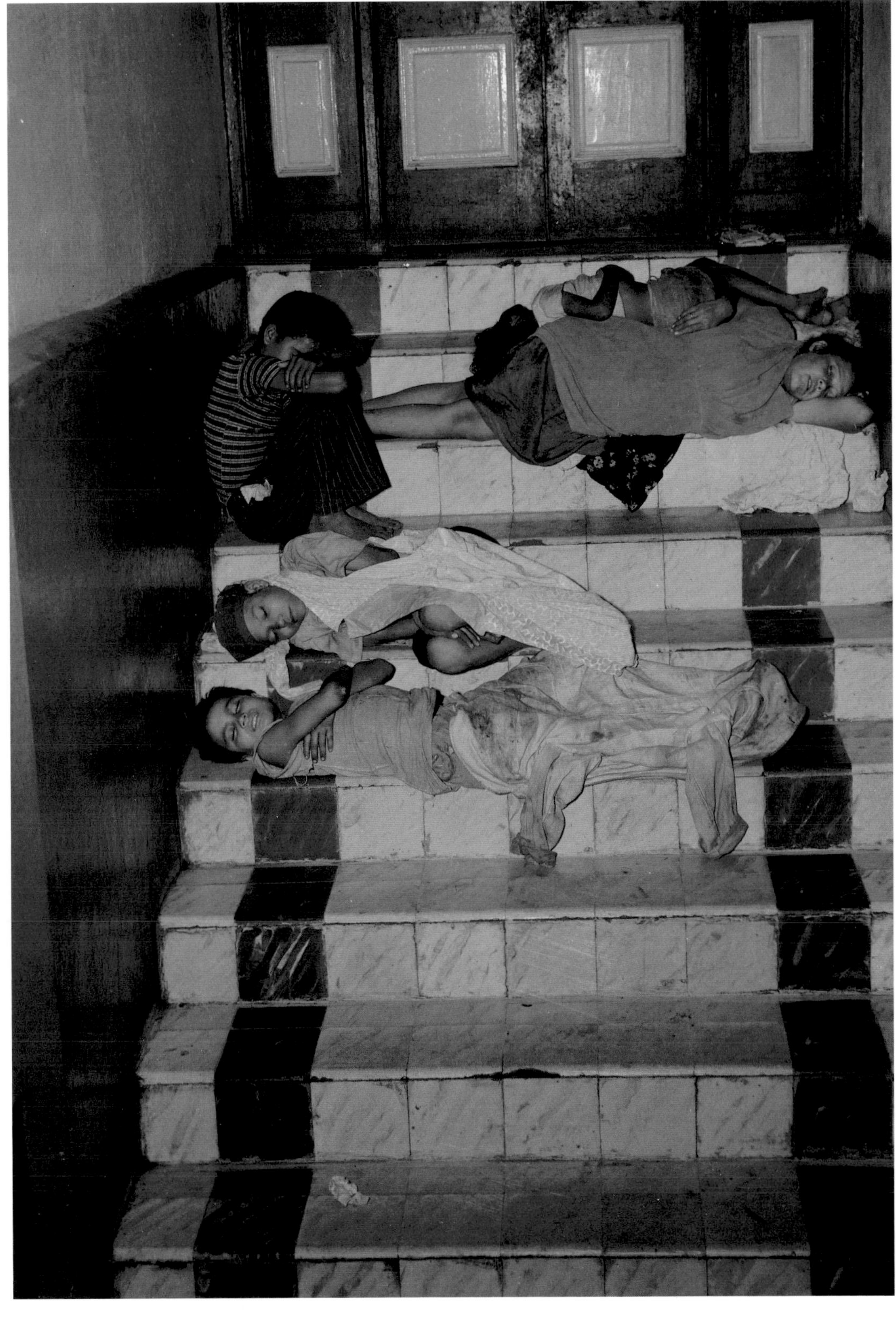

1 9 4 1

Homeless people sleeping in the vestibule of an apartment house in Caguas ■ Gente sin hogar durmiendo en el vestíbulo de una casa de apartamientos en Caguas

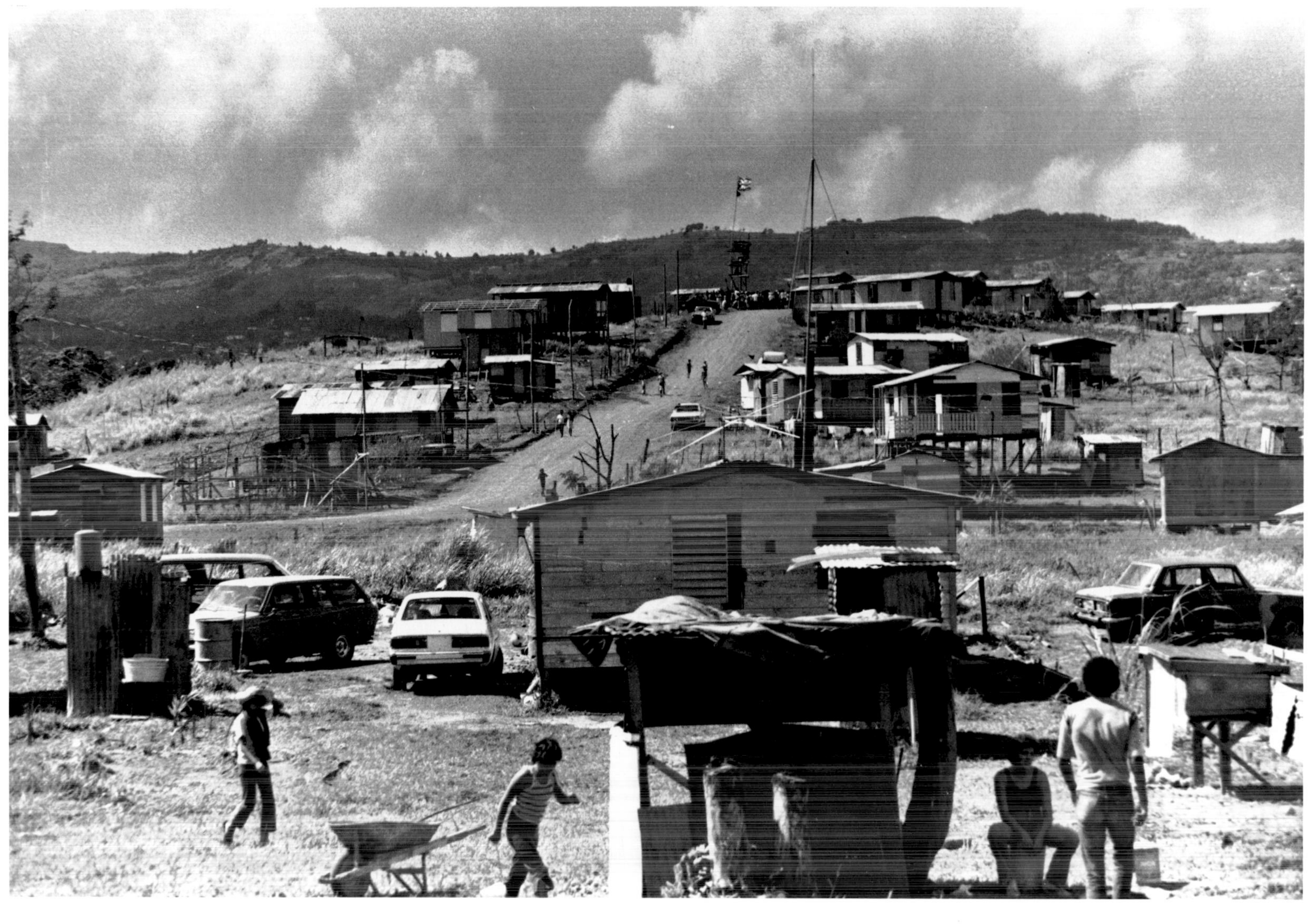

1 9 8 2

Villa Sin Miedo, an illegal community of homeless squatters, near Carolina; a few days after this picture was taken the people were ejected by the police and the houses burned

Villa Sin Miedo, una comunidad illegal de intrusos sin hogar, cerca de Carolina; unos días de haberse tomado la fotografía la policía desalojó a la gente y quemó las casas

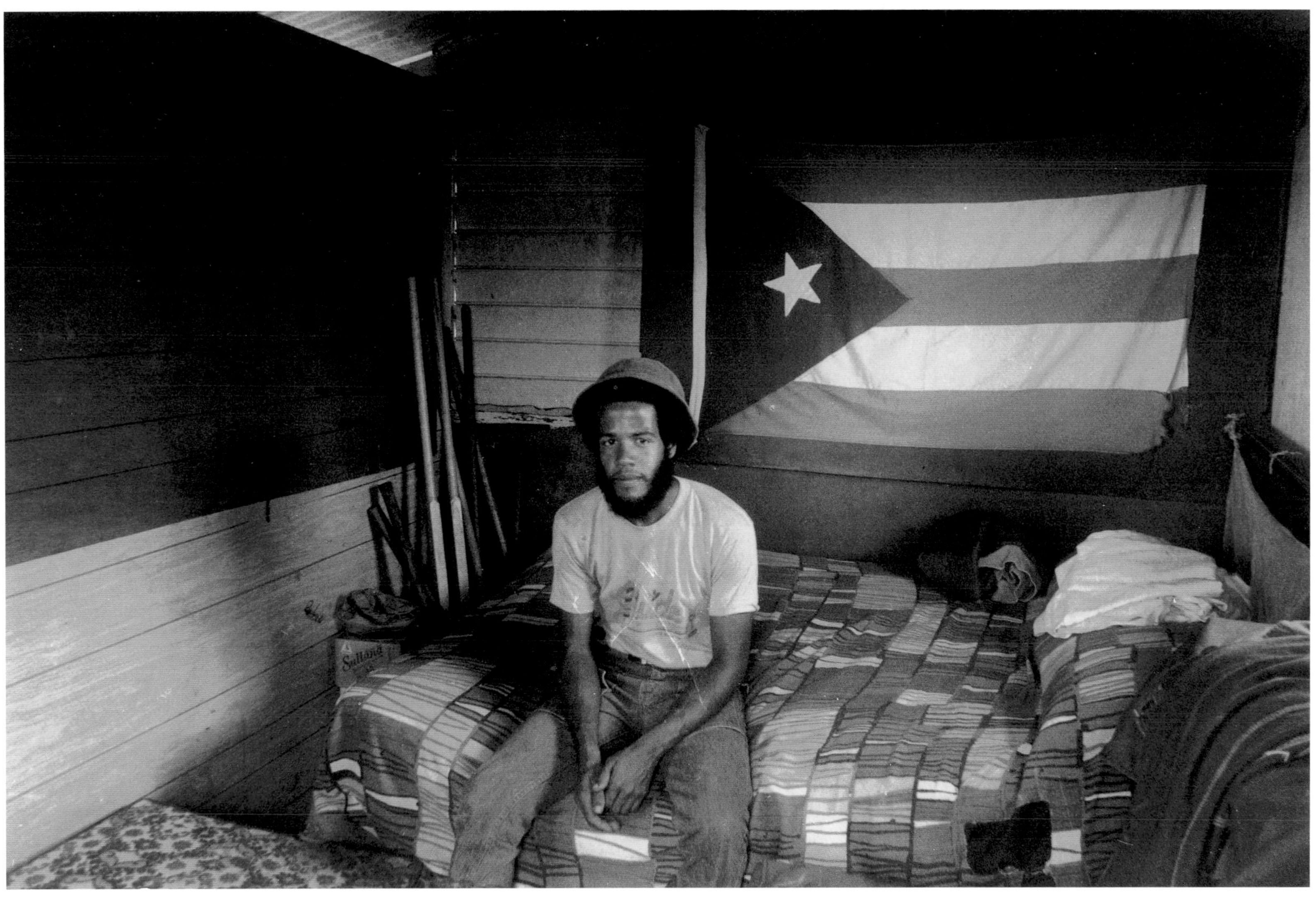

1 9 8 2

One of the squatters in the community known as Villa Sin Miedo near Carolina

Uno de los intrusos en la comunidad conocida como Villa Sin Miedo cerca de Carolina

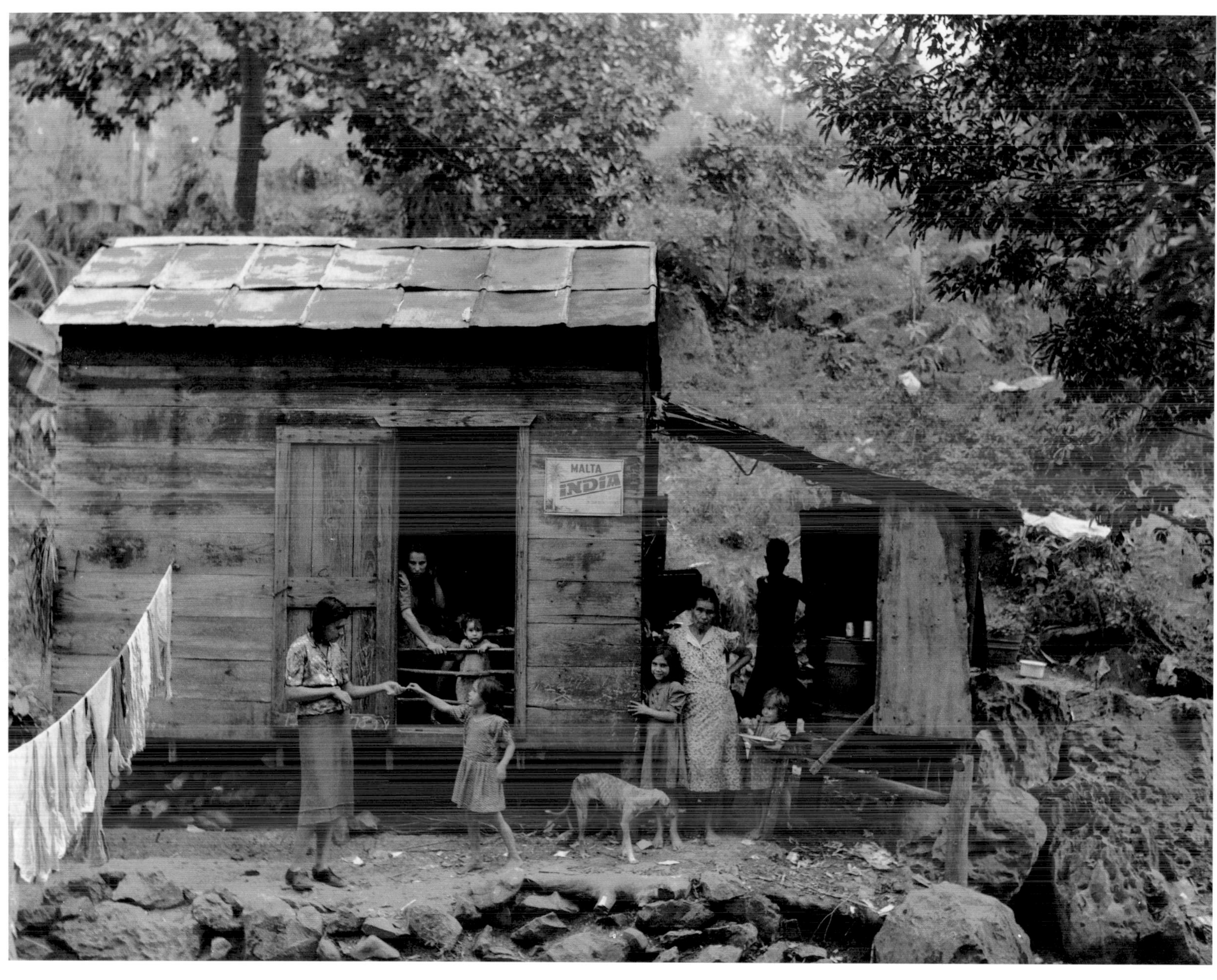

1 9 4 2

Farm laborer's family in the hills near San German ■ Familia de un trabajador agrícola en los montes cerca de San German

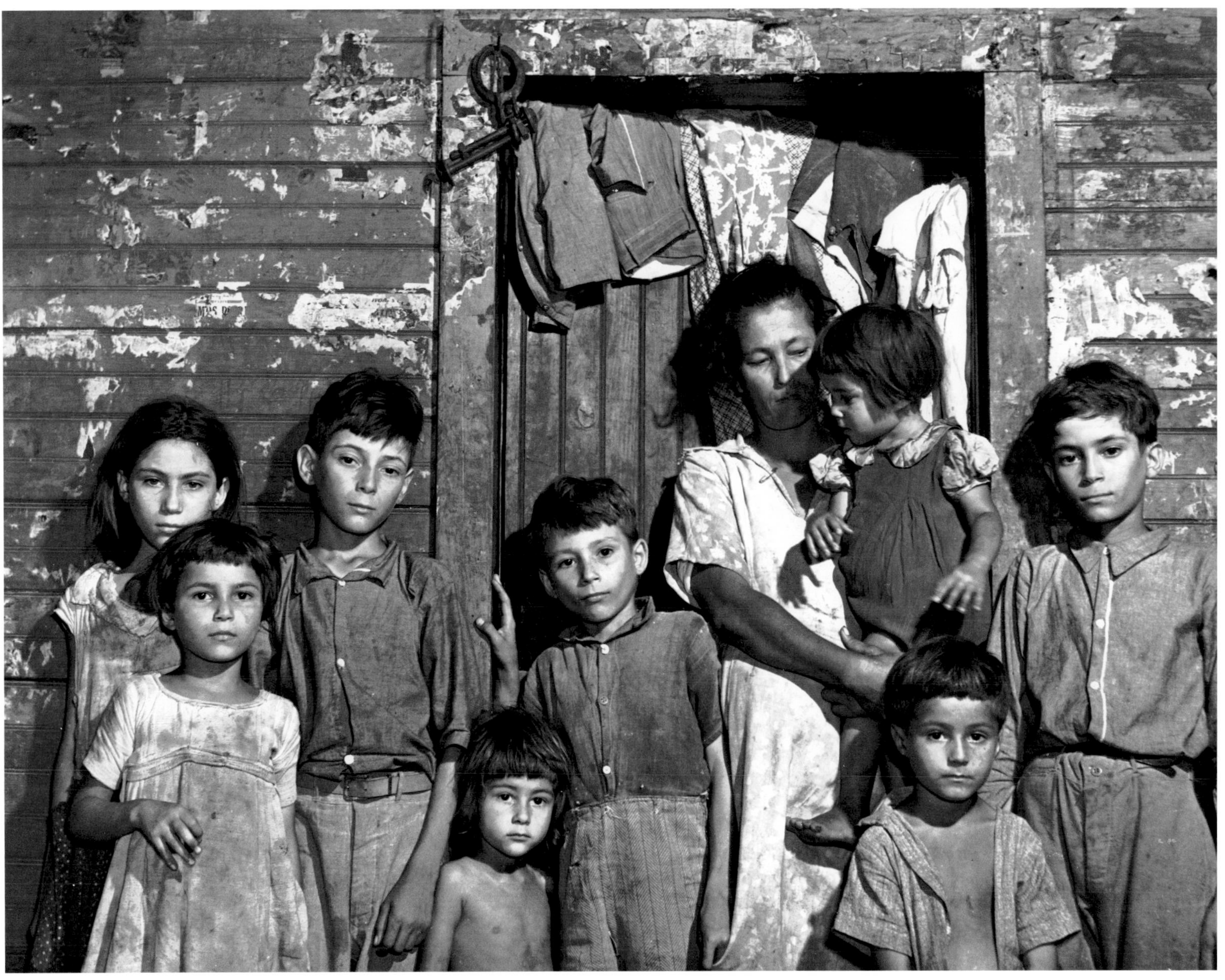

1 9 4 1

Family of a farm laborer in Barceloneta ■ Familia de un trabajador agrícola en Barceloneta

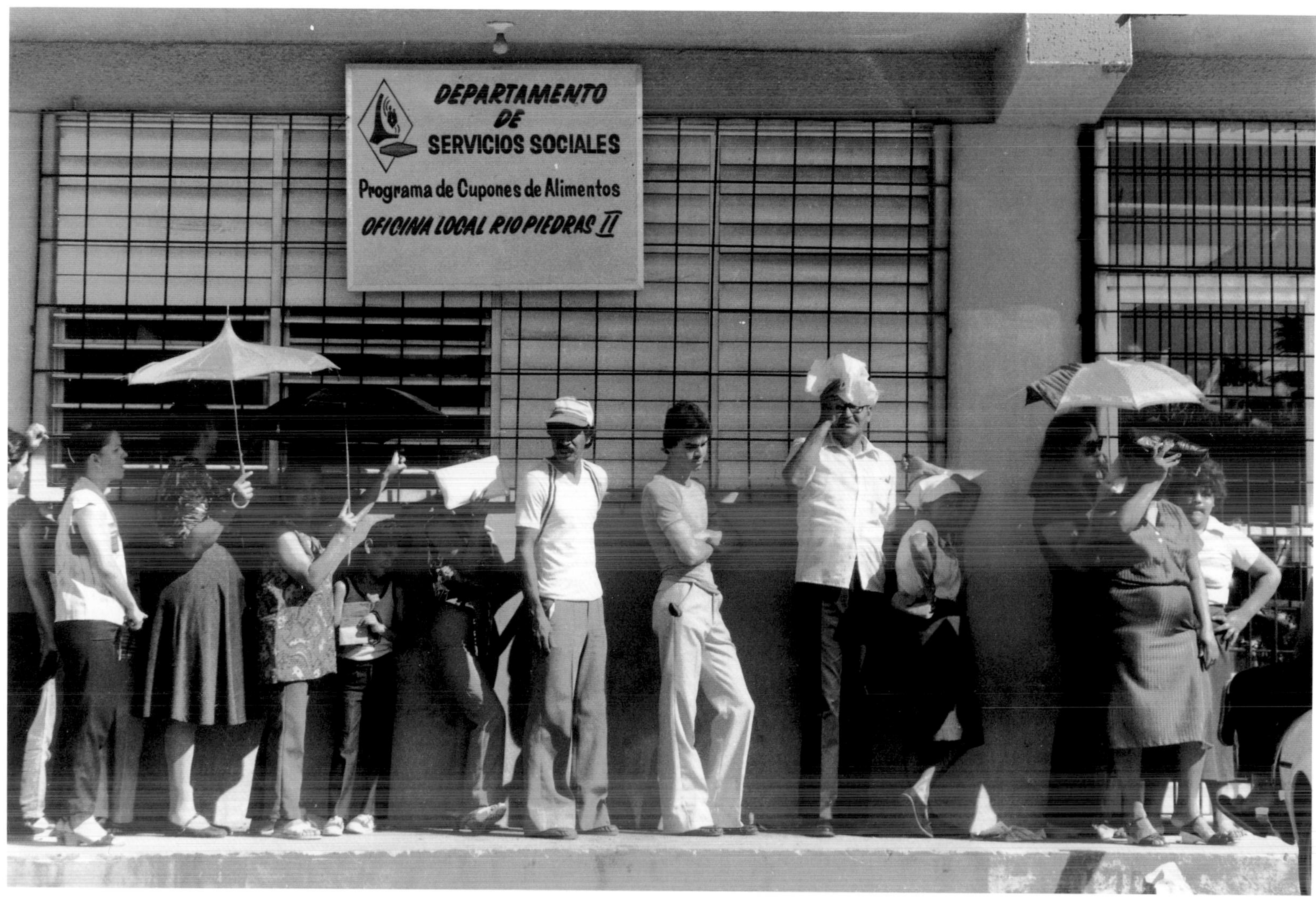

1 9 8 0

People waiting in line for food coupons in Río Piedras ■ Gente en fila esperando la distribución de cupones de alimentos en Río Piedras

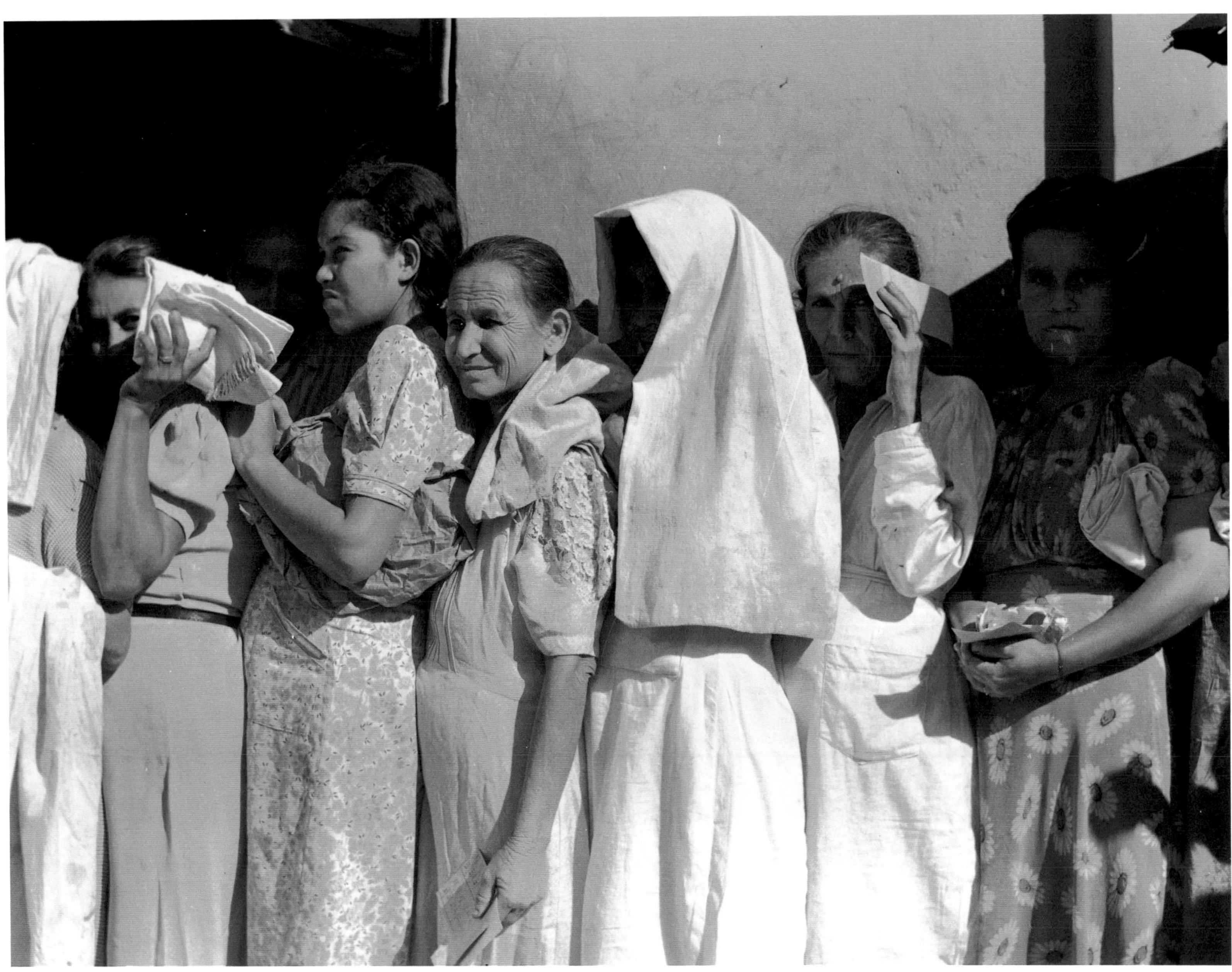

1942

Women in Cabo Rojo waiting in line for the distribution of food by an agency of the federal Department of Agriculture; each woman brings a sack in which to carry off the flour, fatback, and so on she will receive

■ Mujeres en Cabo Rojo en fila esperando la distribución de algunos alimentos por una agencia del Departamento de Agricultura federal; cada una trae un saco para llevarse la harina, tócino, etcétera, que va a recibir

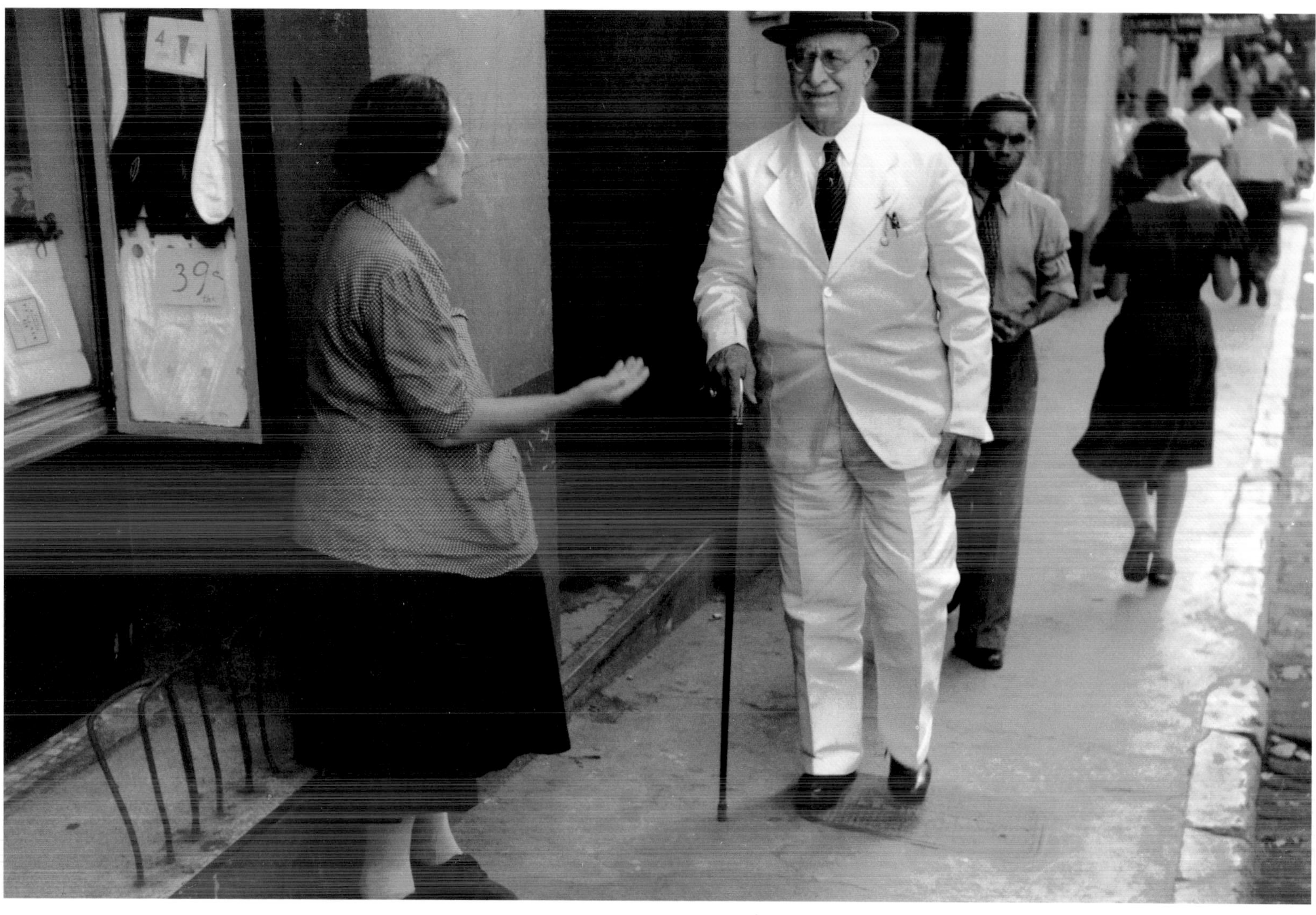

1 9 4 1

Street scene in San Juan ■ Escena callejera en San Juan

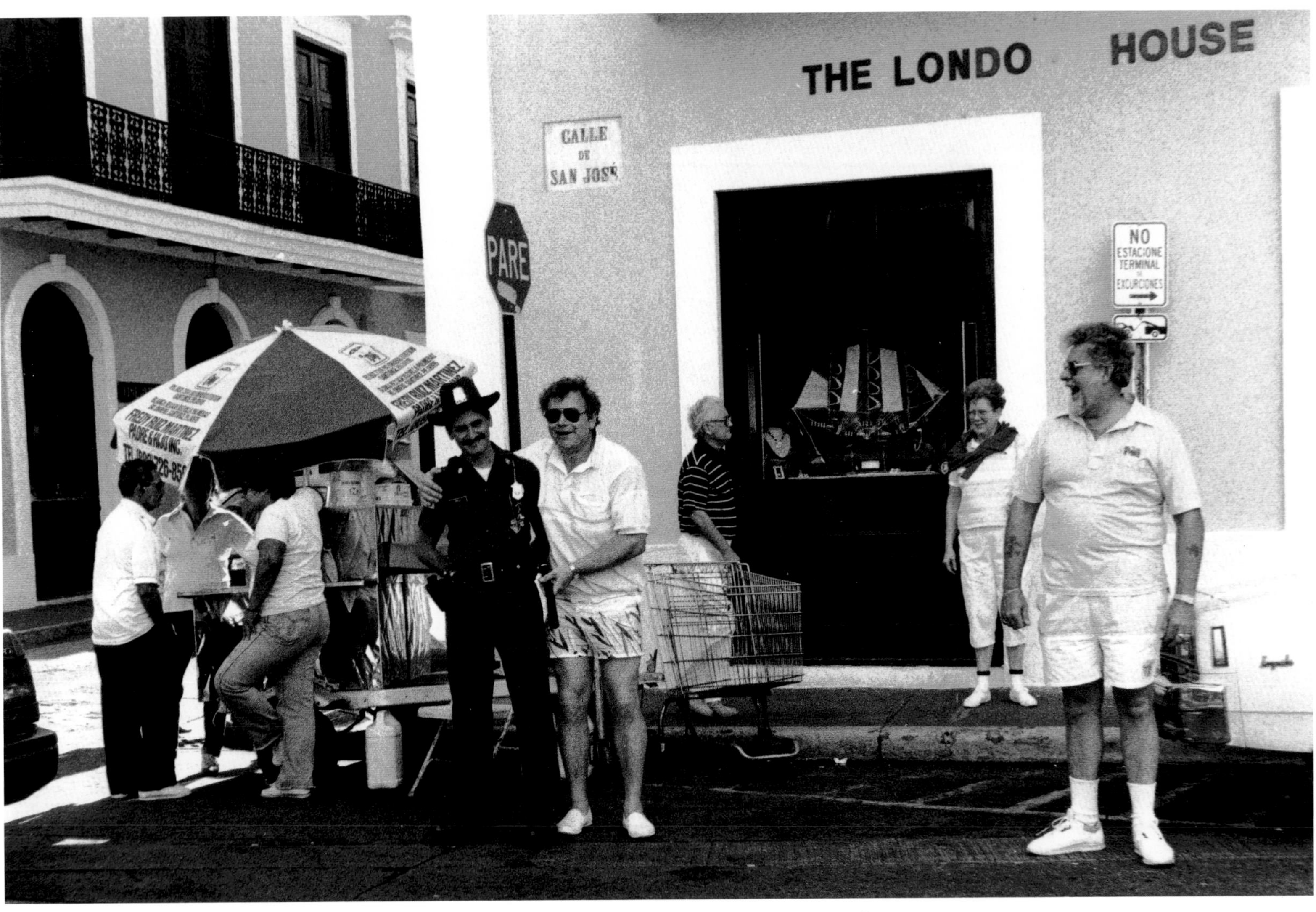

1 9 8 9

Street scene with tourists in San Juan ■ Turistas en una calle de San Juan

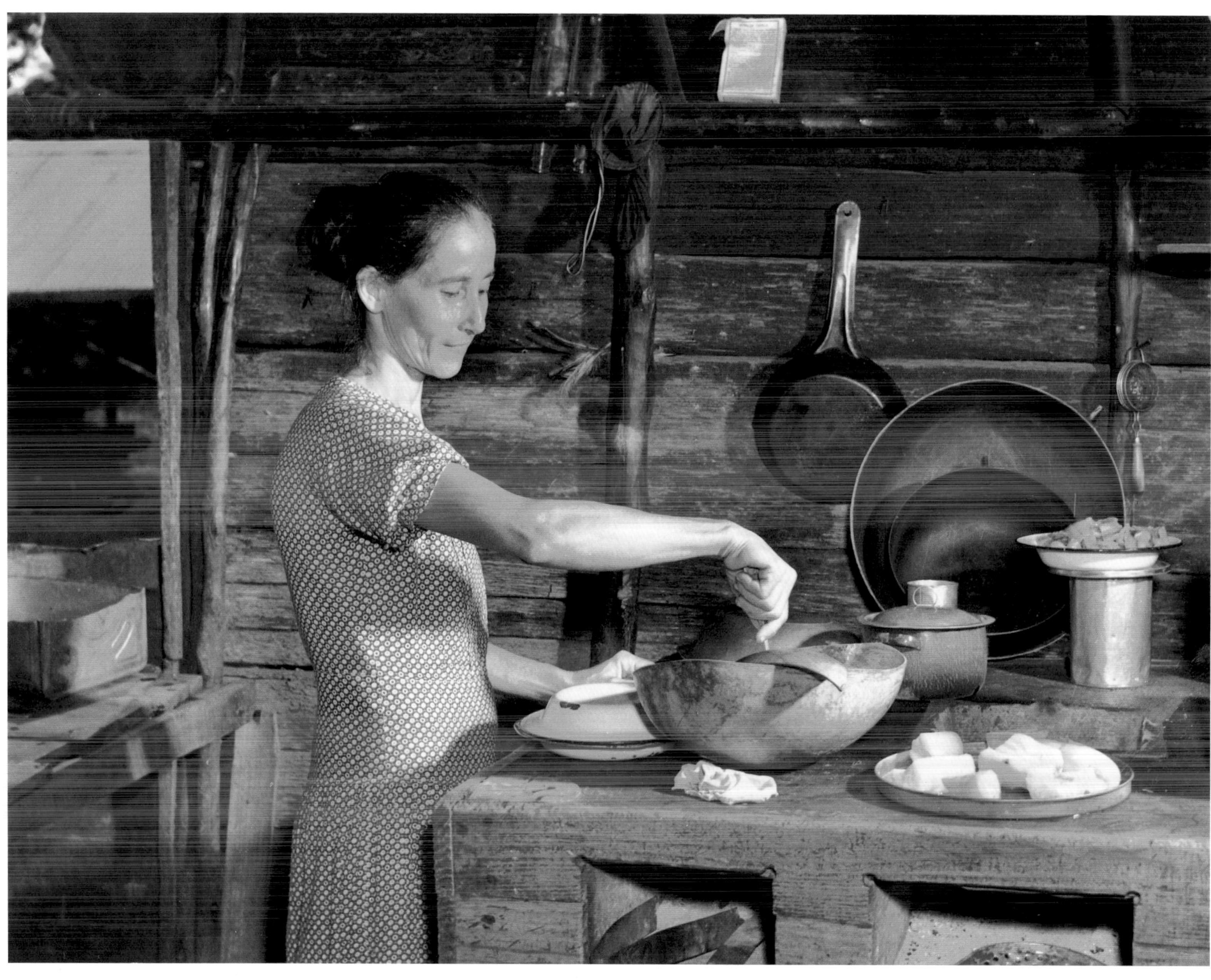

1 9 4 1

Wife of an FSA client preparing the family lunch in Manatí ■ Esposa de un cliente de la FSA preparando el almuerzo de la familia en Manatí

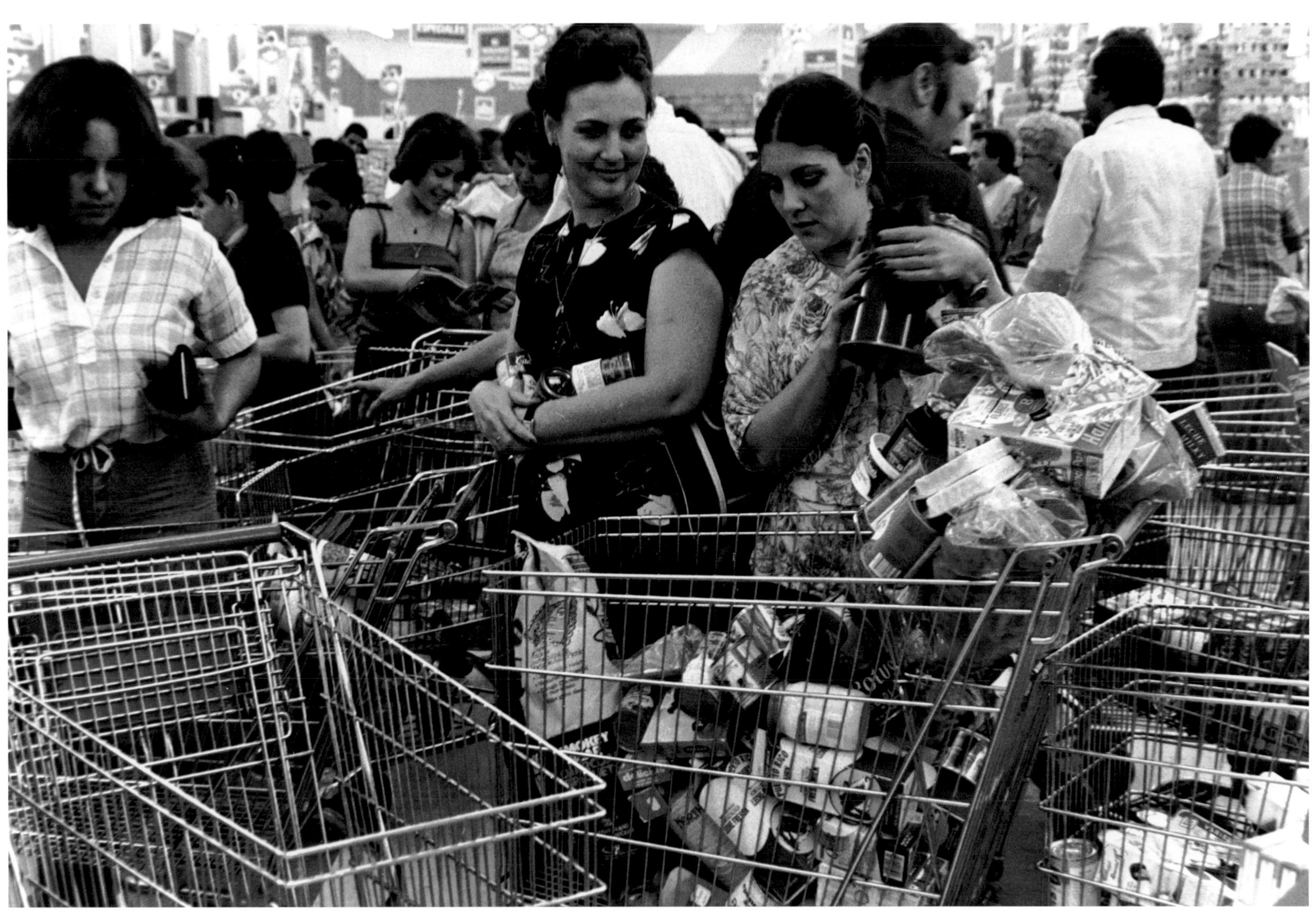

1981

In a supermarket in Río Piedras ■ En un supermercado en Río Piedras

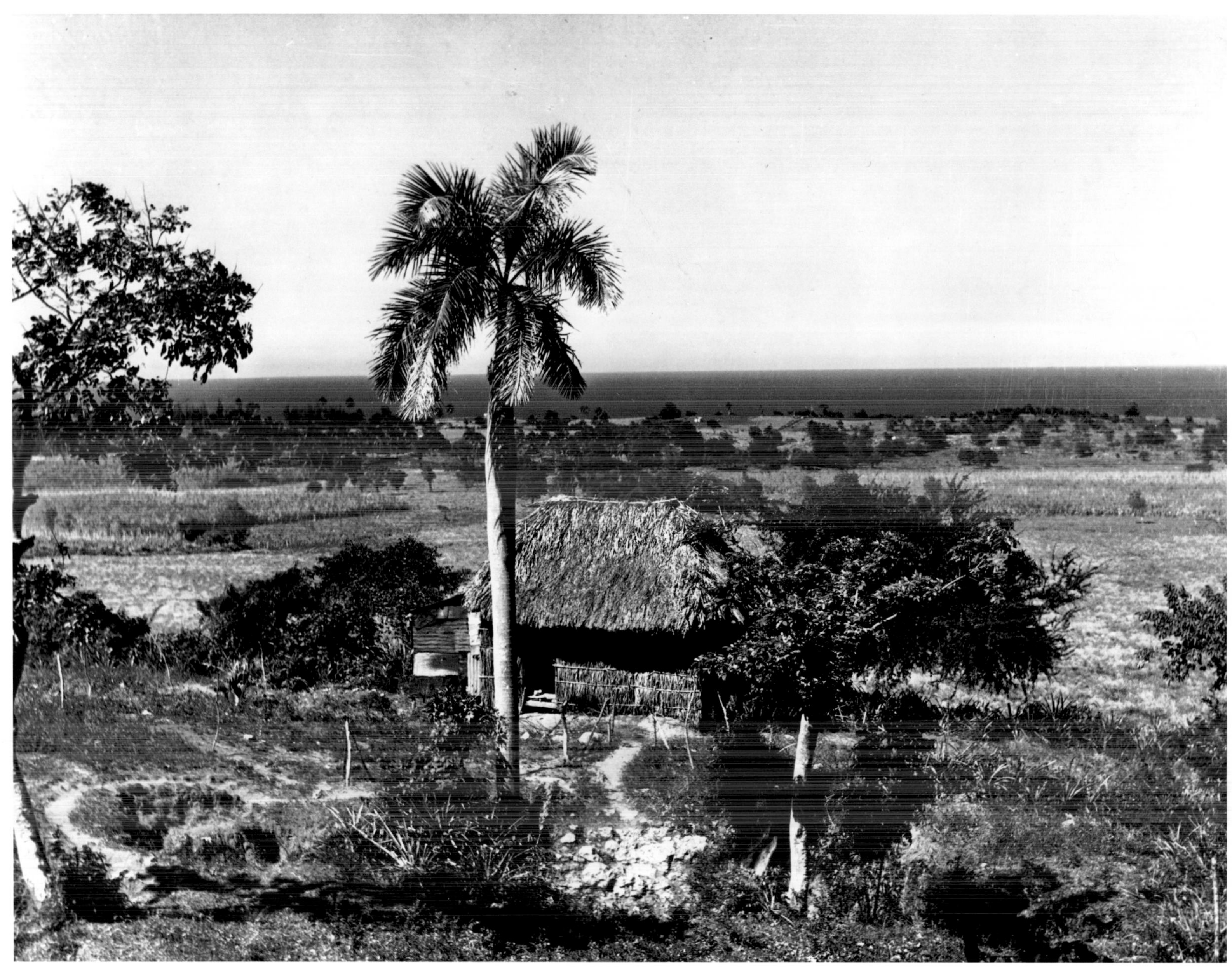

1 9 4 1

Thatched-roof hut of a farm laborer, near Barceloneta; this was the most common type of dwelling of poor farmers in the countryside

Casita con techo de paja, un bohio, cerca de Barceloneta; este era el tipo de vivienda mas común entre los campesinos pobres

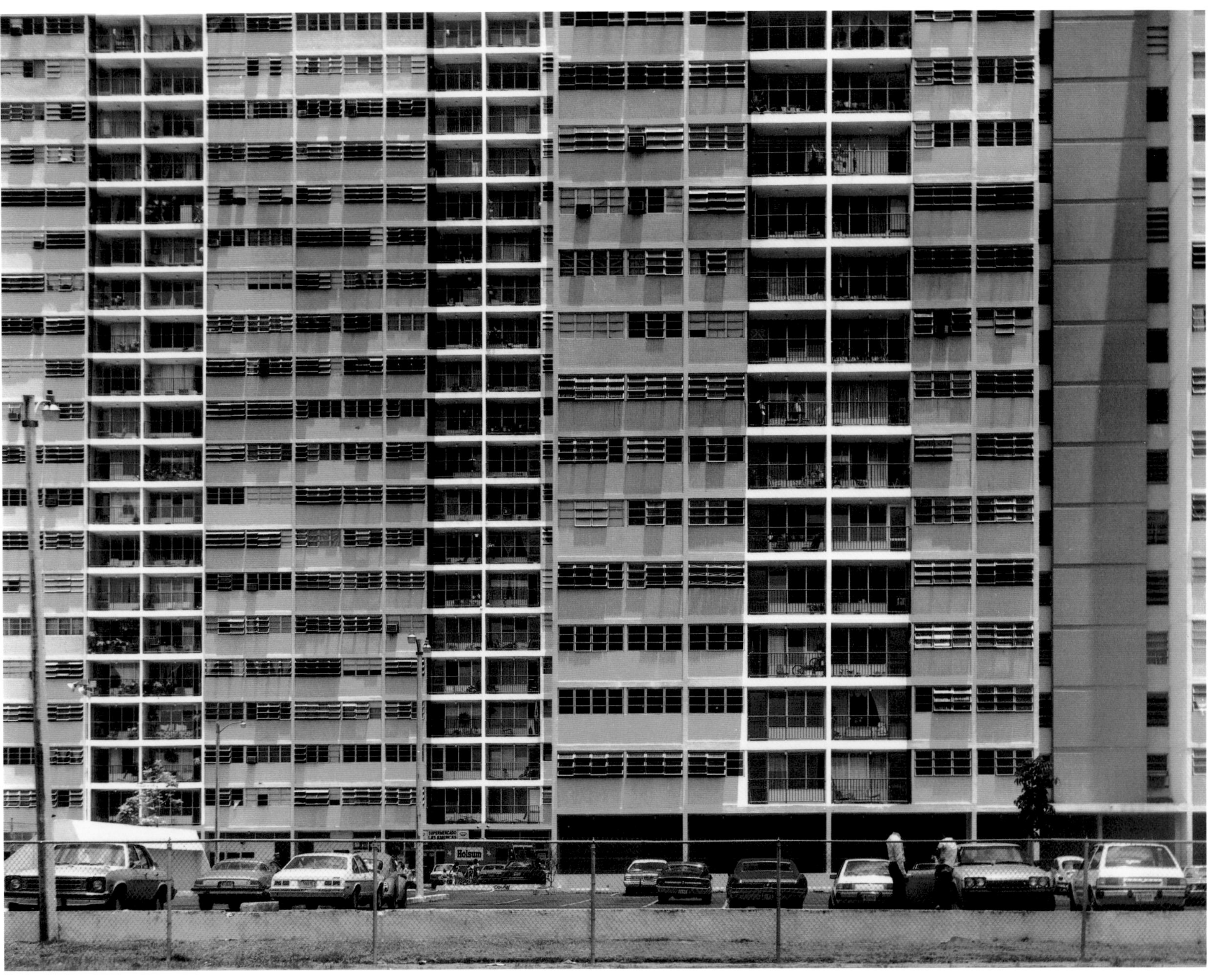

1 9 8 1

A condominium on Jesus T. Piñero Avenue in San Juan ■ Un condominio en la Avenida Jesus T. Piñero en San Juan

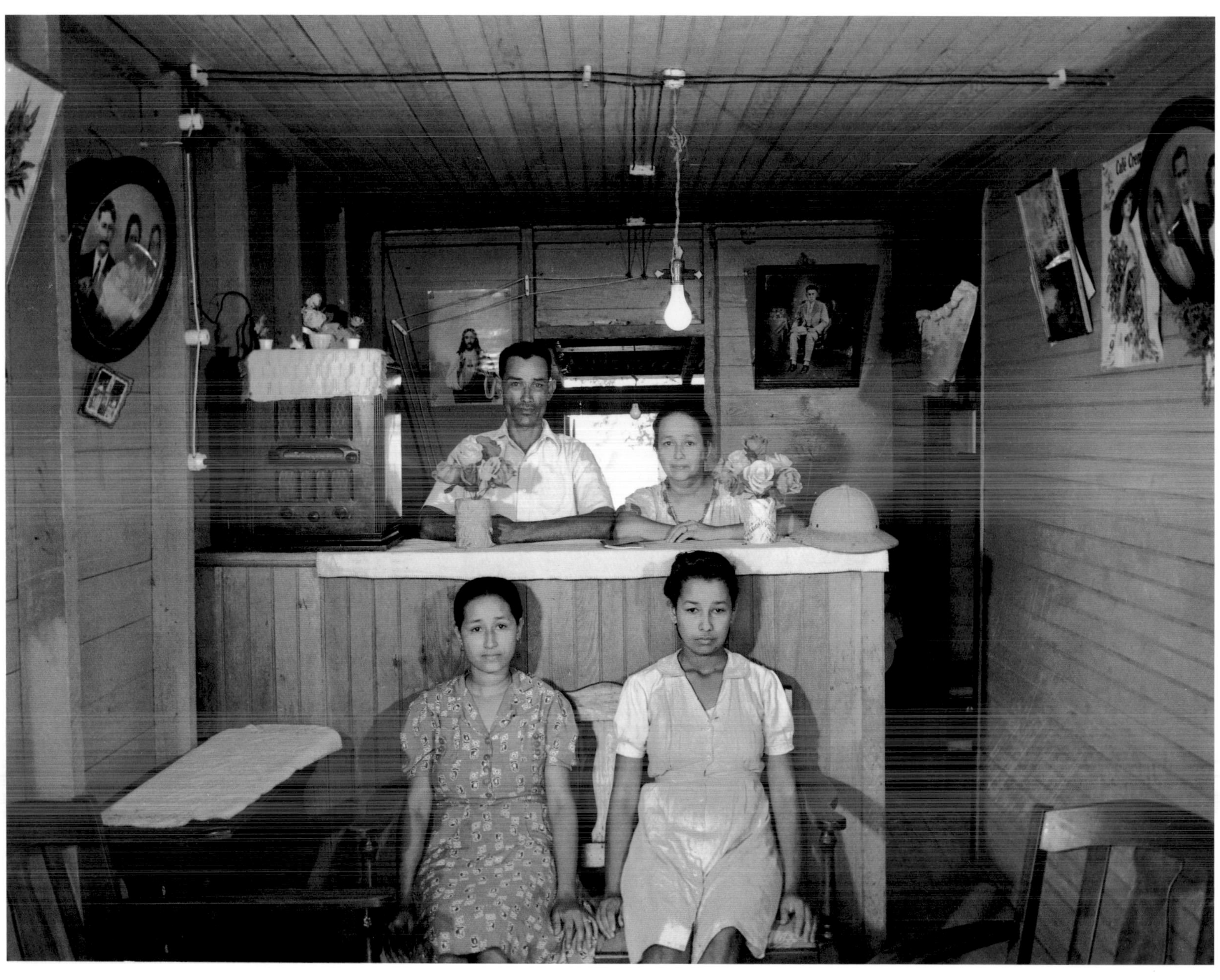

1 9 4 1

In the home of a farmer near Barranquitas who had received a loan from the Farm Security Administration

■ En la casa de un agricultor cerca de Barranquitas que había recibido un préstamo de la Administración de Seguridad Agrícola

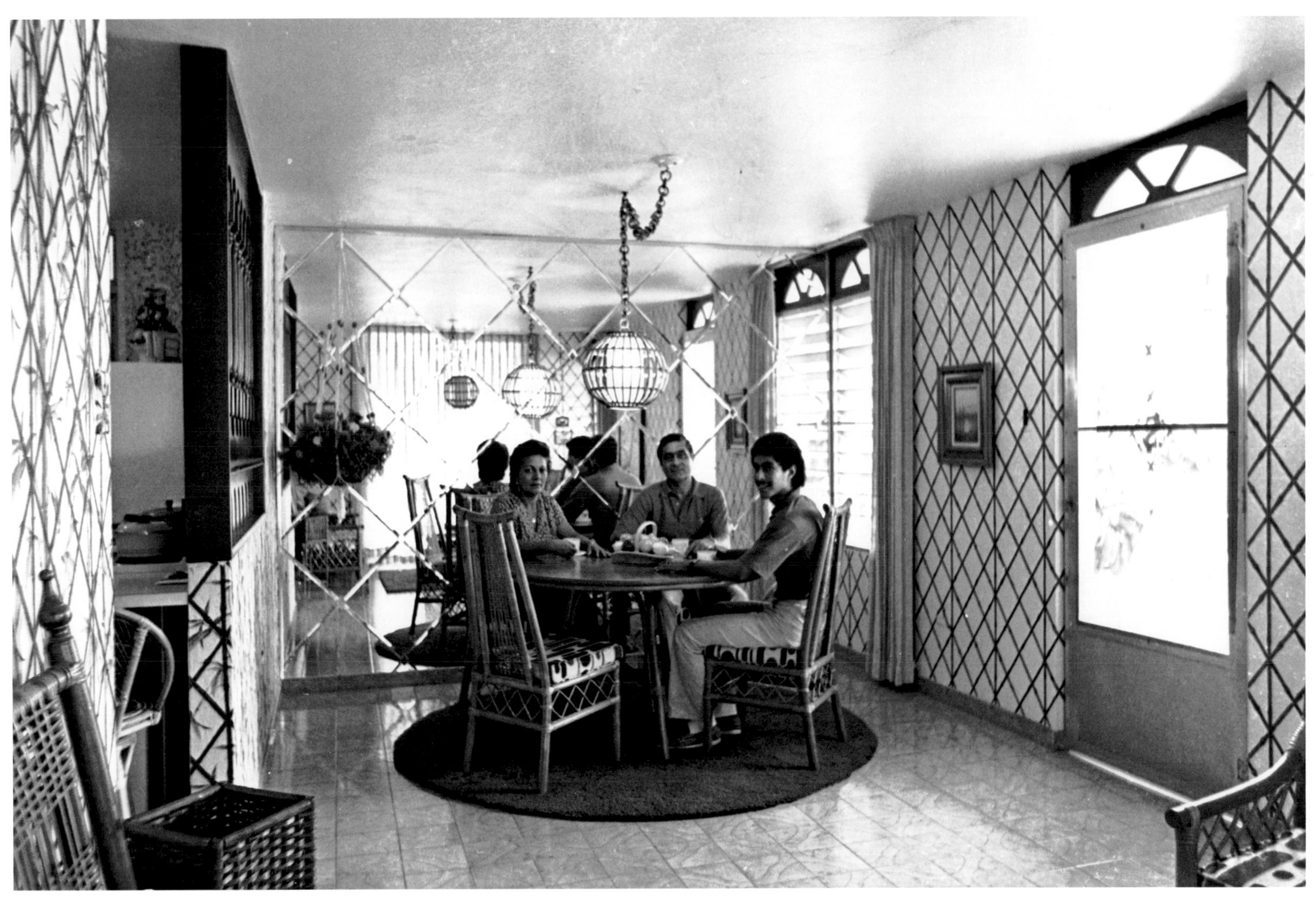

1 9 8 1

In the home of the school superintendent of Corozal ■ En la casa del superintendente de escuelas de Corozal

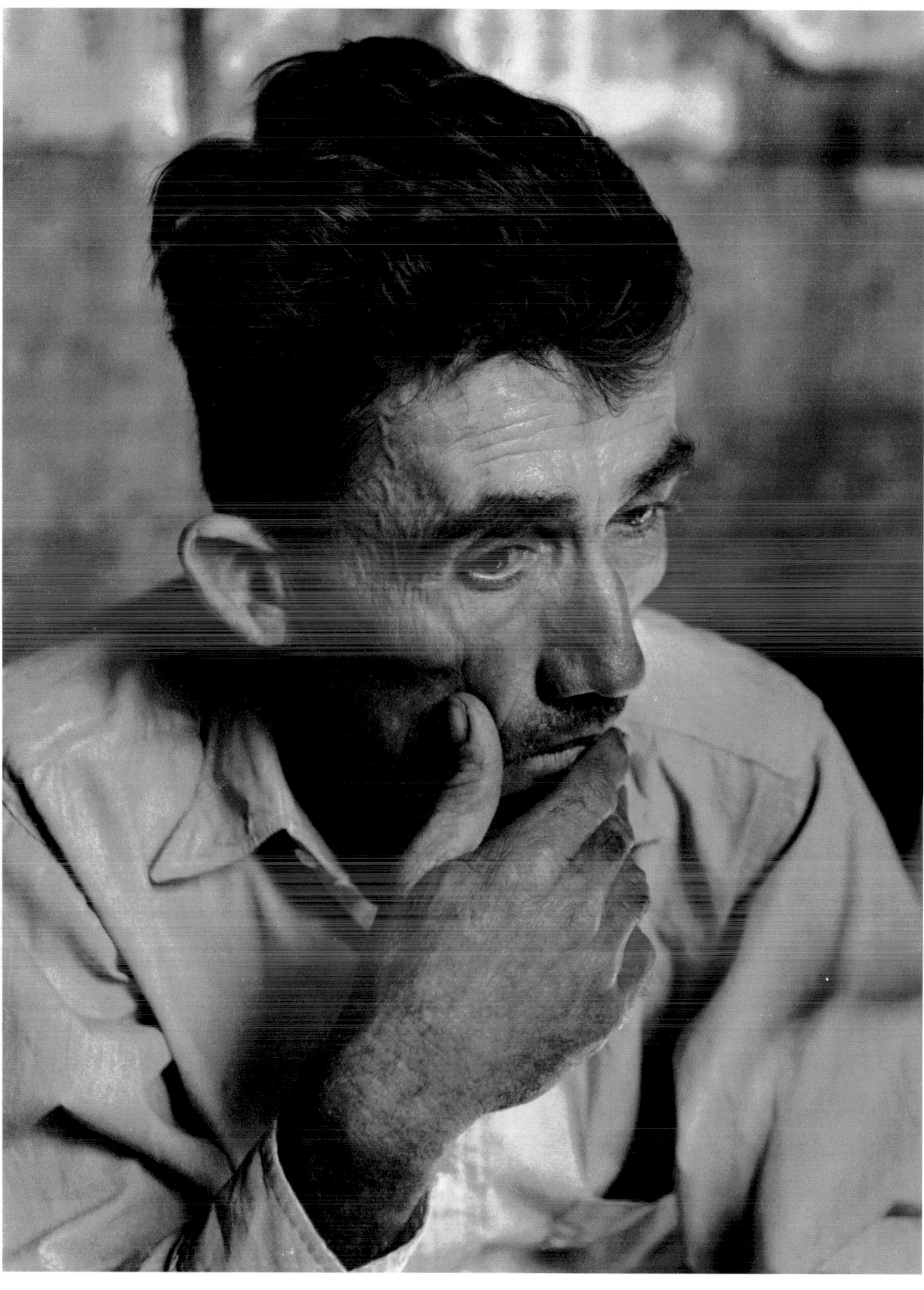

1 9 4 6

Farm laborer living in a company-owned house on a sugar plantation near Lajas; these company-owned villages were known as *colonias*

■ Trabajador agrícola que vivía en una de las casas pertenecientes a la compañía azucarera; estas comunidades se conocían como *colonias*

The people of the town of Cidra are desirous of finding an individual to take charge of the elementary school; anyone with the necessary qualifications to fulfill the position may apply to the government to request the appointment.

Gaceta Oficial of the government,
February 3, 1838

■

Los vecinos del pueblo de Cidra desean hallar un sujeto que se encargue de la escuela pública de primeras letras; el que se crea con los conocimientos necesarios para su desempeño puede ocurrir al gobierno en solicitud de su título.

Gaceta Oficial del gobierno,
3 de febrero de 1838

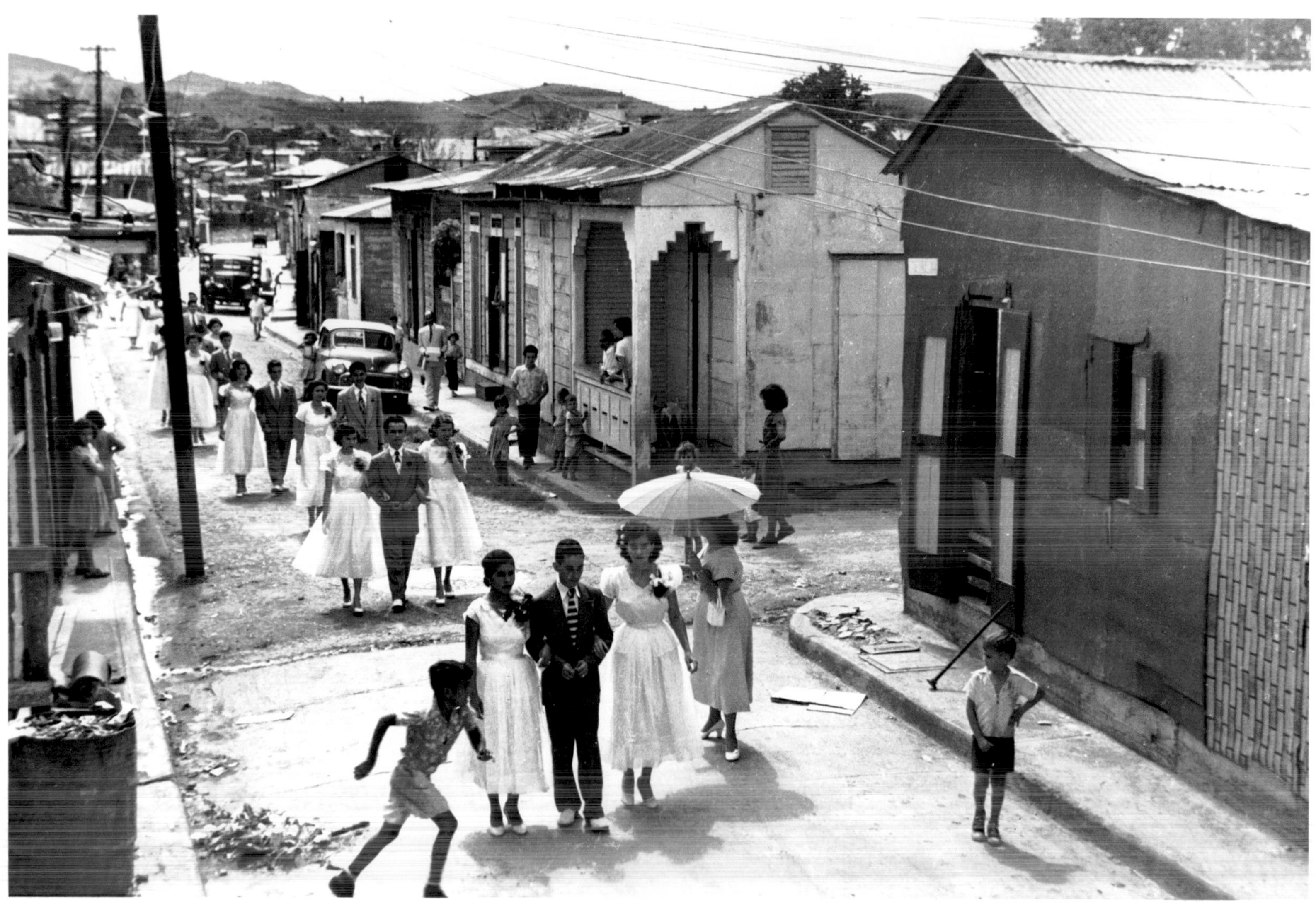

1 9 5 2

Junior high school students marching to the town movie house for graduation ceremonies in Cidra ■ Estudiantes de escuela intermedia marchando hacia el cine del pueblo para las ceremonias de graduación en Cidra

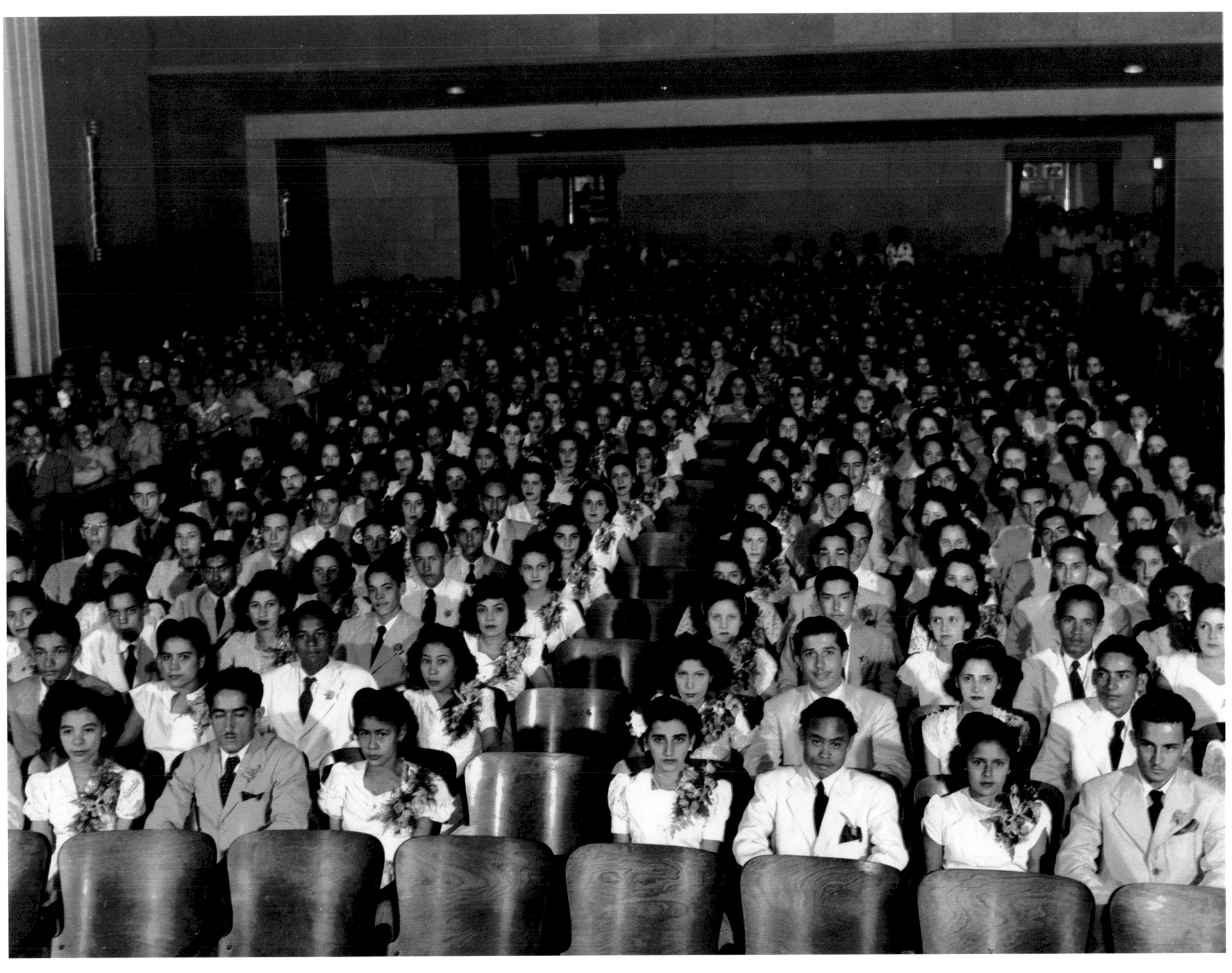

1 9 4 6

Graduating class of the Caguas High School ▪ Clase graduanda de la escuela superior de Caguas

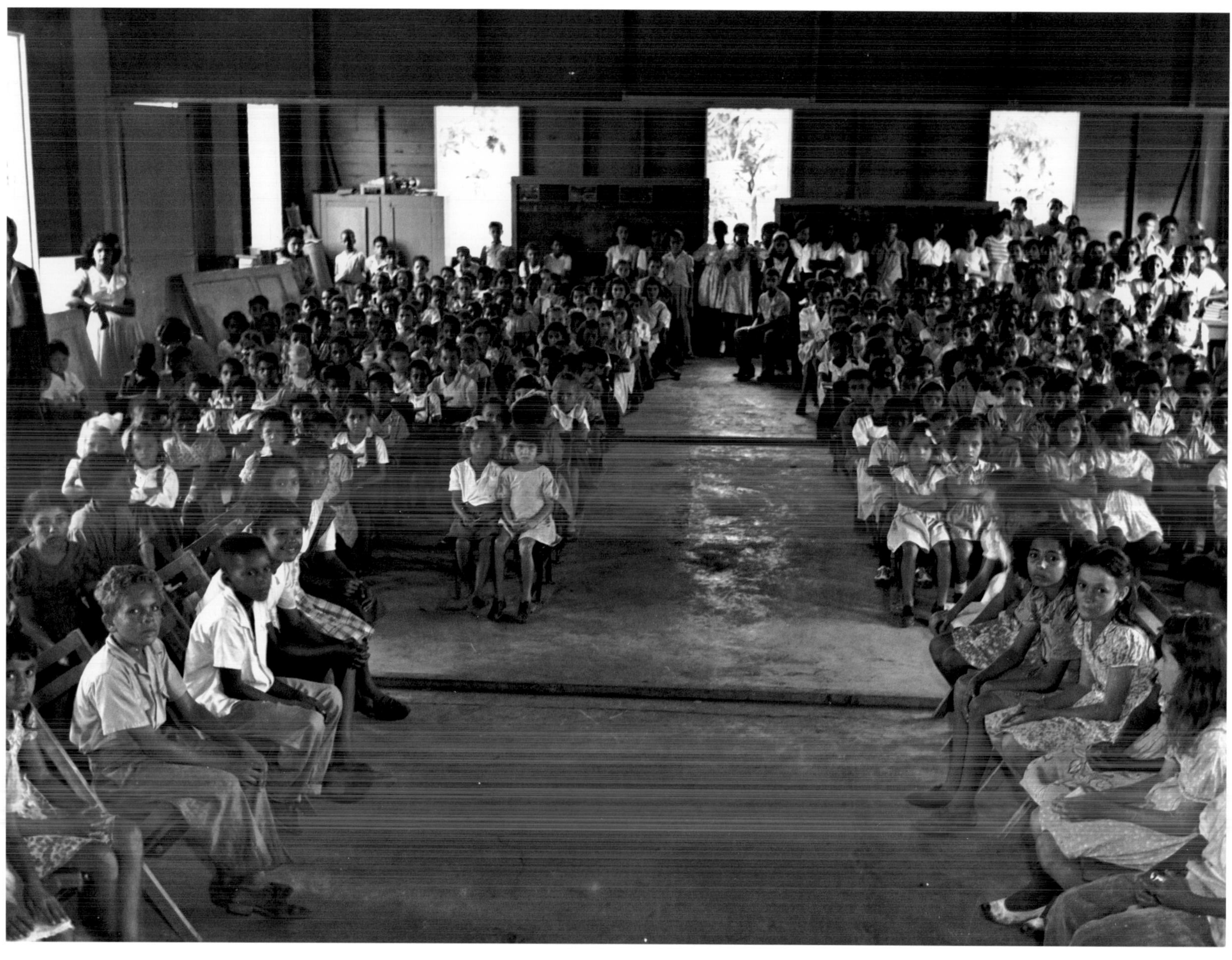

1 9 4 6

Class assembly at the Sábana Seca second unit school ■ Asamblea general en la escuela de segunda unidad de Sábana Seca

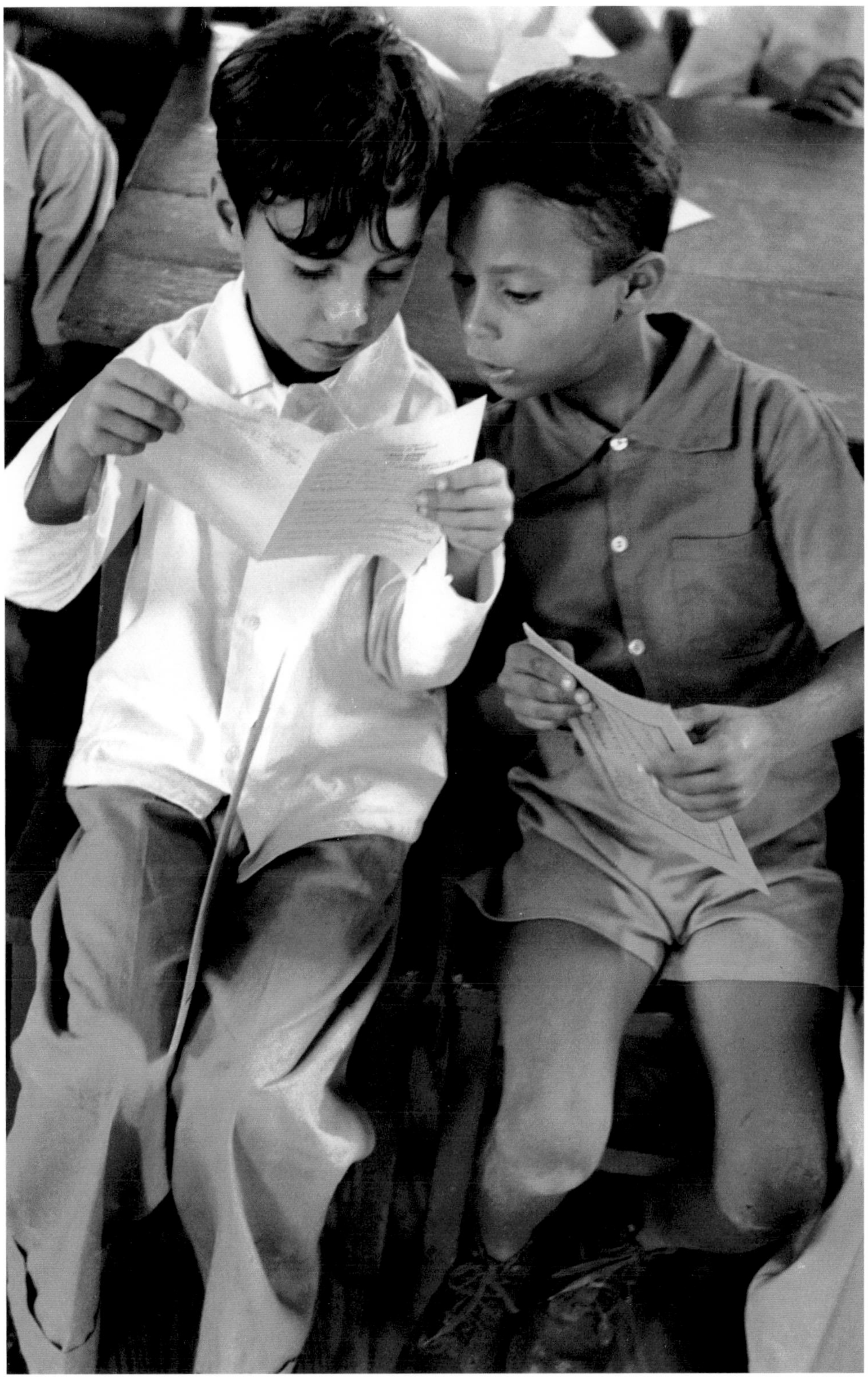

1946

Comparing report cards on the last day of the semester at the elementary school in Sábana Seca ■ Comparando las notas en el último día del semestre, en la escuela elemental de Sábana Seca

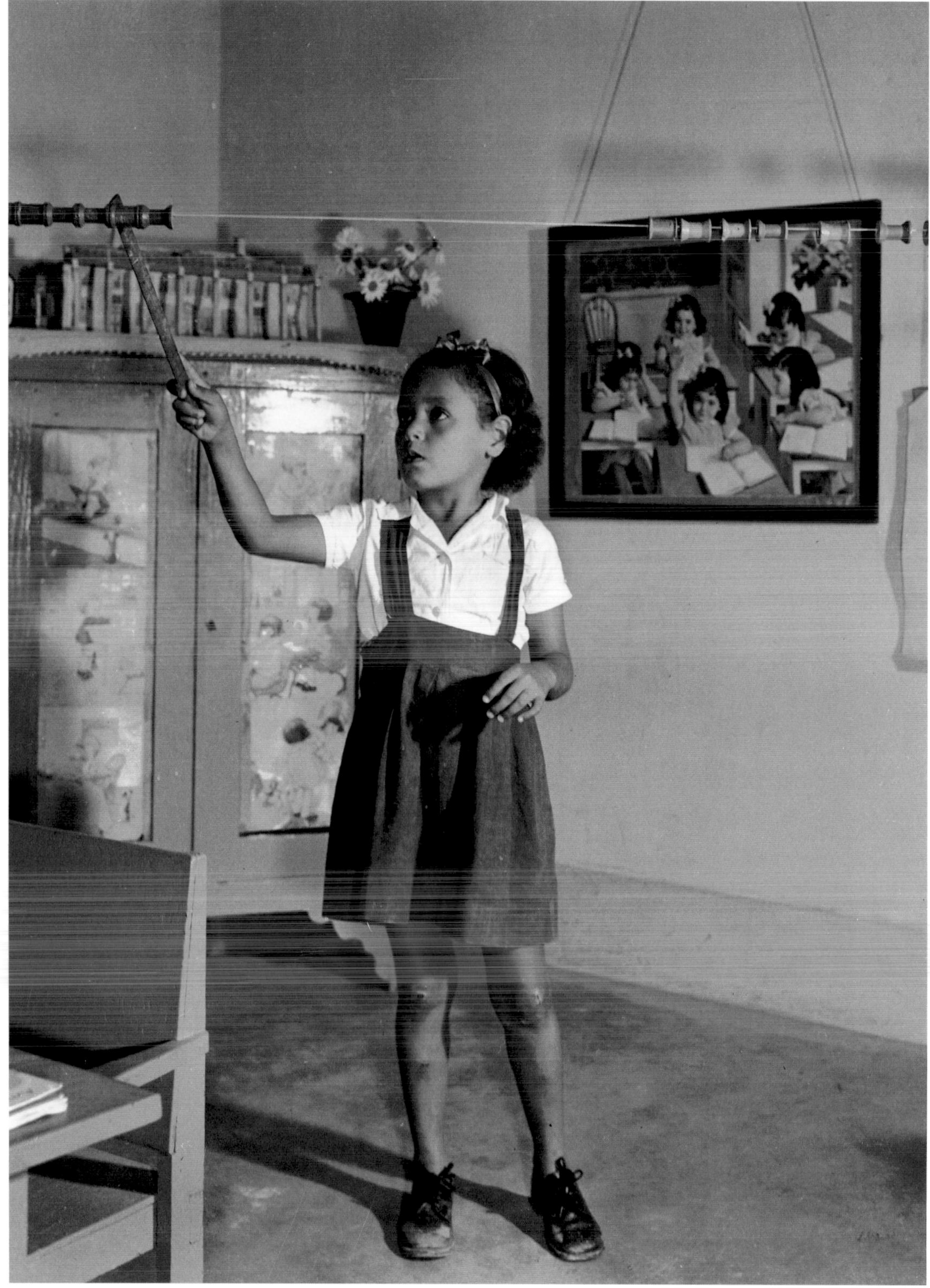

1 9 4 6

Mathematics class at an elementary school in Caguas ■ Una clase de matemática en una escuela elemental de Caguas

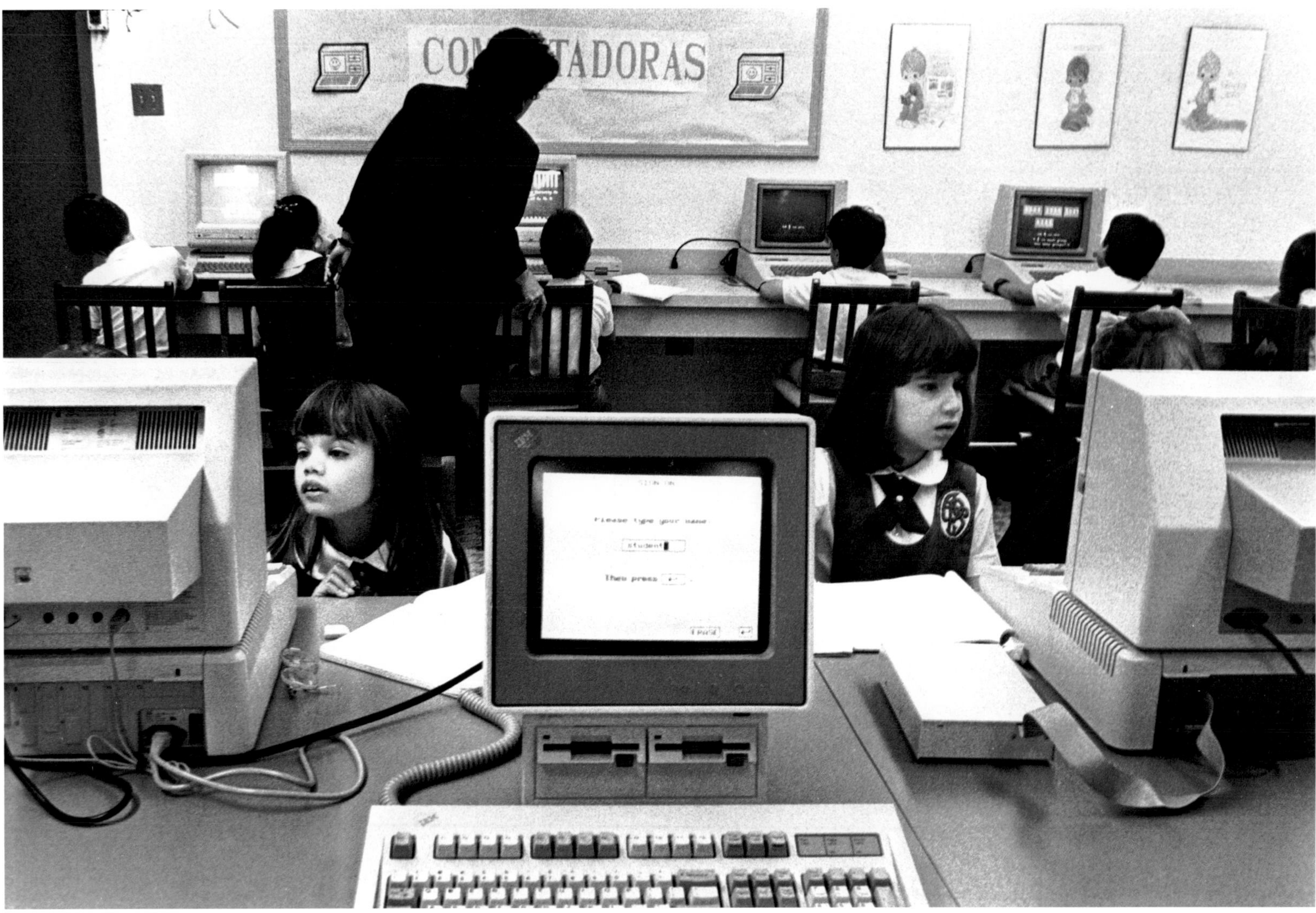

1 9 8 9

Mathematics class at a private elementary school in San Juan ■ Una clase de matemática en una escuela elemental privada en San Juan

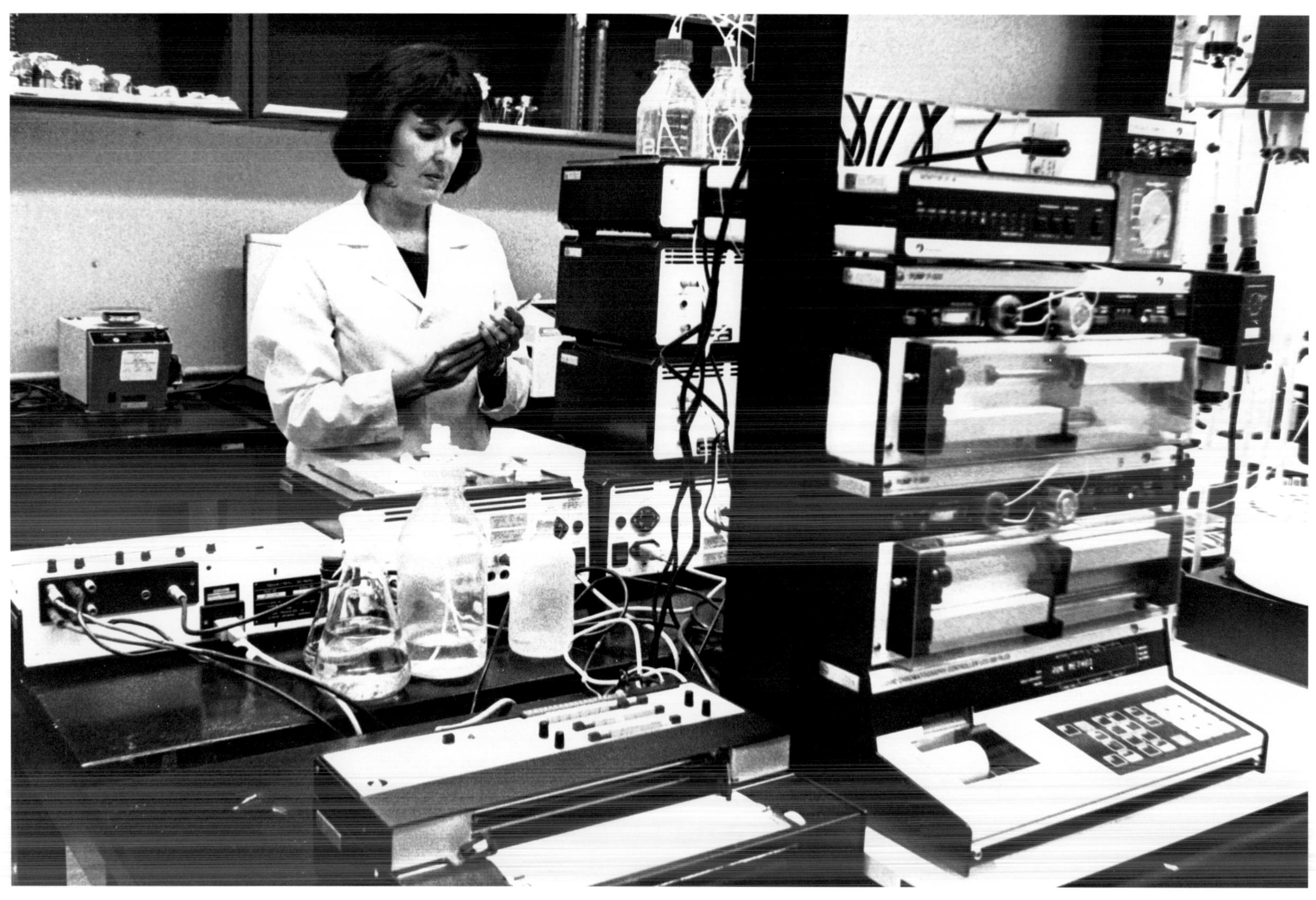

1 9 8 9

A candidate for her doctorate at the nuclear biology laboratory at the University of Puerto Rico in Río Piedras

■

Estudiante de doctorado en el laboratorio de biología nuclear en la Universidad de Puerto Rico en Río Piedras

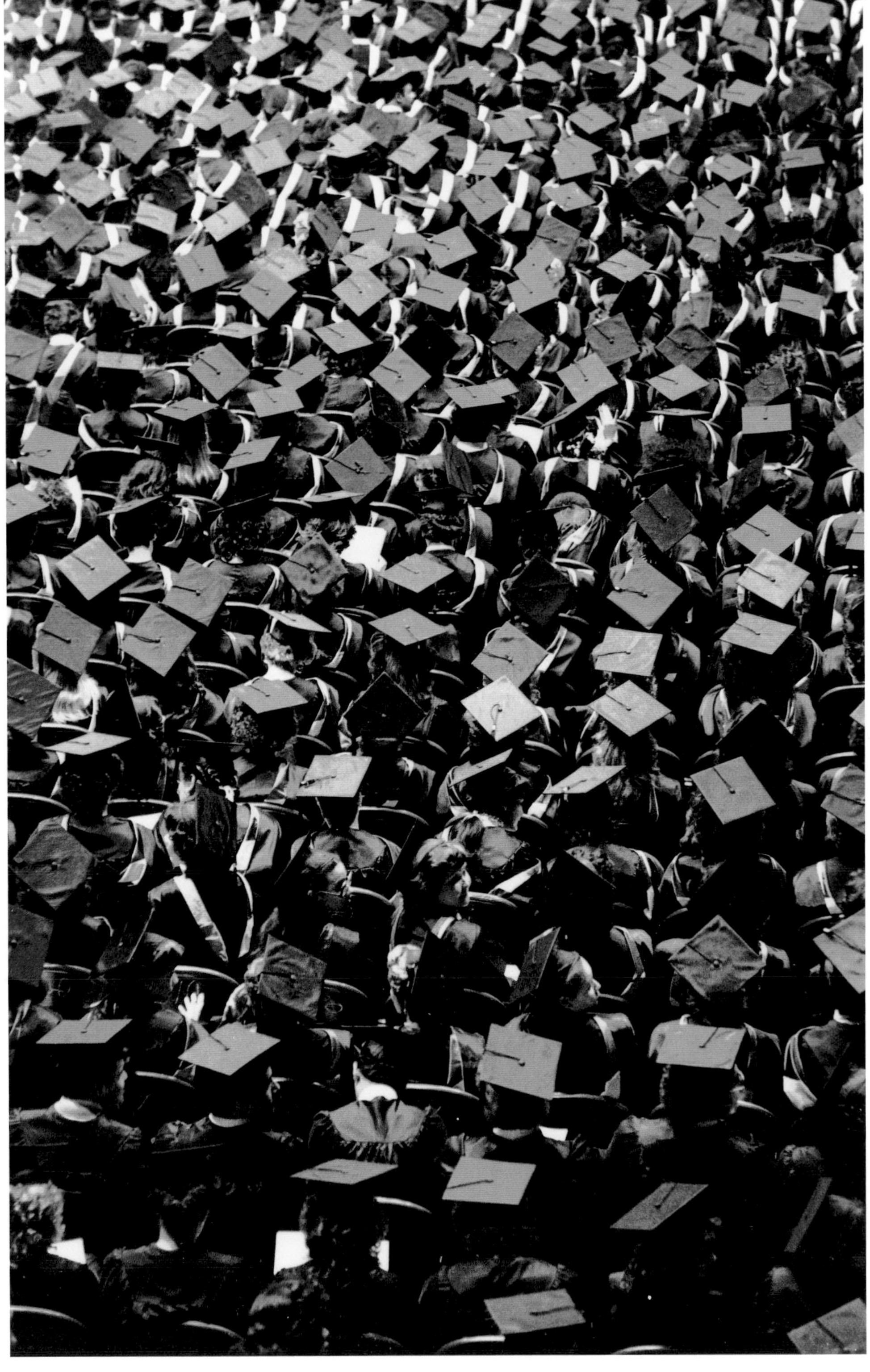

1980

Graduation day at the University of Puerto Rico at Río Piedras ■ Día de graduación en la Universidad de Puerto Rico en Río Piedras

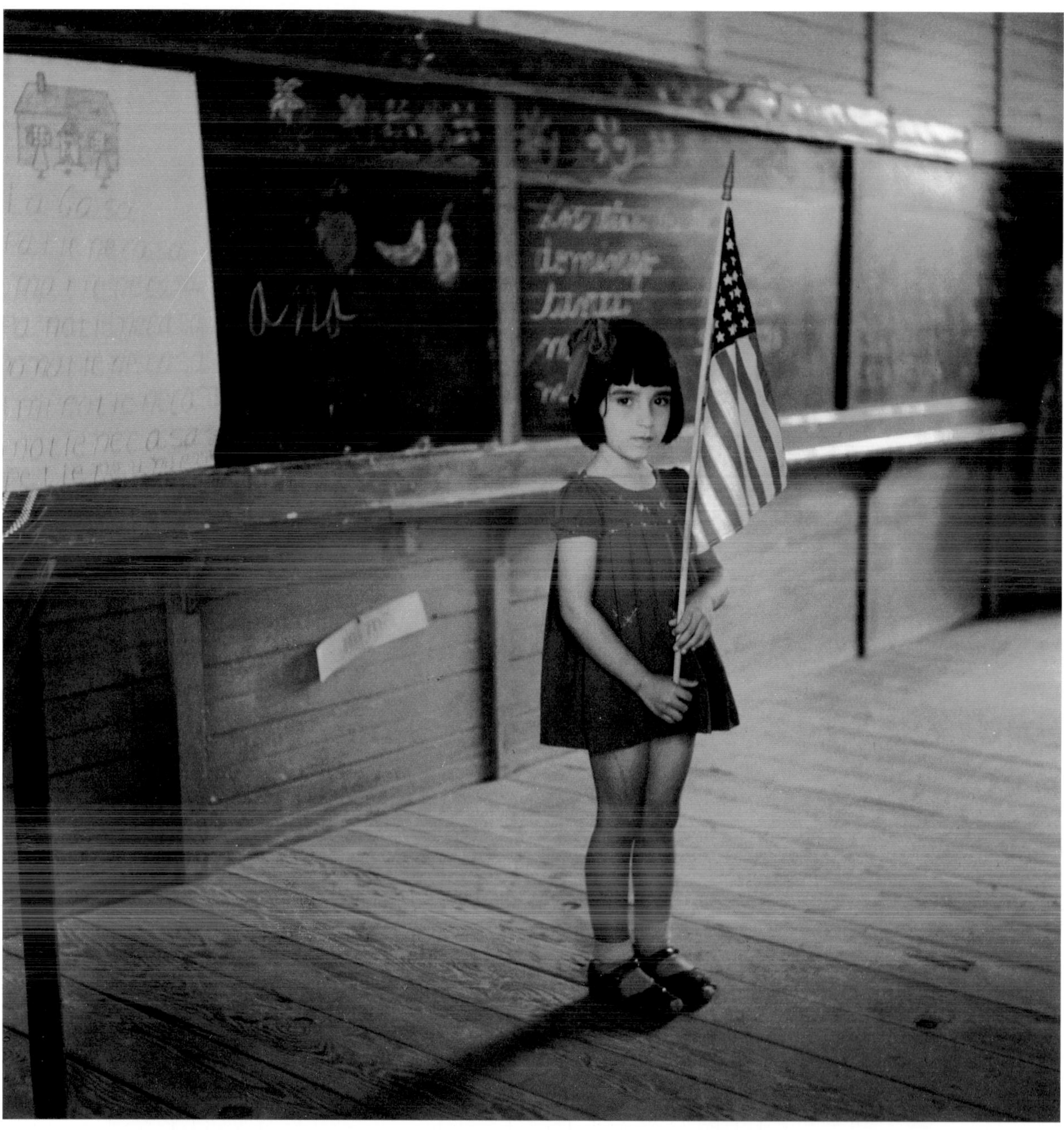

1 9 4 6

Pledging allegiance to the flag, in a school in Corozal ■ Saludo a la bandera norteamericana en una escuela en Corozal

PUBLIC HEALTH

Camuy

In this district there have been many cases of fevers and chills and rising of the blood, of which some people die . . .

Gazeta Oficial, November 30, 1825

■

SALUD PUBLICA

Camuy

Se han esperimentado en este partido muchas calenturas de frío y subimientos de sangre, de lo que fallecen algunas personas . . .

Gazeta Oficial, 30 de Noviembre de 1825

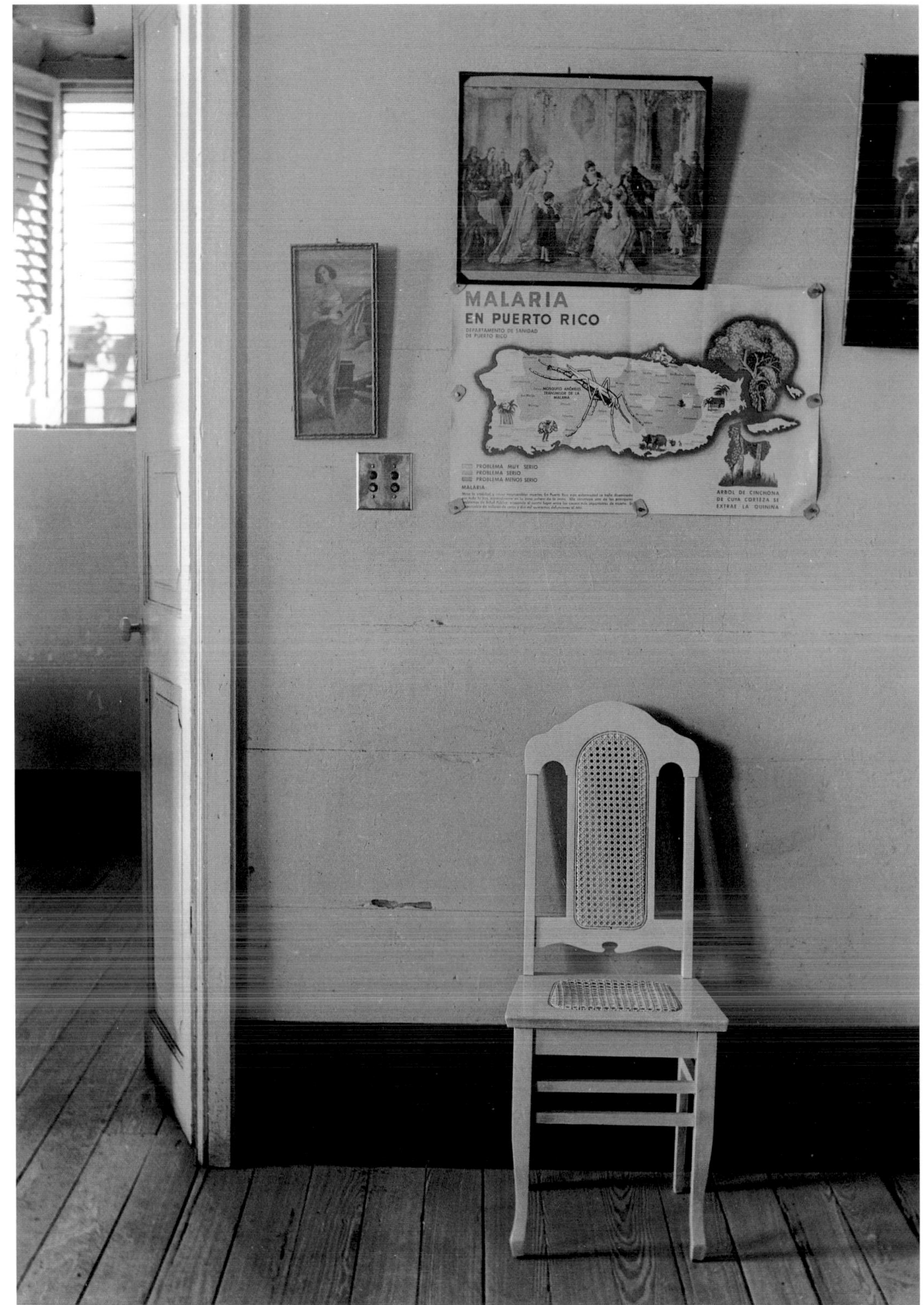

1941

In a guest house in Manatí ■ En una casa de huéspedes en Manatí

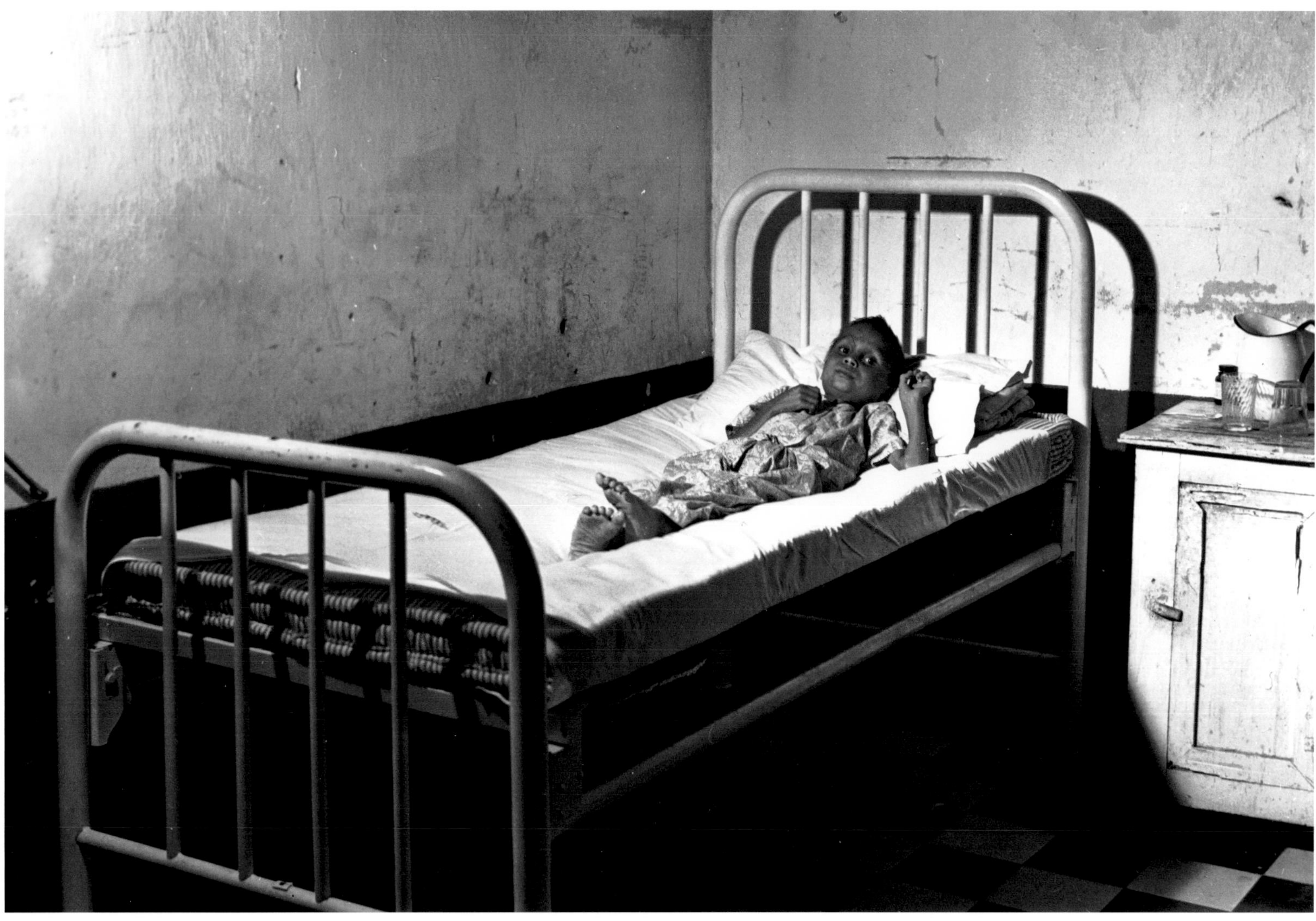

1 9 4 6

In the municipal hospital of Lajas ■ En el hospital municipal de Lajas

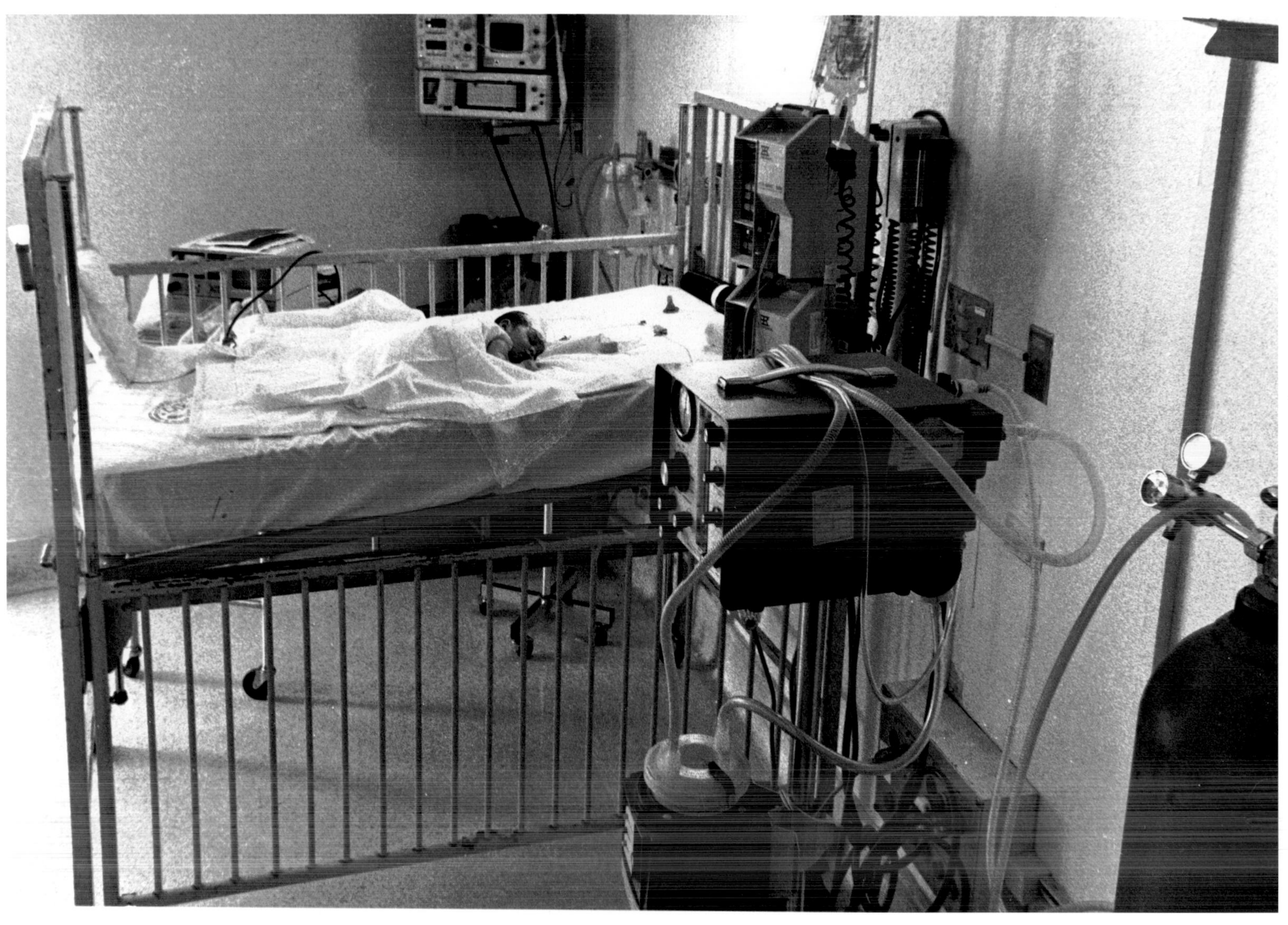

1 9 8 9

In the intensive care unit of the pediatrics division of the San Juan Municipal Hospital ■ En la unidad de cuidado intensivo de la división de pediatría del Hospital Municipal de San Juan

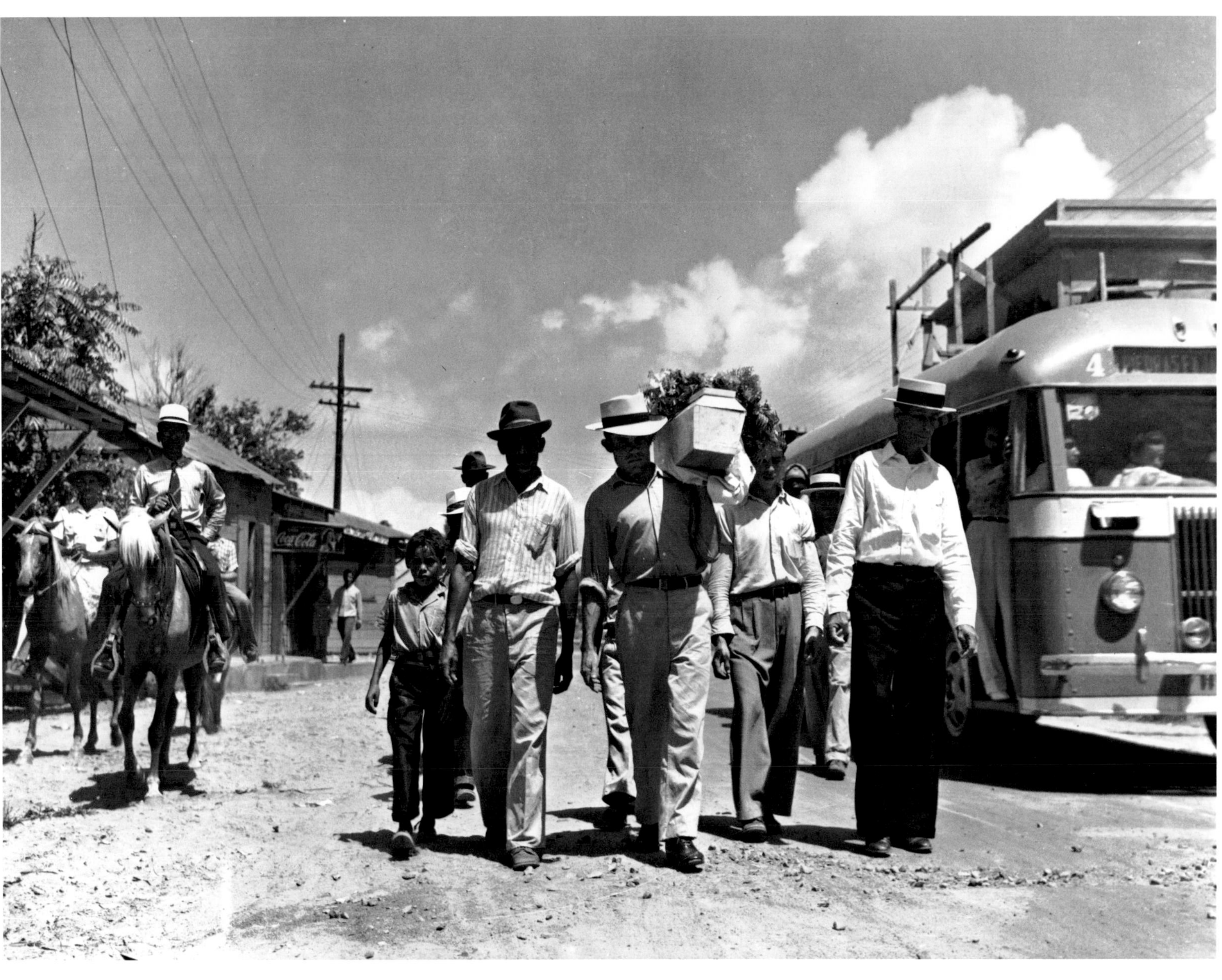

1946

Funeral of a child in Fajardo ■ Entierro de un niño en Fajardo

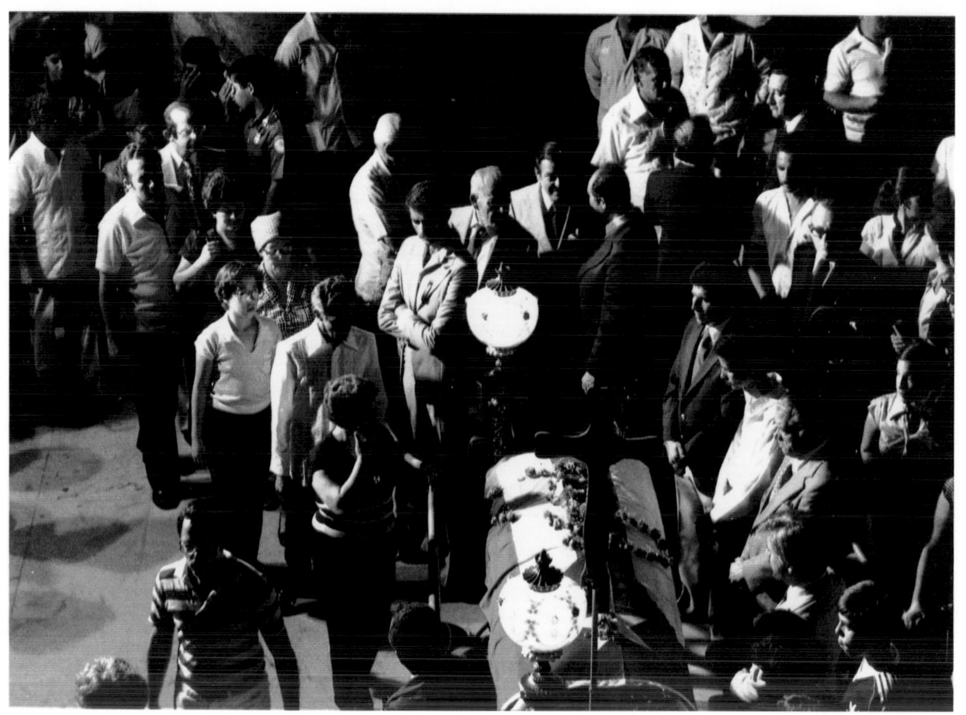

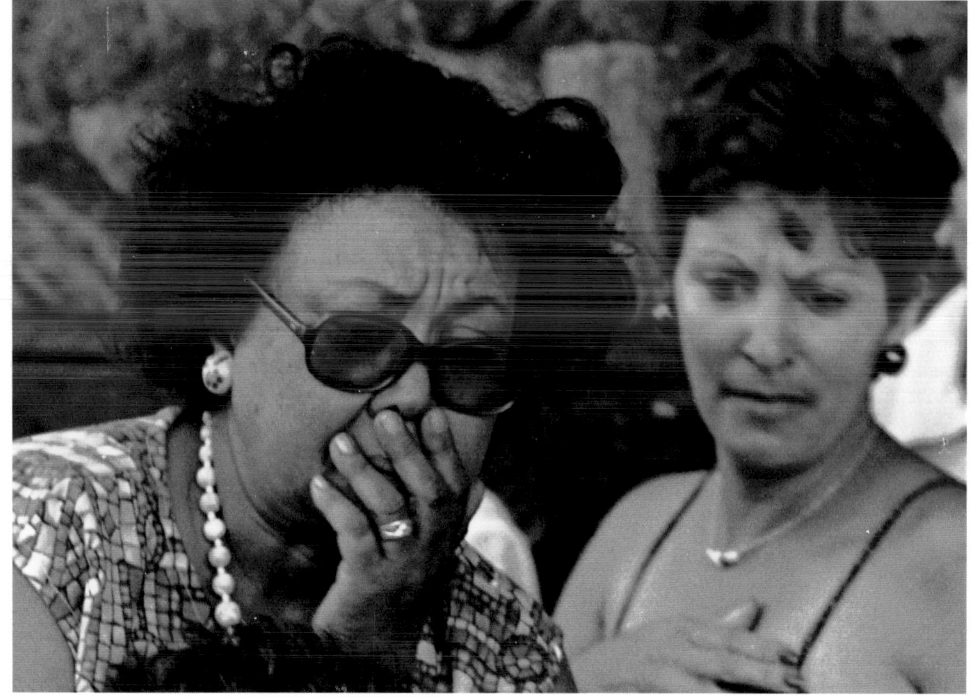

1 9 8 0

Mourners filing past the coffin of Governor Luis Muñoz Marín at the capitol building in San Juan ■ Adoloridos desfilando ante el féretro del gobernador Luis Muñoz Marín en el capitolio en San Juan

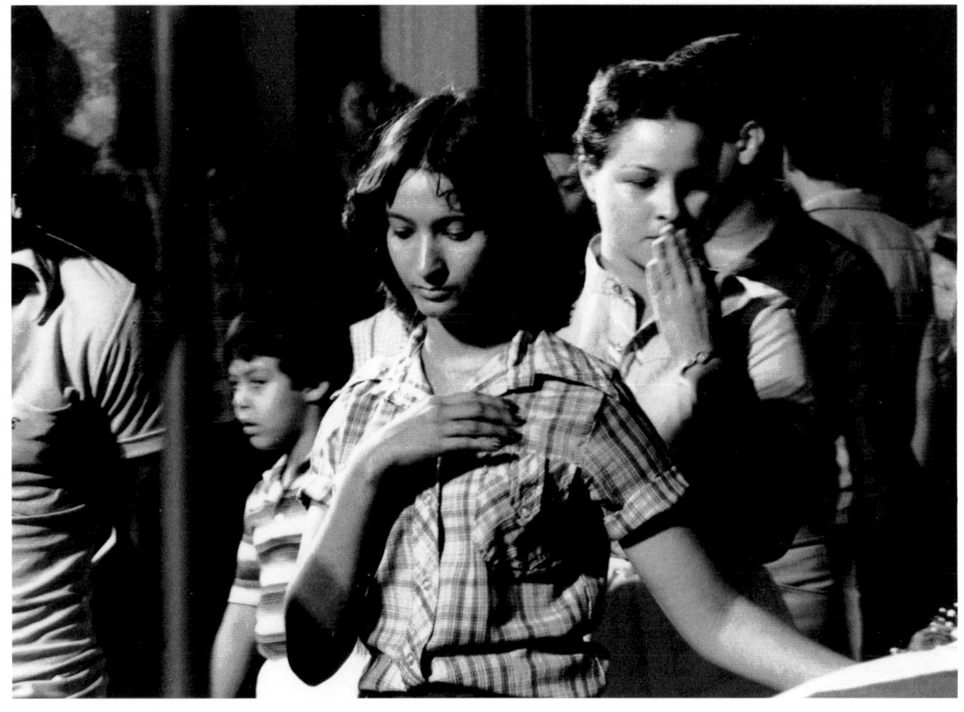

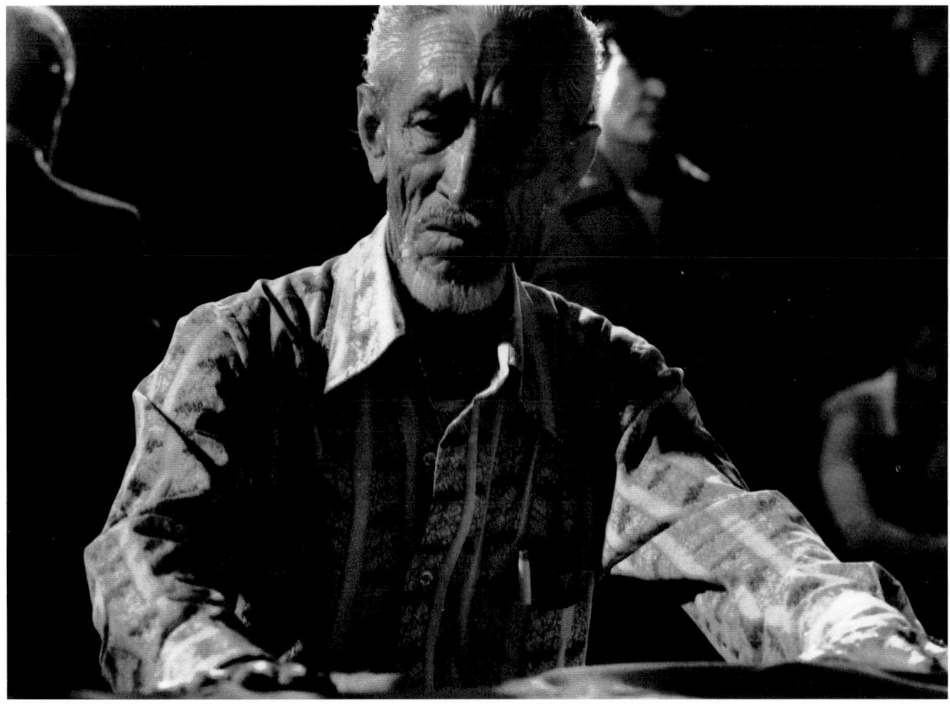

1 9 8 0

Mourners filing past the coffin of Governor Luis Muñoz Marín at the capitol building in San Juan ■ Adoloridos desfilando ante el féretro del gobernador Luis Muñoz Marín en el capitolio en San Juan

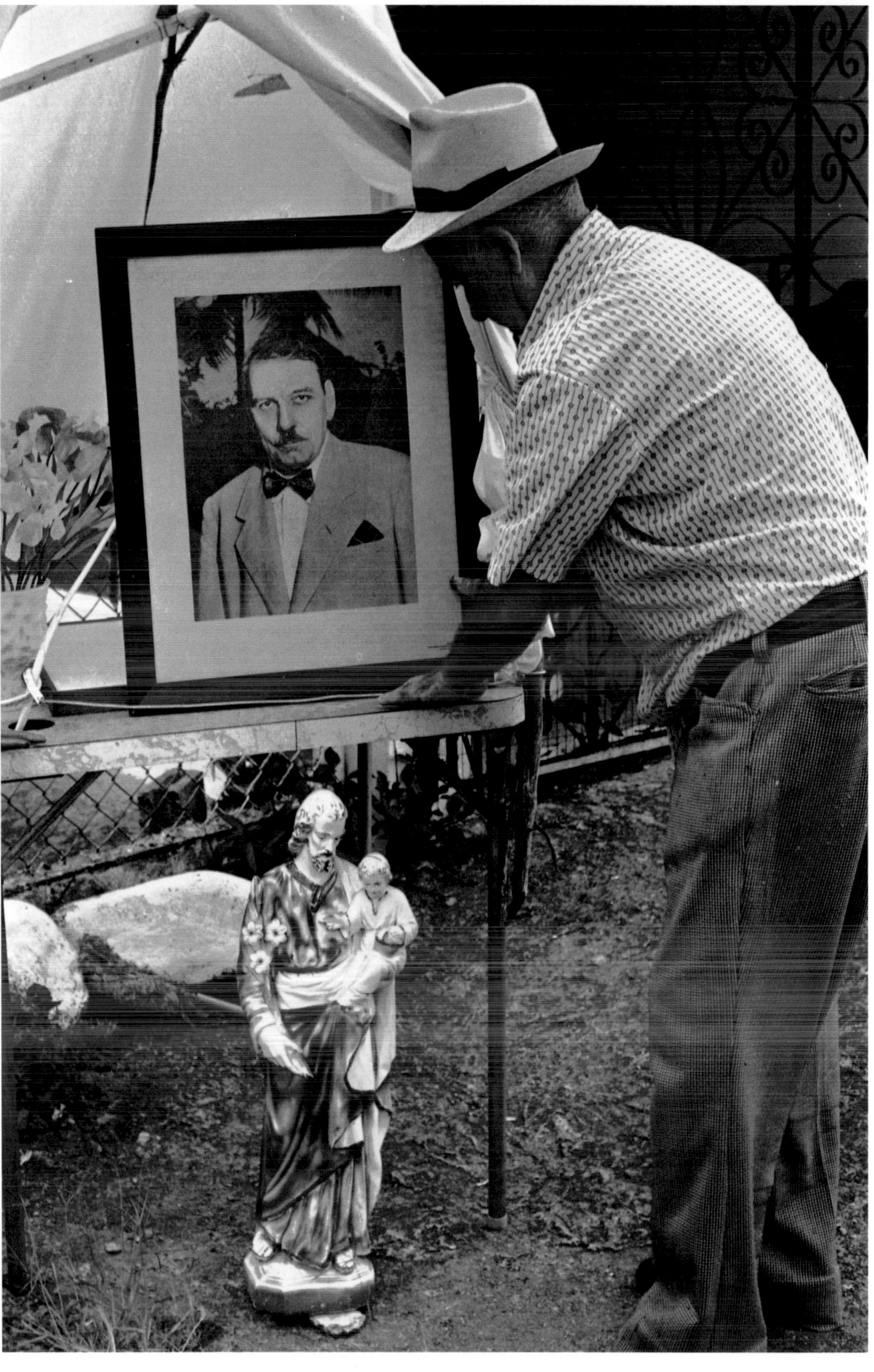

1 9 8 0

Commemorating the death of Luis Muñoz Marín on the day of his funeral, on the roadside near Barranquitas ■ Conmemorando la muerte de Luis Muñoz Marín en el día de su entierro, a la orilla de la carretera cerca de Barranquitas

INDUSTRIAL SUBSIDIES

Industries

Suppliers of meat, renters of animals, carriages, boats and launches, grocers, refreshment makers, cafe owners, guest houses, bookbinders, noodle makers, printers, dairies, bookstores, etc. . . .

Crafts

Potters, gunsmiths, barbers, carpenters, chandlers, chocolate makers, builders of wagons, coaches, ox handlers, cabinet makers, tinsmiths, bakers, silversmiths, tailors, cobblers, etc. . . .

From a Treasury Department circular published in the *Gaceta Oficial* of the government, May 8, 1849

■

SUBSIDIO INDUSTRIAL

Industrias

Abastecedores de carnes, alquiladores de bestias, de carruajes, de botes y lanchas, Bodegoneros, Botilleros, Cafés, Casas de huespedes, Encuadernadores de libros, Fabricantes de pastas, Imprentas, Lecherías, Librerías, etc. . . .

Oficios

Alfareros, Armeros, Barberos, Carpinteros, Cereros, Chocolateros, Constructores de carretas, de coches, Cuidadores de bueyes, Ebanistas, Latoneros, Panaderos, Plateros, Sastres, Zapateros, etc. . . .

De una circular de Hacienda publicado en la Gaceta Oficial del gobierno, 8 de mayo de 1849

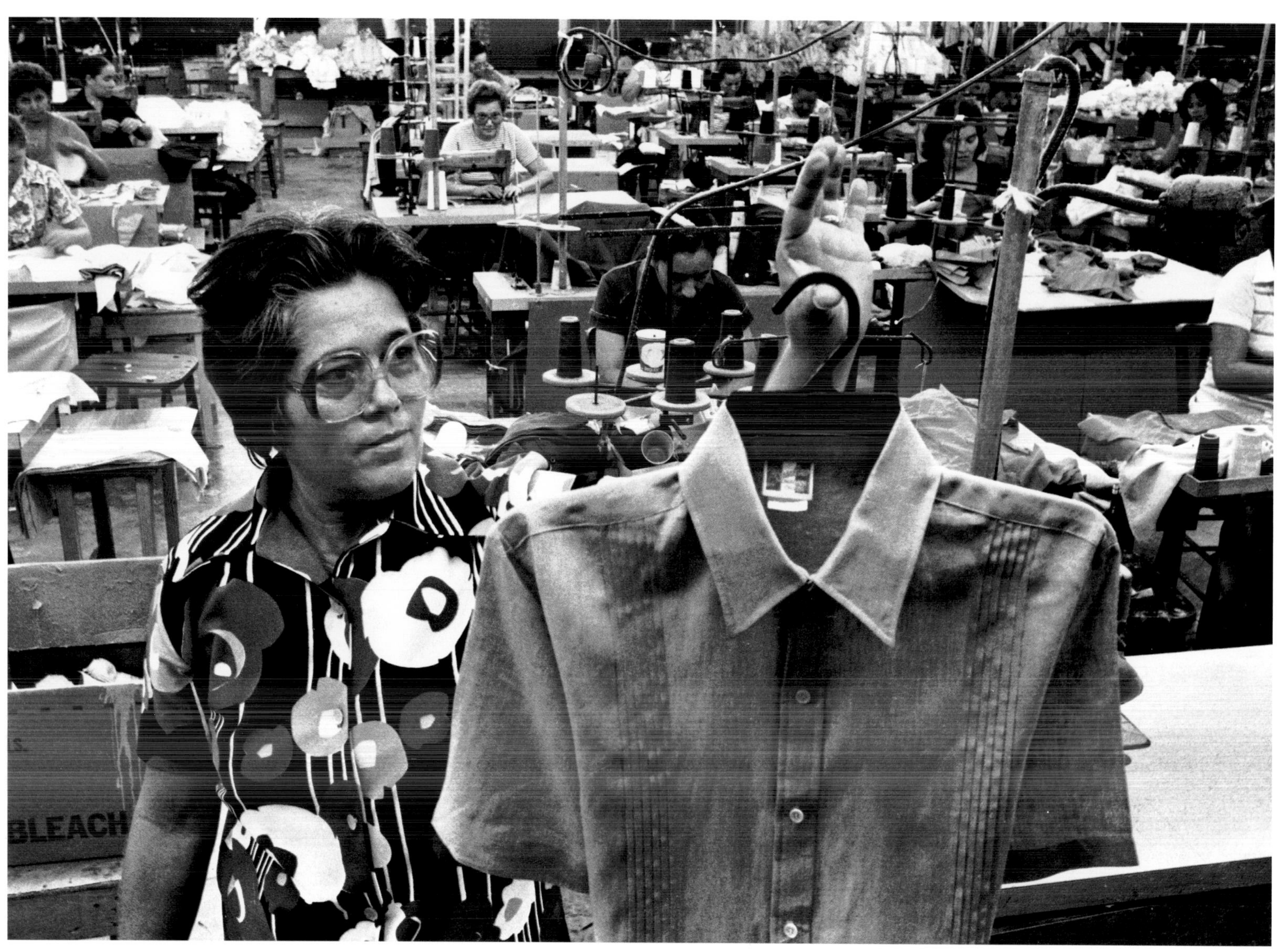

1 9 8 0

In a men's shirt factory in Las Piedras ■ En una fábrica de camisas en Las Piedras

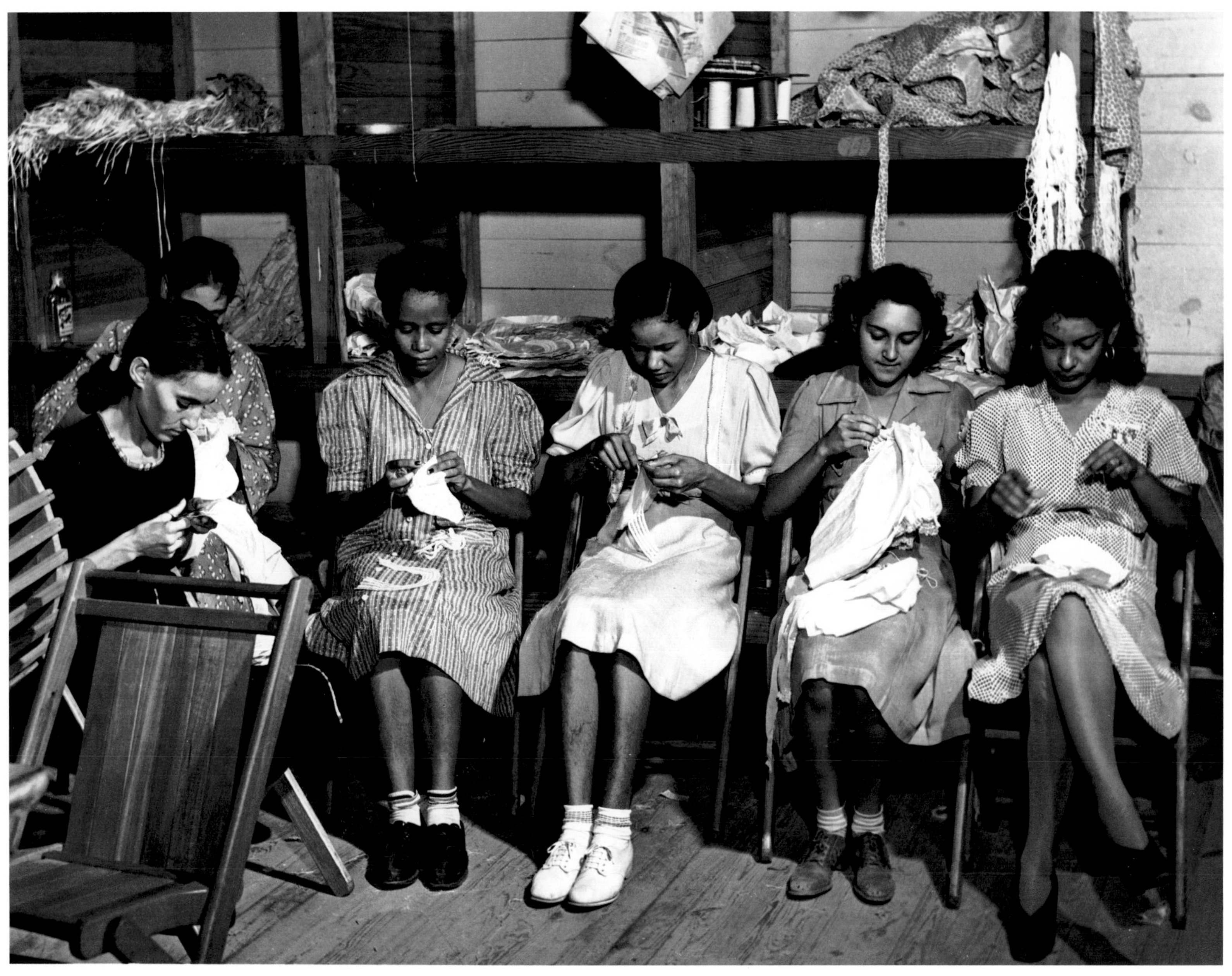

1 9 4 1

In a small needlework shop in Río Piedras ■ En un pequeño taller de costura y bordado en Río Piedras

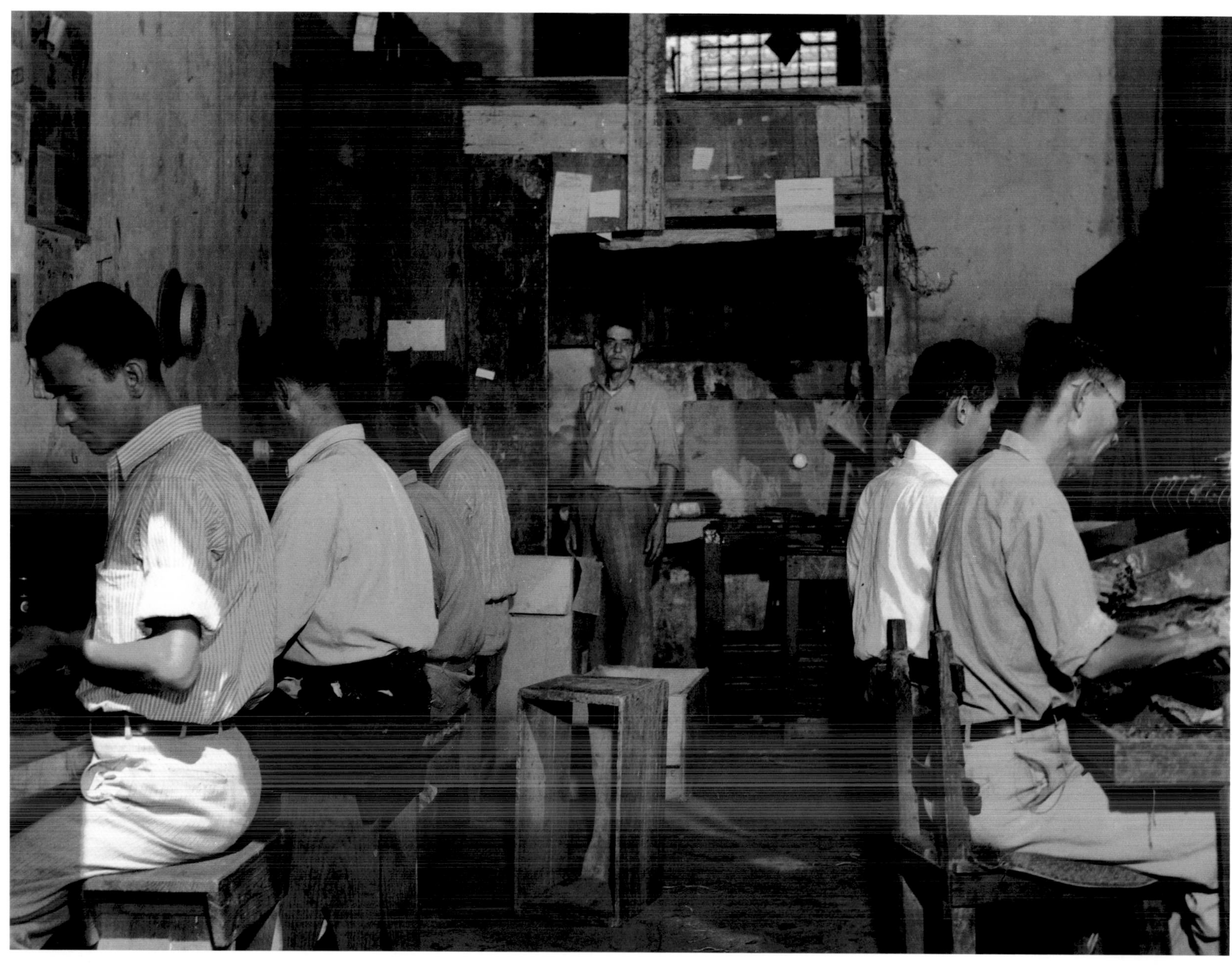

1 9 4 1

In a cigar factory in Yuaco; the cigars were for the local market and sold for three cents ■ En un fábrica de cigarros; los cigarros se vendían en el mercado local a tres centavos cada uno

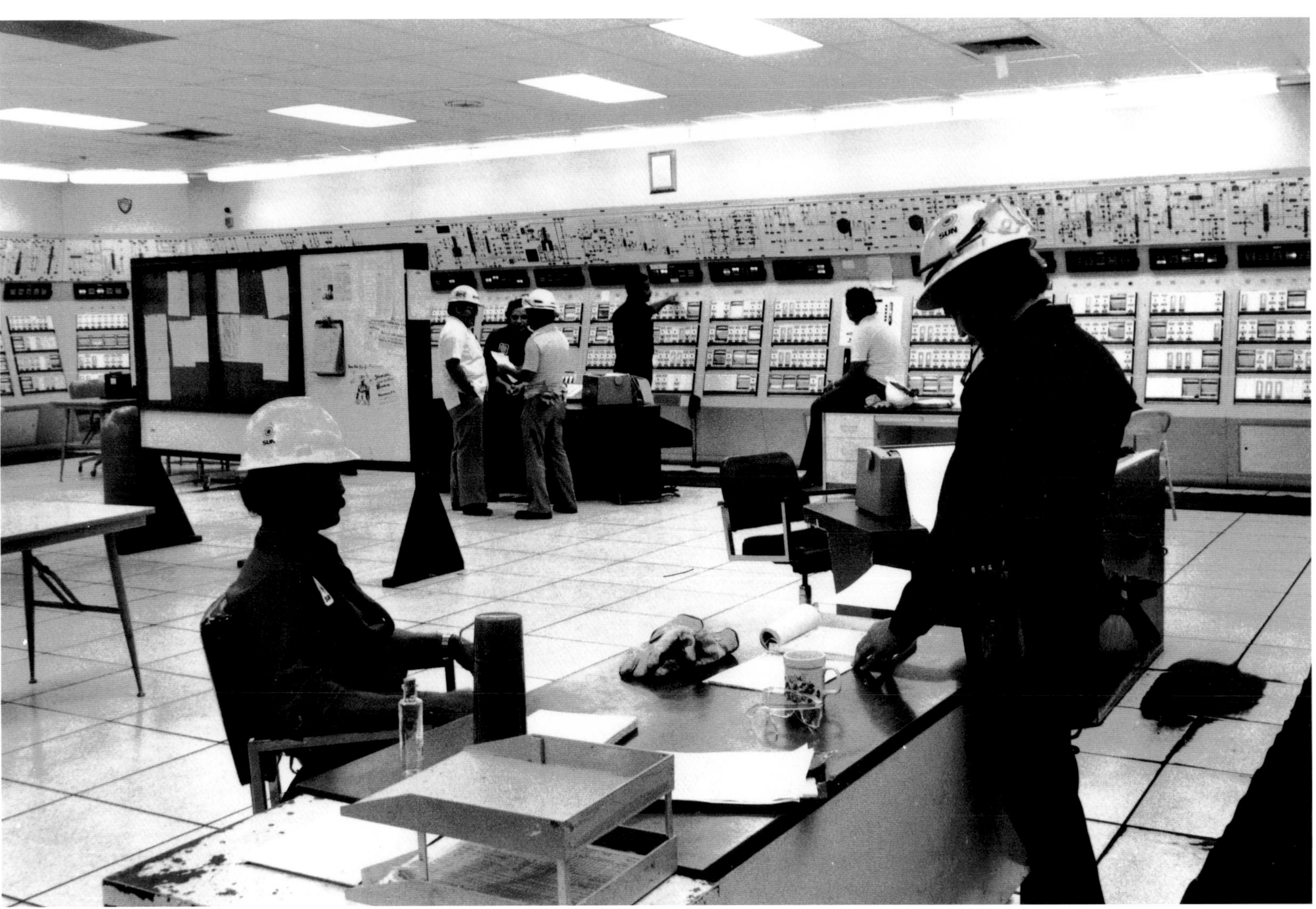

1981

In the main control room of the oil refinery at Yabucoa ■ En el centro de control de la compañía petrolera en Yabucoa

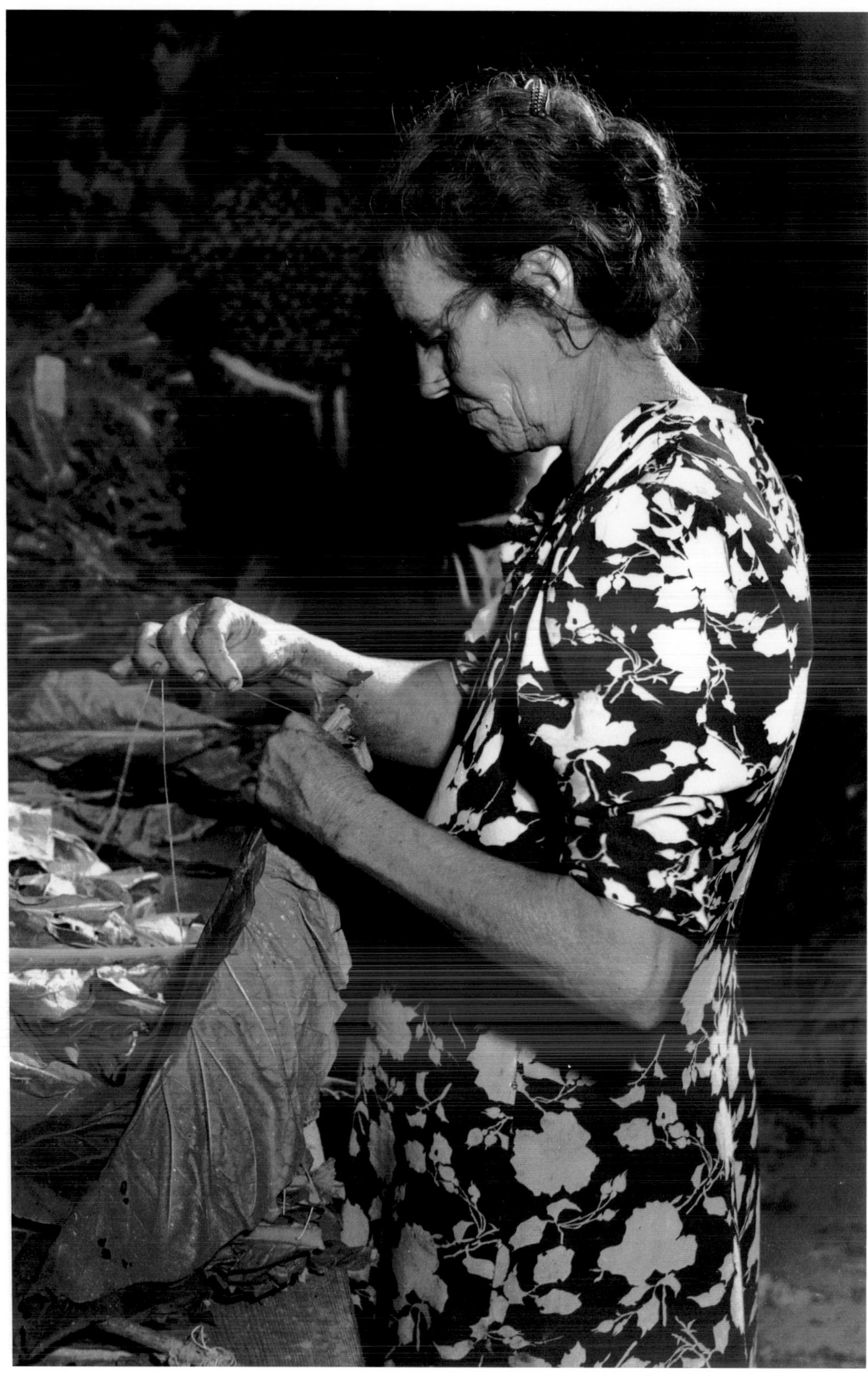

1941

Sewing tobacco leaves to be hung for drying, near Barranquitas ■ Cosiendo tabaco en un ranchón cerca de Barranquitas

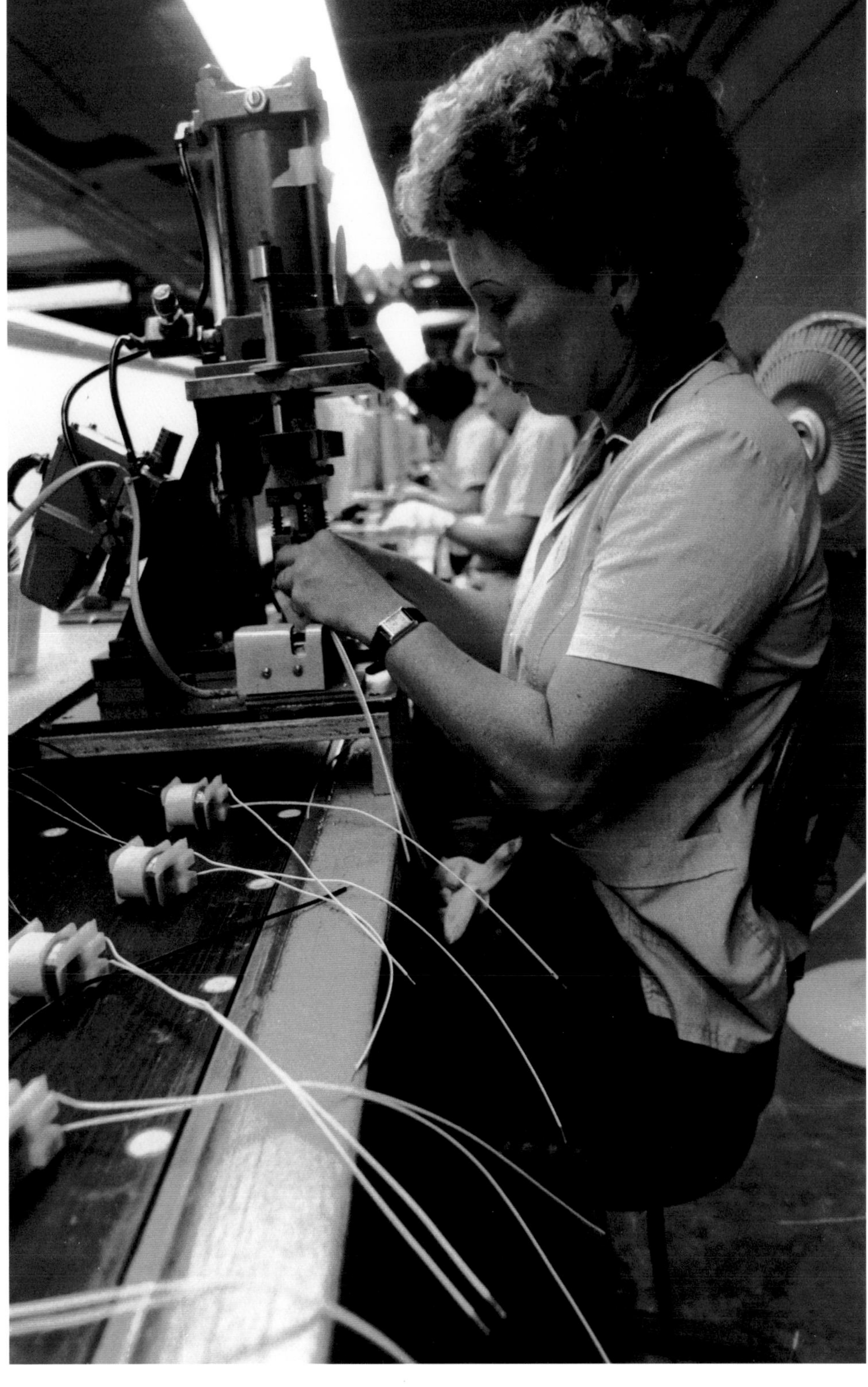

1 9 8 1

Assembling parts for electronic equipment at a factory in Caguas ■ Armando piezas de equipo electrónico en una fábrica en Caguas

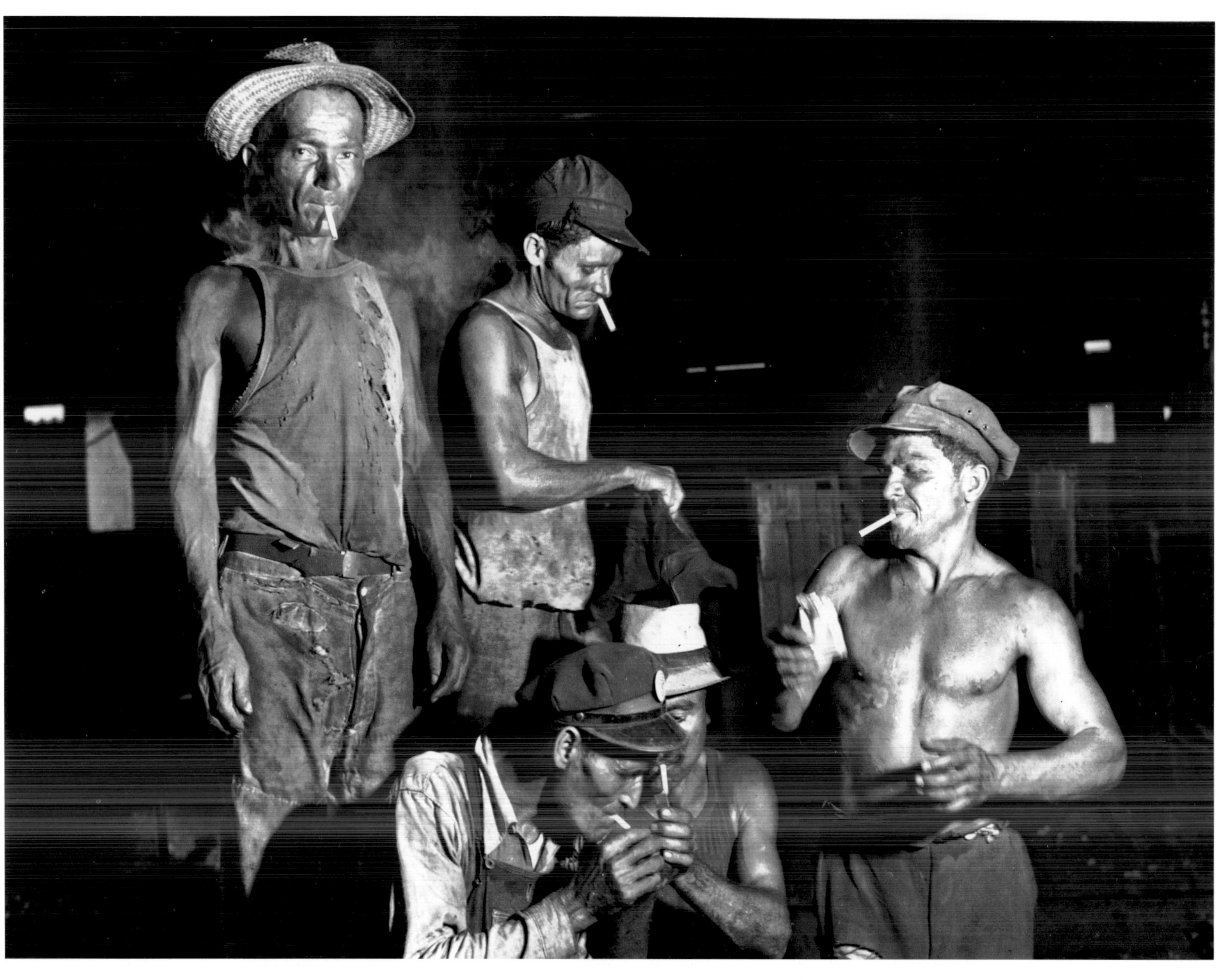

1 9 4 6

Workers at the Ponce Iron Works taking a break for lunch ■ Trabajadores de la compañía Ponce Iron Works disfrutando de un descanso para almorzar

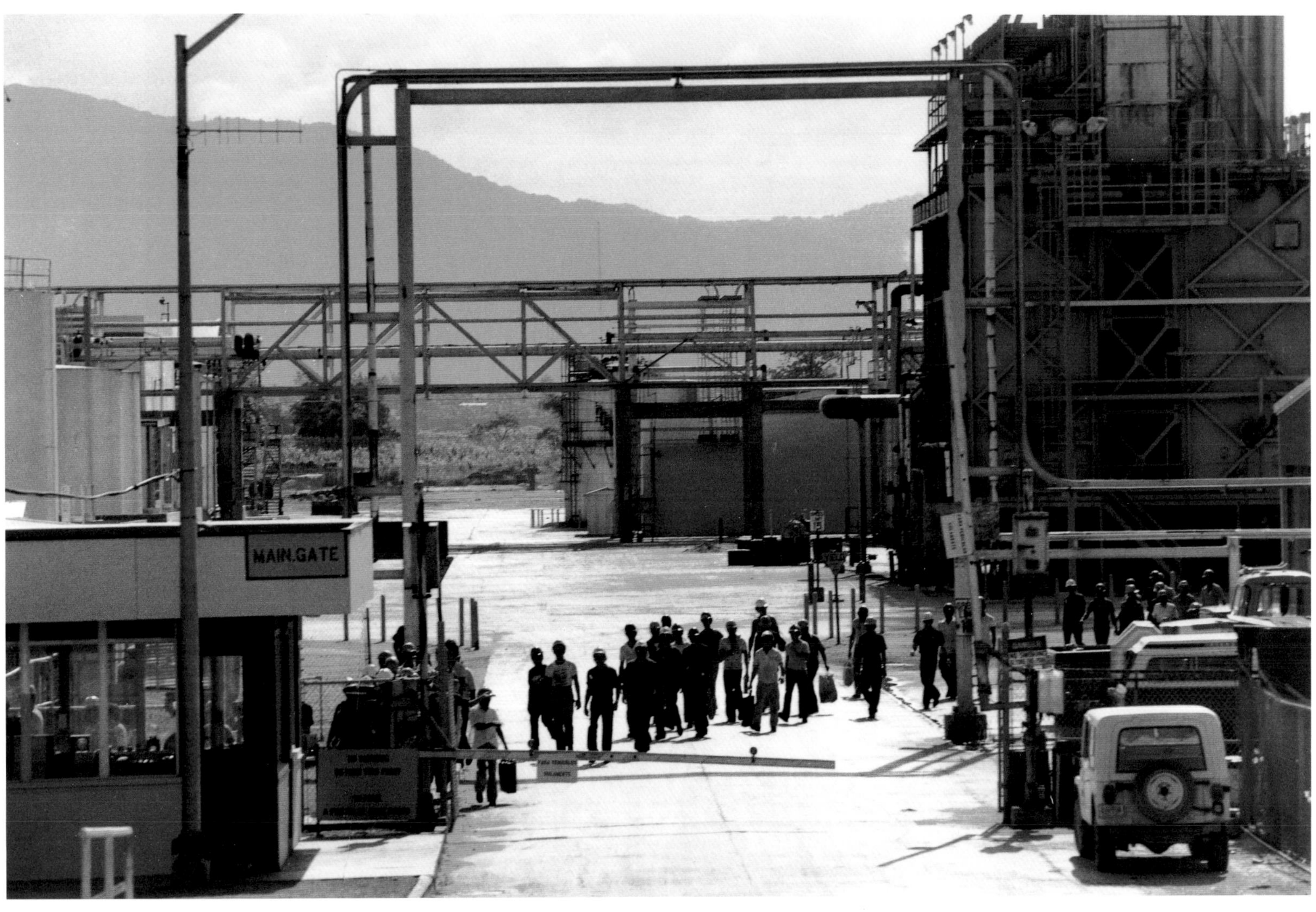

1 9 8 0

Changing shifts at the oil company in Yabucoa ■ Cambio de turnos en la compañía petrolera de Yabucoa

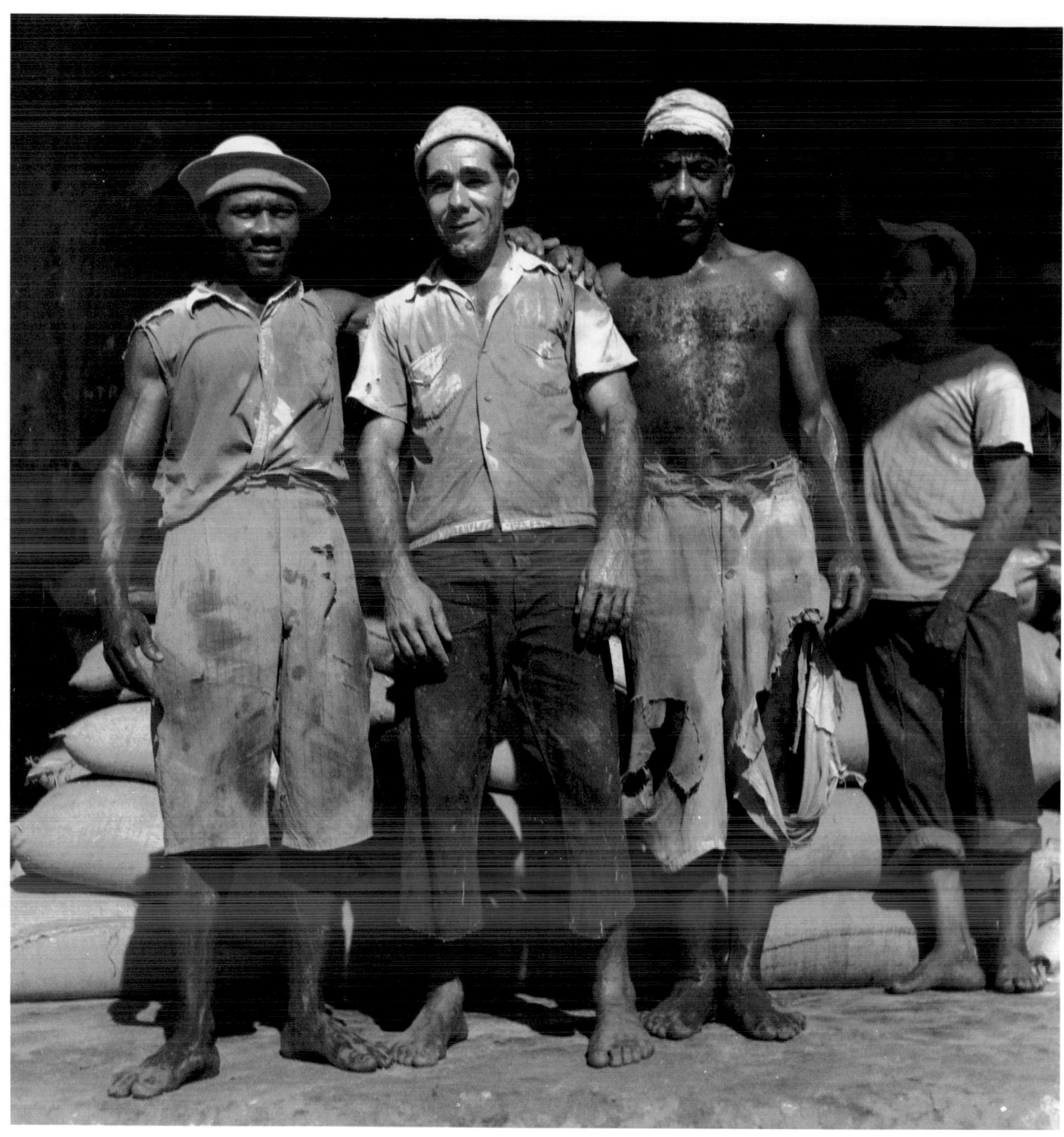

1946

Stevedores on the docks of the port of San Juan ■ Estibadores en los muelles del puerto de San Juan

1980

Stevedores at a container ship terminal in the port of San Juan ■ Estibadores en un terminal de barcos contenedores en el puerto de San Juan

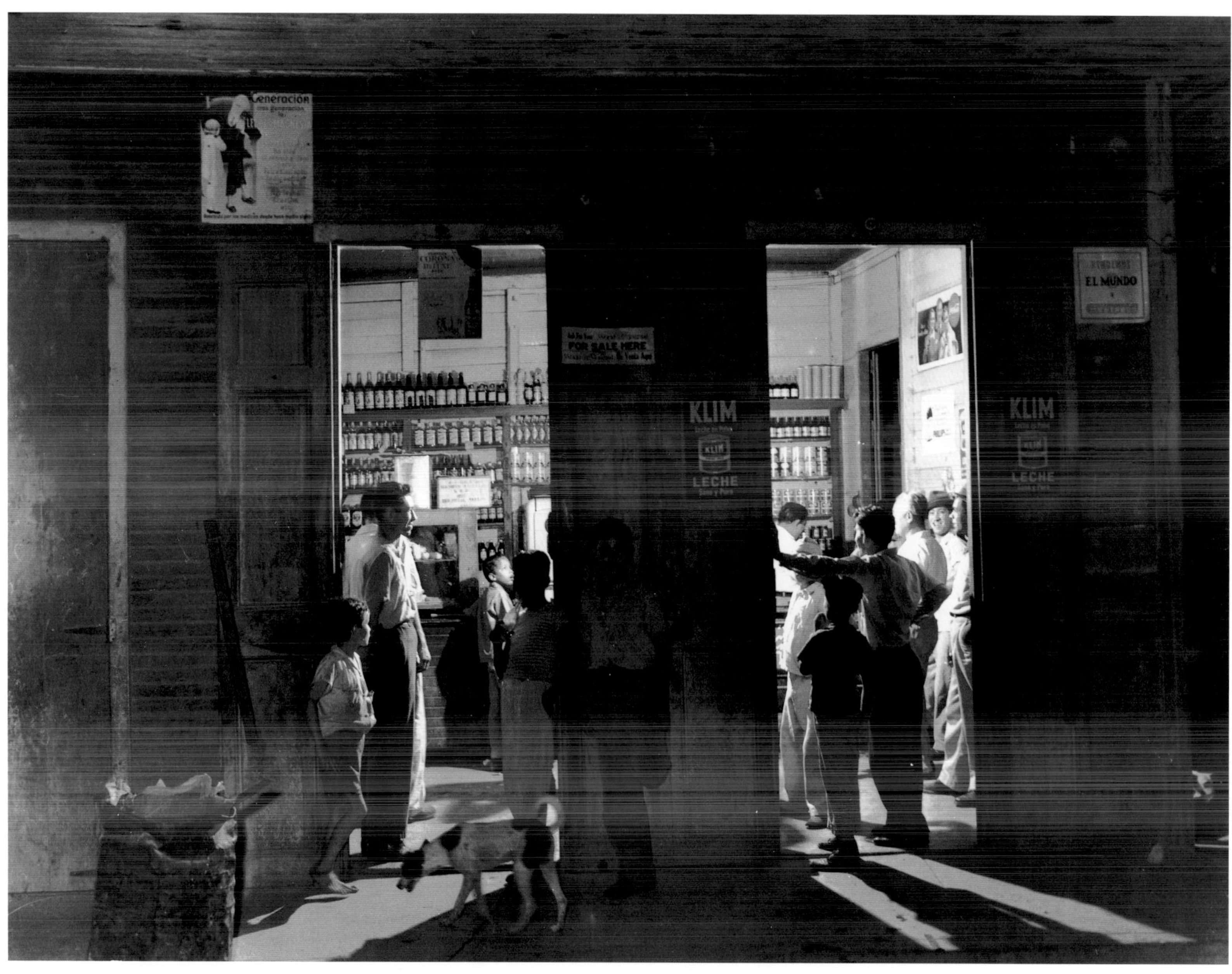

1 9 4 6

Grocery store on the outskirts of Lajas ■ Bodega en las afueras de Lajas

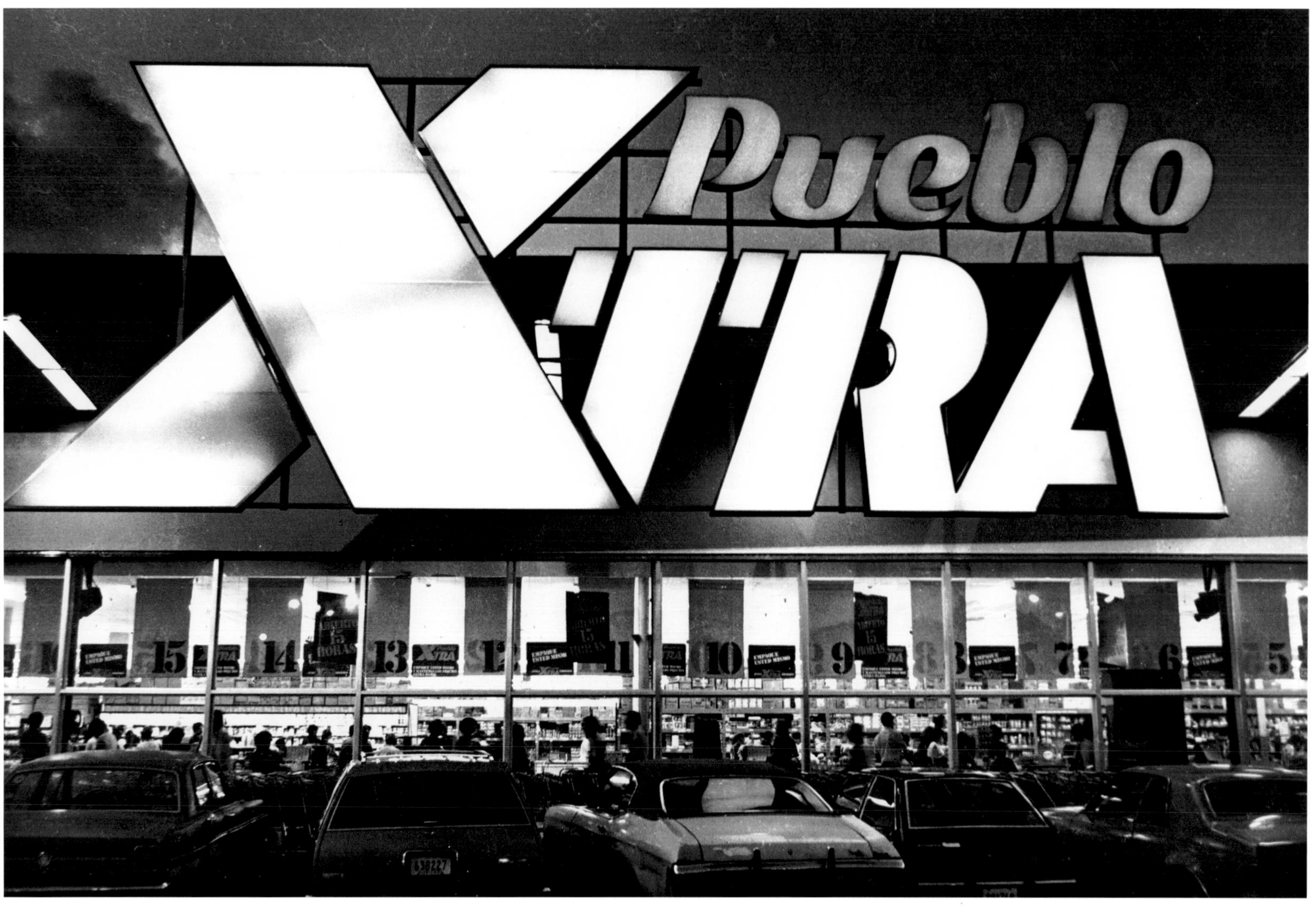

1 9 8 1

A supermarket in Río Piedras ■ Un supermercado en Río Piedras

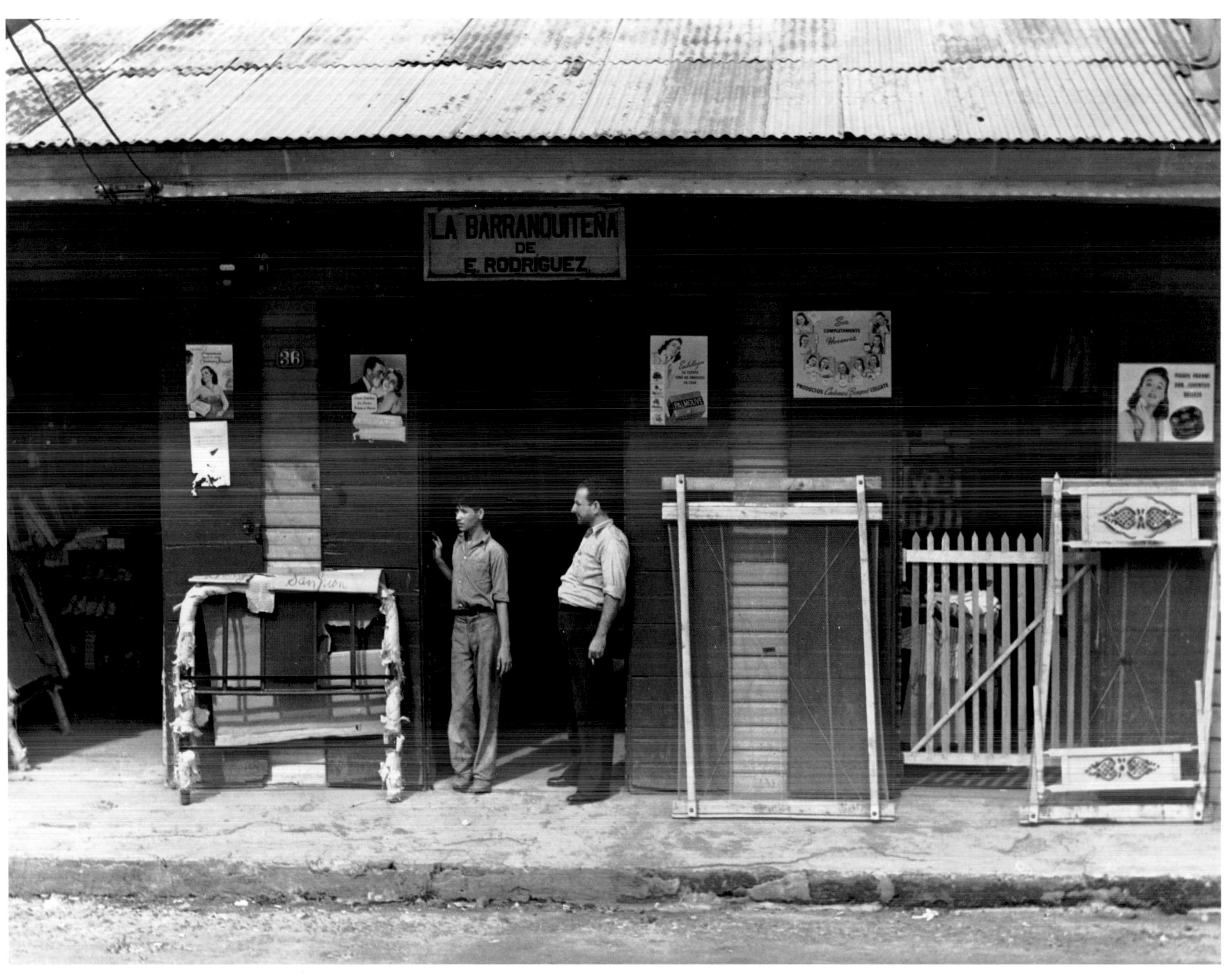

1941

A general store in Barranquitas ■ Una tienda de mercancía general en Barranquitas

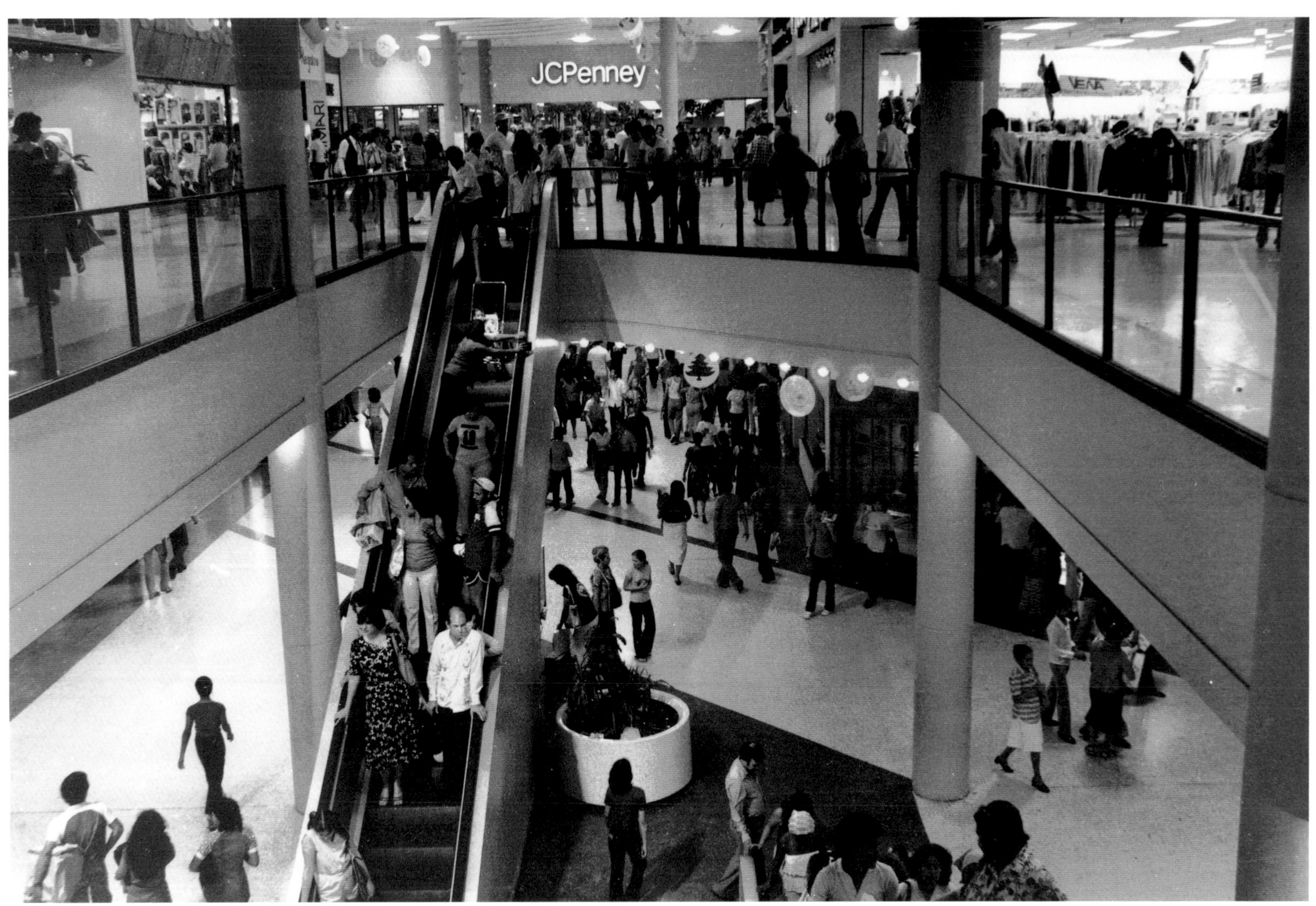

1 9 8 0

Interior of a shopping mall in Carolina ■ Interior de un centro comercial en Carolina

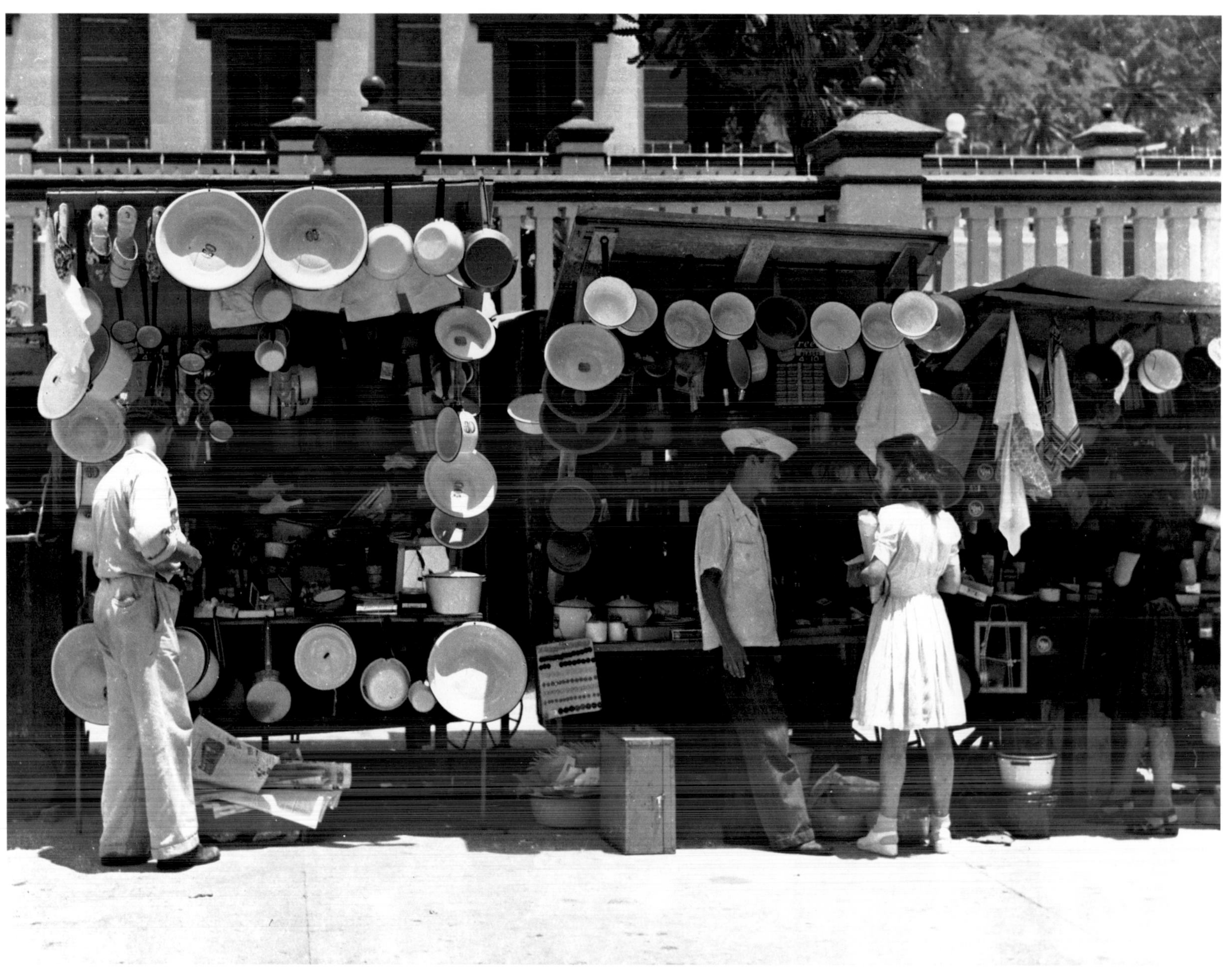

1946

Outdoor hardware sale at the plaza in Utuado ■ Venta de quincalla en la plaza pública de Utuado

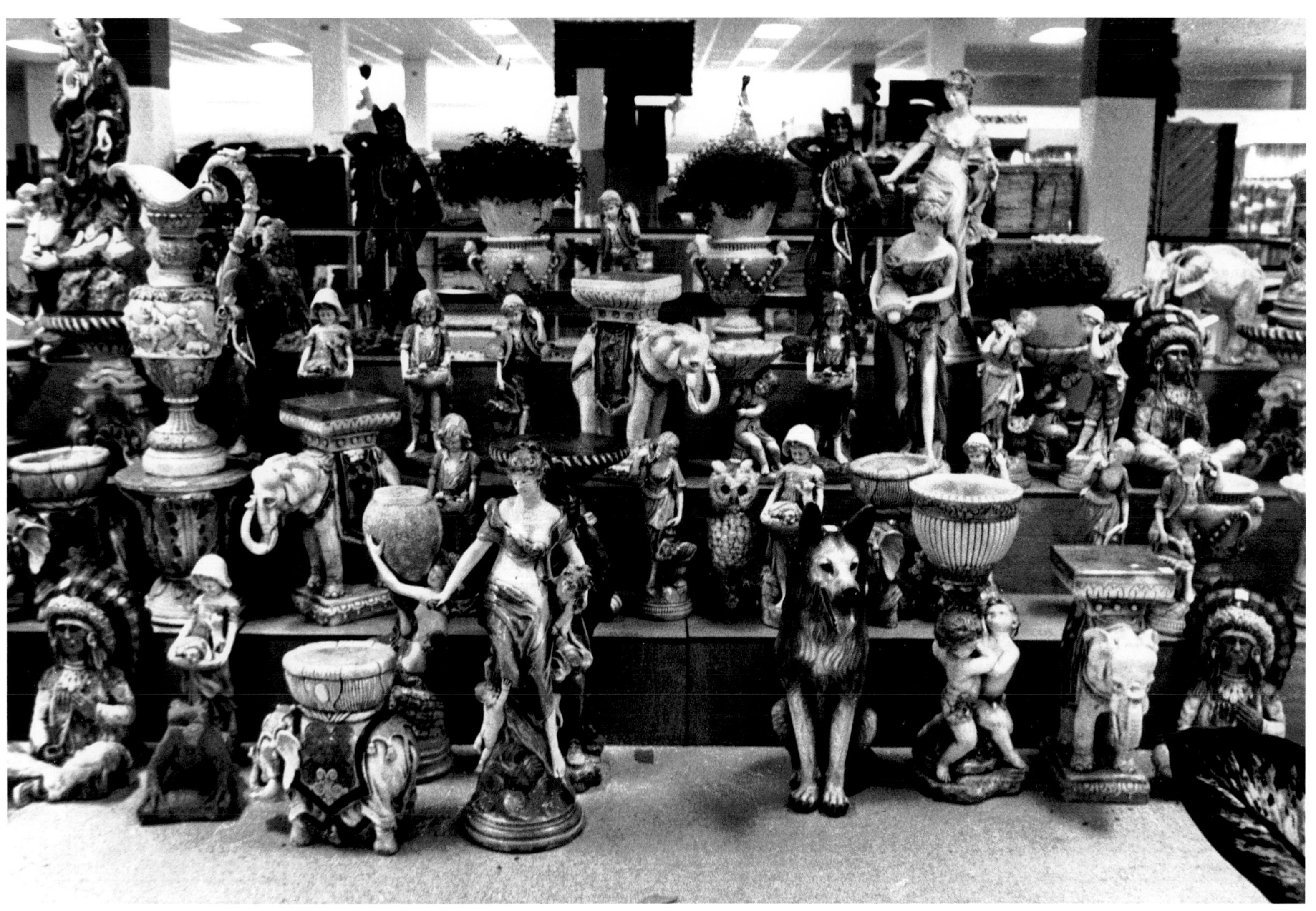

1 9 8 0

In the J. C. Penney store of a shopping mall in Carolina ■ En la tienda de J. C. Penney en un centro comercial de Carolina

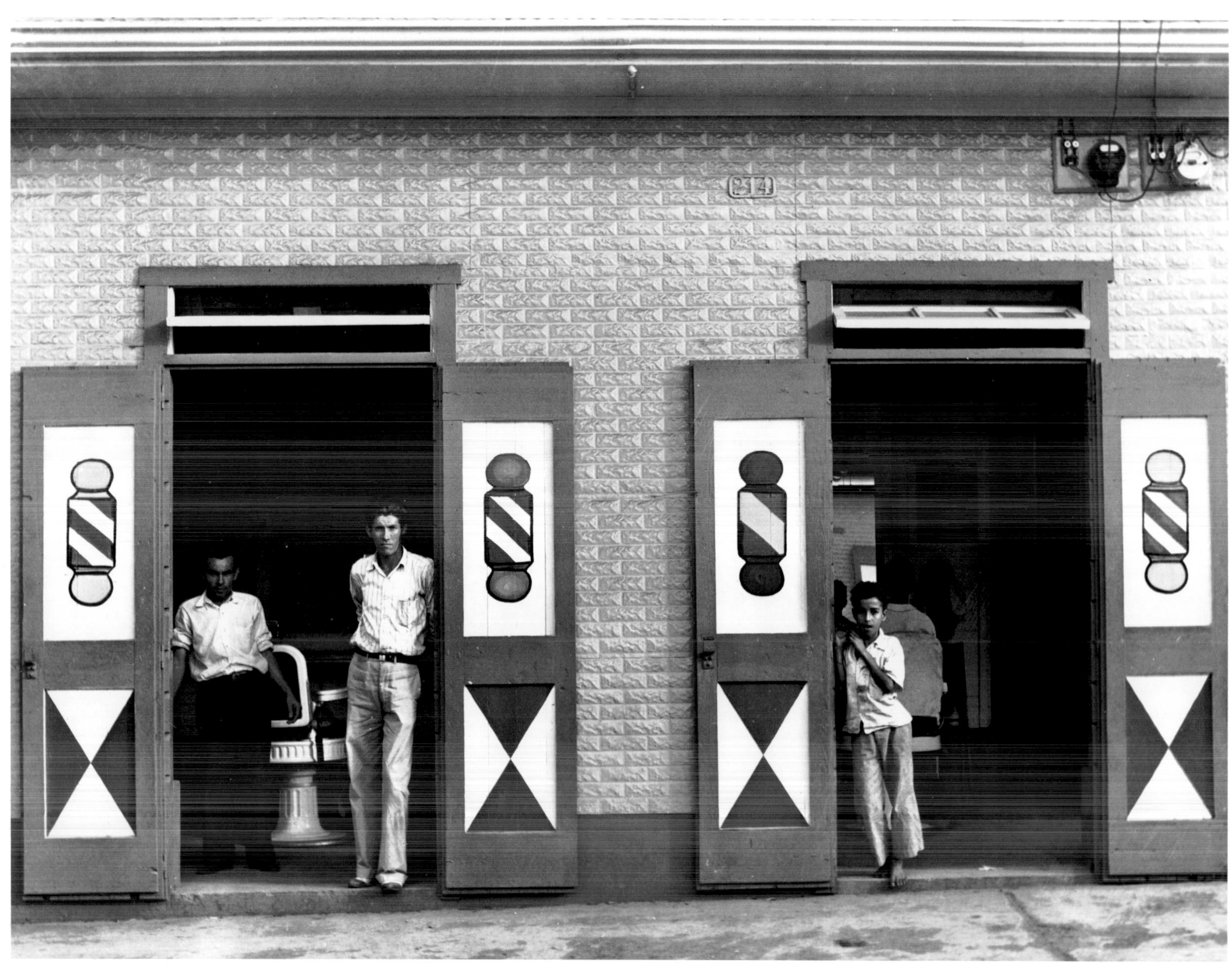

1 9 4 1

Barber shop in Bayamón ■ Barbería en Bayamón

It is not enough to recognize the evils; one should know their roots and causes, [and] according to the circumstances, provide the remedies.

An Account of the Present State of the Island of Puerto Rico, report by Colonel George C. Flinter of the General Staff of the Army of Her Most Catholic Majesty, 1834

■

No basta conocer los males; conviene saber la causa y raíz de ellos para, relativo a todas sus circunstancias, proporcionar los remedios.

Del Estado Actual de la Isla de Puerto Rico, informe de Coronel Jorge C. Flinter, del estado mayor del ejército de su Majestad Católica, la Reina, 1834

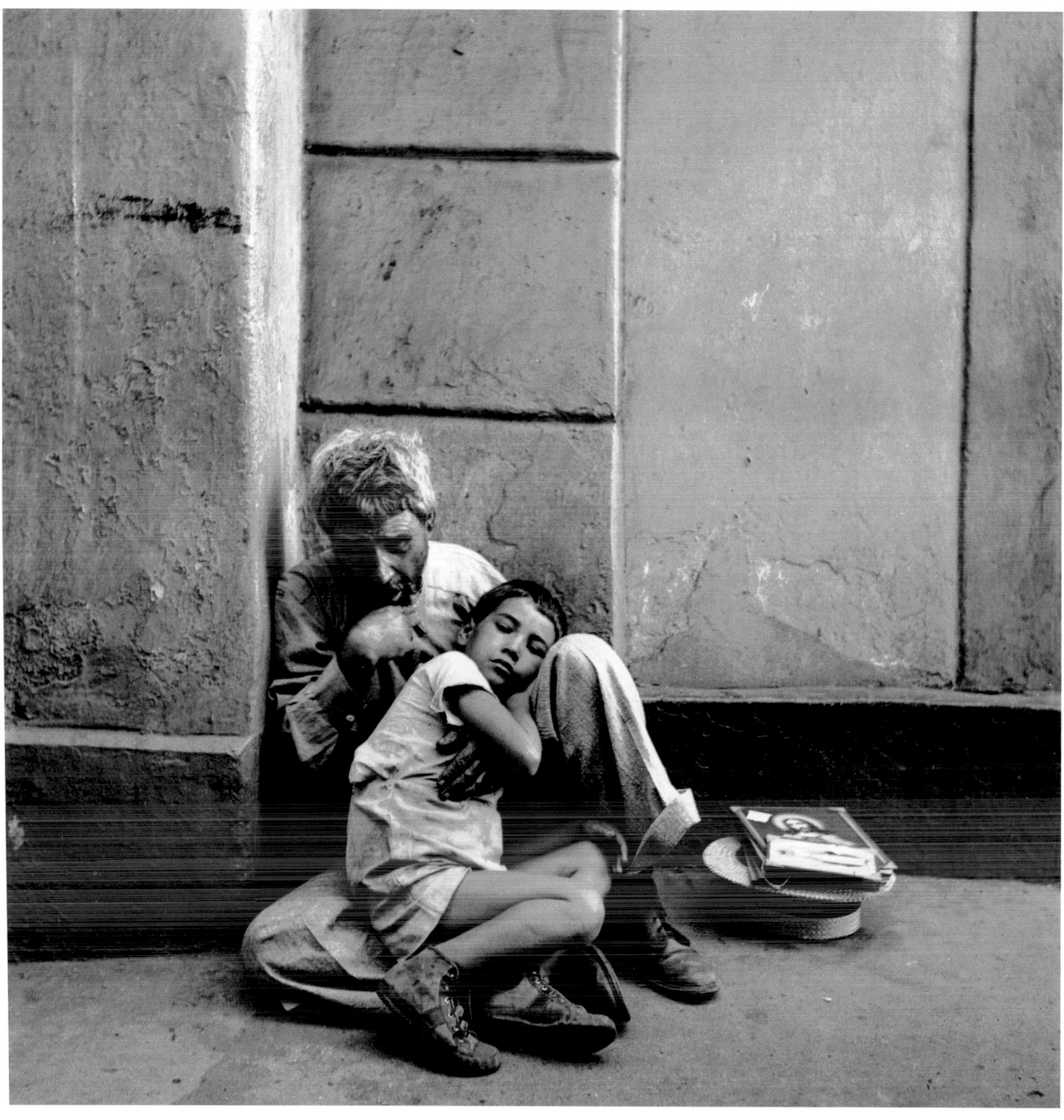

1 9 4 1

Beggar on a street in San Juan ■ Mendigo en una calle de San Juan

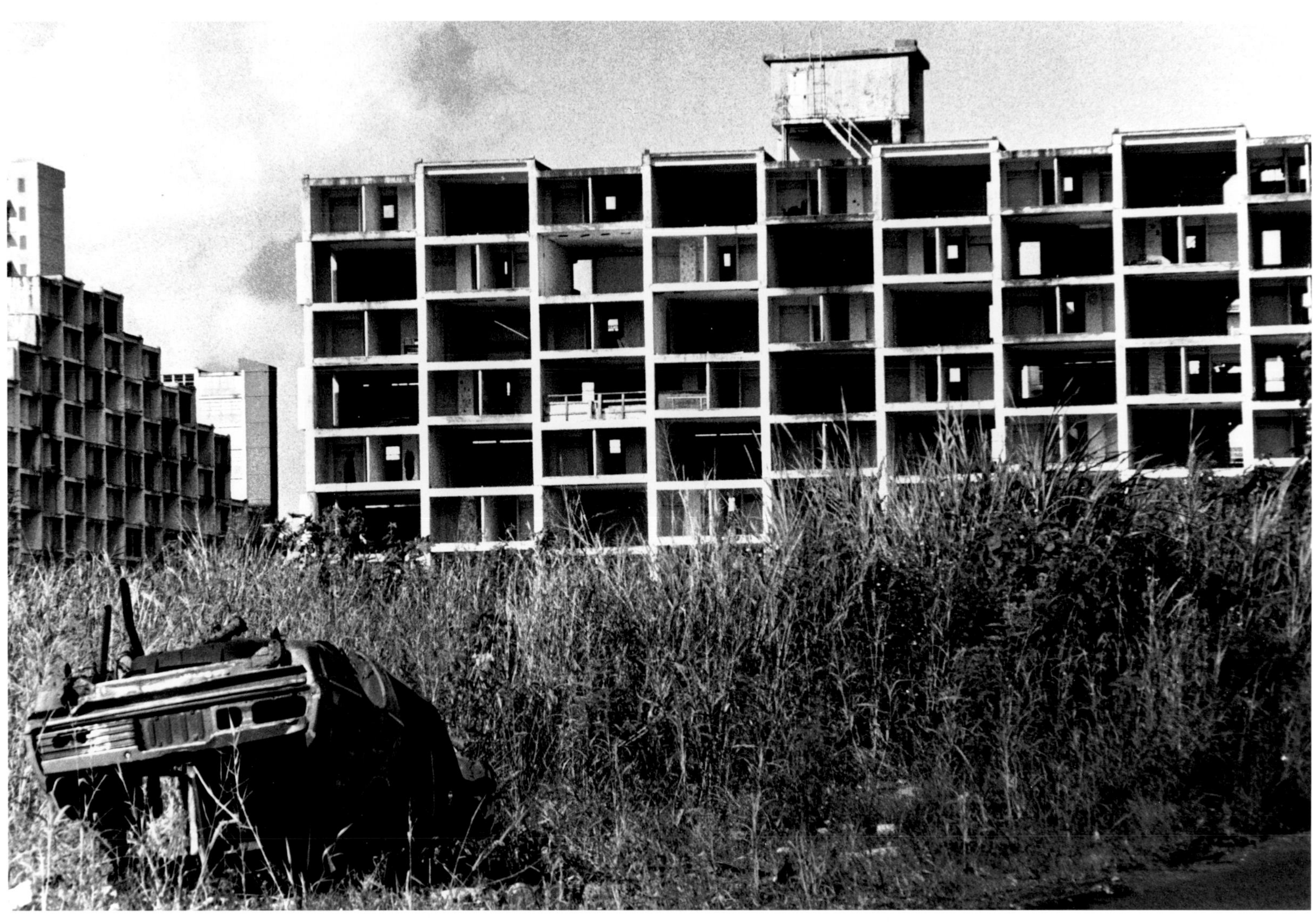

1 9 8 9

Abandoned public housing in Río Piedras ■ Vivienda pública abandonada en Río Piedras

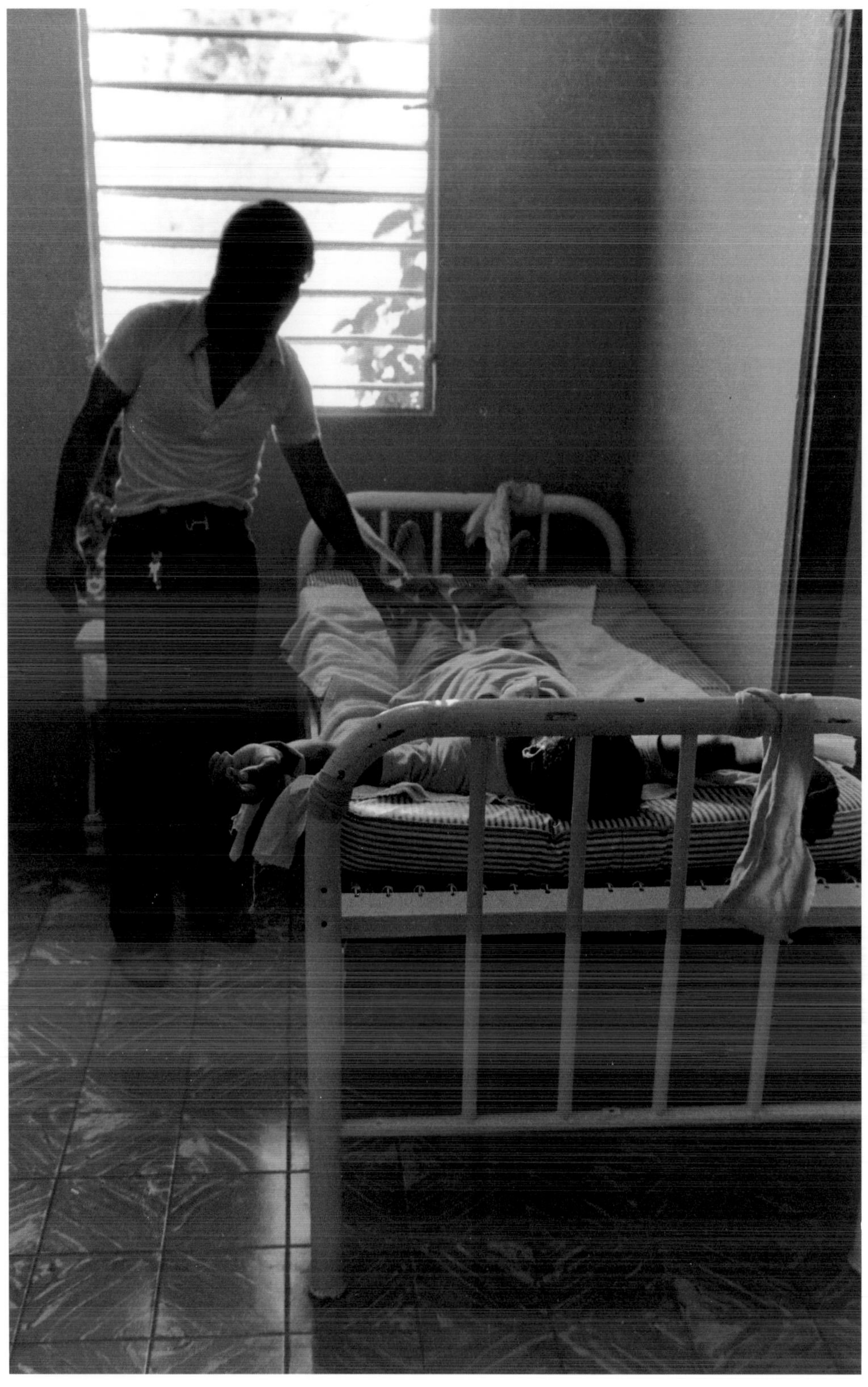

1 9 8 0

In a detoxification room at the drug rehabilitation center known as CREA in Río Piedras

■

En la sala de detoxificación del centro de re-habilitación de drogadictos conocido como CREA, en Río Piedras

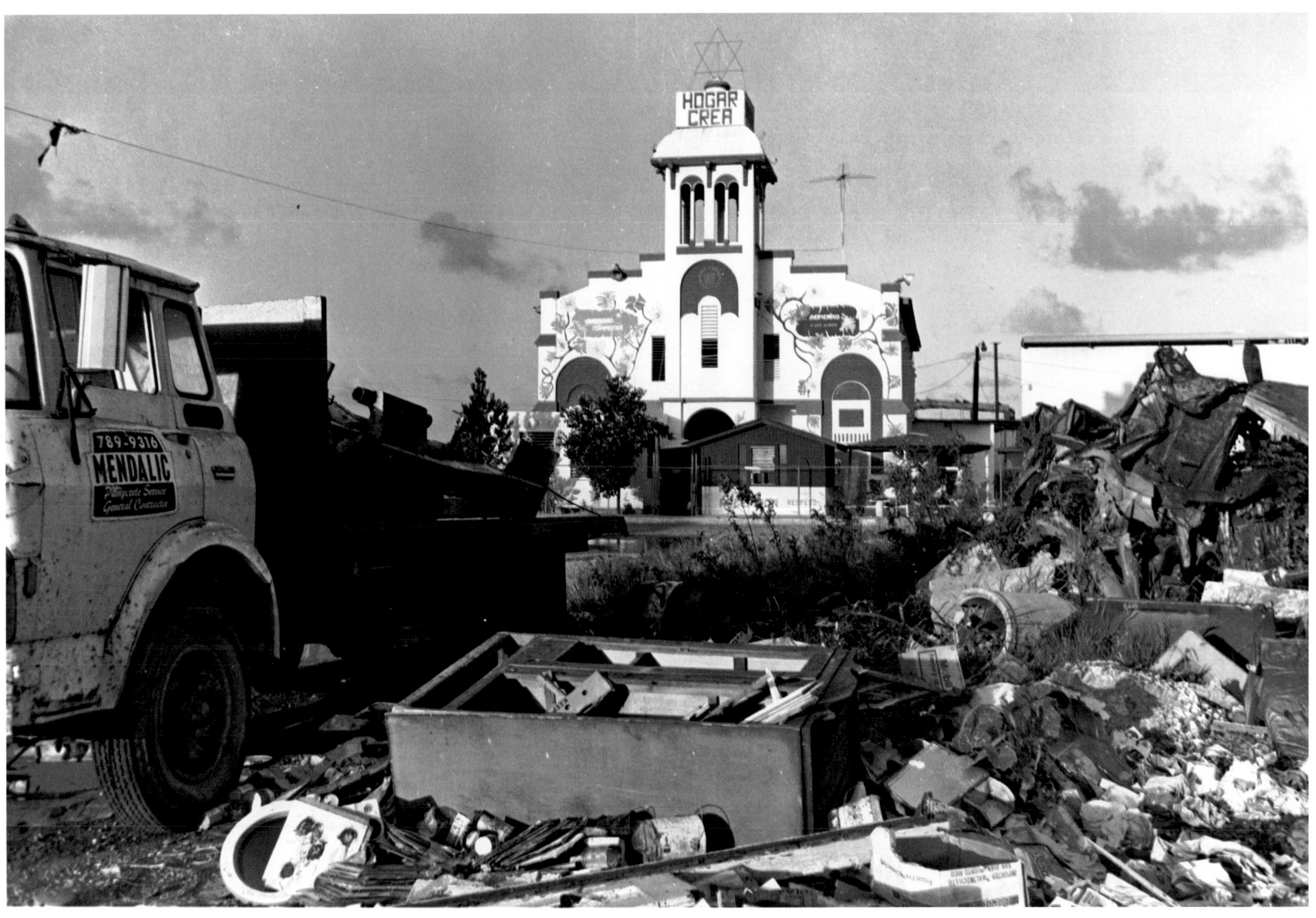

1 9 8 0

A church building converted into a drug treatment center in Cataño ■ Edificio de una iglesia convertido en centro de tratamiento contra la adicción a las drogas en Cataño

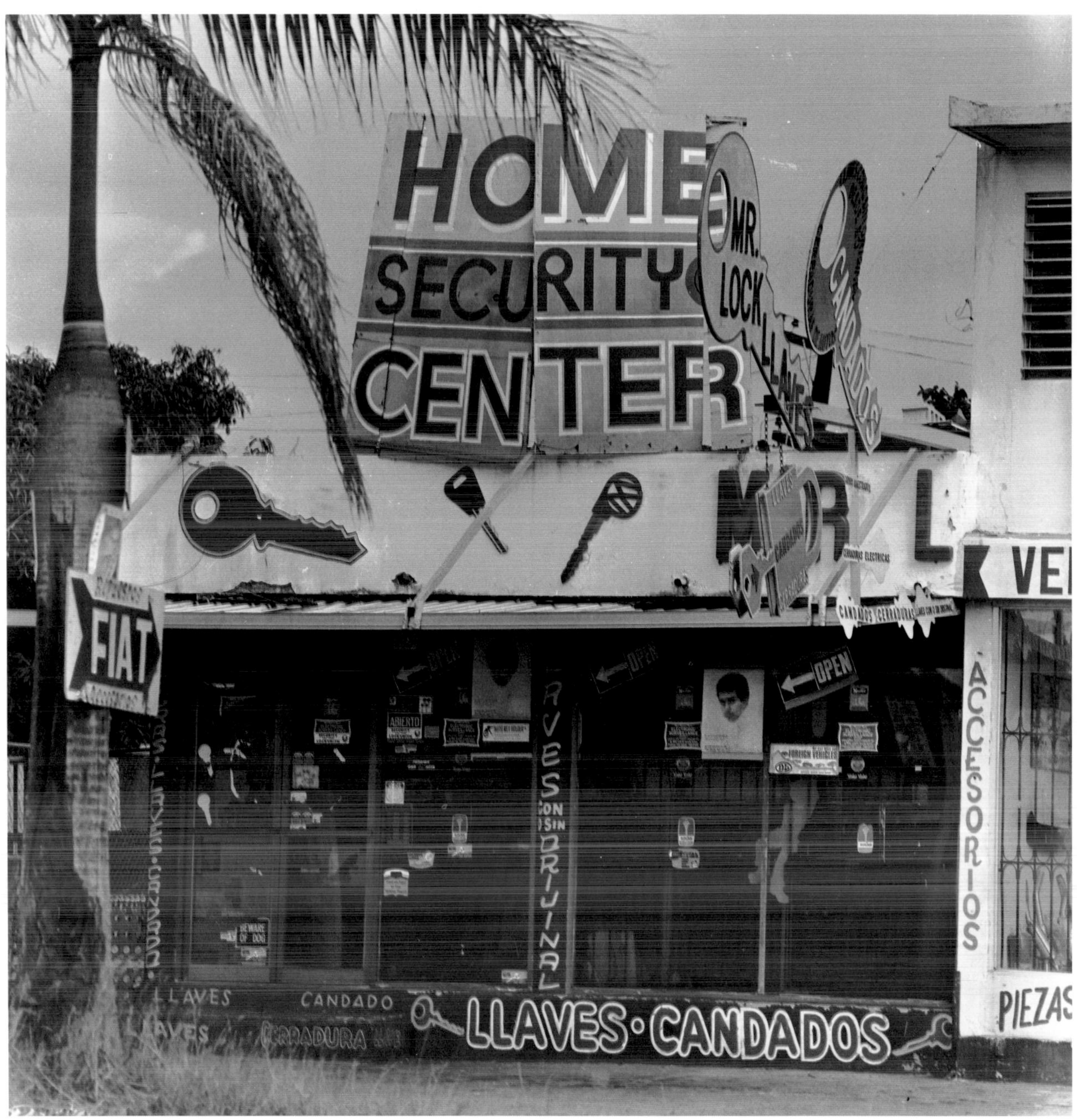

1 9 8 0

Locksmith's shop on Piñero Avenue in San Juan ■ Tienda de un cerrajero en la avenida Piñero de San Juan

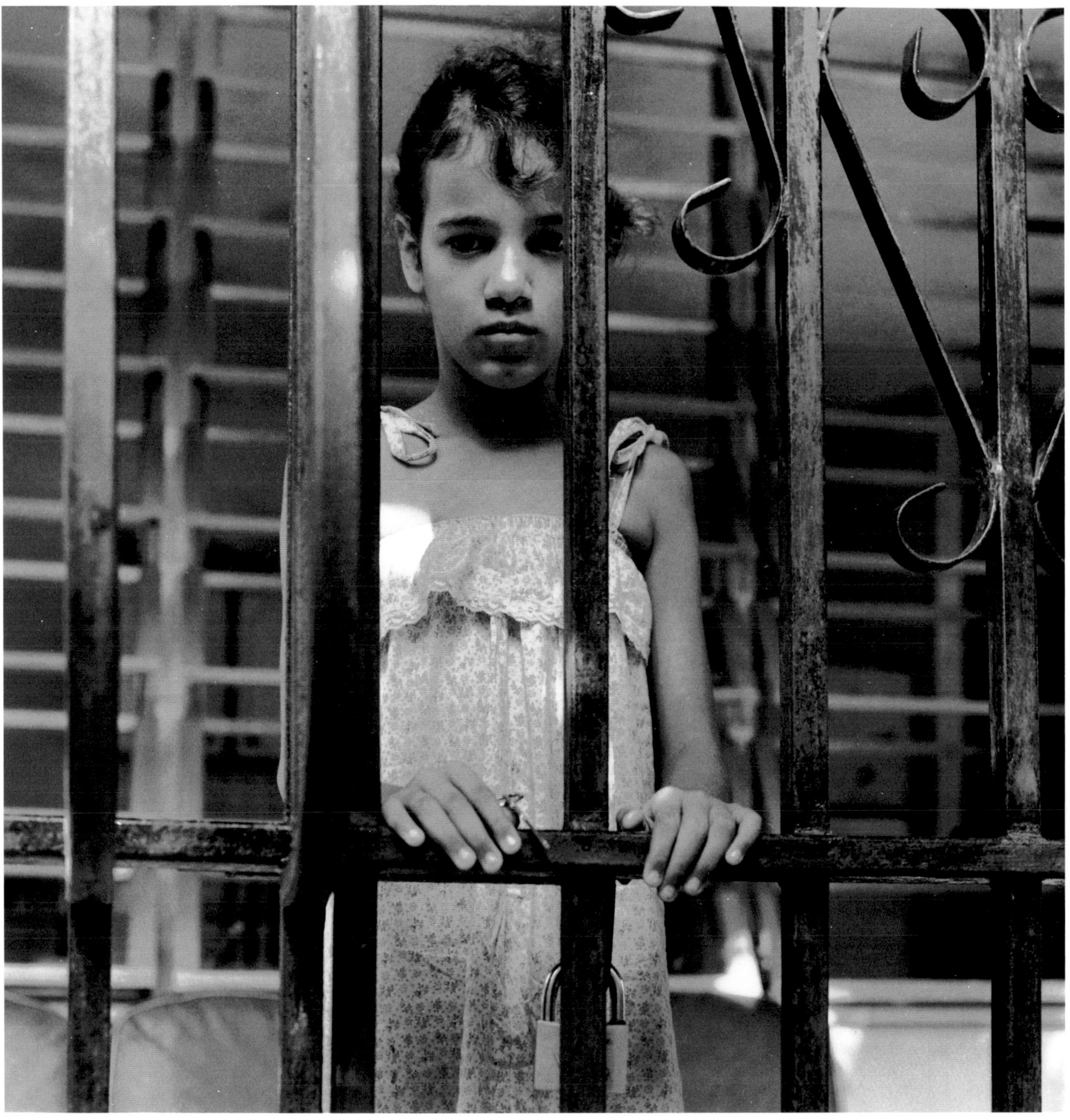

1981

Little girl in a housing development in Trujillo Alto ▪ Muchachita en una urbanización en Trujillo Alto

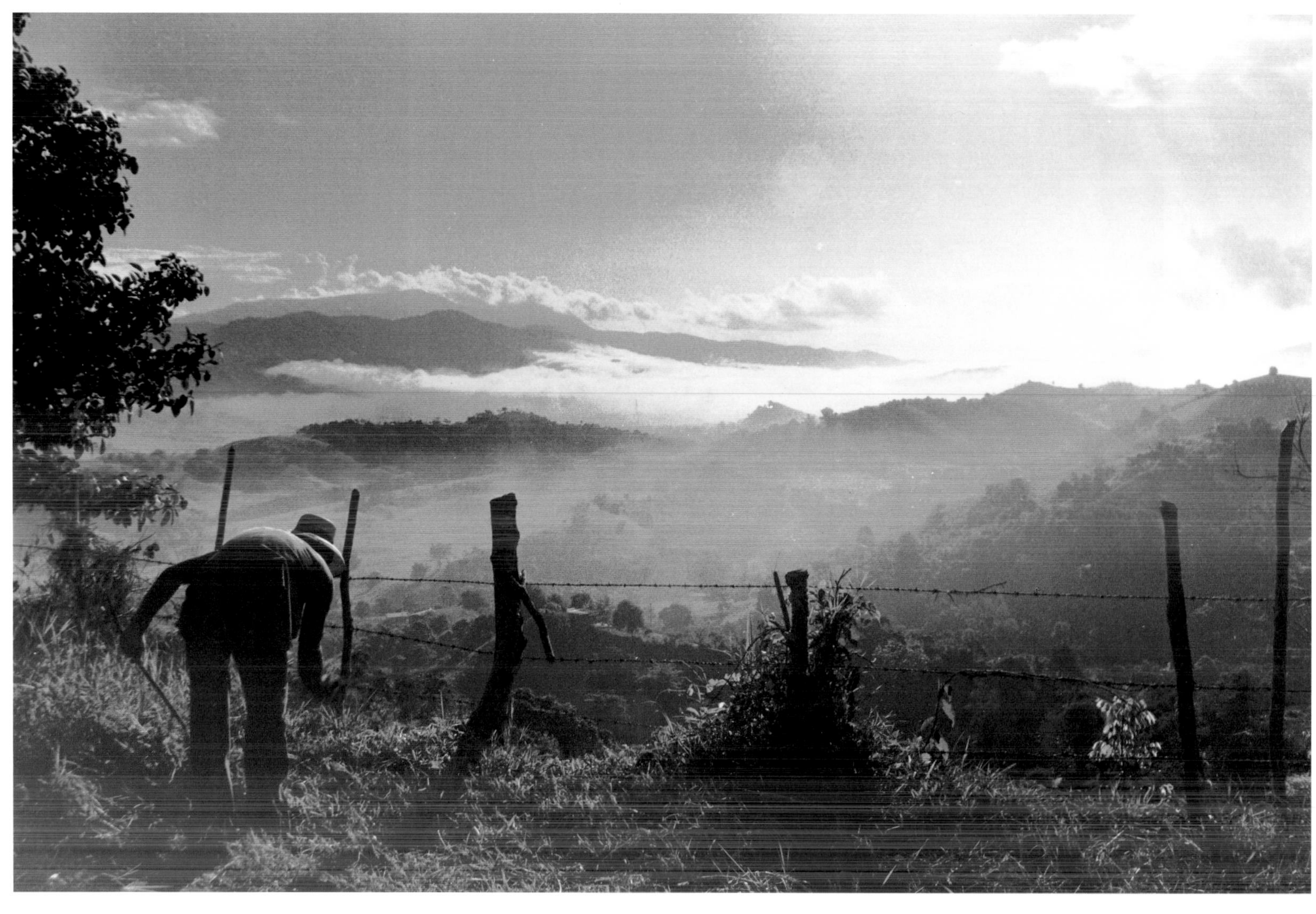

1 9 8 1

Landscape near the town of Gurabo ■ Paisaje cerca del pueblo de Gurabo

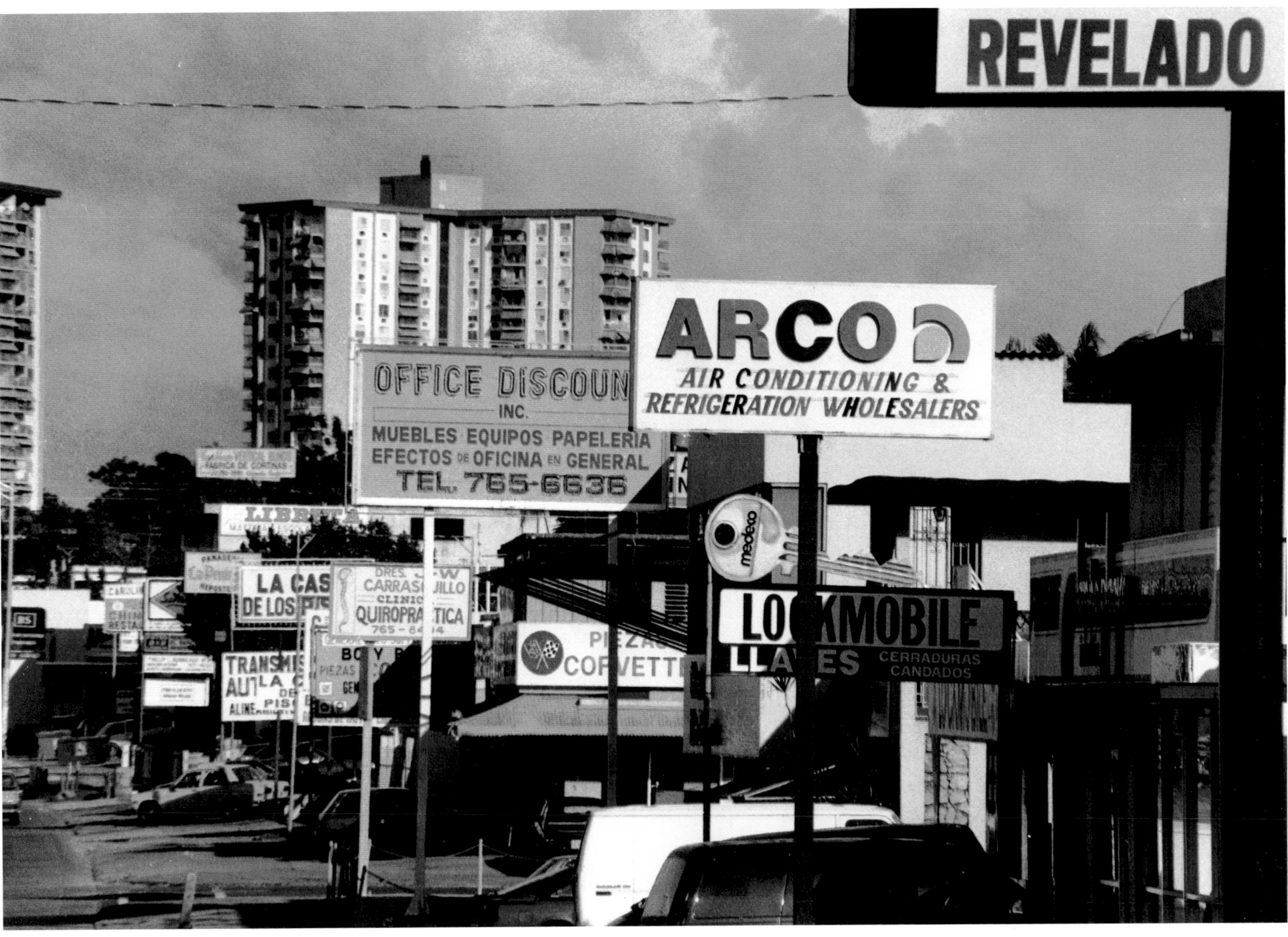

1 9 8 9

Landscape in Río Piedras, along the 65th Infantry Road ■ Paisaje en Río Piedras, en la Carretera 65 de Infantería

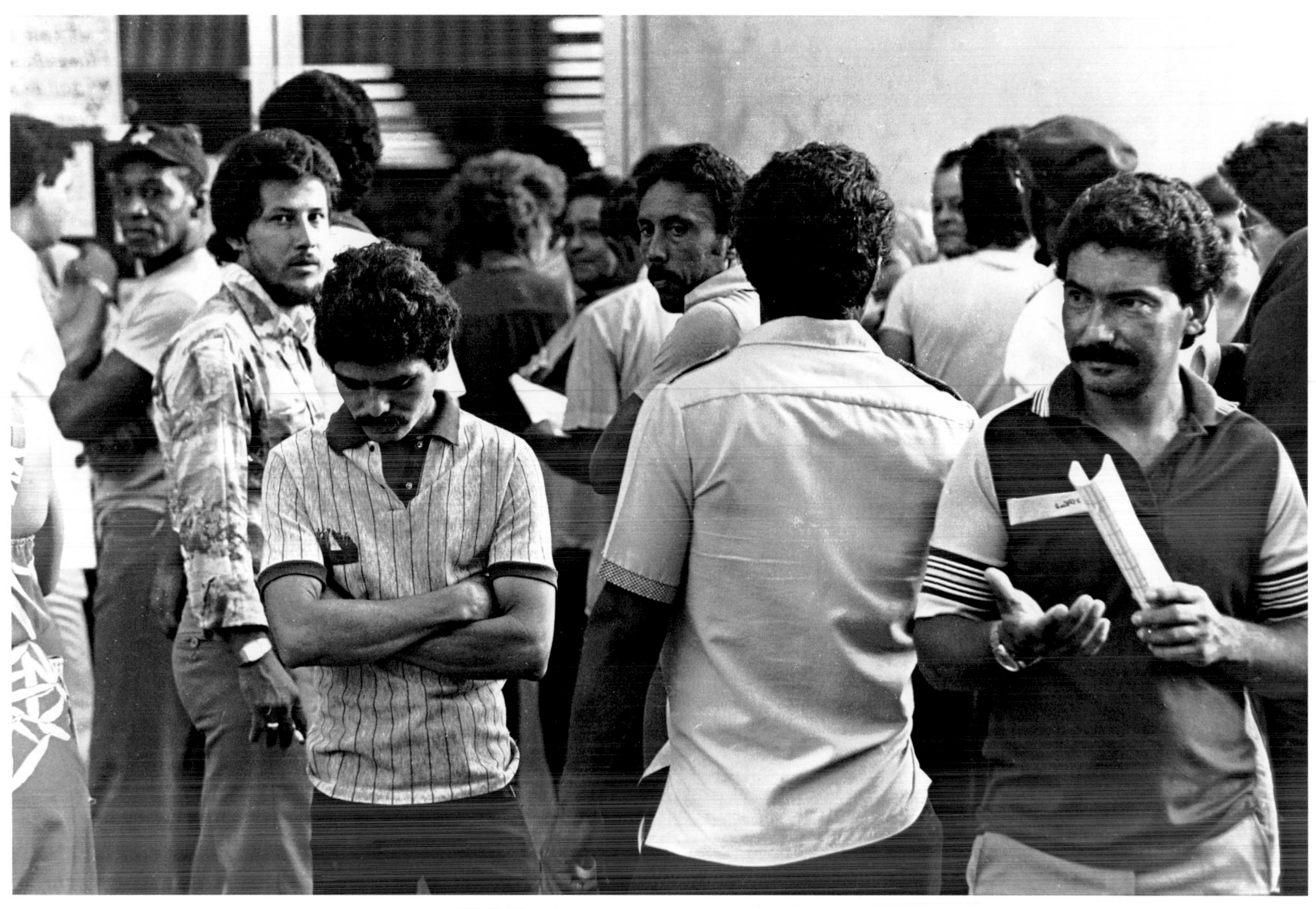

1 9 8 1

A group of unemployed waiting to get into the Unemployment Insurance Office in Hato Rey ■ Un grupo de personas desempleadas esperando para entrar a la Oficina de Seguridad por Desempleo en Hato Rey

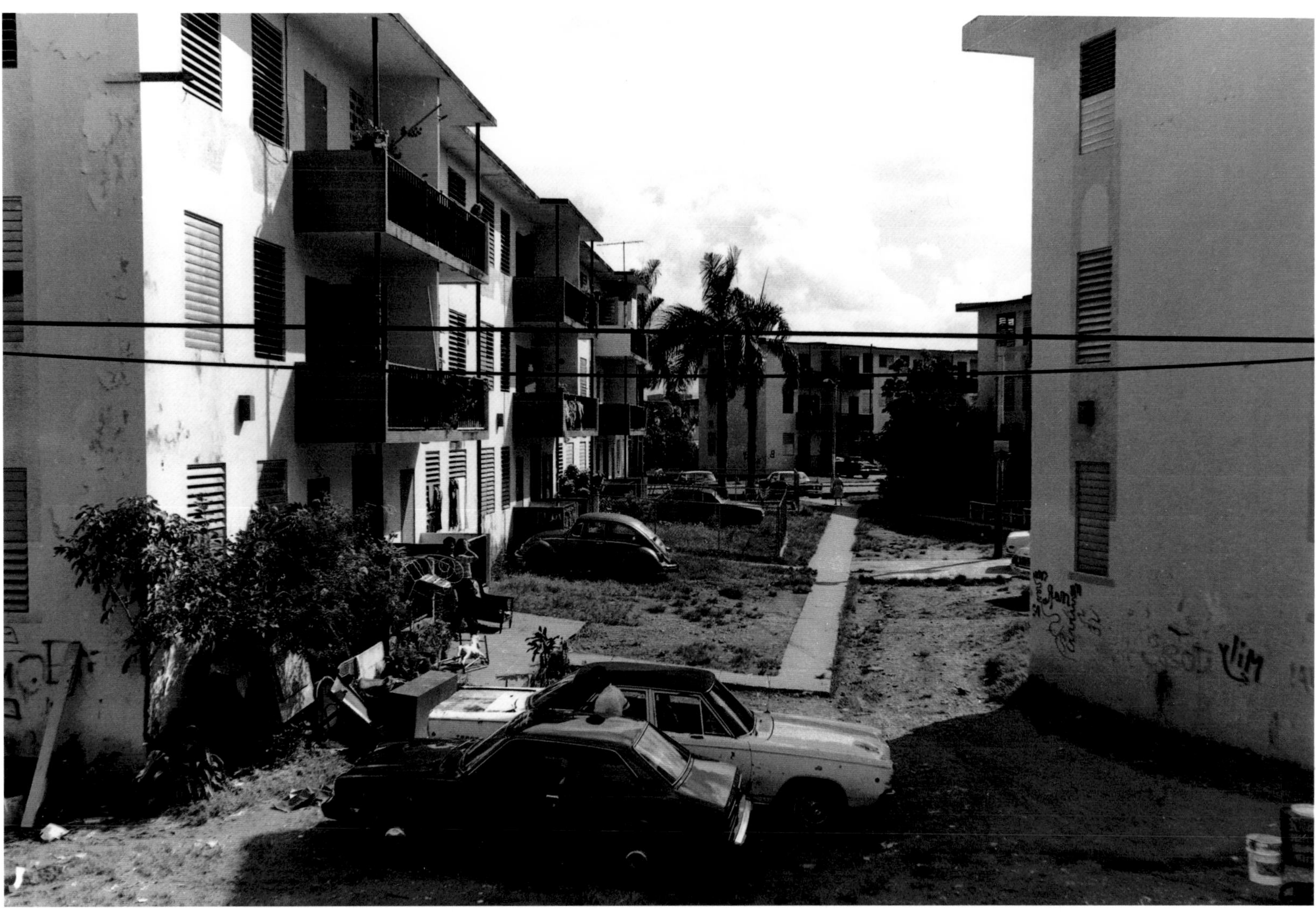

1 9 8 1

Part of the public housing development called Nemesio Canales in Hato Rey ■ Parte de la vivienda pública Nemesio Canales en Hato Rey

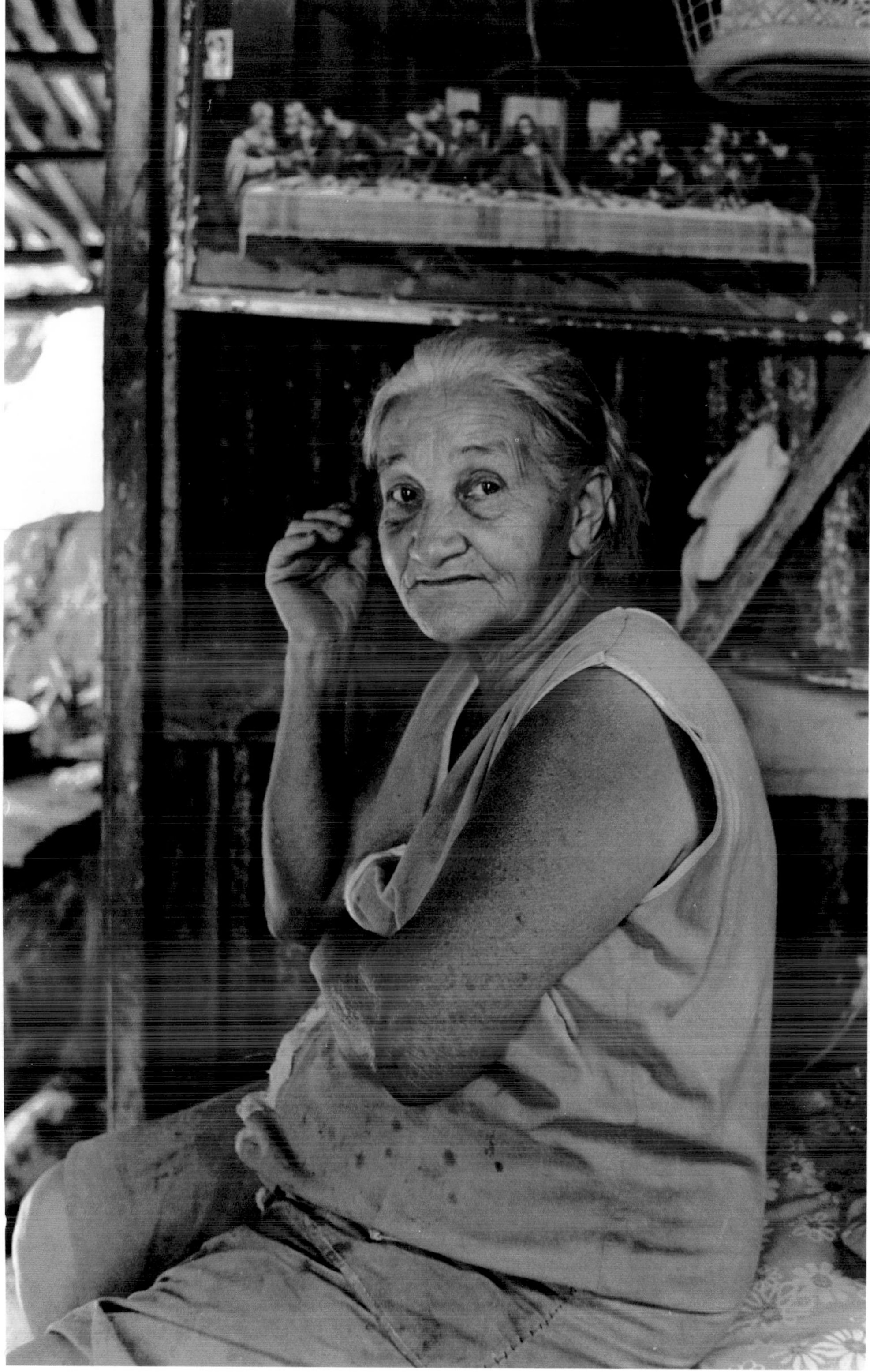

1 9 8 0

Wife of a retired sugarcane worker in Yabucoa ▣ Esposa de un trabajador de caña retirado en Yabucoa

. . . a population full of life, active, anxious for enrichment . . . eagerly sought work, either out of necessity or wishing to prosper.

Memorandum Concerning the Agriculture, Commerce and Revenues of the Island of Puerto Rico by Dario de Ormachea, 1847

■

. . . una población activa, llena de vida, ansiosa de riqueza . . . buscaba con afan el trabajo, ya por necesidad, ya por el deseo de prosperar.

Memoria acerca de la Agricultura, el Comercio y las Rentas Internas de la Isla de Puerto Rico de Dario de Ormachea, 1847

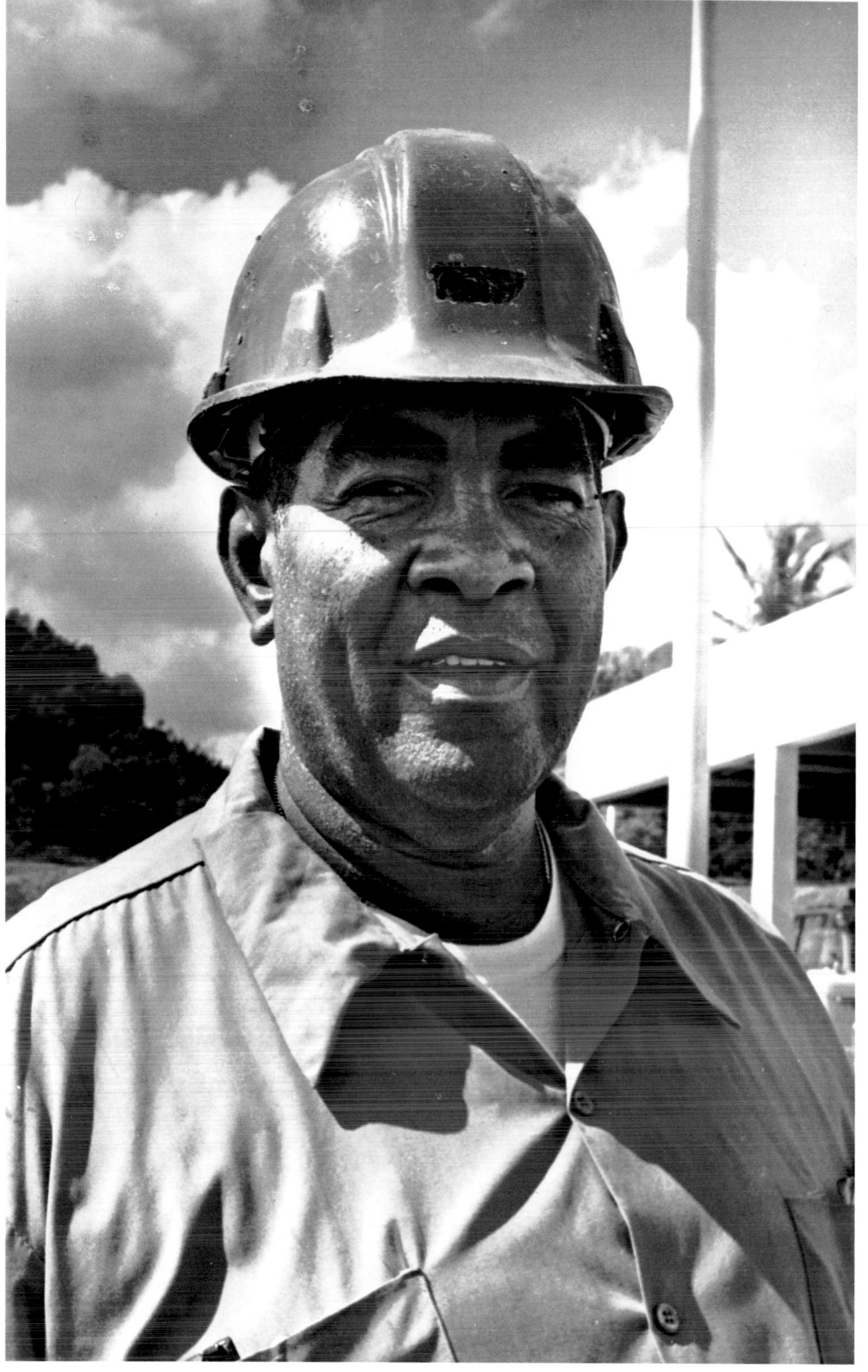

1 9 8 0

A maintenance worker at a pharmaceutical plant in Barceloneta ■ Un técnico de mantenimiento de una planta de productos farmacéuticos en Barceloneta

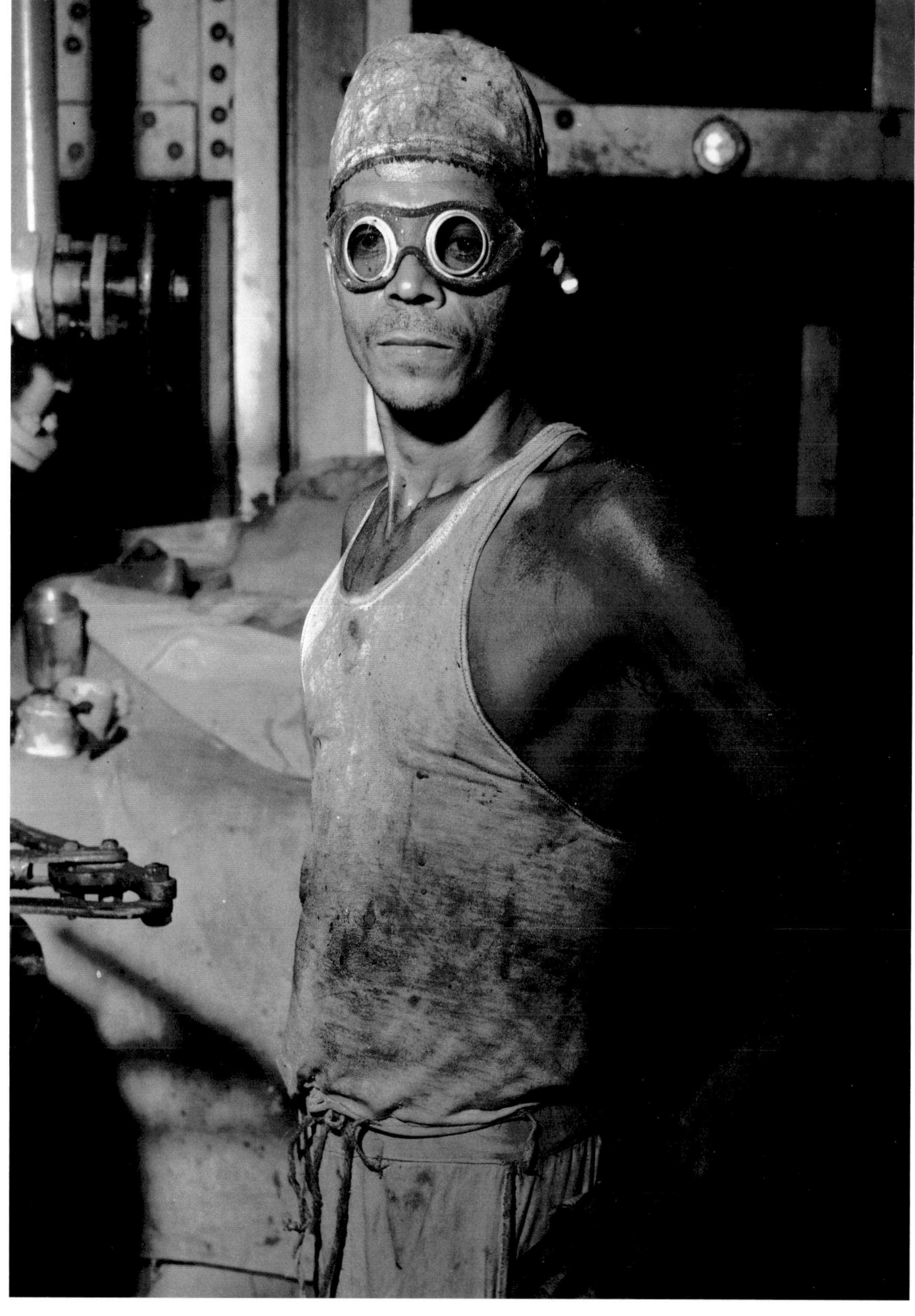

1 9 4 1

A worker in the sugar refining mill in Guánica ■ Un trabajador en la central azucarera de Guánica

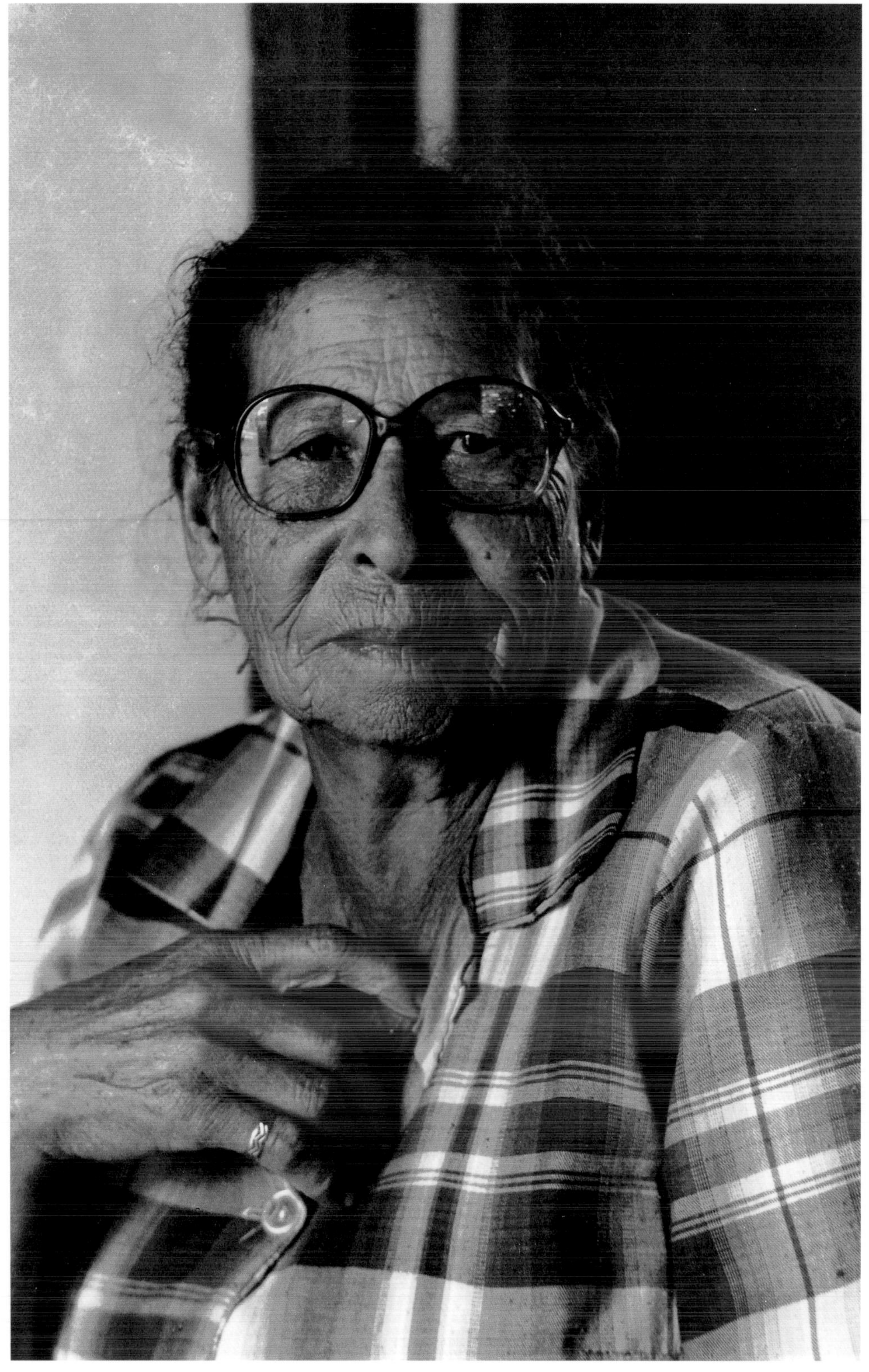

1 9 5 1

Doña Sara Rosario Cruz; she and her husband have a small farm in Cidra, where they have raised fourteen children

■

Doña Sara Rosario Cruz; ella y su esposo son dueños de una pequeña finca en Cidra, en que han criado catorce hijos

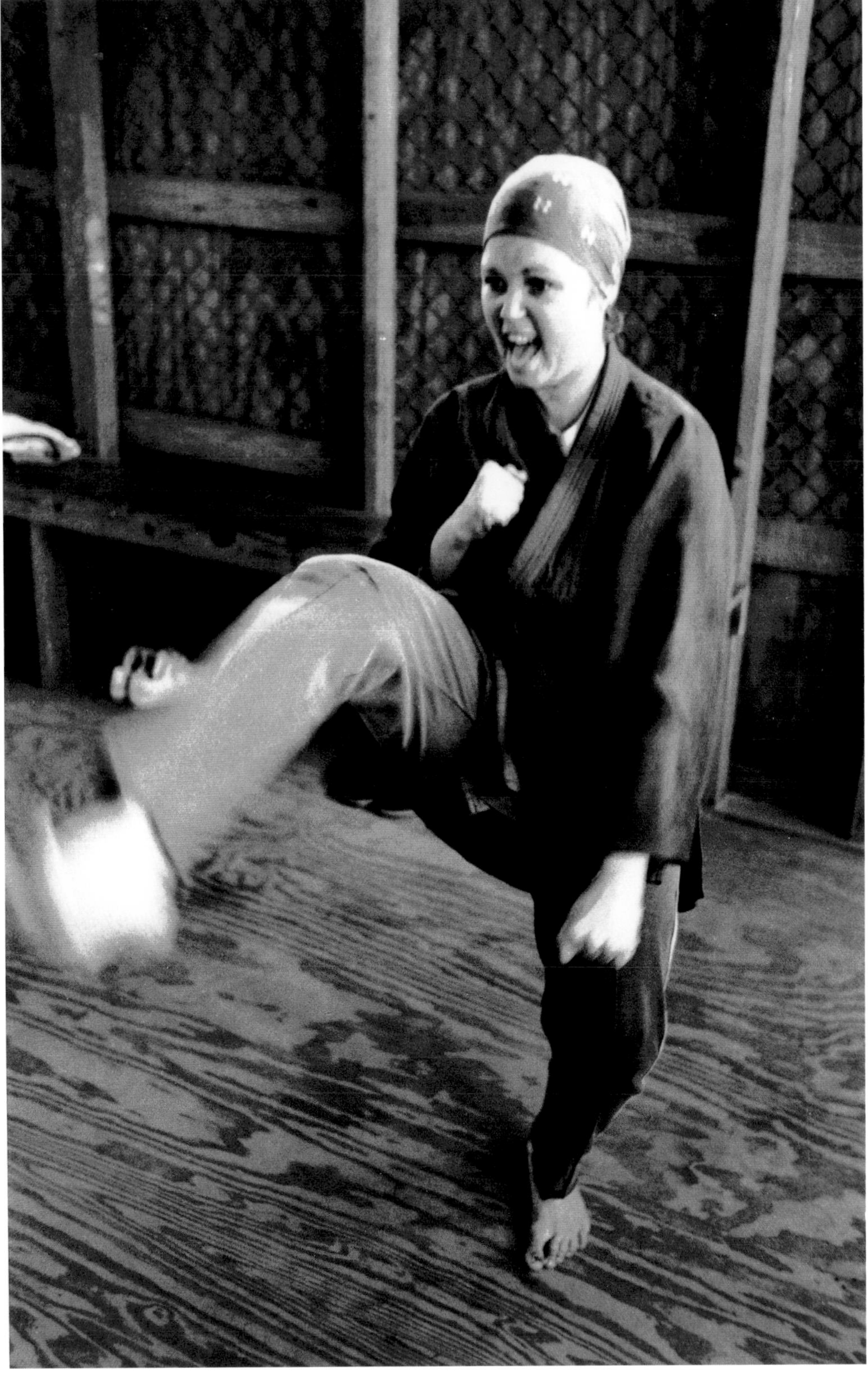

1 9 8 0

Young woman in a karate class in Yabucoa ■ Joven en una clase de karate en Yabucoa

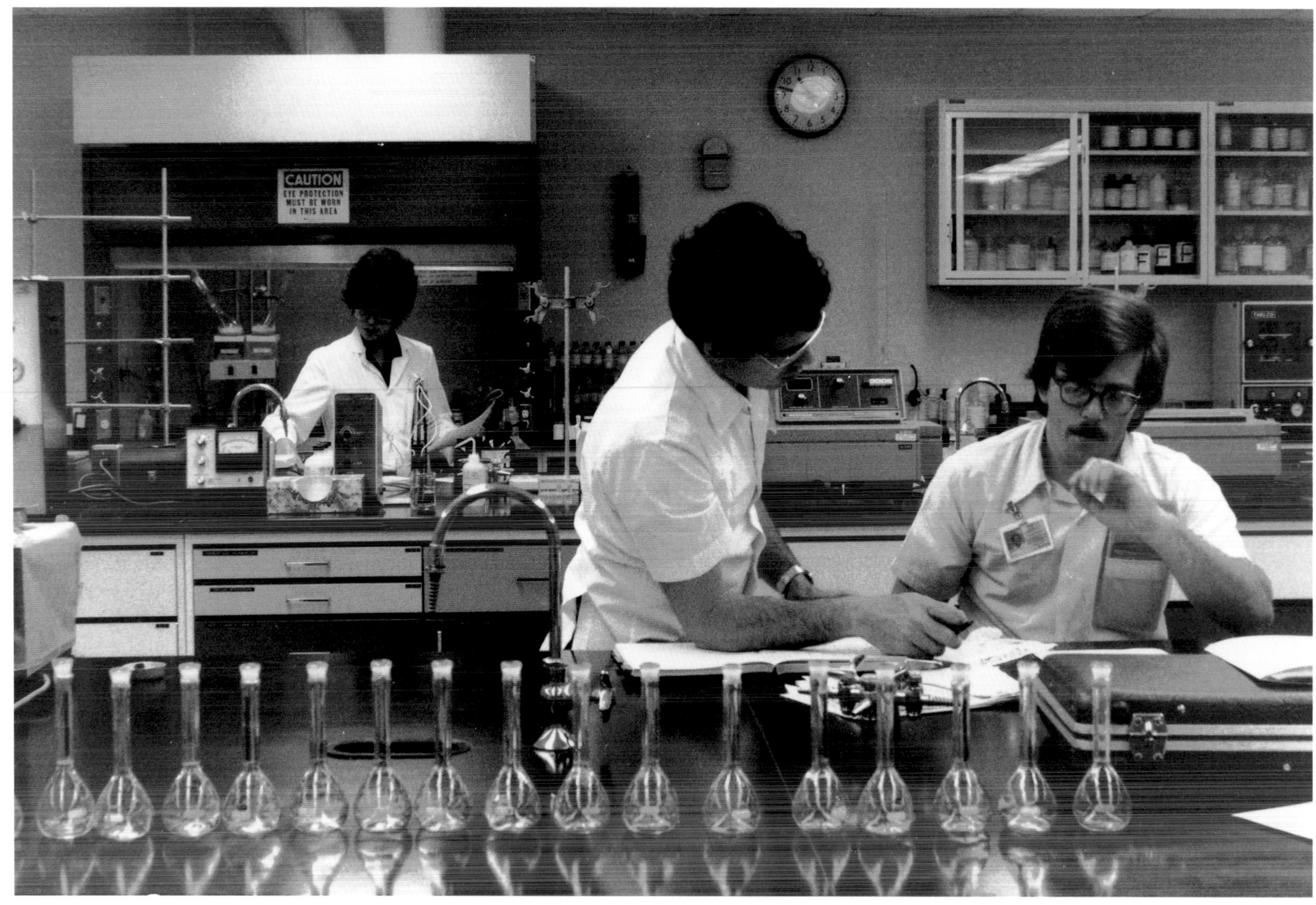

1 9 8 1

In the laboratory of a pharmaceutical plant in Cidra ■ En el laboratorio de una fábrica de productos farmacéuticos en Cidra

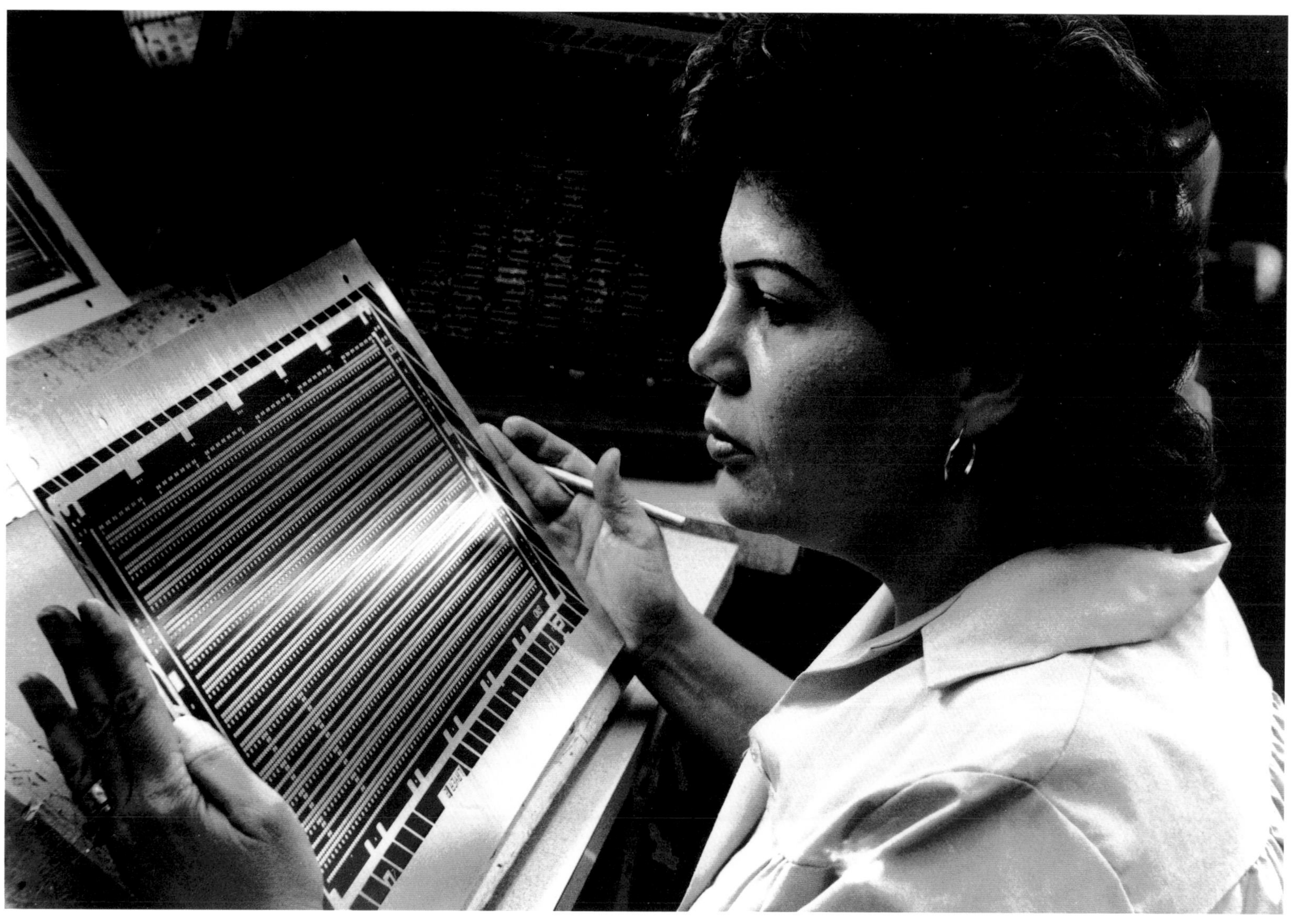

1980

Inspecting parts in a computer factory in San German ■ Inspeccionando piezas en una fábrica de computadoras en San German

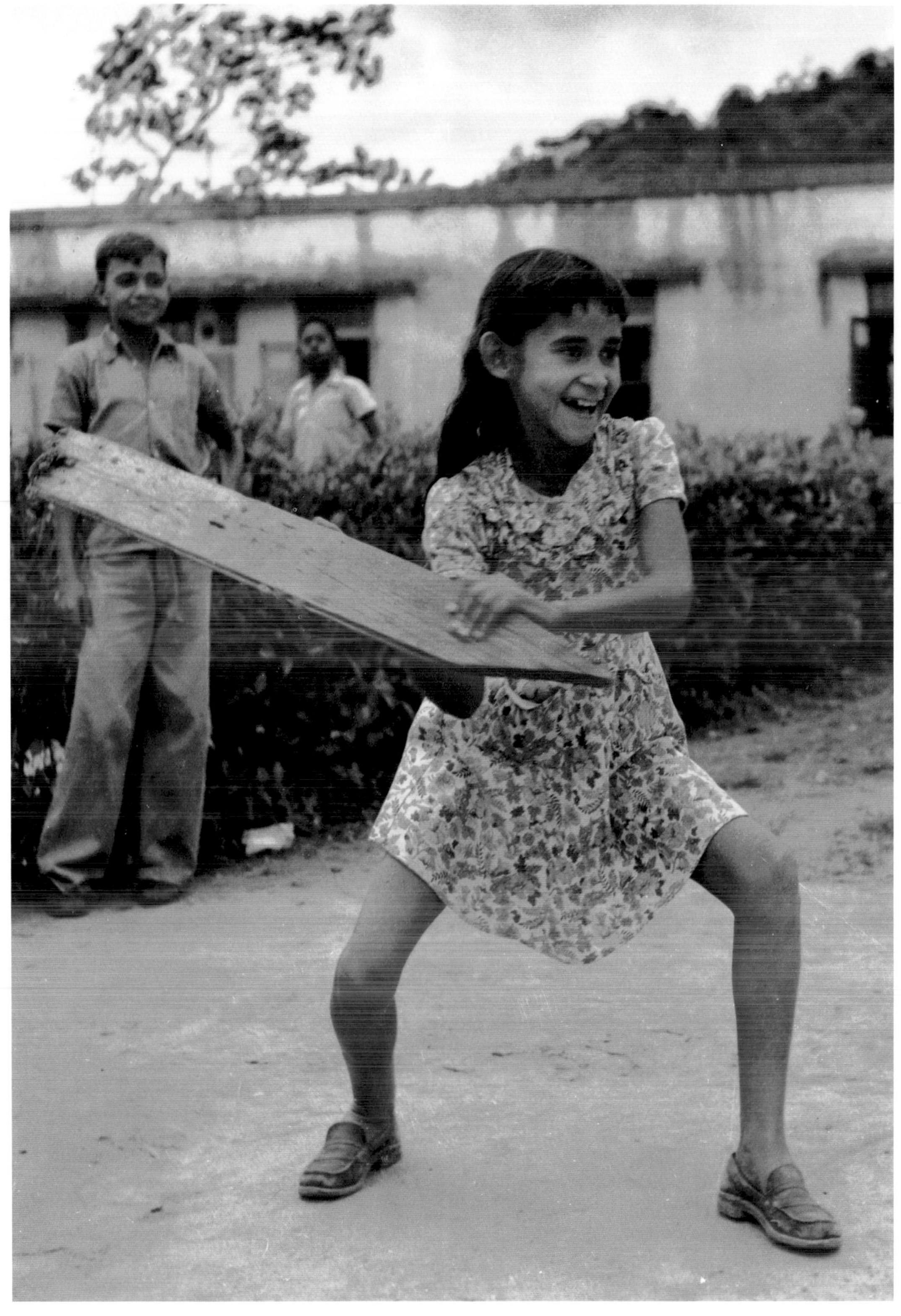

1946

Playing stickball during recess at a public school in Sábana Seca ■ Niña jugando pelota durante el receso en una escuela pública en Sábana Seca

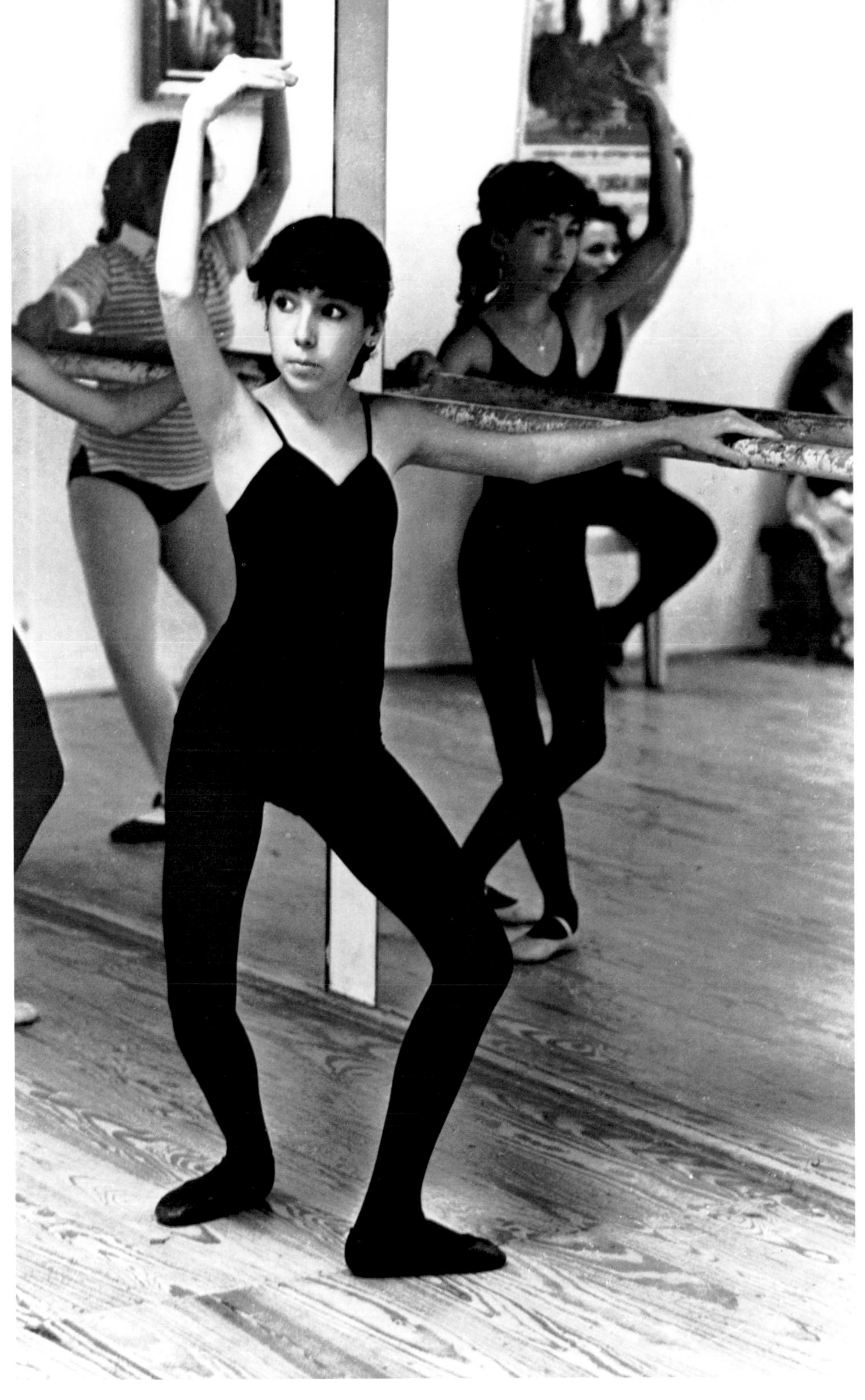

1980

At a ballet class in Río Piedras ■ En una clase de ballet en Río Piedras

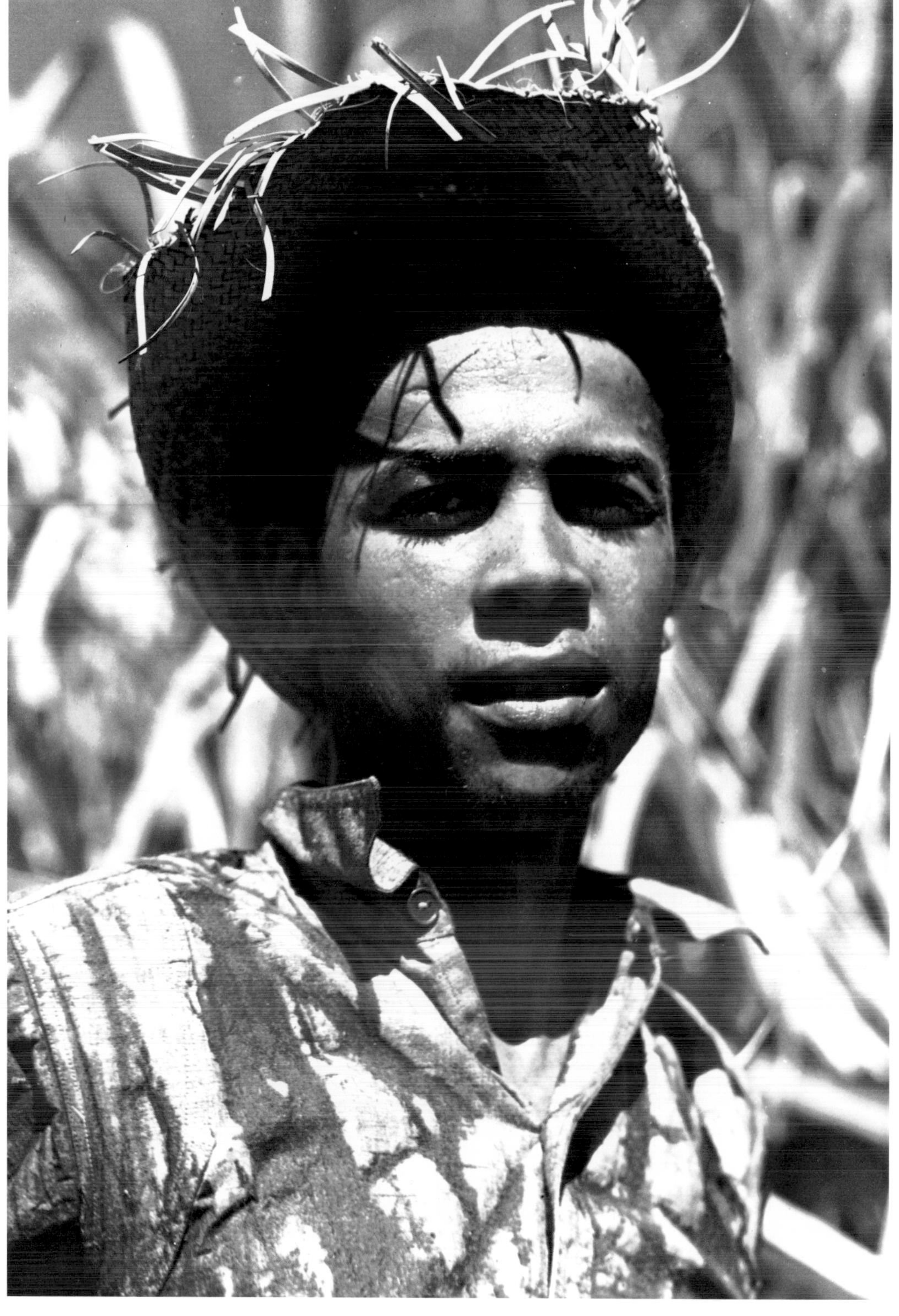

1942

A sugarcane worker near Guánica ■ Un cortador de caña cerca de Guánica

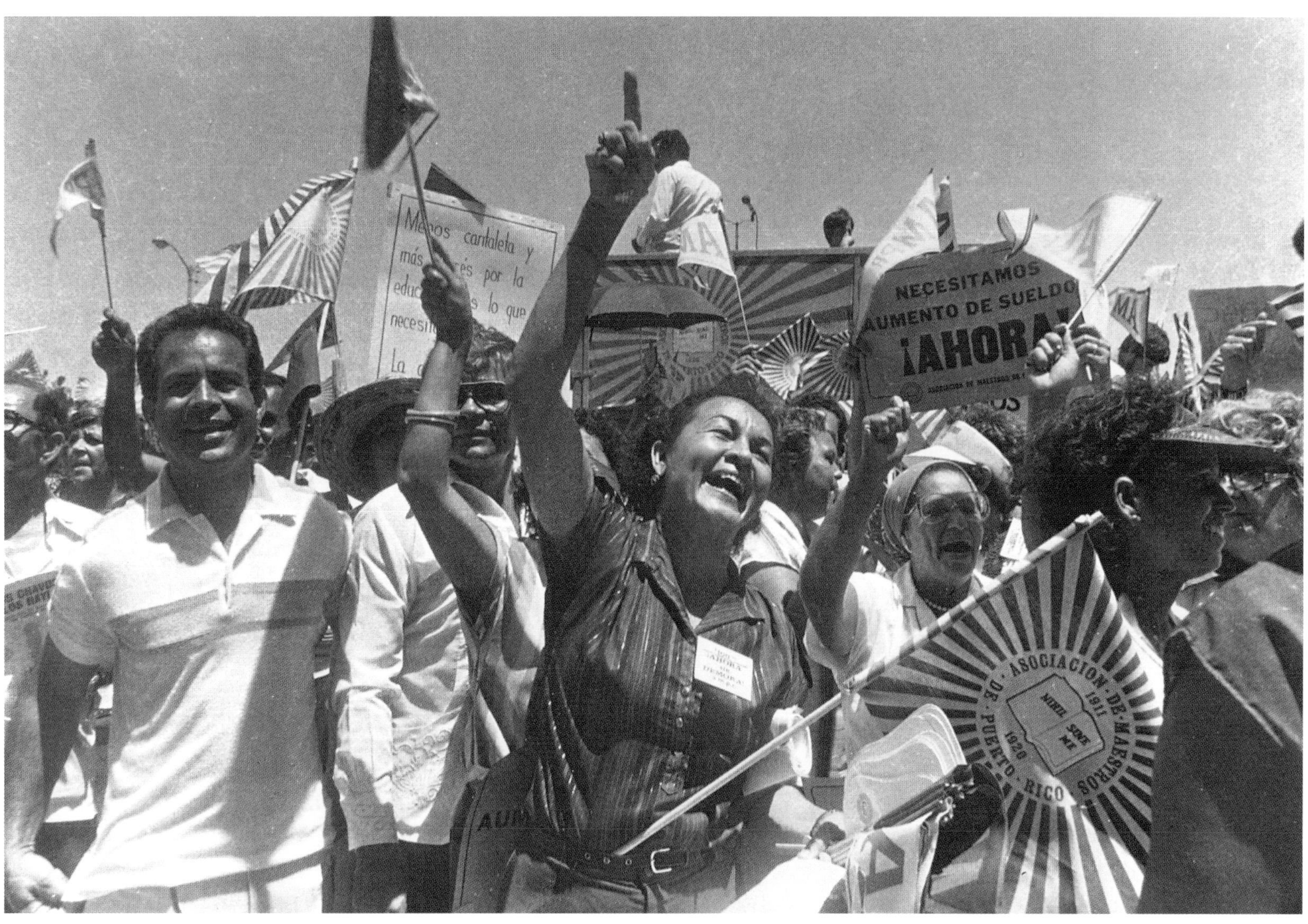

1 9 8 0

Public school teachers demonstrating in front of the capitol building and demanding higher salaries ■ Maestros de escuelas públicas protestando frente al Capitolio en San Juan y exigiendo mejores salarios

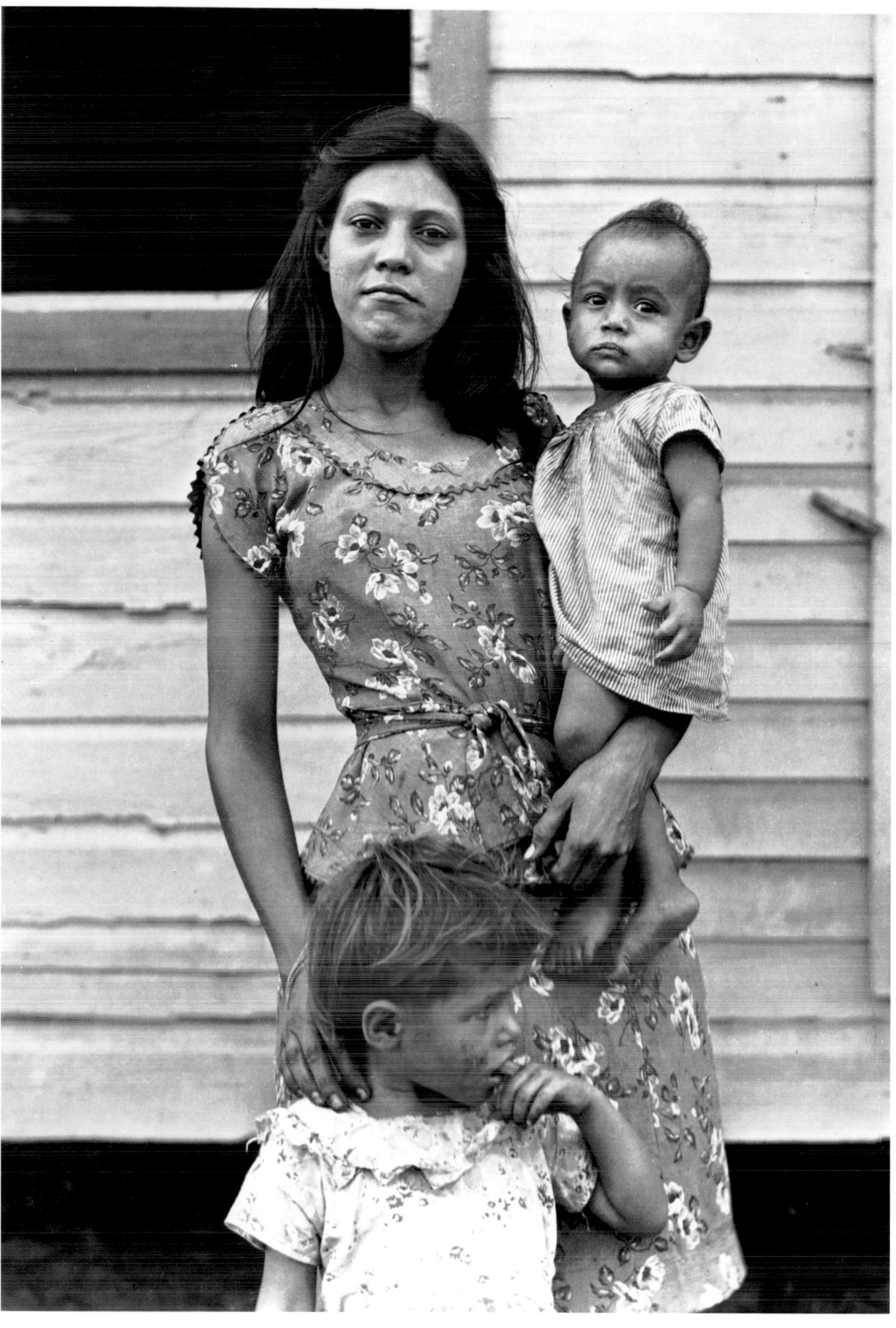

1 9 4 6

Children of a farm laborer living in a community of company houses on a sugar plantation near Lajas ■ Hijos de un trabajador de caña que vivían en una comunidad de casas de la compañía azucarera cerca de Lajas

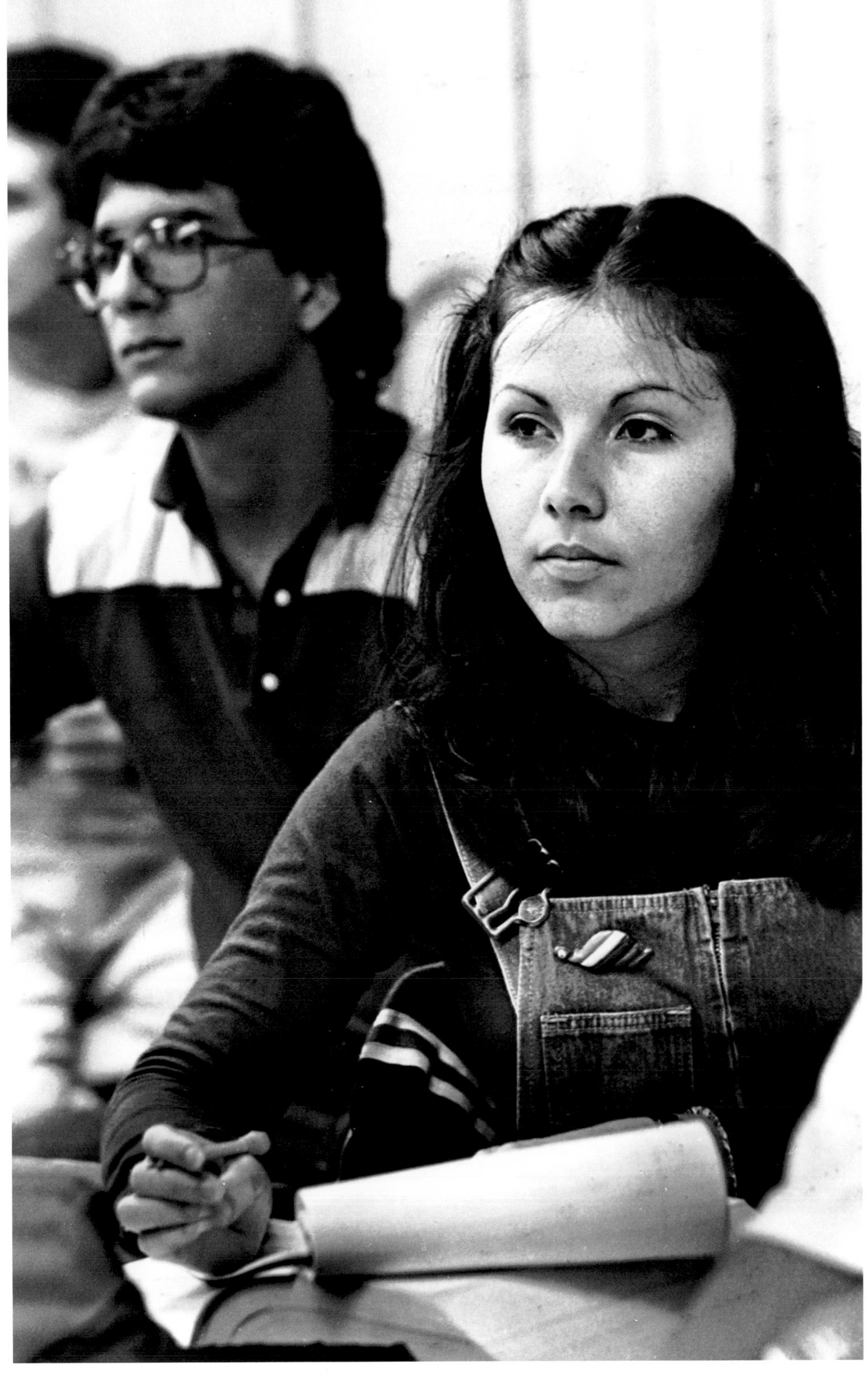

1 9 8 1

Students at the Interamerican University in San Juan ■ Estudiantes en la Universidad Interamericana en San Juan

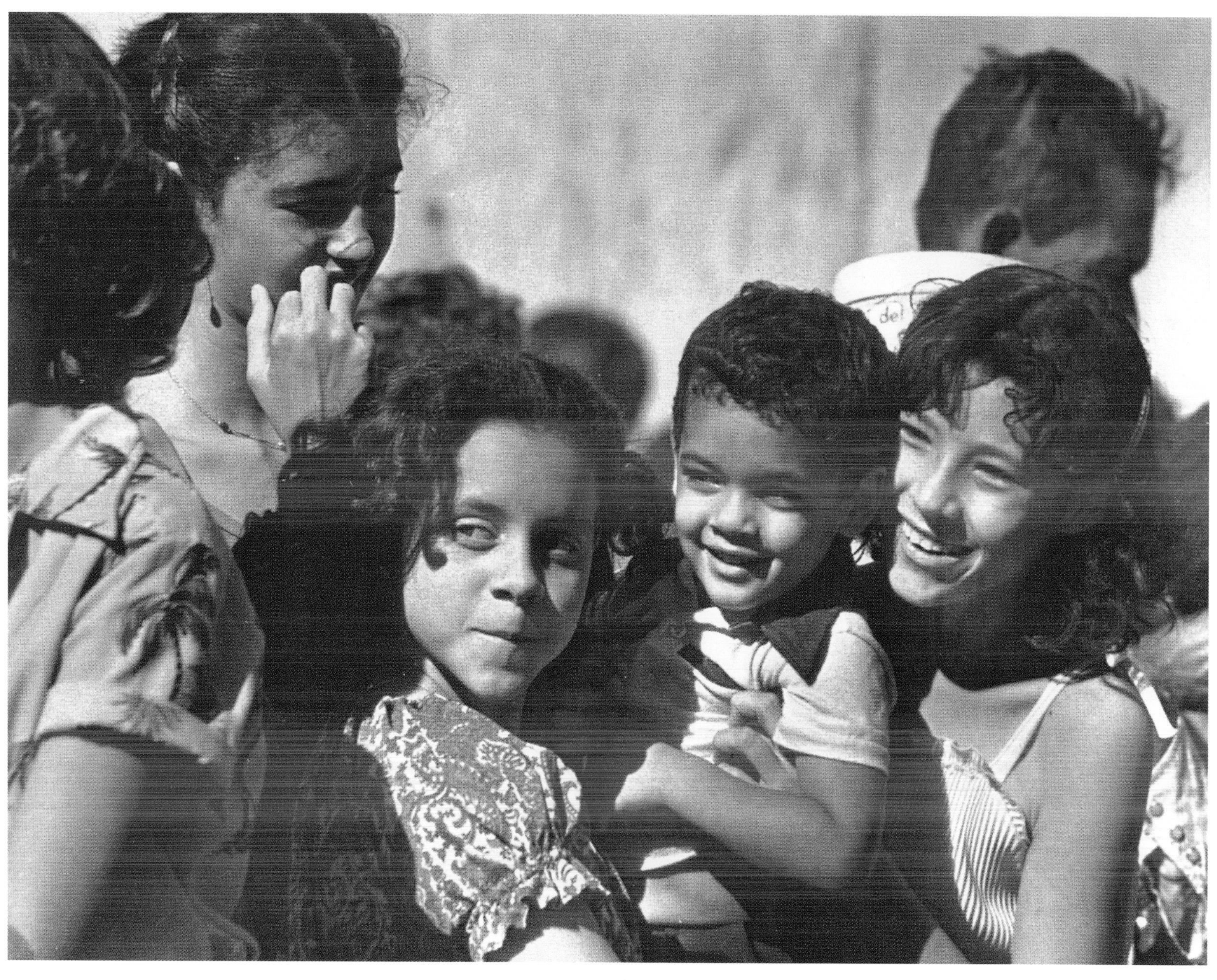

1980

Children watching the parade of floats during the coffee festival in Yauco ■ Niños presenciando el desfile de carrozas en el Festival de Café en Yauco

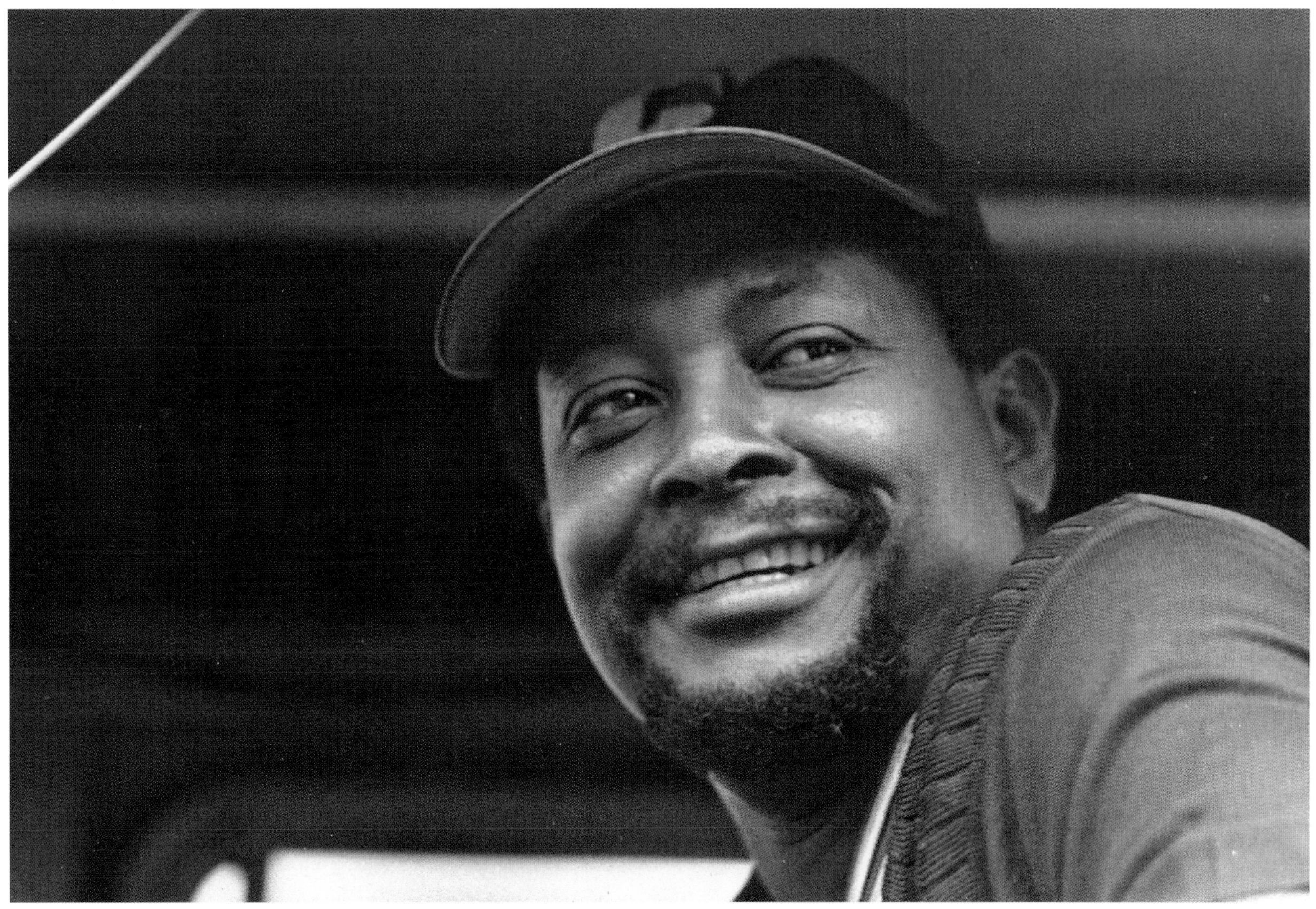

1 9 8 0

A truck driver on the docks of San Juan ■ Un chofer de camión en los muelles de San Juan

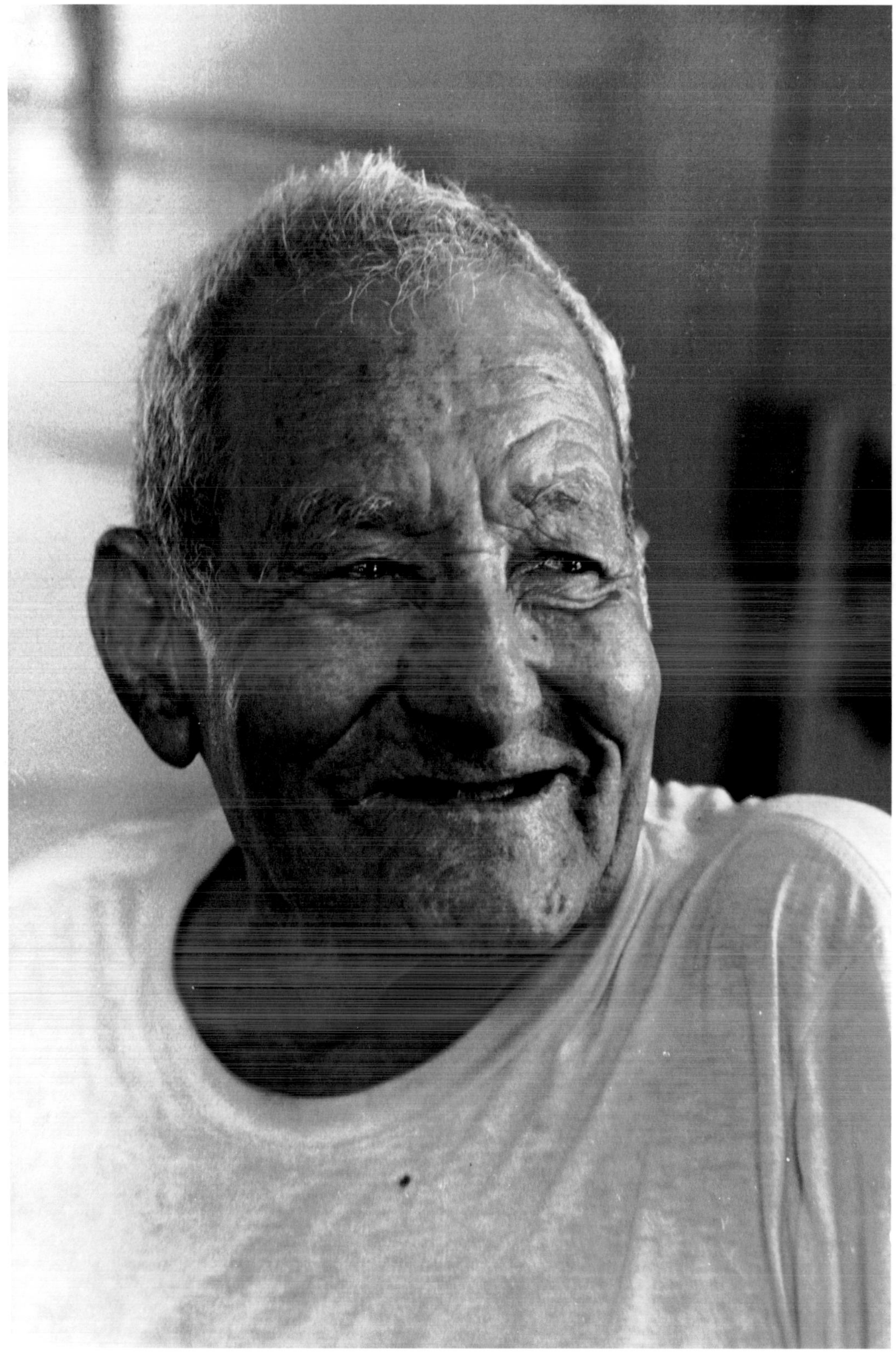

1 9 8 1

Don Vicente Arroyo, a retired sugarcane worker, eighty-two years old; he had spent almost sixty years of his life in the cane fields

Don Vicente Arroyo, ochenta y dos años de edad, un trabajador de caña retirado; habia pasado casi sesenta años de su vida en el cañaveral

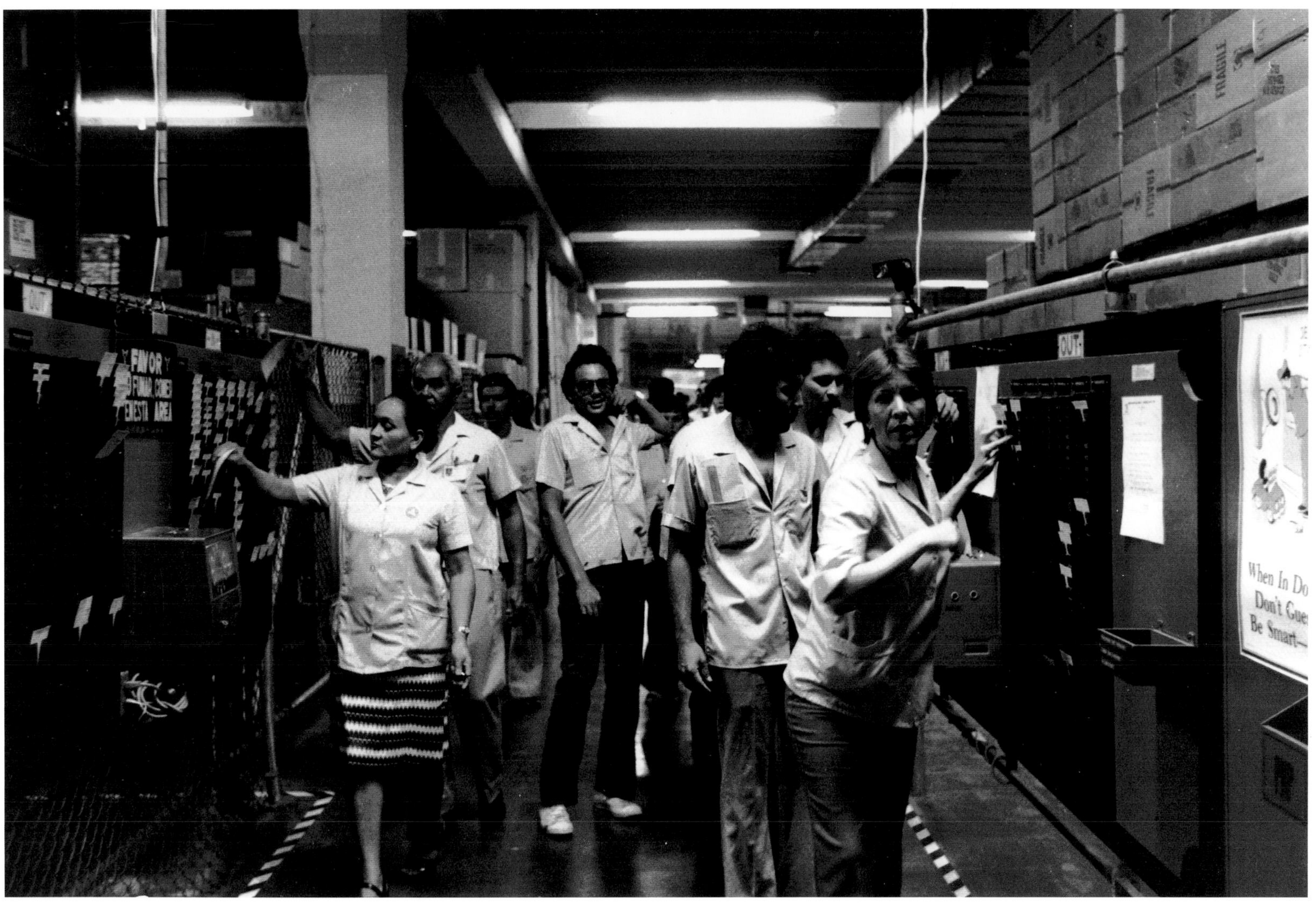

1 9 8 0

Punching the time clock at an electronics equipment factory in Caguas ■ "Ponchando" el reloj en una fábrica de equipo electrónico en Caguas

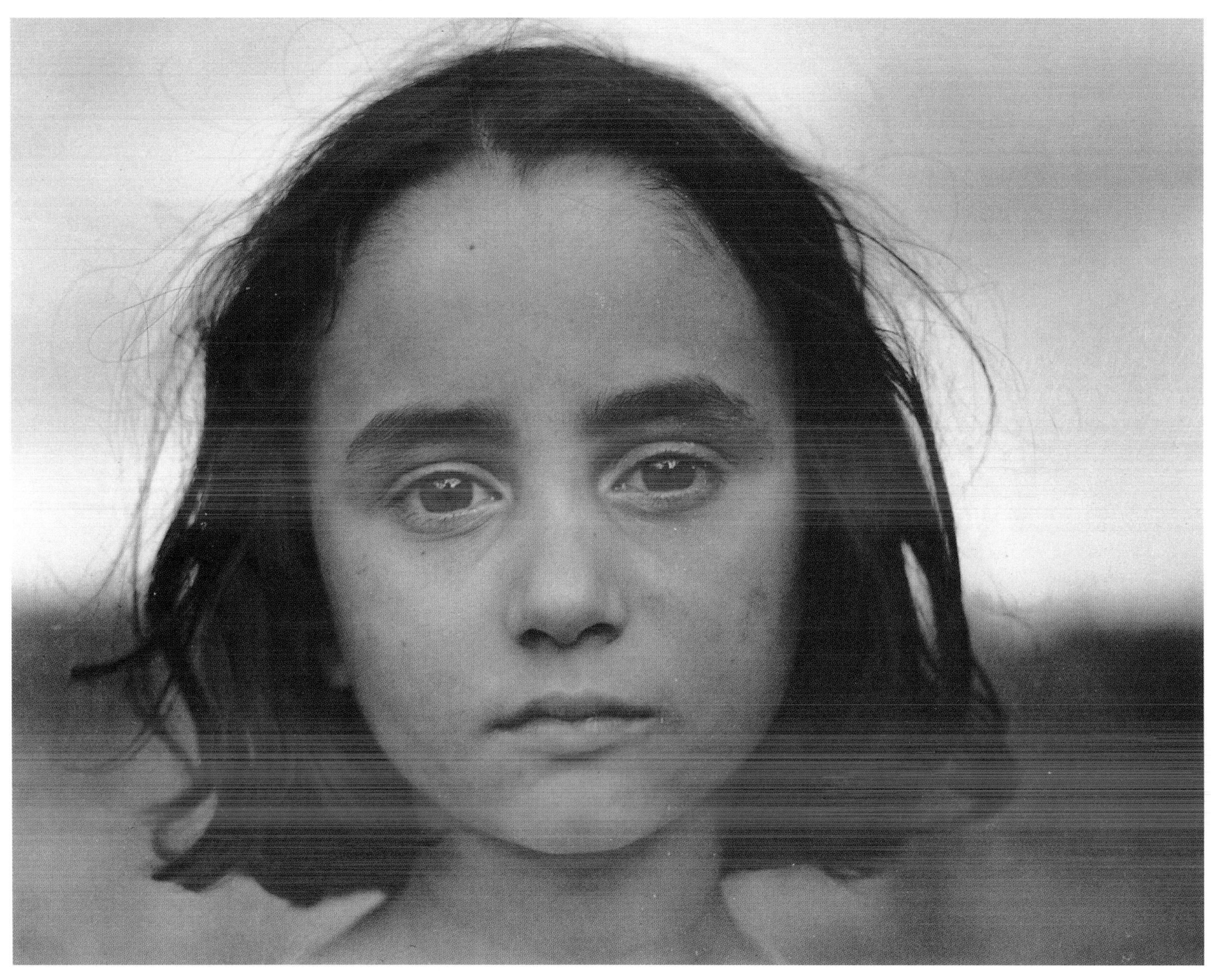

1 9 4 1

Little girl, daughter of a farm laborer, near Caguas ■ Niña, hija de un trabajador agrícola, cerca de Caguas

THE VOICES ▪ LAS VOCES

The following excerpts from conversations with Jack Delano flesh out the portraits of several of his subjects.

Page 50

"I was with the sugar mill since the age of twelve. I was always a cane cutter, and irrigating and shoveling. As a child I worked with the oxen. (You must know that in those days they used oxen to haul cane.) When I started I earned a quarter a day. *Ay, Virgen!* And for twelve hours of work! [He laughs.] In those days nothing was done for the poor. . . . When I was sixty-eight I got sick and retired. Today I live on my social security, the little they send me. With that, well. . . ."

EMILIANO PACHECO VEGA (DON TOLI)
Guayanilla

Page 52

"I was in the fourth grade and had to get up at five in the morning to go to the cane fields in San Antonio and get a list of those who wanted lunches and take it to a woman who prepared lunches. Then I went home. My mother always had coffee for me although there might be no bread. Then off to school. . . ."

FRANCISCO ROMAN
director of employee relations,
a pharmaceutical company in Barceloneta

Las siguientes excertas de conversaciones con Jack Delano dan sustancia a los retratos de varios de sus sujetos.

Página 50

"Desde los doce años trabajaba yo con la Central. Siempre fuí picador de caña, regando y palero. Cuando niño mi trabajo era dar rabo. (Usted tiene que saber que en aquella época se usaba bueyes para cargar caña.) Yo empecé ganado una peseta. ¡Ay, Virgen! Y por doce horas! En aquella época no se hacía nada por la pobreza. . . . A los sesenta y ocho me enfermé y me retiré. Hoy vivo de mi segurito social, lo poco que me mandan. Con eso, pues. . . ."

EMILIANO PACHECO VEGA (DON TOLI)
Guayanilla

Página 52

"Yo estaba cursando cuarto grado y tenía que levantarme a las cinco de la mañana para ir a la pieza de caña de la hacienda San Antonio para buscar la cuenta de los almuerzos para traerla a una señora que echaba almuerzos. Después llegaba a mi casa. Mi madre siempre me tenía café, aunque no apareciera el pan. Y de allí pa' la escuela. . . ."

FRANCISCO ROMAN
director de relaciones con los empleados
de una compañía de productos
farmacéuticos en Barceloneta

Page 53

"I used to get up at two in the morning . . . working away without taking time out for lunch . . . and if there was lunch we ate it, you know . . . with dirty hands and all filthy and no time even to go to. . . . Eating dirt, eating garbage . . . trying to earn another penny. . . ."

VINCENTE ARROYO
(DON VINCENTE)
eighty-two, a retired sugarcane worker in Guayama

Page 63

"There was a tremendous strike . . . terrible . . . heads of families killed . . . oh, they committed savageries . . . as they were in power they sent for the police . . . then, on the road, oh, they had no pity . . . twisted, dead. . . . During the time of 'slavery' we used to work twelve hours for $1.43. After the strike there was more respect for people. . . . The poor came into their own when Marín, Muñoz Marín took over. May God keep him in His glory! He is the one who fixed up the country a little. But we've almost gone back to the same thing. . . . There are always abuses against the poor."

DON SANTOS COLON
ninety-two, a retired sugarcane worker in Yabucoa

Page 64

"What we earned was a pittance, not enough to eat on. And of course you must understand that the 'alma mater' of the worker is the strike, it is the machete he has for defending himself. But what happens? In that strike there were a lot of strikebreakers too, you know."

DON VICENTE ARROYO

Page 65

"The workers were on strike and then the administrator [of the sugar mill] and his employees entrenched themselves in the mill, and when the workers passed they were shot at and two died. At the funeral of those two workers don Luis Muñoz Marín was the principal orator at the cemetery in Guayama."

DON ERNESTO
CARRASQUILLO
mayor and union leader in Yabucoa in 1941

Página 53

"Yo me leventaba a las dos de la mañana . . . sin coger hora de almuerzo a veces era allí bombeando y bombeando . . . y si el almuerzo nos lo comíamos, oiga, era . . . con las manos sucias y to' ca ___, no había tiempo para ir a . . . oiga, comiendo tierra, comiendo porquería . . . buscando para coger un centavo más. . ."

VICENTE ARROYO
(DON VICENTE)
ochenta y dos años, trabajador de caña retirado en Guayama

Página 63

"Hubo una huelga muy tremenda . . . demasiado . . . mataron padres de familia . . . bueno, hicieron barbaridades . . . como ellos estaban en el poder mandaron a buscar la policía . . . entonces, en el camino, ay, eso da compasión . . . virado, muerto. . . . Cuando la esclavitud trabajabamos doce horas por $1.43. . . . Después de la huelga ya se respetaba más a las personas. . . . El pobre se vino a defender cuando entró Marín, Muñoz Marín. ¡Que Diós lo tenga en la gloria! Ese fue el que arregló el país un poco. Pero casi hemos vuelto a lo mismo. . . . Siempre hay atropellos contra el pobre."

DON SANTOS COLON
noventa y dos años, trabajador de caña retirado en Yabucoa

Página 64

"Lo que se ganaba era una miseria. No daba pa' comer. Y desde luego, usted tiene que saber que el 'alma mater' del obrero es la huelga, es el machete que tiene para defenderse. Pero ¿Qué pasa? En esa huelga había muchos rompehuelgas también, sabe."

DON VICENTE ARROYO

Página 65

"Los trabajadores estaban en huelga y entonces el administrador y sus empleados se entrencharon [en la central] y cuando los huelguistas pasaban, les entraron a tiros y mataron dos. Cuando el entierro de estos trabajadores don Luis Muñoz Marín despidió el duelo en el cemeterio de Guayama."

DON ERNESTO
CARRASQUILLO
alcalde y dirigente de la unión en Yabucoa en 1941

Page 67

"I work in the sugar mill . . . I make $3.50 an hour. After four o'clock we get double pay. During the time of repairs one can put in 60 hours and even 100 hours in a week and earn as much as $400. . . . Now? Right now I am unemployed. They fired 90 percent of the people. I've looked everywhere but things are bad. Meanwhile one has to be, you know, like a little bird, looking everywhere for a bit of straw."

MIGUEL COLON
Yabucoa

Page 81

"It was in my family's house in 1873 that the abolition of slavery was proclaimed. And in 1898, when the Americans landed in Guánica, General Miles made the house his headquarters."

BUENAVENTURA
QUINONES CHACON
(son of Don Luis)

Page 97

"I remember that I was in the second grade [when the picture was taken] . . . . I got married when I was fifteen and now have four children, a daughter who is studying at Turabo University College to be a teacher. After getting married I worked at the Consolidated Cigar Company, and my husband worked in sugarcane and tobacco. At that time there was no water in the barrio. . . . We ate meat once a week. If you wanted to eat you had to go into town and bring food for that day's meal because there was no way to freeze anything."

ROSIN CASILLAS
Cidra

Page 114

"The only thing I can tell you about my life is that all my life I have been a happy person. I like to dance, I like reciting poetry, and I like dolls. What else can I tell you?"

DONA TERESA
VALENTIN
eighty-two years old, in the senior citizens center at the public housing project called Luis Llorens Torres

Página 67

"Trabajo en la central . . . gano $3.50 la hora. Después de las cuatro es pago doble. En tiempo de reparaciones uno puede meter sesenta horas, hasta 100 horas en una semana y ganarse hasta 400 pesos la semana. . . . ¿Ahora? Ahora estoy desempleado. Suspendieron el noventa porciento de la gente. Yo he buscado por todos los sitios, pero los trabajos están flojos. Mientras tanto uno tiene que estar mire, como las reinitas, buscando una pajita por todos lados."

MIGUEL COLON
Yabucoa

Página 81

"Fue en la casa de mi familia que se declaró la abolición de la esclavitud en 1873. Y cuando entraron los norteamericanos por Guánica, el general Miles estableció sus cuarteles generales en la misma casa."

BUENAVENTURA
QUINONES CHACON
(hijo de Don Luis)

Página 97

"Recuerdo que yo estaba en segundo grado [cuando se tomó la fotografía]. . . . Me casé a los quince años y tengo cuatro hijos, una hija que estudia para maestra en el Colegio Universitario del Turabo. Despúes de casarme trabajé en la Cosolidated Cigar Company de Cayey y mi esposo trabajó en la caña y tabaco. En aquella época no había agua en el barrio. . . . Se comió carne un día a la semana. Si uno quería comer tenía que ir al pueblo y traer para el mismo día porque no había para "frizar" [congelar].

ROSIN CASILLAS
Cidra

Página 114

"Lo unico que le puedo decir de mi vida es que he sido toda mi vida una persona alegre. Me gusta bailar, me gusta recitar, me gustan las muñecas. ¿Que más le puedo decir?"

DONA TERESA
VALENTIN
ochenta y dos años de edad, en el Club de Oro del caserío Luis Llorens Torres

Page 126

"I don't want to know anything about politics anymore. I put on a program and I want them to educate me—that man there has been an educated and prepared man—to teach me. But now the politicians have gone in for personal attacks. To convince a people you don't have to use insults. It's no more than bad breeding. If I am your adversary I don't have to attack you personally. . . . Muñoz Marín was the best professor that educated the politicians but they have already forgotten all that. That makes me angry . . . I don't put on those programs. Not one side nor the other."

DON VICENTE ARROYO

Página 126

"Yo no quiero saber de política ya. Yo pongo un programa y yo quiero que me eduquen—ese hombre que está hablando allí ha sido un hombre educado y preparado—que me enseñe. Pero ya los políticos van personalmente. Para convencer a un pueblo no hay que insultarlo. No es más que la mala crianza. Si soy un adversario no debo atacarlo personalmente. . . . Muñoz Marín fue el mejor profesor que educó a los políticos pero ya se les olvidó to' eso. . . . A mi me da coraje eso. Yo no pongo los programas. Ni de uno ni del otro."

DON VICENTE ARROYO

Page 140

"I remember once . . . there were many bridges . . . and my brother went and came with a can of water, and he fell into the mud and was drowning and we, from the bridge, we pulled him out . . . because the mud was very soft, like a swamp."

EVARISTO REYES
former resident of the slum area

Página 140

"Me acuerdo cuando una vez . . . había muchos puentes . . . entonces mi hermano fué y venía con una lata de agua, y se cayó al fango y se estaba hundiendo y nosotros, por el puente ese, lo halábamos . . . porque el fango era blandito, era como un pántano."

EVARISTO REYES
ex-residente del arrabal

Page 142

"The land was idle and uncultivated, and the Lord made the land for those who work it and live by it. Here I am at peace. We are like a family and help each other."

Woman squatter at the illegal community
Villa Sin Miedo

"Just as if it were a well-planned military operation, today the eviction of Villa Sin Miedo was carried out. In spite of the preparations, one policeman died and several residents were wounded."

News bulletin on WAPA-TV, channel 4

Página 142

"La tierra era baldía, y el Señor hizo la tierra para los que la viven y trabajan. Aqui estoy tranquila. Somos como una familia ayudandose unos a los otros."

Señora invasora (rescatadora) de la
comunidad Villa Sin Miedo

"Tal y como si fuera una operación militar bien planificada se realizó hoy el desalojo de la comunidad Villa Sin Miedo en Río Grande. No obstante los preparativos, un policía murió y varios residentes resultaron heridos."

Boletín de noticias en WAPA-TV,
canal 4

Page 143

"Where my parents live started as a squatter community a long time ago. That was the way poor people had of solving their housing problem. When I found out about this place I figured it was an opportunity to get my own home."

FRANCISCO VELLON
resident of the community
Villa Sin Miedo

Página 143

"Donde viven mis padres esto era un 'rescate' hace muchos años. Esa era la manera que la gente pobre resolvía sus problemas de vivienda. Cuando me enteré de este lugar pensé que era una oportunidad de conseguir un hogar propio."

FRANCISCO VELLON
residente de la comunidad
Villa Sin Miedo

Page 152

"We had neither water nor light. I remember that for water we had a fifty-five-gallon drum, and one of our duties, the older ones, was to fill the drum every day from a public faucet, carrying water in one of those five-gallon lard cans. For light we had a kerosene lantern, and when we had to study at night, candles."

FRANCISCO ROMAN
Barceloneta

Página 152

"No había ni agua ni luz. Me acuerdo que el agua, nosotros teníamos un dron de cincuenta y cinco galones, y una de las tareas de nosotros, los mayores, era, con una lata de manteca, teníamos que llenar el dron los sábados de una pluma pública. Nos alumbrabamos con un quinqué, y cuando había que estudiar de noche, con velas."

FRANCISCO ROMAN
Barceloneta

Page 159

"I would say that in those days there was more respect for the teacher on the part of the students. The teacher was a symbol in the community and required greater consideration. There was a sort of greater closeness between the school and the community. With the coming of progress that relationship has been disappearing."

ANGEL SILVA
assistant superintendent of schools, Corozal

Página 159

"Yo diría que en aquella época como que habia más respeto de parte de los estudiantes hacia el maestro. El maestro era un símbolo en la comunidad y exigía mayor consideración. Había como un acercamiento más estrecho entre la escuela y la comunidad. Con el progreso se ha ido perdiendo esa relación."

ANGEL SILVA
superintendente de escuelas auxiliar, Corozal

Page 199

"Today if you're going to build a house, the first thing you have to order made is the iron grillwork, as if my family were some lions, fierce beasts . . . . Lock up my family. You have to live in fear without having done harm to anyone."

DON VICENTE ARROYO
Guayama

Página 199

"Hoy usted va a hacer una casa y lo primero que tiene que mandar a preparar es la reja, como si mi familia fuera unos leones, unas fieras bravas. . . . Encerrar a mi familia. Tiene usted que vivir con miedo, sin hacerle daño a nadie."

DON VICENTE ARROYO
Guayama

Page 204

"[In the forties] my husband, don Santos, always bought our bread in Humacao—it was better than the bread here in Yabucoa. One Saturday he came home and told me: 'Lora, it brought tears to my eyes, I saw a man collecting the crumbs of bread from the counter in the bakery so his family could eat.' In those days bread cost six cents a loaf."

WIFE OF
DON SANTOS COLON
Yabucoa

Página 204

"[En los cuarenta] my esposo, don Santos, siempre compraba el pan en Humaco—era mejor que el pan de aquí, de Yabucoa. Un sábado vino a casa y me dijo: 'Lora, se me echaban las lagrimas, ví a un hombre recogiendo la migas del mostrador de la panadería y diciendo que se los llevaba para que su familia pudiera comer.' En aquella época el bollo de pan costaba seis centavos."

ESPOSA DE
DON SANTOS COLON
Yabucoa

Page 220

"Life has changed so much that today one lives well. What is lacking is an awareness of humanity . . . we have forgotten the Golden Rule. I think the best people the world has ever seen, most of them, have been the Puerto Ricans, human toward one another. But we have forgotten our humanity. If my neighbor falls ill and I am a man of human feelings, it is my duty to go and ask about his health every other day. And today there have been cases, and still are cases, when this fellow can die over there locked up and me over here let him die for lack of a glass of water. . . . However, in the old days it wasn't like that."

DON VICENTE ARROYO
Guayama

Página 220

"Ha cambiado tanto y tanto la vida que hoy se vive bien. Lo que no hay es conciencia de la humanidad . . . a nosotros se nos ha olvidado del humanismo. Yo creo que la gente mejor que ha habido en el mundo, en su mayoría, ha sido el puertorriqueño—humano uno con el otro. Pero hemos olvidado del humanismo ya. Si mi vecino cae enfermo yo debo ir a preguntar por él un día sí y un día no. Y hoy se ha dado, y está dando, el caso, de que este se muere encerrado por alla y yo aquí dejo que se muera por falta de un vaso de agua. . . . Sin embargo, antes no era así."

DON VICENTE ARROYO
Guayama

TECHNICAL INFORMATION • INFORMACION TECNICA

CAMERAS • CAMARAS

1941 Speed Graphic 4¼ × 3¼
Graflex 4 × 5
Rolleiflex
Leica
Contax

1946 Speed Graphic 4 × 5
Graflex 4 × 5
Rolleiflex
Contax

1980 Nikon
Hasselblad
Bush 4 × 5

1941 Speed Graphic 4¼ × 3¼
Graflex 4 × 5
Rolleiflex
Leica
Contax

1946 Speed Graphic 4 × 5
Graflex 4 × 5
Rolleiflex
Contax

1980 Nikon
Hasselblad
Bush 4 × 5

LABORATORY • LABORATORIO

All 1941–42 film was processed at the FSA laboratory in Washington, D.C. Developer: Harvey 777 and Kodak Microdol.

The photographs of 1946 were developed by the laboratory of the Office of Information of the Fortaleza in San Juan in Kodak D-76.

All the rest of the negatives were developed in the photographer's own laboratory in Río Piedras, Puerto Rico, using the developers recommended by Kodak and Ilford.

Toda la pelicula de 1941 y 1942 fue procesadas por el laboratorio de la FSA en Washington, D.C., en el revelador Harvey 777 y en Microdol de Kodak.

Las fotografías de 1946 se revelaron en el laboratorio de la Oficina de Información de la Fortaleza, en San Juan, en el revelador Kodak D-76.

Toda la demas película la reveló el propio fotógrafo en su laboratorio en Río Piedras, Puerto Rico, usando los reveladores recomendados por las compañias Kodak e Ilford.

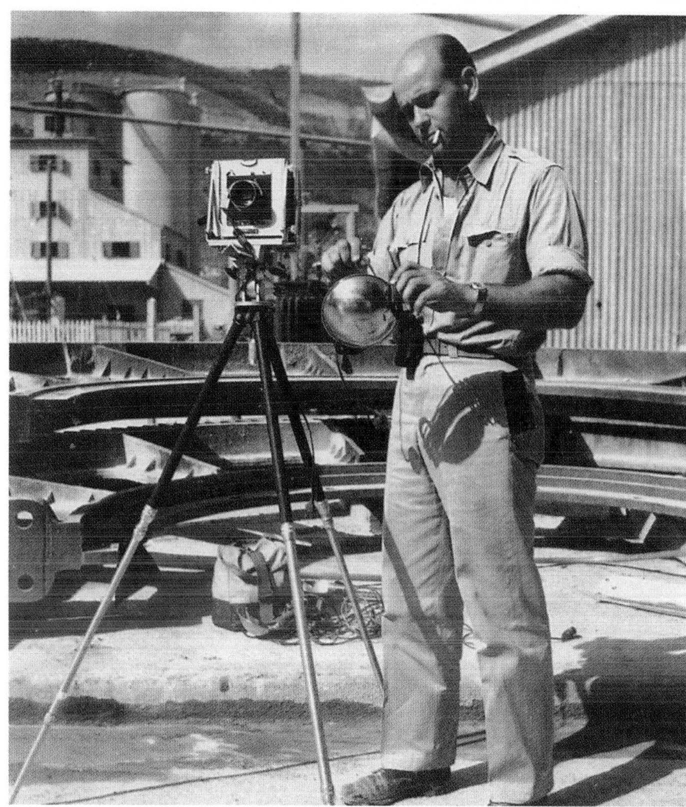

Jack Delano on a shoot in 1946

■

Jack Delano tomando una foto de 1946

This book was composed by Versources of Takoma Park, Maryland. The text and display faces are both Gill Sans Light, which was designed by Eric Gill in 1928 for Monotype Corporation. The book was printed on 80# Patina by Cadmus Promotional Printing of Baltimore. It was designed by Linda McKnight and edited by Duke Johns of the Smithsonian Institution Press.